# 中國學術思想 研究輯刊

## 二三編
林慶彰 主編

## 第21冊

## 二十世紀上半葉現代新儒家道統論研究
萬國崔 著

花木蘭文化出版社

國家圖書館出版品預行編目資料

二十世紀上半葉現代新儒家道統論研究／萬國崔 著 — 初版
— 新北市：花木蘭文化出版社，2016〔民 105〕
序 2+ 目 4+294 面；19×26 公分
（中國學術思想研究輯刊 二三編；第 21 冊）
ISBN 978-986-404-572-3（精裝）
1. 新儒學
030.8
105002156

ISBN-978-986-404-572-3

9 789864 045723

中國學術思想研究輯刊
二三編　第二一冊
ISBN：978-986-404-572-3

## 二十世紀上半葉現代新儒家道統論研究

作　　者　萬國崔
主　　編　林慶彰
總 編 輯　杜潔祥
副總編輯　楊嘉樂
編　　輯　許郁翎
出　　版　花木蘭文化出版社
社　　長　高小娟
聯絡地址　235 新北市中和區中安街七二號十三樓
　　　　　電話：02-2923-1455／傳真：02-2923-1452
網　　址　http://www.huamulan.tw 信箱 hml 810518@gmail.com
印　　刷　普羅文化出版廣告事業
封面設計　劉開工作室
初　　版　2016 年 3 月
全書字數　272305 字
定　　價　二三編 24 冊（精裝）新台幣 46,000 元

# 二十世紀上半葉現代新儒家道統論研究

萬國崔　著

## 作者簡介

萬國崔(1971～)，漢族，湖南省辰溪縣人，歷史學博士。1993年始在辰溪縣教育電視臺工作，2002年任辰溪縣教育局電教館副館長，2013年任貴州師範學院貴州教育發展研究中心副主任、副教授，中國哲學研究所研究員。曾在《孔子研究》、臺北《孔孟月刊》《學術研究》《天府新論》《湖北大學學報》等學術期刊發表論文20餘篇，主要從事中國哲學史、中國思想文化史、西南軍閥史的研究。

## 提　要

　　本書研究的是二十世紀上半葉現代新儒家道統論。

　　儒家之道是指社會人倫之總規律，闡明人之所以爲人、群之所以爲群的總根據、總原則。儒家道統論是關於儒家之道及其傳承統緒、功用的理論。

　　孔子創先秦儒家道統論，而爲後世之端緒。唐宋以降，儒家之道本體化、主體化，遂成理學、心學道統論。在「過渡時代」的大背景下，現代新儒家繼承傳統，汲取西學的方法、概念以及架構，而創發現代新儒家道統論。

　　本書大致分爲三個部分。第一部分是對儒家道統論溯源，及釐清其生發之時代背景。現代新儒家道統論是在「過渡時代」蘊釀、生發出來的；第二部分是以分派法對二十世紀上半葉現代新儒家道統論解析。將此期十位儒家道統論分爲心性派、學術傳統派、禮樂派三者，並提煉出各派的基本特徵；第三部分則是用分階段法來解讀、分析二十世紀上半葉現代新儒家道統論。此期道統論的理論發展可分爲道統復興、接續異構、分立融構、大成同構四個階段。

　　通過以上研究，可知：儒家道統論在近現代的發展是從「花開三朵，各表一枝」，到萬流歸宗，融彙大成。三派並行而不悖，兼重而融彙，呈現出百川競流、多元發展的景況。這是其在承受橫向「衝擊」和縱向「動力」雙重的歷史條件下，繼近代傳統政統、道統瓦崩之後的三統重組。

# 序

何曉明

萬國崔博士的學位論文就要出版了。他希望我能寫一些文字作爲序言，我愉快地應承下來。

2009年秋天，國崔來到湖北大學，隨我攻讀博士。這時，他已近「不惑」之年，正是中年人拖家帶口、養老育小最辛苦艱難的歲月。國崔毅然放棄了湖南省辰溪縣教育局下屬電教館相當舒適安逸的工作，心甘情願重回青燈黃卷的清苦生活，而且學的是絕無發財可能的思想史專業，這表明他是眞心向學，而不是如當下司空見慣的官員、土豪們「鍍金」混文憑，既浪費了珍貴的教育資源，又敗壞了崇高的教育聲譽。

在我先後指導的10位博士生裏，國崔的專業基礎並不是最好的，但他無疑是最勤奮的。我已經記不清他無數次與我討論各種學術問題的具體細節，但印象深刻的是，幾乎每隔兩、三個月，他總有一篇文章初稿送來，讓我提出批評、修改意見。三年讀博期間，國崔公開發表了六、七篇學術論文。現在的博士生總是感歎發文章太難太難，而國崔的成功則是我用來鼓勵學弟學妹們相信事在人爲、天道酬勤的經典案例。

我向來主張，博士生、碩士生的學位論文選題，最好是由學生自己選定，而不要由導師指派。理由非常簡單：獨立找到一個合適的研究題目，是學術研究的起步訓練，是學人最基本的素養要求。指導學生做研究，首先就要從自主選題開始。導師的責任在於爲學生選題指引方向、當好參謀。分析某一選題可做不可做的理由、做好做不好的關鍵，以及怎樣才算做好的評判標準。那種在導師自認爲熟悉的學術領域裏爲學生圈定選題的做法，很容易限制學生的思維，更不利於培養學生積極主動的學術精神。

現代新儒家道統論研究，是國崔自己選定的博士論文選題。不過，他原來的設想是以整個 20 世紀作爲時間範圍。考慮到論文篇幅、讀博期限，尤其是最好避開若干無法繞過、又不易把握的話題，我「腰斬」了他的設想，建議他僅以 20 世紀上半葉爲限，而這樣做，並不妨礙他有充分的空間來闡發對現代新儒家道統論研究的心得與體會。國崔欣然接受了我的建議，於是有了這篇內容較爲豐厚、見解不乏新穎的博士學位論文。

關於現代新儒家的研究，近年來學界興趣甚濃，關注多多。稱其爲「顯學」，亦不爲過。但是，系統梳理現代新儒家陣營內道統論之流變的論著，則少見面世。國崔根據自己的深入研究，將二十世紀上半葉現代新儒家道統論者劃分爲心性派（熊十力、唐君毅、牟宗三）、大傳統派（錢穆、馮友蘭）、禮樂派（梁漱溟、張君勱、張東蓀、賀麟、徐復觀）。認爲心性派著眼於道統的宗教功用，從教的層面立論；大傳統派著眼於道統的哲學、文化、學術功用，從學的層面立論；而禮樂派則著眼於道統的社會功用，從政的層面立論。從學理淵源上看，心性派是在宋明儒的基礎上對儒家道統的主觀內聖本體的精心構建，大傳統派是立足於中國歷史文化的整體來分立客觀學統，而禮樂派則是通過歸復周孔外王一脈另起政統之爐竈。

詳盡分析了道統論三派的學理特徵後，國崔將二十世紀上半葉現代新儒家道統論的理論發展劃分爲四個階段，即道統復興（自嘉道以迄清末）、接續異構（「五四」前後）、分立融構（二十世紀三、四十年代，即抗戰期間）、大成同構（二十世紀五十年代前後）。總之，儒家道統論發展至二十世紀上半葉，已呈「花開三朵，各表一枝」的發展態勢。

以上概述的二十世紀上半葉現代新儒家道統論的三派說、四階段說，均爲國崔獨立自主研究的成果，我作爲指導老師，並無尺寸之功。令我感到欣慰的是，這篇博士學位論文所體現的作者功力，與我在國崔入學之初看他的碩士學位論文相比，確有長足的進步。我眞心爲他感到高興。至於論文的總體學術水平如何，觀點是否合邏輯，分析是否有道理，結論是否立得住，我和國崔一樣，眞誠期待著海內外讀者諸君的批評指正。

時間過得眞快。國崔博士畢業已經三年了。我祝願他百尺竿頭，更進一步，在學術事業上有一個好的發展，好的未來。

何曉明

2015 年 9 月 16 日於湖北大學教師公寓望湖居

# 目次

# 緒　論

## 一、緣起及選題意義

### （一）緣起

受教以來，余謹遵師囑而潛心於先秦諸子典籍，精習孔、孟、荀、老、莊、墨、韓、孫、易之經、傳、注、疏及朱子四書、慧氏壇經，輔以近人研究評著。初覽聖著，頓覺涬溟漫漶，不知所云。後屏人事而苦讀之，時日良久，反覆數遍，參以後賢注疏、心得、評介，漸覺周體通達，猶醍醐灌頂。然歷時彌久，愈感諸聖之文字字珠璣、篇篇錦繡，其道精微至深、寬闊無垠，雖焚膏繼晷、韋編三絕亦難窺其梗概。此去經年，遂覺於茲獨有情志，而後對其中萬一鞭闢入微，層層近裏，繼成習作三篇，以期釐清思緒。此其一也；近年來初涉政治史，雖閱書不輟，卻如囫圇吞棗，不求甚解，終無創獲。然石泉《甲午戰爭前後之晚清政局》一書，對各方此起彼伏、參差博弈之狀的勾勒，及傳神、詳盡的史料論證，俾人徒增興致，時時把玩之。

博二之初，余拜研師著，對三統說、返本開新論徜徉日久，終未得其要義。後幾經業師點喝，方迷途識徑，略有所悟。又《甲午》意趣時時縈繞於懷，志趣使然，故試為題。然中華道統論體系博大、學理精深、涉域廣闊，其間奧妙之會，絕非一時之心惟所能通達。余素習理工，中道向學，胸無積墨，身無儲才，茲學途之險或夷非吾輩淺疏者之明所能逆覩也。遂初成設想而叩呈業師，不數日即獲首肯。此後，業師屢垂誠示，訓督砥礪。余則庶竭駑鈍，斟酌損益，歷半載有餘，始有茲題。

### （二）選題意義

本書研究二十世紀上半葉現代新儒家道統論。

儒家道統論是見諸於經典的、較爲系統的儒學核心理論，是傳統儒學應對文化危機、學術危機的思想成果。「道」是中國哲學之一重要範疇，道統是一典型的中國傳統文化現象，道統論則是對這一文化現象進行系統闡述的理論，是儒家思想體系的核心理論支柱。對於儒家道統論的研究關涉思想文化史多領域，諸如：儒學、歷史文化、思想學術、政治思想、現代新儒家、近現代文化保守主義等方面的研究。也就是說，儒家道統論的研究對於中國哲學史、儒學史、思想文化史的理論發展具有一定的學理意義。在近現代，即「過渡時代」的大背景下，現代儒家們承續傳統道統論以宏濟時艱，那麼在與宋明儒〔註1〕道統論迥然相異的生發環境、面臨不同的文化危機的歷史條件下，又會蘊釀出怎樣的道統論來呢？其理論狀況、主要特徵以及其邏輯發展脈絡又是如何的呢？

作爲系統的、縱貫古今的中國傳統思想文化的根荄，儒家道統論對中國傳統社會、政治、文化、學術領域以及士人的生存狀況、國人文化——心理都產生了一定影響。歷史的、社會的道統與政統、學統的現實關係遠非歷代道統論者所構建的理論預設那樣，道統、政統、學統、文統、親統、冼統、法統以及俗統均相互滲透、關聯，既對立、抗衡又相互依賴、憑籍，尤以前三統的糾纏爲盛。在中國近現代的大變局中，其主要的三統的形態、關係狀況及其三統間的關係都值得深入研究和探析。儒家道統論的進一步研究在社會文化史方面關涉中國傳統社會政治、近現代社會政治及知識分子、學術史等領域的研究，它對於政治史、社會史、學術史的研究亦具有一定的理論意義。

儒家道統論的研究對於現代中國的意義亦是不容忽視的。二十世紀上半葉現代新儒家道統論者接續傳統儒學「心性之學」的衣缽，以儒家心性爲其所承之道。現代新儒家道統論者所致力的道德的形而上學的重建正是對於傳統儒家心性之學的現代建構。宗教和形而上學是人類追求超越這一精神需求的兩大途徑，對於具有弱宗教性文化特色的中國而言，建立在傳統儒家「心性之學」之

---

〔註1〕 宋明儒道統論是唐宋以降儒家道統論的主體，當作爲儒家道統論發展時期（包括唐代韓愈）來論述時，多用後者表述。當具體論述理學、心學道統論時，則用前者爲宜。

上的形而上學的精心構建是順應時代潮流的理論努力。因此，對於傳統儒家「心性之學」的現代歸宿——道德的形而上學的研究是勢趨必然的。

## 二、主題闡釋

### （一）道

對於「道」的闡釋，可從語源學的角度來進行。「道」作為文字而見諸經典始於《易傳》，《周易象上傳》有云：「大哉乾元，萬物資始，乃統天。雲行雨施，品物流行。大明終始，六位時成，時乘六龍以御天。乾道變化，各正性命，保合太和，乃利貞。」此為闡釋乾卦之辭語。乾道，則為「萬物資始」之「道」，即天地自然生發、運行之規律。《易·繫辭》：「一陰一陽之謂道。」這裏，「道」指所循之規律。《易·履》「九二：履道坦坦。」此「道」為道路之意。其它對於名詞「道」的解說、注釋，無外是對於道路、規律二者的發揮、引申。《說文》中有：「所行道也。」清代段玉裁注：「道者人所行。故亦謂之行。道之引伸為道理。亦為引道。」《爾雅》云：「一達謂之道路，二達謂之歧旁。」《詩經·小雅》：「周道如砥，其直如矢。」《大宋重修廣韻》：「理也，眾妙皆道也，合三才萬物共由者也。」《左傳》：「子產曰：『天道遠，人道邇。非所及也』。」《國語》：「天道皇皇，日月以為常。」由路的本義，進而引申為規律是詞語本義的必然擴展。自然、社會規律即是自然、社會存在的過去、現狀和未來走向以及變化所經由的路途，及其背後的所以、究竟。至於常言「道理」二字，《韓非子·解老篇》有云：「道者萬物之所然也，萬理之所稽也。理者成物之文也，道者萬物之所以成也，故曰道理之者也。物有理不可以相薄；物有理不可以相薄，故理之為物之制。萬物各異理，而道盡稽萬物之理，故不得不化。」由此說出「道」異於「理」之處，即「道」是指各物規律的總規律、總根據，也就是普遍性規律。至此，「道」的涵義或對於「道」的闡釋已上陞至哲學的高度。

藉此，對於宇宙萬物、社會人倫之道，先哲們各持其見，但「其持之有故，其言之成理。」〔註2〕遂成各種道論。然在「道」字出現之前，蘊含著「道」義的思想及其口耳相授的做法已由來久遠。「堯曰：『咨！爾舜！天之歷數在爾躬。允執其中。四海困窮，天祿永終。』舜亦以命禹。」〔註3〕雖未敢斷言

〔註2〕《莊子·天下》。
〔註3〕《論語·堯曰》。

此為「道」義的最初時期，但可以說，自人類鑽燧取火、構木為巢之時，先祖們便已開始注重摸索、掌握宇宙萬物以及社會人事之「道」。其後，口耳相授或經典傳承。隨著各家各派對於道的認知的各自迥異，各種道論精彩紛呈，有儒家之道、道家之道、法家之道、陰陽家之道等等。其中儒家之道則是以社會人倫之總規律為主要內容，闡明人之所以為人以及人群之所以為群的總根據、總規律。

## （二）道統

道者，總規律、總根據也。統者，垂統也，正統也。垂統是從縱向來說，指上下傳承，延綿不絕。正統則為橫嚮之義，「夫居天下之正，合天下於一，斯正統矣。」〔註4〕是指對於「天下」之主流、權威地位的象徵和認可。〔註5〕而垂統則必是正統的承續，唯有正統方能垂統於後世。反言之，萬世垂統則為正統。道統者，道之垂統、正統也。即以道垂統，以統傳道。

道統作為一種文化現象，當上溯至唐虞三代之時。這一點可以《論語‧堯曰》中「堯曰：『咨！爾舜！天之歷數在爾躬。……』舜亦以命禹。」為證。道之垂統、正統之義蘊含其中。然追問「道統」的詞源，則當上溯至朱子。在其《中庸章句序》中，朱子「首創『道統』二字」，〔註6〕且詞、義相合。「蓋自上古聖神繼天立極，而道統之傳有自來矣。其見於經，則『允執厥中』者，堯之所以授舜也。『人心惟危，道心惟□，惟精惟一，允執厥中』者。舜之所以授禹也」。〔註7〕南宋朱子創發「道統」二字，只不過是予數千年儒家道統一個稱呼而已，其「道統」一詞在道統思想發展史上的意義遠遜於「道統」本身。這正如朱子所言：「蓋自上古聖神繼天立極，道統之傳有自來矣」。先秦道論淵源久遠，追根溯源，自伏羲以迄唐虞即有「道」、「德」〔註8〕之實，而後歷經文、武、周公制禮作樂以成周禮、周制。道藏之於典籍，蘊之於儀

---

〔註4〕 歐陽修：《正統論》，下。

〔註5〕 茲「天下」對於道之正統的解釋只是一個相對的概念。有一家一門一派之內的小「天下」，亦有囊括諸子百家的大「天下」。

〔註6〕 蔡方鹿：《中華道統思想發展史》，四川人民出版社，2003年，第355頁。

〔註7〕 《四書章句集注‧中庸章句》。

〔註8〕 於此言「德」，只因「道」亦是「德」，正如「道」即是「理」。「道」與「德」、「理」的關係可作如是理解：「道」作為總規律、總根據，施之於各事、各物為「理」，所謂「道理」則指事、物之所以為事、物的規律、根據，即事理、物理之謂也；施之於人心、行為則為「德」，所謂「道德」則指人之所以為人的規律、根據，即（人）品德之謂也。故而，「道」、「理」、「德」，實則一也。

禮、制度。東周末，王室衰微，「天下大亂，賢聖不明，道德不一」，官學遂散在「四夷」，「天下多得一察焉以自好」，以至於「道術將爲天下裂」，種種學說林立，「皆有所長，時有所用」，但都「不賅不遍」，均屬「一曲之士」。諸子各持已見，但「其持之有故，其言之成理。」〔註9〕遂成諸子百家而垂統後世，其連綿不絕者有道教道統、禪宗道統以及儒家道統。其中儒家道統是指孔子出，上承唐虞三代口耳相授之道，整理經典，發明周禮、周制的精義，以集大成先秦儒家道統，而爲後世儒家道統之端緒。

## （三）道統論

　　道統論是關於道及其傳承統緒、功用之理論，是對道統這種文化現象的理論闡述。道統論之理論架構可分爲道觀、統觀、功用觀三部分。道觀即道統論者對道的解悟、自認之論。統觀則關於道的傳承統緒的學說。統觀是與道觀相生相成的，道統論者依憑其所承之道形成其統觀，亦可從其傳承統緒窺其道觀。功用觀是道統論者依憑其所恃之道施之於人、群、事、物所顯發效用之論說。道觀、統觀、功用觀三者周全道統論，這三者的關係可以載體與信號爲喻，道猶如信號，是欲傳遞、承接的原物，是準宗教的、哲學的、文化的；統則如縱向傳承的載體，可將原物世代承接、薪火相傳，是歷史的精神性載體；功用亦爲橫向的載體，波及甚廣，滲透益深，讓作爲信號的道無處不在，是社會的、政治的、倫理的、思維的物質性載體，如此三維地傳播、承續，整體地構建著道統論。

　　儒家道統論，從學理意義上言，是儒家關於儒家之「道」及其傳承統緒的學說體系。此既異於道家一脈流傳、釋氏衣缽相承的道家、禪宗的道統論，又異於歷代政家、學家憑藉儒家道統以張其政、學之正統的道統論。儒家道統的實義源自唐堯三代，孔子對其集大成，並發明內仁外禮複合型道觀。同時，孔子道統思想已隱含著道的統緒和功用觀。孟子承其大義，闡發內仁道觀，形成明確、清晰的傳道統緒以及功用觀，從而開創儒家道統論。至唐宋以降儒家道統論時期，韓愈遙承孔孟之道，開此期道統論的新局面。此期道統論內強外弱，在內仁道觀一路演進不輟，先後發展爲理學、心學道觀。而陳亮等事功一脈雖承繼有餘，卻發展不足，唯潛流不絕。此期道統論的傳承統緒，因心傳之法的闡發而具有嚴格的傳承譜系，而不似先秦僅以復古爲尚。

---

〔註9〕《莊子・天下》。

其功用觀則多施之於學，即撻伐異端、邪說，彰顯儒家正統以及理學正統。

現代新儒家道統論則是由傳統儒家道統論嬗衍而出，是現代新儒家道統論諸公在繼承先秦儒家道統論、唐宋以降儒家道統論的理論基礎上，爲應對中國近現代時代問題所作創新的學說，是與傳統道統論一脈相承，而又加以現代化創發而成的現代新儒家核心思想體系。現代新儒家道統論道觀，總而言之，是寬泛意義的道觀，是對先秦儒家道統論仁、禮道觀，宋明儒道統論理學、心學以及事功道觀的廣泛承續和發展。其統觀則並無嚴格意義上的傳承譜系，只是依憑其道觀的傾向而各有其宗。其功用觀是儒家道統論發展至現代社會，爲響應時代需求，解決中國文化的現代走向或儒學的現代化問題而遙承周、孔、孟、荀之道的精髓，吸納或生發民族、科學的新內容所形成的理論構想，即道統論者對儒家道統新時代的社會功用的理論建構和設計，亦是現代道統論異於唐宋以降儒家道統論之處。

## 三、學術史回顧

近人對於儒家道統論的研究可謂汗牛充棟，不可勝數，尤於宋明儒時期道統論爲盛。然爲突出本文主題計，茲以對二十世紀上半葉現代新儒家道統論的研究現狀爲綜述主體，試從總體性研究、個案研究、基本特徵研究共三個方面進行梳理、評析。

### （一）對二十世紀上半葉現代新儒家道統論的總體性研究現狀

現代新儒家道統論的總體性研究是指以宏觀的視角系統地審視五四以後近四十年現代新儒家道統論從接續到成熟、完善的發展歷程，這種總體性研究僅有下列不多的論著、論文。

蔡方鹿先生所著《中華道統思想發展史》是一部頗爲詳盡地論述儒家道統論的專著，他將中華道統論分爲「道統的溯源」、「先秦道論」、「儒家道統思想的發端」、「道統論的正式提出和確立」、「道統思想的流傳與演變」、「現代新儒學的道統論」〔註10〕等部分，該書「系統梳理了從上古堯舜經孔孟程朱陸王到現代新儒家牟宗三等的道統思想數千年產生發展演變的整個歷史過程的脈絡，論述了道統思想的傳授形式、理論構成和基本特徵」。〔註11〕書中

---

〔註10〕蔡方鹿：《中華道統思想發展史》，四川人民出版社，2003年，目錄。
〔註11〕趙宗正：《對傳統文化發展脈絡的系統梳理——〈中華道統思想發展史〉簡評》，《東嶽論叢》，1997年，第1期。

末章是對現代新儒家道統論進行一定的總體觀照，然而他在這部分卻用較少的篇幅來論述，所涉代表人物限於熊十力、錢穆、牟宗三、馮友蘭、唐君毅共五位。至於中華道統論的理論構成一說，蔡方鹿將其概括為十點：仁義之道、執中及中道、內聖心性之學、修齊治平之道、超越時代的心傳說、「四書」學、以天理為道、以氣化為道、以心為道、三統之說。這顯然是將中華道統論思想發展史上所產生過的相關理論均羅列其中。何曉明先生從孔、孟經韓子、朱子再到牟宗三，對道統論發展史作一定的闡釋，進而比較現代道統論與唐宋以降儒家道統論之異同。同時，還將中國近現代儒家道統之接續者提前到十九世紀中後期之體用派，認為中國早期「文化保守主義者都有一種強烈的道統意識，即民族文化的續統和擔當意識」。〔註12〕並以道統的承續論學統的發展，認為，學統的流變促進道統「從歷史的層面提升到哲學的層面」。鄭家棟先生對後「五四」時期的新道統論作一番總體的審視，其更多的筆墨是傾注於對此情此狀背後的深刻析理。郭沂以「大道興於對天人之際的追究」而分道為天人統和人天統兩統，宋明道統論即「彰顯思孟為代表的天人統，提出道統學說，正是為了滿足當時的現實需要。」而「道之另統，即人天統蘊藏著非常豐富的科學與民主的基因，是我們建構當代新儒學、回應西學挑戰的寶藏。」〔註13〕郭先生在其寥寥兩萬字的篇幅中，三皇五帝、伏羲畫八卦、孔、孟、荀、韓、朱以至現代新儒家，三系道統論，千古聖脈，均有精到之語，可謂儒家道統論之小史。在其溯古評今的論述中，他提到荀子的道統觀，認為荀子以「禮」為道，「從伏羲、堯、舜、禹、文、武為代表的早期聖王到孔子的道統譜系隱然可見」。〔註14〕泰國儒學者鄭彝元歷述了中華道統的源流，從伏羲、神農、軒轅以至近人熊十力，將道統傳承分為五個五百年周期，視明、清、民國至今為西學獨霸期，其中卻鮮述現代新儒家道統論，只是認為熊十力「貌似弘揚聖教，實則師心自用，為異端張目。」〔註15〕鄭先生所理解的道統之道即是「三才一貫，執兩用中」。總之，對現代新儒家道

〔註12〕何曉明：《返本與開新──近代中國文化保守主義新論》，商務印書館，2006年，第49頁。

〔註13〕郭沂：《道與道統──儒家對人間秩序的探求》，《人類文明中的秩序、公平公正與社會發展》，北京大學出版社，2009年。

〔註14〕郭沂：《道與道統──儒家對人間秩序的探求》，《人類文明中的秩序、公平公正與社會發展》，北京大學出版社，2009年。

〔註15〕鄭彝元：《道統論》，泰國新時代出版社，1997年，第69頁。

統論的總體性研究更多的是追溯其淵源，凸顯其流變，並界定其現代的範圍，尚未及操戈入室，令其整齊、分割，析出一個條理來。

### （二）對二十世紀上半葉現代道統論之個案研究現狀

個案研究是指對二十世紀上半葉現代新儒家道統論者個人思想的研究，被近現學人納入個案研究的新儒家道統論者有錢穆、熊十力、張東蓀、馮友蘭、唐君毅、牟宗三六位，對於梁漱溟、賀麟二公則略有語句旁涉，而張君勱和徐復觀則不在論述之列。其中，個案研究大多集中於對現代新儒家道統論的集大成者牟宗三的研究，而對於錢穆、熊十力、馮友蘭道統論的研究者亦不乏其人，對張東蓀、梁漱溟、唐君毅、賀麟道統論的研究則較少。具體而言，余英時將熊十力一系現代新儒家〔註 16〕定位為「以對『心性』的理解和體證來判斷歷史上的儒者是否見得『道體』、『隨時可斷』」〔註 17〕的狹義道統觀，名之曰：「哲學家的道統觀」。而稱其師錢穆「『以整個文化大傳統即道統』」為「思想史家的道統觀」〔註 18〕。李明輝回應其後，力闢茲說，糾纏於熊十力「道統不過表示一中心思想而已」〔註 19〕一語，以證其「文化傳統」〔註 20〕的廣義的道統觀。鄭家棟於斯二者之外，增論梁漱溟、馮友蘭、牟宗三、賀麟四公，卻仍以廣、狹二義為則，即認為，梁、馮、賀是在寬泛的意義上講道，遂異於熊牟一系。盛邦和認為「張東蓀的道統說的是廣義國文化的延續和光大。」〔註 21〕其它學人關於諸君道統觀之見均在此列，並無出其右者。

對於牟宗三道統論的研究多從牟氏重建道統的依據及環節、三統說、「朱子學」等幾個方面入手，其中以三統說為主。鄭家棟認為牟宗三的「『道統』觀念，可以區分為廣、狹兩種不同的含義」。〔註 22〕他指出，牟宗三重建道統經歷了三個環節，即「重新肯定孔子的教主地位」、「分判出宋明儒之『大宗』與『旁枝』」、「確立熊十力哲學的歷史地位」。〔註 23〕蔡方鹿在現代新儒家道

---

〔註 16〕 即指熊十力、唐君毅、牟宗三三人。

〔註 17〕 余英時：《錢穆與現代中國學術》，廣西師範大學出版社，2006 年，第 58 頁。

〔註 18〕 余英時：《錢穆與現代中國學術》，廣西師範大學出版社，2006 年，第 47 頁。

〔註 19〕 熊十力：《讀經示要》，中國人民大學出版社，2009 年，第 193 頁。

〔註 20〕 李明輝：《當代儒學的自我轉化》，中國社會科學出版社，2001 年，第 144 頁。

〔註 21〕 盛邦和：《解體與重構——現代中國史學與儒學的思想變遷》，上海：華東師範大學出版社，.2002 年，第 292～293 頁。

〔註 22〕 鄭家棟：《當代新儒學史論》，廣西教育出版社，1997 年，第 20 頁。

〔註 23〕 鄭家棟：《當代新儒學史論》，廣西教育出版社，1997 年，第 22～38 頁。

統論方面的研究是以牟宗三爲其重鎮，分別對牟宗三三期說、開出說、新朱子學予以論述。他認爲，其新朱子學是「對程朱道統論的改造，……更加突出內聖心性之學，在心性之學中又尤爲突出心性一元說」。〔註24〕然對於「返本開新」說，均未有從儒家道統論功用觀的角度來闡釋的。

在對馮友蘭道統論的研究中，蔡方鹿將其定義爲廣義的道統觀，他說，馮友蘭「認爲道統就是哲學，即一定社會的『理論的靠山』，亦即一定社會占主導地位的哲學。」〔註25〕鄭家棟亦以馮具有廣義的判教系統，而認爲其道統觀是在「十分寬泛的意義上理解」。〔註26〕外王思想亦爲道統論的理論構成之一，在對馮友蘭道統論之外王學研究方面，陳博將《新事論》作爲《新理學》在社會文化方面的實際應用，「認爲馮友蘭的外王學說似乎並不是傳統意義上所講的外王學。在內容上其已不再拘泥於傳統所謂的『仁政』，『德治』，『王道』，『霸道』的辯論，而是根據時代的特點，在實在論和唯物史觀的指導下展開的針對社會文化問題的哲學解答。」〔註27〕在此，他對於新、舊外王說作了簡要的區分。

對於錢穆、熊十力之道統論的研究主要集中在余英時先生作於 1991 年的《錢穆與新儒家》，余先生通過對熊氏一系道統論的評說，凸顯錢穆「文化大傳統」的道統觀。他認爲，錢穆主張的「此一整個文化大傳統即道統」是所謂的思想史家的道統觀，而熊氏一系則歸爲哲學家的道統論。一石激起千層浪，對此，牟門弟子李明輝於 2001 年在《當代儒學的自我轉化》之「當代新儒家的道統論」一章中予以回應，他並不贊同余對於熊、牟的批評式的結論，他將熊、牟對「道」的解悟都給以寬泛意義定論的解釋。鄭家棟肯定熊十力具有以對「心性」的理解和體證的道統觀，但認爲其較爲「隱含」〔註28〕。對於「錢、熊之爭」還有一些專著有零星介紹，相同之處茲不復言。

對於張東蓀道統論的研究，鄭家棟在《斷裂中的傳統——信念與理性之間》中視張東蓀對於「道統」的界定「似較之熊十力等人更趨寬泛」，但卻並不以「文化大傳統」對其定論。盛邦和在 2002 年所著《解體與重構——現代

〔註24〕蔡方鹿：《中華道統思想發展史》，四川人民出版社，2003 年，第 541 頁。
〔註25〕蔡方鹿：《中華道統思想發展史》，四川人民出版社，2003 年，第 494 頁。
〔註26〕鄭家棟：《當代新儒學史論》，廣西教育出版社，1997 年，第 19 頁。
〔註27〕陳博：《馮友蘭先生的「外王學」解讀》，《通化師院學報》2010 年，第 5 頁。
〔註28〕鄭家棟：《斷裂中的傳統——信念與理性之間》，中國社會科學出版社，2001年，第 147 頁。

中國史學與儒學的思想變遷》中有一小節「道統的再釋」，將張東蓀的道統觀給以文化大傳統式的定位。他認為，張東蓀的道統觀是寬泛意義上或廣義而言的。

對於賀麟道統論的研究也是針對其對「道統」的理解而來。鄭家棟認為賀麟是在寬泛的意義上使用「道統」一詞，其道統觀當歸為歷史文化大傳統之類。白欲曉在《論當代儒家思想的新開展》一文中亦將賀麟的道統觀亦定位於此義。另外，賀麟1941年所作、刊登於《思想與時代》的《儒家思想的新開展》一文被稱為「現代新儒家的宣言書」，認為這也是現代道統論研究之一重要文稿。張西平認為，此文「為新儒學吸收西方文化提供了一個方法論的基礎，並為新儒學未來理論的發展指出了一個具有創造性的方向。」〔註29〕此文是新儒家發展的一個重要環節。馬慶玲則認為，「賀麟推出了儒家思想新開展的學說，在實現文化理想和探尋中國文化現實出路之間找到了結合點。」〔註30〕

張之洞作為晚清重臣、洋務事功之踐履者、「中體西用」思想之開創者，近世學人之研究著述、撰文甚巨，大有探析其衛道精神、經世實學者，而以現代儒家道統論者的角度研究者卻不多。張之洞作為晚清體用派的代表人物且被界定為現代新儒家道統論之早期接續者一說，《返本開新──近代中國文化保守主義新論》〔註31〕一書中已有詳論。其後，有吉林大學石文玉之博士論文《儒學道統與晚清社會制度變革──張之洞〈勸學篇〉研究》〔註32〕、任曉蘭之專著《張之洞與晚清文化保守主義思潮》〔註33〕對此亦略有論述。石文玉認為張之洞作《勸學篇》意在捍衛儒學道統，以應對康有為之「新學偽經」說、「孔子改制」說對儒學道統數千年根基的動搖。任曉蘭亦是肯定張之洞對儒家道統論之續接，認為其經世致用思想即是對儒家道統的固守。然諸多研究均未對於曾國藩、張之洞道統論予以解讀、分析。

---

〔註29〕 張西平：《「取精用宏含英咀華」──賀麟中西文化觀簡述》，《開放時代》1995年，第4期。

〔註30〕 馬慶玲：《儒家思想的新開展──賀麟對中國文化發展方向的探索》，《哈爾濱市委黨校學報》，2005年，第11期。

〔註31〕 何曉明：《返本開新──近代中國文化保守主義新論》，北京：商務印書館，2006年。

〔註32〕 石文玉：《儒學道統與晚清社會制度變革──張之洞〈勸學篇〉研究》，長春：吉林大學，2008年博士論文。

〔註33〕 任曉蘭：《張之洞與晚清文化保守主義思潮》，北京：法律出版社，2009年。

### （三）對二十世紀上半葉現代新儒家道統論的基本特徵研究之現狀

二十世紀上半葉現代新儒家道統論之特徵是現代儒家道統論異於傳統道統論之處，猶與宋明儒道統論相比較而得出。

李明輝先生在《論所謂「儒家的泛道德主義」》一文中對宋明儒的正面意義、負面影響予以評價，實則是以現代新儒家道統論爲其參照物來比較而進行的，其自辯爲「弱義的泛道德主義」。何曉明先生「從定義的涵蓋範圍」和「從實質性的內容重心」，即狹義與廣義和「即統而言『道』」與「即『道』而言統」兩個視角來比較孟韓、宋明儒及現代新儒家之異同，認爲現代新儒家道統論具有「講道統，就是講『自救、救國、救文化』」，「既有對民族文化的憂患，又有對個體生命的悲憫」〔註34〕之特徵。蔡方鹿先生對現代新儒家道統論的總特徵有所歸納，得出四點：廣義的道統觀，寬泛的傳道譜系，重心性之學、汲取西學，援西學入道統。鄭家棟則認爲，現代新儒家道統論所「彰顯的是一種更爲普泛的民族文化意識」。〔註35〕也有論文論及現代新儒家道統論的總特徵。李禹階、鄒登順在《論現代新儒學「援西入儒」之得失》中，針對現代新儒學「援西入儒」的特徵加以評述。上述對於現代新儒家道統論總特徵的研究，總的來說，還有可以補充、完善之處。如將熊、牟一系重心性之學的群體特徵作爲整體總特徵加以論述。

總之，以往整體研究以局部、個體觀照爲主，其或起於「哲學家的道統觀」與「思想史家的道統觀」之紛爭，或以廣義、狹義爲則論之，抑或僅以熊、牟一系心性道統論總概二十世紀上半葉儒家道統論。而對於以「禮樂」及學術傳統爲道的道統論沒有整理、梳清、提煉之，更沒有將此期所有儒家道統論作爲整體進行研究，揭示其發展狀況和演進脈絡、規律。

以往個案研究多以熊、牟心性道統論爲主，沒有將馮友蘭、錢穆之道統論作爲學術傳統道統論來論述，只是認爲，相對於前者狹義的道統論，後者屬於廣義的；沒有梳理、提煉梁漱溟、張君勱、張東蓀、賀麟、徐復觀以「禮樂」爲道之道統論，其中對於聯名發表《爲中國文化敬告世界人士宣言》之張君勱、徐復觀，無有提及者。

---

〔註34〕何曉明：《返本開新——近代中國文化保守主義新論》，北京：商務印書館，2006年，第57頁。

〔註35〕鄭家棟：《當代新儒家的道統論》，《當代新儒學論衡》，臺北桂冠圖書公司，1995年，第29頁。

因此，在前輩學人的基礎上，增補梁漱溟、張君勱、張東蓀、賀麟、徐復觀的道統論，而求其完整、完備。對二十世紀上半葉儒家諸多道統論爬羅剔抉，進行整體性、動態地研究，對其橫向分派別、縱向分階段以及縱深地理論特徵之析理，進而評價其歷史地位，論證其當代理論價值，已是此域研究勢在必行的工作。

## 四、基本框架和主要創新點

### （一）基本框架

本文是通過分派別和分階段兩種研究方法或途徑，對二十世紀上半葉現代新儒家道統論進行闡釋和解析。一是將此期道統論者以其對所接續儒家之道的認同傾向，即道觀的同異來劃分派別，進而具體論述、分析每一派別道統論的基本特性，並在此基礎上提煉出現代新儒家道統論異於傳統道統論，尤宋明儒道統論的總特徵。這為科學把握此期道統論的思想精髓，客觀地回顧、評價二十世紀上半葉現代新儒家道統論在中國學術史、思想史、文化史上的歷史地位提供科學的理論依據；二是將二十世紀上半葉現代新儒家道統論時期依照道統論的發展狀況分為多個階段。對於每一階段的理論環節予以梳理、分析，並提煉出其階段特色。以明二十世紀上半葉現代新儒家道統論的理論演進過程，進而探析其理論變化之「道」，這為把握儒家道統論、儒學乃至中國哲學的未來理論走向提供些許參考或啟示。全文共分為四個部分，即歷史背景的論述、歷史源流的梳理、分派別及三派解析、分階段解析。

第一部分是對儒家道統論的歷史源流進行論述。該部分將傳統儒家道統論的生發分為兩個時期，即：先秦儒家道統論時期和唐宋以降儒家道統論時期。先秦時期的論述以道的溯源、道統大成、道統論的初創以及道觀的流變的理論歷史軌跡來進行。文章將先秦儒家道統論時期作為儒家道統論的原創時期，儒家之道溯源於自伏羲以迄唐虞之時，經文、武、周公的發展，以成周禮、周制。經孔子出，整理、發明其精髓，大成儒家道統，而有先秦儒家道統的雛形。其後，孟子承其內仁一義，初創儒家道統論。子思、孟子與荀子分承孔子之道，而流變為內聖心性、外王事功兩種不同傾向的道統論。文章以唐宋以降儒家道統論時期為儒家道統論的流變時期，此期由唐代韓愈應時運而起，遙承先秦思、孟一脈的道統，開宋明儒道統論的新局面。二程以

及事功派分別繼承先秦內仁、外禮道脈而發展成說，朱子集唐宋以降儒家道統論之大成。後陸九淵、王守仁突破程、朱藩籬而流變爲心學道統論。

第二部分是對此期道統論生發的歷史背景予以說明。文章認爲，二十世紀上半葉現代新儒家道統論就是「過渡時代」的產物。此章以時間爲序，首先論述嘉、道以降的衰世徵象。然後依次概述勃興於十九世紀末二十世紀初的清末西化思潮和反傳統主義思想、民眾對辛亥革命的失望以及對傳統文化之悲絕的普遍情勢。此後興起的「五四」時期反傳統主義及「全盤西化」思想導致「中國意識」深刻的危機。第一次世界大戰的爆發使得「西方的沒落」的悲觀文化論調充溢著西方思想界，梁啓超等人的歐遊歸感又使得國內人文主義思潮波瀾再起，東西文化之論爭以及「科玄論戰」掀起中西文化交鋒的高潮。

第三部分是以分派別的方法對二十世紀上半葉現代新儒家道統論進行解析。首先，文章陳明分派研究對於此期儒家道統論的學理意義，提出劃分派別的依據，藉此而逐一界定十位現代新儒家道統論者作爲全文的研究對象。並提出儒家道統論三個理論組成部分即道觀、統觀、功用觀的說法，且予以詳細說明。同時，爲使分派研究立足更穩，文章提出提煉各派基本特徵的說法。

對二十世紀上半葉現代新儒家道統論的總特徵的總結與分析，是對其分派研究的不可或缺的一環。文章在這一部分提煉出四點基本特徵：隱言道統；道觀多元化——和而不同、百川競流；新外王構想；形上本體之分立。

其後，對於十位道統論者的儒家道統論按照心性派、大傳統派、禮樂派三派分別予以概述，其論述架構則由續道意識、道觀、統觀、功用觀四部分組成。在概述三派道統論者的道統論之後，文章對各派道統論的基本特性予以提煉，這亦是三派得以成立的必要理論前提。

第四部分是用分階段的方法來解讀、分析二十世紀上半葉現代新儒家道統論。文章將二十世紀上半葉現代新儒家道統論作爲研究對象而進行階段性的研究，從中探析出其理論發展軌跡以及其形成的邏輯脈絡。此期道統論的理論發展共分爲四個階段，即道統復興、接續異構、分立融構、大成同構。在論述中，首先梳理出階段內容或邏輯環節，再提煉出每一階段的理論意義上的階段性特色，且予以析理。

（二）研究思路和創新點

本文對於二十世紀上半葉現代新儒家道統論的研究是從兩個角度進行的，其創新之處有以下五點：

1、首先，文中提出儒家道統論三個理論組成部分即道觀、統觀、功用觀的說法，並對此予以說明、論證。文章認為，儒家道統論由道觀、統觀、功用觀三個理論組成部分構成。道觀即道統論者對道的解悟、自認之論。統觀則為道之統緒系列，即其所崇尚、宗主之先賢人物序列之說。統觀是與道觀相生相成的，道統論者依憑其道觀形成其統觀，亦可從其統觀窺其道觀。功用觀是道統論者依憑其所恃之道而施之於人、群、事、物所顯發的效用之論說。在全文對先秦儒家道統論、宋明儒道統論以及現代新儒家道統論的論述和分析，以及對現代新儒家道統論的理論總特徵的提煉中，此三部分理論構成作為解析儒家道統論的有效理論工具而貫穿全文。

2、對二十世紀上半葉現代新儒家道統論者從學理上予以界定，並將其代表人物的研究由以往僅限於熊十力、錢穆、牟宗三、張東蓀、馮友蘭、唐君毅六位，而擴展到十位現代新儒家道統論者，其中增補梁漱溟、賀麟、張君勱、徐復觀四位。文章首先提出對於二十世紀上半葉現代新儒家道統論者的學理性界定條件，其中包括滿足界定的三個條件和三種應摒棄於此列之外的情況。藉此，將上述十位儒家囊括此列。其中對於前學人們對熊十力、錢穆、張東蓀、馮友蘭的道統論的研究結論予以反駁，提出新的觀點並予以論證。如對於熊十力早期或一生道統論為狹義或寬泛意義上的爭論，本文認為熊十力以儒家「心性之學」為其對於儒家道統之「道」的理解，也即其道觀是傾向於「心性」的，並以其早期論著為證，來支撐其為心性道觀的論點。又如張東蓀的道觀被認為「是廣義中國文化的延續和光大。」因其過於籠統和抽象，本文則詳細論證其「禮樂」傾向的道觀。

3、鑑於以往對於二十世紀上半葉現代新儒家道統論的研究，僅以狹義和廣義的道統觀，或者「哲學家的道統觀」和「思想史家的道統觀」來定論，本文用分派別的方法予以解讀、分析，以期拓寬研究視野。本文試將此期儒家道統論分為心性派、大傳統派、禮樂派三者，其中熊十力、唐君毅、牟宗三以儒家「心性之學」為儒家道統之「道」，故歸為心性派。錢穆、馮友蘭以中國思想學術大傳統為儒家之「道」，可稱為大傳統派。梁漱溟、張君勱、張東蓀、賀麟、徐復觀廣承道統，更趨向於對先秦周、孔之禮樂外王一脈的承接、發展，以禮樂為儒家道統之「道」，被稱為禮樂派。其後，對於各派道統論的基本特性予以解析。分派研究旨在周其原本，探求精髓。進而，本文依據儒家道統論三大理論組成部分，探析三派的基本特性以及其形成的原因。

4、在二十世紀上半葉這一長時段裏，現代新儒家道統論「身處」橫向「衝擊」和縱向「動力」的雙重歷史條件下，其思想理論變幻多樣，精彩紛呈。僅以橫向分派別類的方法進行研究是不夠的，縱向分階段性研究亦勢趨必然。依據儒家道統論三大理論組成部分，本文將這一長時段的道統論演進進程劃分爲四個階段：晚清道統復興階段、「五四」時期接續異構階段、抗戰時期分立融構階段以及五十年代大成同構階段。進而提煉每一階段的階段內容或理論環節，梳理其理論發展軌跡以及其內在的邏輯脈絡。從而回答此期道統論在理論上（非現實社會中）是如何演進爲二十世紀五十年代集大成的儒家道統論的這一問題，即展示其理論意義上的建構歷史過程，或者說是對其從理論上逐期解構。同時，提煉出每一階段之理論意義上的階段性特色。每一時期的背景分析則揭示出此期道統論每一建構環節的被觸發或衝擊的歷史現實，可以說是對其在現實社會意義上的宏觀性的解構。

5、曾國藩、張之洞作爲晚清重臣、洋務事功之踐履者、「中體西用」思想的開創者，同時亦被界定爲現代新儒家道統論之早期接續者。本文借著前輩學人的光芒繼續探索，將曾國藩、張之洞以現代新儒家道統論時期的韓愈定論，而作爲晚清道統復興階段的主要代表人物。進而，對其道統論從理論架構的角度予以分疏析理，並予歷史定位。文章認爲，曾國藩、張之洞以仁、禮兼重道觀、「中體西用」功用觀爲現代新儒家道統論開基立業。曾國藩以其「內聖外王之業」的寬泛道觀開現代新儒家道觀的新局面，張之洞的功用觀——「中體西用」秉承龔、魏、曾諸公「經世致用」的精髓，實現了晚清儒家道統論從傳統向現代的轉型。其頗具現代意義的功用觀——「中體西用」說定立了儒家道統論現代功用觀即新外王說的基調，而成爲「返本開新」說之濫觴，從而使其道統論在晚清道統復興階段起到了理論樞紐的作用。可以說，張之洞之功用觀「中體西用」說與曾國藩仁禮並重的寬泛義道觀，共同掀開了儒家道統論現代時期的序幕。

# 第一章　儒家道統論的歷史源流概述

　　二十世紀上半葉現代新儒家道統論是在先秦儒家道統論、唐宋以降儒家道統論的理論基礎上，汲取西學的某些方法、概念以及架構而創發的。先秦儒家道統論者所原創的內仁外禮複合型道觀、漸趨成熟的形上本體構建的仁義道觀、由外禮闡發而出的禮樂道觀以及統觀、外王功用觀等儒家道統理論內涵及架構對於宋明儒道統論以及現代新儒家道統論的重建和創發具有不可或缺的學理意義。宋明儒道統論所涵括的理學、心學以及事功道統論，所完善的心性形上本體，以及嚴整、齊備的傳道譜系為現代新儒家道統論的道德的形而上學的重建、多元道觀並行不悖、新外王學說的構建等思想工程的順利施展準備了深厚、博大的理論淵源。可以說，梳理和回顧儒家道統論的歷史源流是二十世紀上半葉現代新儒家道統論研究的重要的一個環節。

## 第一節　原創時期──先秦儒家道統論

　　先秦時期是儒家道統論的原創時期。這包括自「秦王掃六合……收兵鑄金人」〔註1〕之時上溯至遠古，所涵上古、夏、商、西周以及春秋、戰國諸時期。此期可分為三期，第一期是道的草創時期，大致為自伏羲以迄唐虞這一長時段，此時就有「道」、「德」之實。第二期是道的成型期，此期周公制禮作樂以成周禮、周制，將道實體化為典籍、儀禮。第三期則是儒家道統論的原創時期，大致指春秋戰國時期，此期孔子整理、發明周禮、周制，而成內

---

〔註1〕李白：《古風五十九首‧秦王掃六合》，載自《唐詩鑒賞辭典》，上海辭書出版社，1983年，第201～202頁。

仁外禮複合型道觀，以為儒家道統之雛形。孟子承其內仁一義，並形成明確、清晰的傳道統緒，從而初創儒家道統論。孟子、荀子承孔子之後，分別以仁、禮為道。孟子內聖道統論的成形為宋明儒理學、心學道統論奠定了學理基礎，荀子所承禮樂外王道統論為宋明儒道統論事功派、現代新儒家道統論禮樂派的生發準備了理論前提。

## 一、背景分析——「天子失官，學在四夷」

先秦時期是中華道統論之道的生發與形成期，是儒家道統論的原創時期。遠古以迄先秦可分為三期，即上古以迄西周、西周以及春秋戰國。上古以迄西周為氏族部落聯盟的前國家形態，部落首領與聖哲合一。西周為封建政治，領主經濟，「宗周文化」，聖王合一。春秋戰國時期，是貴族政治發展至中央君主集權郡縣制的過渡期。封建領主經濟趨於沒落，地主經濟萌生、發展，此期文化則是「天子失官，學在四夷」，諸子紛呈其道觀。

道的草創時期指自三皇、唐虞以迄殷商之末，約千餘年以上不等的時期。此期尚未建國，大小部落分佈其間，代代相遞。「上古之世，人民少而禽獸眾，人民不勝禽獸蟲蛇。有聖人作，構木為巢以避羣害，而民悅之，使王天下，號曰有巢氏。民食果蓏、蚌、蛤，腥臊惡臭，而傷害腹胃，民多疾病。有聖人作，鑽燧取火，以化腥臊，而民說之，使王天下，號之曰燧人氏。中古之世，天下大水，而鯀、禹決瀆。近古之世，桀、紂暴亂而湯武征伐」〔註2〕這裏上古、中古、近古就是對這一時期的概括。又有一說：「民人食肉飲血，衣皮毛，至於神農，以為行蟲走獸難以養民，乃求可食之物，嘗百草之實，察酸苦之味，教民食五穀。……於是黃帝乃伐木構材，築作宮室，上棟下宇，以避風雨。……於是后稷乃列封疆，畫畔界，以分土地之所宜，闢土殖穀以用養民，種桑麻，致絲枲，以敝形體。……禹乃決江疏河，通之四瀆，致之於海，大小相引，高下相受，百川順流，各歸其所。……於是皋陶乃立獄制罪，縣賞設罰，異是非，明好惡，檢姦邪，消佚亂。」〔註3〕其中有巢氏、燧人氏、鯀、禹、桀、紂以及神農、黃帝、后稷、禹、皋陶皆為這一時期的故事、人物。

道的成型期則指文、武、周公至平王東遷洛邑之時這一時段，史稱西，

---

〔註2〕《韓非子・五蠹》。
〔註3〕《新語・道基》。

約三百年之久。封建天下即所謂分封建國，「有大政治家周公者，立大規畫以統一當時之所謂天下」。〔註4〕「命於下國，封建厥福」。〔註5〕其意是：天命之以天下，而大建其福。即天子受命於天，將土地、爵位分封於其親戚、子弟或功臣、部落，使之建立邦國，「封建親戚，以蕃屏周」，〔註6〕是指以諸侯之國拱衛周天子之國。至春秋戰國時期，封建體制鬆動，並漸趨瓦解，迨始皇出，「秦併天下，更古制，更井田而爲阡陌，廢封建而置郡縣，黜儒術而任名法」。〔註7〕道的成型期爲封建政治，領主經濟，「宗周文化」。〔註8〕梁啓超對此有一段論述：「凡思想之分合，常與政治之分合成正比例，國土隸於一王，則教學亦定於一尊，勢使然也。周室爲中央一統之祖，當其盛也，威權無外。……蓋思想言論之束縛甚矣。周既不綱，權力四散，遊士學者，各稱道其所自得以橫行於天下。不容於一國，則去而之他而已」。〔註9〕西周之時，官師合一，尚無私學。「周既不綱」則指下一時期──儒家道統論的原創時期。

儒家道統論的原創時期指平王東遷以迄秦代伊始這一時段，又稱春秋戰國時期。其間以《春秋》絕筆之年，即魯哀公十四年爲界，約五六百年之時期。平王被迫東遷，周室自此衰微，以至於唯餘天下共主之名，卻漸無征伐統攝之實。終致「封建之局破」，各國共推盟主，「以封建之結果，各地方分化發展」，遂成「貴族政治」。〔註10〕其後，「兼併盛行，存者殆不及二十國」，至戰國後期，「僅七國並立」。〔註11〕各國恃其武力而行霸政，以致作爲特等階層的世卿貴族漸趨消滅，「貴族政治」遂過渡爲「布衣卿相之局」。〔註12〕至六國滅，則成中央君主集權的郡縣制。

在此期間，「天下大亂，賢聖不明，道德不一」，〔註13〕「天子失官，學在四夷」，〔註14〕西周官學遂散在「四夷」，「天下多得一察焉以自好」，以至

〔註4〕梁啓超：《先秦政治思想史》，天津古籍出版社，2003年，第21頁。

〔註5〕《詩經集傳·商頌·殷武》。

〔註6〕《春秋左傳注疏·僖公二十四年》。

〔註7〕孫應祥：《嚴復年譜》，福建人民出版社，2003年，第110頁。

〔註8〕梁啓超：《先秦政治思想史》，天津古籍出版社，2003年，第21頁。

〔註9〕梁啓超：《論中國學術思想變遷之大勢》，中國人民大學出版社，2004年，第16頁。

〔註10〕梁啓超：《先秦政治思想史》，天津古籍出版社，2003年，第22頁。

〔註11〕梁啓超：《先秦政治思想史》，天津古籍出版社，2003年，第73頁。

〔註12〕梁啓超：《先秦政治思想史》，天津古籍出版社，2003年，第74頁。

〔註13〕《莊子·天下》。

〔註14〕《禹貢錐指》。

於「道術將爲天下裂」，種種學說林立，「皆有所長，時有所用」，但都「不該不偏」，均屬「一曲之士」。〔註15〕對於道的論述，諸子皆各持己見，但「其持之有故，其言之成理。」〔註16〕道家、儒家、法家、《管子》等諸學說流派都構建了其道統論，茲略述之，以明此期道論紛雜之勢。

老子、莊子道論是中華道統論史上創立最早、頗具形上本體意義的道論。老子之道是以自然、無爲爲其內涵。其道高而無上，大而無外，包羅萬象，可謂無所不容、無所不蓋、無所不載、無所不製。道爲天地萬物之最終根本，即形上本體。「道生一，一生二，二生三，三生萬物。萬物負陰而抱陽，沖氣以爲和」。〔註17〕二者，陰與陽也。三者，和、清、濁三氣也，分別對應天、地、人。天施、地化、人長養之，則萬物成矣。「人法地，地法天，天法道，道法自然」。〔註18〕人道與天道，講求天人合一，人當法地，安靜柔和，厚德載物。人當法天，長養萬物而不求回報。此天道即自然之道性也。如何法自然？「道常無爲」。〔註19〕即道以「無爲」爲其常也。籍此道觀，老子嚮往「小國寡民」，無爲而治。「道常無爲而無不爲，侯王若能守，萬物將自化，化而欲作，吾將鎮之以無名之樸。無名之樸，亦將不欲，不欲以靜，天下將自定。」〔註20〕侯王守此無爲之道，萬物將自化而效勞於己也。以不欲、清靜導化萬民，天下將自正定矣。「絕聖棄智，民利百倍；絕仁棄義，民復孝慈；絕巧棄利，盜賊無有」。〔註21〕他主張返三皇結繩之時，行絕仁棄義之尙，無詐僞亂眞之事，塞貪、權之門路，則民利生、其風淳樸、安寧和睦。以此自然道觀，無爲而治，遂構建其「小國寡民」〔註22〕之藍圖。

莊子承其後，認爲道自爲根本，超越時空，亦爲「神鬼神帝」之根本，且無所不在。莊子主張自然無爲，重天而輕人。「牛馬四足，是謂天；絡馬首，穿牛鼻，是謂人。故日：無以人滅天，無以故滅命，無以得殉名。謹守而勿

---

〔註15〕 《莊子·天下》。
〔註16〕 萬國崔：《荀子之「法後王」與「法先王」辨析》，臺北：《孔孟月刊》，第50卷1期。
〔註17〕 《老子·第四十二章》。
〔註18〕 《老子·第二十五章》。
〔註19〕 《老子·第三十七章》。
〔註20〕 《老子·第三十七章》。
〔註21〕 《老子·第十九章》。
〔註22〕 《老子·第八十章》。

失，是謂反其眞。」〔註23〕針對儒家之以仁義爲道，莊子指出，道「非所謂仁義之謂也，任其性命之情而已矣」。〔註24〕

　　先秦儒家道統的集大成者孔子崇尚周禮，集遠古以迄西周列聖列哲道論之大成，以內在之仁釋外在之禮，成內仁外禮複合型之道觀。主張「爲政以德」，即爲政者居仁復禮而施之者，德政也。孟子續孔子之道脈，明確提出儒家道統論。其承孔子內仁一義，以仁義爲其道觀。在孔子德政基礎上，孟子提出仁政，「仁政者以不忍之心，行推恩之政。……始於親親，極於愛物」。〔註25〕荀子接續孔子禮樂一脈，「集先秦禮論之大成」，〔註26〕以法釋禮，成其禮樂、法刑之道觀。

　　先秦法家以前期愼到、商鞅、申不害爲代表，後期則是由韓非集其大成。綜而論之，法家以法爲道，「以道爲常，以法爲本。本治者名尊，本亂者名絕。……而道法萬全，智慧多失。夫懸衡而知平，設規而知圓，萬全之道也」。〔註27〕並藉此反駁儒家道統論功用觀——仁政，認爲「言先王之仁義，無益於治」。〔註28〕

　　《管子》是齊國稷下學者的著述總集，其融合了各家道論，以仁義禮法爲道，「通之以道，畜之以惠，親之以仁，養之以義，報之以德，結之以信，接之以禮，和之以樂」。〔註29〕其道泯滅道家、儒家、法家諸道觀之異，而融彙諸子。

## 二、道的溯源——「文武時方泰，唐虞道可尋」

　　先秦道論淵源久遠，追根溯源，自伏羲以迄唐虞即有「道」、「德」之實，經文、武、周公制禮作樂以成周禮、周制。這正如唐代詩人武元衡有詩所云：「文武時方泰，唐虞道可尋」。〔註30〕道藏之於典籍，蘊之於儀禮。這爲後世孔子整理其精髓、集成儒家道統準備了理論前提。

---

〔註23〕　《莊子・秋水》。
〔註24〕　《莊子・駢拇》。
〔註25〕　蕭公權：《中國政治思想史》，新星出版社，2010年，第59頁。
〔註26〕　蕭公權：《中國政治思想史》，新星出版社，2010年，第70頁。
〔註27〕　《韓非子・飾邪》。
〔註28〕　《韓非子・顯學》。
〔註29〕　《管子・幼官》。
〔註30〕　武元衡：《奉酬中書李相公早朝於中書候傳點，偶書所懷》，《武元衡詩詞全集》。

## （一）「唐虞道可尋」

先秦儒家道統大成於孔子，孔子所爲，唯宗周耳。周公鑒殷承道以制禮，草創周禮、周制。然探本求源，早在上古時期的部落聯盟首領，諸如處戲、燧人、神農以及唐堯、虞舜等，在帶領部落成員生活、勞作以及抵禦自然災害的實踐活動中，就已積纍豐富的經驗，得到諸多教訓，經逐步總結、提煉，而爲天道、人道，並薪火相傳，代代相遞。

伏羲又名曰伏犧、處戲、伏戲、羲皇等。

> 處戲、燧人、神農謂之三皇。伏者，別也，變也。戲者，獻也，法也。伏羲始別八卦，以變化天下，天下法則咸伏貢獻，故曰伏羲也；燧人始鑽木取火，炮生爲熟，令人無復腹疾，有異於禽獸，遂天之意，故曰燧人也。神農，神者，信也，農者，濃也，始作耒耜，教民耕種，美其食，衣德濃厚若神，故爲神農也。〔註31〕

從文中可知：伏羲創八卦，爲中華人貢獻「天下法」。也可以說，在創造中華文明的遠古三皇之中，伏羲是道的開創者。此道並非僅爲儒家之道，而是後來諸子百家之道的眾流之源。「古者包羲氏之王天下，仰則觀象於天，俯則觀法於地，觀鳥獸之文，近取諸身，遠取諸物。於是始作八卦，以通神明之德，以類萬物之情」。〔註32〕遠古華夏人茹毛飲血，未有禮儀、綱紀。伏羲畫八卦，以天道比附人道，定五行，正人倫。儘管上古文獻不足，難以考證其實，然歷代中華道統論者均以伏羲等三皇所發之道爲中華道統之源。

唐虞三代社會歷來是中國士人心中的治世。梁啓超以此爲數千年之「郅治」，「立乎今日，以指疇昔，唐虞三代，若何之郅治」。〔註33〕孔子亦有「唐虞之際，於斯爲盛」〔註34〕的讚歎。唐虞者，唐堯虞舜之謂。唐虞三代即指稱由堯、舜所開創的堯、舜、禹三代約五百餘年之盛世，其間三代「禪讓」，政治清明，民人安樂，可謂德治、仁政之極。三代故事載之於六經，彰顯著中華道統之道，並薪火傳承。《孔子家語》通過宰我與孔子之問答、應對，記載了堯、舜、禹三帝之生平、美德以及功業。

---

〔註31〕　《古微書・（卷十七）禮緯》。
〔註32〕　《周易口義・繫辭上》。
〔註33〕　梁啓超：《梁啓超選集》，上海人民出版社，1984年，第122頁。
〔註34〕　《論語・泰伯》。

宰我曰：「請問帝堯？」孔子曰：「高辛氏之子，曰陶唐。其仁如天，其智如神。就之如日，望之如雲。富而不驕，貴而能降。伯夷典禮，龍夔典樂。舜時而仕，趨視四時。務先民始之，流四凶而天下服。其言不忒，其德不回，四海之內，舟輿所及，莫不夷說。」

宰我曰：「請問帝舜？」孔子曰：「喬牛之孫，瞽瞍之子也，曰有虞。舜孝友聞於四方，陶漁事親，寬裕而溫良，敦敏而知時，畏天而愛民，恤遠而親近。承受大命，依於二女，叡明智通，為天下帝。命二十二臣，率堯舊職，恭己而已。天平地成，巡狩四海，五載一始。三十年在位，嗣帝五十載。陟方岳，死於蒼梧之野，而葬焉。」

宰我曰：「請問禹？」孔子曰：「高陽之孫，鯀之子也，曰夏后。敏給克齊，其德不爽，其仁可親，其言可信。聲為律，身為度，亹亹穆穆，為紀為綱，其功為百神主，其惠為民父母，左準繩，右規矩，履四時，據四海，任皋繇、伯益以贊其治，興六師以征不序，四極民莫敢不服。」〔註35〕

故而，歷代儒家道統論者均以這三帝為上承伏羲等三皇之道，下啟湯、文、武、周公之道的重要一環。

### （二）發展——「文武時方泰」

湯武革命結束了上古時期氏族部落聯盟式的前國家形態，進而出現宗法封建國家形態。文、武開周，周公制禮，中國古代禮制至周代而大備，即形成系統的周禮。文、武、周公深感「天命靡常」〔註36〕、「殷鑒不遠」〔註37〕，提出「皇天無親，唯德是輔」〔註38〕，「敬德」、「保民」。文、武損益殷夏，周公制禮。「稽古之禮，不過三王。而師古之道，上及五帝，……然五帝之道，至堯、舜而明，三千之禮，至文王而備。」〔註39〕至周，三皇、三代之道已體系化、制度化，形成周禮、周制。荀子在《儒效》中以「文、武、周公」為「大儒」，讚美周公「以枝代主而非越也，以弟誅兄而非暴也，君臣易位而

〔註35〕《孔子家語‧五帝德》。
〔註36〕《毛詩注疏‧大雅》。
〔註37〕《毛詩注疏‧大雅》。
〔註38〕《尚書注疏‧周書》。
〔註39〕《禮記集說》。

非不順也。」就是說，能做到這些，當然「非聖人莫之能爲，夫是之謂大儒之效。」至於周制，則更是荀子所法之「王者之制」，認爲周代「衣服有制，宮室有度，人徒有數。喪祭械用皆有等宜。聲則凡非雅聲者舉廢，色則凡非舊文者舉息，械用則凡非舊器者舉毀。」〔註40〕可見，伏羲等三皇所開創的中華文明之道，歷唐虞三代，成千古「郅治」。中華之道至周而大備，遂成文建制，形成周禮、周制。基於此，後世仲尼集成道統，以仁釋禮，開其內仁外禮的複合型道觀。

## 三、道統大成——「克己復禮」

孔子是先秦儒家道統的集大成者，是儒家道統的開山聖哲。他上承三皇及堯、舜、禹和商湯、文、武、周公之道，整理典籍，發明經典，以仁釋禮，開創出先秦儒家內仁外禮的複合型道觀。

孔子在《論語》中表現出強烈的立道意識，即本源意識。孔子強調，君子凡事專用力於根本，「本立而道生，孝悌也者，其爲仁之本與。」〔註41〕德有本，本立則其道光大，其道行於家，而後及於萬物，即「親親而仁民」。爲人應務本尚質，「質直」、「後素」、「內本外末」。對於「士」之「達」、「聞」則以「本」、「末」界定之，「夫達也者，質直而好義。察言而觀色，慮以下人」，〔註42〕達者，指本也，德孚於人則行無不得。相反，「夫聞也者，色取仁而行違，居之不疑。」〔註43〕聞則是無本，聞與達，即誠、僞。立足於本，則內主忠信。偏重於聞，不務實而專務名。有失大本，則是僞。同時，孔子以「繪事後素」爲喻，認爲禮必以忠信爲質，猶繪事必以粉素爲先；進而，夫子讚賞狂者之爽直、質樸，「吾黨之小子狂簡，斐然成章」，略加「裁之」〔註44〕即可成就後學，以傳道後世。因此，不可因末而失本。

東周以前，政與道二合一體，即「由三代而上，治出於一，而禮樂達於天下；」〔註45〕王官之學作爲官師合一、政教合一的思想體系壟斷於王室。堯、舜、禹甚至文、武之時，政道合一，其間以道薪火相傳。至孔子接續其

---

〔註40〕《荀子・王制》。
〔註41〕《論語・學而》。
〔註42〕《論語・顏淵》。
〔註43〕《論語・顏淵》。
〔註44〕《論語・公冶長》。
〔註45〕《禮儀集編》。

道，已可歷數聖而成統，此即後世所說的道統。在《論語‧堯曰》的首章中，可見孔子集成先聖道統的思想努力。

> 堯曰：「咨！爾舜！天之曆數在爾躬。允執其中。四海困窮，天祿永終。」舜亦以命禹。曰：「予小子履，敢用玄牡，敢昭告于皇皇后帝：有罪不敢赦。帝臣不蔽，簡在帝心。朕躬有罪，無以萬方；萬方有罪，罪在朕躬。」周有大賚，善人是富。「雖有周親，不如仁人。百姓有過，在予一人。」謹權量，審法度，修廢官，四方之政行焉。興滅國，繼絕世，舉逸民，天下之民歸心焉。所重：民、食、喪、祭。寬則得眾，信則民任焉，敏則有功，公則說。〔註46〕

從這段文字中可得三點：1、歷代諸聖所承所傳之道為「允執其中」之「中」。2、傳承儒家之道的諸聖統緒為：堯、舜、禹、湯、文、武、周公。3、孔子所立儒家道統的功用觀為德政。憑此三點，可將孔子定位為先秦儒家道統的集大成者。具體而言。第一，儒家之道者，仁也。然「允執其中」之「中」與仁有何涉？其實，中者，義也；義者，仁也。中、義、仁，其實一也。「君子之於天下也，無適也，無莫也，義之與比」。〔註47〕「信近於義，言可復也；恭近於禮，遠恥辱也；因不失其親，亦可宗也」。〔註48〕義者，宜也，宜者，過猶不及也，中也。張岱年說，「義即當然的準則，而此當然準則之內容為何？實即是仁。仁便是人生之最高的當然準則。依義而行，實即是依仁而行。所以，在孔子，仁與義不是並立的二德，而只是一事。」〔註49〕《論語》中就有以義為本、為道的論述。「君子義以為質，禮以行之，孫以出之，信以成之，君子哉！」〔註50〕以義為制事之本，以義為道來定義君子之道；第二，這段文字明言堯、舜、禹三代，隱言湯、文、武、周公。「雖有周親，不如仁人」之「仁人」所指為文、武、周公等周室之仁人。朱子認為：「終篇具載堯舜咨命之言，湯武誓師之意，與夫施諸事者」。〔註51〕《論語》中有涉及孔子接續文武之道。「衛公孫朝問於子貢曰『仲尼焉學？』子貢曰：『文武之道未墜於地，在人。賢者識其大者，不賢者識其小者，莫不有文武之道焉。夫子焉不學？而亦何常

---

〔註46〕 《論語‧堯曰》。
〔註47〕 《論語‧里仁》。
〔註48〕 《論語‧學而》。
〔註49〕 張岱年：《張岱年文集》第二卷，清華大學出版社，1990年。
〔註50〕 《論語‧衛靈公》。
〔註51〕 《四書章句集注》。

師之有？』」〔註52〕第三，文中明示：「允執其中」，其用在行「四方之政」，以使「天下之民歸心」矣。從以上分析可知：《論語》對於先聖道統有大成、集結之功，因而，將孔子定位爲先秦時期中華道統的集大成者是毋庸置疑的。

周公制禮以承殷制，孔子宗周，「述而不作」，實則蘊作於述。孔子以仁釋禮，開創儒家內仁外禮複合型道觀。仁的思想是孔子內仁外禮複合型道觀的基石。

孔子構建了龐雜的仁學體系。「仁」在孔子道觀中有著重要的地位。據統計可知：「仁」字在《論語》中出現的次數共計爲一百零八次。「子曰：『參乎！吾道一以貫之。』曾子曰：『唯』。子出。門人問曰：『何謂也？』曾子曰：『夫子之道，忠恕而已矣。』」〔註53〕從這段孔子對曾子授教以及曾子與門人的對應中，可知儒家「一以貫之」的道的眞義，即「忠恕」。何謂「忠」、「恕」？朱子釋之：盡己之謂忠，推己之謂恕。「夫仁者，己欲立而立人，己欲達而達人。能近取譬，可謂仁之方也。」〔註54〕近取諸身，以自身的欲求轉喻之於他人，進而「立人」、「達人」，這是達仁之徑，即盡己而爲人謂之忠。「子貢問曰：『有一言而可以終身行之者乎？』子曰：『其恕乎！己所不欲，勿施於人。』」〔註55〕此即推己及於物，推己及於人謂之恕。「忠恕之道」就是以己之心度人之心，即「絜矩之道」：「所惡於上毋以使下；所惡於下毋以事上；所惡於前毋以先後；所惡於後毋以從前；所惡於右毋以交於左；所惡於左毋以交於右」。〔註56〕

孔子對於「仁之方」即「忠恕之道」不吝筆墨，析理入微，其旨在「仁」，「仁」即是孔子道觀的重要內涵之一，亦是儒家內聖心性之學的濫觴。何爲「仁」？《論語》中並無一定之義，「忠恕」爲「仁之方」，是抽象的原則，但其中具體該如何做以達道、達德、達仁。「樊遲問仁。子曰：『愛人』。」〔註57〕「『能行五者於天下，爲仁矣。』請問之。曰：『恭、寬、信、敏、惠。恭則不侮，寬則得眾，信則人任焉，敏則有功，惠則足以使人」。〔註58〕「弟子

〔註52〕《論語‧子張》。
〔註53〕《論語‧里仁》。
〔註54〕《論語‧雍也》。
〔註55〕《論語‧衛靈公》。
〔註56〕《禮記‧大學》。
〔註57〕《論語‧顏淵》。
〔註58〕《論語‧陽貨》。

入則孝，出則弟，謹而信，泛愛眾，而親仁」。〔註59〕愛人，愛眾，乃至愛萬物，如此而爲，則幾近於仁。

孔子以「仁」釋「禮」，而成「仁」、「禮」並重的道觀，內在道德修養與外王事功猶如琴瑟和奏，缺一不可。李澤厚說，「儒學生命力還不僅在它有高度自覺的道德理性，而且還在於他有能面向現實改造環境的外在性格」。〔註60〕「禮」是孔子道觀又一重要內涵，亦是儒家外王事功之學的濫觴。

孔子讚賞事功，認爲「管仲相桓公，霸諸侯，一匡天下，民到於今受其賜，微管仲，吾其被髮左衽矣。」〔註61〕孔子盛讚管仲事功，認爲若無管仲，民尚從夷狄之俗。至於其「非仁者與，桓公殺公子糾，不能死，又相之子，」則就次而論之了。進而，孔子對禹的汲汲進取、薄於自奉而勤勉於事的精神推崇備至，「禹，吾無間然矣。菲飲食，而致孝乎鬼神；惡衣服，而致美乎黻冕；卑宮室，而盡力乎溝洫。禹，吾無間然矣」。〔註62〕要求學人仕、學並進，外內皆顧，「仕而優則學，學而優則仕。」〔註63〕因此，孔子擇人，狂者僅次於理想化的中庸，而凌駕於狷者、鄉愿之上，「不得中行而與之，必也狂狷乎？狂者進取，狷者有所不爲也。」〔註64〕可見其重視「進取」。孔子以仁爲道，教人克己而行「忠恕」，愛人、愛眾、愛物，方能「親仁」。「克己復禮爲仁，一日克己復禮，天下歸仁焉。爲仁由己，而由人乎哉？」〔註65〕仁與禮猶內與外，即內「親仁」則外「復禮」。如何「克己復禮」？「非禮勿視，非禮勿聽，非禮勿言，非禮勿動」。〔註66〕孔子授顏淵以禮之目，其關乎個人日常「視」、「聽」、「言」、「動」。至於處事，則講求名正言順。「名不正則言不順，言不順則事不成，事不成則禮樂不興，禮樂不興則刑罰不中，刑罰不中則民無所措手足。」〔註67〕換言之，禮不復，不達仁。禮樂不興，天下豈能歸仁！由此可見，仁與禮非二物，實則一也，仁與禮在孔子道觀中須臾不可離。因此，孔子具有內仁外禮複合型道觀，是道一元論者。

---

〔註59〕《論語・學而》。
〔註60〕李澤厚：《中國古代思想史論》，天津社會科學院出版社，2004 年版，第 264 頁。
〔註61〕《論語・憲問》。
〔註62〕《論語・泰伯》。
〔註63〕《論語・子張》。
〔註64〕《論語・子路》。
〔註65〕《論語・顏淵》。
〔註66〕《論語・顏淵》。
〔註67〕《論語・子路》。

## 四、道統論初創——「如欲平治天下，當今之世，舍我其誰也？」

孔子道觀內仁外禮並重，孟子承其內仁，申之以義，遂發展爲仁義道觀。可以說，孟子是後世內仁型道觀的濫觴。同時，自孟子始，便有一種強烈的道統擔當意識，以及開始形成明確、清晰的傳道統緒。孟子以孔子之「德」、「仁」爲核心，構建其道統論功用觀——「仁政」說。因此可以說，儒家道統論自孟子而初備。或者說，孟子是儒家道統論的開創者。孟子對於儒家道統論的另一貢獻，就是對仁義心性形上本體的構建。

孟子承孔子內仁，並申之以義，遂發展爲仁義道觀。孟子之仁義道觀是後世內仁型道觀〔註68〕的濫觴。從孟子對仁、義、智、禮、樂的界定可知仁、義二者的核心地位。「仁之實，事親是也；義之實，從兄是也；智之實，知斯二者弗去是也；禮之實，節文斯二者是也；樂之實，樂斯二者，樂則生矣；」〔註69〕智、禮、樂只是「知」、「節文」、「樂」仁、義二者而已。「仁，人心也；義，人路也。舍其路而弗由，放其心而不知求，哀哉！人有雞犬放，則知求之；有放心，而不知求。學問之道無他，求其放心而已矣。」〔註70〕明仁義是人的內在心性訴求。人之爲人，乃至舜之爲聖，在於仁、義也。「人之所以異於禽獸者幾希，庶民去之，君子存之。舜明於庶物，察於人倫，由仁義行，非行仁義也。」〔註71〕茲特示仁義是根植於心的，是根本之道，而不是以仁義爲飾。唯其根於心，方爲「君子所性」，當以有德者稱之。「君子所性，仁義禮智根於心，其生色也，睟然見於面，盎於背，施於四體，四體不言而喻。」〔註72〕

自孟子始，便有一種強烈的道統擔當意識。並且，開始形成明確、清晰的傳道統緒。可以說，儒家道統論自孟子而初備。

> 孟子曰：「由堯、舜至於湯，五百有餘歲，若禹、皋陶，則見而知之。若湯，則聞而知之。由湯至於文王，五百有餘歲，若伊尹、萊朱，則見而知之。若文王，則聞而知之。由文王至於孔子，五百有餘歲，若太公望、散宜生，則見而知之。若孔子，則聞而知之。由孔子而來至於今，百有餘歲，去聖人之世，若此其未遠也。近聖

---

〔註68〕 內仁型道觀指諸如後世宋明儒道統論之理學、心學道觀以及現代新儒家道統論之心性派。
〔註69〕 《孟子‧離婁章上》。
〔註70〕 《孟子‧告子章上》。
〔註71〕 《孟子‧離婁章下》。
〔註72〕 《孟子‧盡心章上》。

人之居，若此其甚也。然而無有乎爾，則亦無有乎爾！」〔註73〕茲段文字爲歷代道統論者口誦心惟的經典段落。孟子於文中明確儒家道統統緒，並深懷儒家之道絕續之憂，認爲當下時、空條件均滿足，卻無「聞而知之」、「見而知之」者。然「仁者不憂」〔註74〕，孟子將「無有乎爾」之歎、「不豫色」之容化爲其豪邁的志士情懷。「五百年必有王者興，其間必有名世者。由周而來，七百有餘歲矣。以其數則過矣；以其時考之，則可矣。夫天未欲平治天下也，如欲平治天下，當今之世，舍我其誰也？吾何爲不豫哉？」〔註75〕由堯、舜、禹、湯、文、武以至孔子，道的傳承綿延有人。

從這可以看出：孟子以儒家道統接續者自任，並提出明確、清晰的傳道統緒：堯、舜、禹、湯、文、武、孔子。可以說，孟子是儒家道統論的開創者。正如有學者所論：「『道統』思想的首創，功在孟子」。〔註76〕「就孟子發展豐富了孔子的思想，尤其是他較爲明確地提出聖人之道傳授的統緒而言，孟子實開道統說之端緒。」〔註77〕

孟子以孔子之「德」、「仁」爲核心，構建其道統論的功用觀——「仁政」說。孟子首先指出：「道在爾而求諸遠，事在易而求諸難。人人親其親、長其長而天下平。」〔註78〕「親其親、長其長」即仁、義所爲，人人行道，則「天下平」矣。進而將此上陞到政治層面，「三代之得天下也以仁，其失天下也以不仁；國之所以廢興存亡者亦然，天子不仁不保四海，諸侯不仁不保社稷，卿大夫不仁不保宗廟，士庶人不仁不保四體。」〔註79〕仁義之道之行否關係社稷、宗廟、四體之安危、存亡。「桀紂之失天下也，失其民也；失其民者，失其心也。得天下有道：得其民，斯得天下矣；得其民有道：得其心，斯得民矣；得其心有道：所欲與之聚之，所惡勿施爾也。民之歸仁也，猶水之就下、獸之走壙也。……爲湯武驅民者，桀與紂也。」〔註80〕「德」可「保民而王，莫之能禦也」。根本在於王者之「不忍人之心」，以此心「刑於寡妻，

---

〔註73〕　《孟子·盡心章下》。
〔註74〕　《論語·子罕》。
〔註75〕　《孟子·公孫丑章下》。
〔註76〕　何曉明：《返本與開新——近代中國文化保守主義新論》，商務印書館，2006年，第52頁。
〔註77〕　蔡方鹿：《中華道統思想發展史》，四川人民出版社，2003年，第195頁。
〔註78〕　《孟子·離婁章上》。
〔註79〕　《孟子·離婁章上》。
〔註80〕　《孟子·離婁章上》。

至於兄弟，以御於家邦」，則「推恩足以保四海」。〔註81〕即所謂「以德服人者，中心悅而誠服也」。如此治國，則「使天下仕者皆欲立於王之朝；耕者皆欲耕於王之野；商賈皆欲藏於王之市；行旅皆欲出於王之塗；……其若是，孰能禦之？」〔註82〕具體來說，「五畝之宅，樹之以桑，五十者可以衣帛矣；雞豚狗彘之畜，無失其時，七十者可以食肉矣；百畝之田，勿奪其時，數口之家可以無饑矣；謹庠序之教，申之以孝悌之義，頒白者不負戴於道路矣」。〔註83〕王之待民，猶如「託其妻子」之友，「凍餒其妻子」則即「四境之內不治」。〔註84〕同時，輕刑薄賦。孟子以明納稅之必要而申其薄賦之義。「欲輕之於堯舜之道者，大貉小貉也；欲重之於堯舜之道者，大桀小桀也。」〔註85〕什一而稅，堯舜之道也。多則桀，寡則貉。對於布縷、粟米、力役三種賦稅，孟子告誡「君子用其一，緩其二。用其二而民有殍，用其三而父子離。」〔註86〕取之無度，則危及國本。

孟子上承孔子以德化民之風，亦倡「善教之得民」。認為「仁言不如仁聲之入人深也，善政不如善教之得民也。」因為「善政，民畏之，善教，民愛之。善政得民財，善教得民心。」〔註87〕以德齊禮，其仁德之昭著，感人尤深。要求人主兼亦為「百世之師」，如古之聖賢。

孟子之於儒家道統論的另一重要貢獻，即是其對於仁義心性的形而上本體之構建。孟子將定義為心性的仁、義、禮、智上陞為上天所賜，賦予仁義心性以形上之本體意義。「惻隱之心，仁也；羞惡之心，義也；恭敬之心，禮也；是非之心，智也。仁、義、禮、智，非由外鑠我也，我固有之也，弗思耳矣。故曰：『求則得之，舍則失之。』……《詩》曰：『天生蒸民，有物有則，民之秉夷，好是懿德。』」〔註88〕形下之心如何上達形上本體？「盡其心者，知其性也；知其性，則知天矣。存其心，養其性，所以事天也。殀壽不貳，修身以俟之，所以立命也」。〔註89〕盡心，知性，而知天。存心，養性，

---

〔註81〕《孟子·梁惠王章上》。
〔註82〕《孟子·梁惠王章上》。
〔註83〕《孟子·梁惠王章上》。
〔註84〕《孟子·梁惠王章下》。
〔註85〕《孟子·告子章下》。
〔註86〕《孟子·盡心章下》。
〔註87〕《孟子·盡心章上》。
〔註88〕《孟子·告子章上》。
〔註89〕《孟子·盡心章上》。

以事天。在子思「天命之謂性」的學理基礎上，孟子構建精微而不繁的下上通達，即由心上達於天的形上體系，旨在樹立心性或道的形上本體。

## 五、道觀流變——易、思、孟、荀

孔子集遠古以迄周公之道的大成，原創內仁外禮的複合型道觀，其後《易傳》、子思、孟子秉承內仁道觀，並將其道漸升為形上之本體。孟子以仁義為道，倡行仁政、王道。荀子繼孔子的外禮一脈，以禮樂法刑為其道觀，主張以「王霸雜用」治國。對於孟子初備的儒家道統論及其道觀、統觀、功用觀，前已盡述，茲不贅言。

### （一）一陰一陽謂之道

《易傳》是對六經之首《易經》的解釋和發揮，其中闡發了先秦儒家道論。首先，《易傳》提出「道」「器」之分，「形而上者謂之道，形而下者謂之器；……是故形象而上，則一陰一陽謂之道；形象而下，則書契、衣裳等謂之器。」〔註90〕將道的屬性歸為超越形象之上，道之內涵則是陰、陽二者。進而，將道與陰陽密切結合。《易傳》吸收了老子「道生一，一生二，二生三，三生萬物。萬物負陰而抱陽，沖氣以為和」〔註91〕的道觀，所不同的是，老子之道凌駕於陰陽之上，而《易傳》則是陰陽即道。「一陰一陽謂之道。繼之者善也，成之者性也。」〔註92〕《易傳》還將天之道對應於人之道，「立天之道曰陰與陽，立地之道曰柔與剛，立人之道曰仁與義」。〔註93〕此道即仁義是也。

《易傳》已列出有大致的傳道之統緒。「神以知來而傳於卦，知以藏往而歸於蓍。始終生成，出入變化，孰能與於此者？……夫伏羲、神農、黃帝、堯、舜其人也。是以明於天之道，而察於民之故」。〔註94〕此聖哲之人物譜系較之孔、孟、荀，已將伏羲、神農、黃帝尊列其首，對於後來儒家道統論統觀的構建起到一定的補充作用。

### （二）大學之道，在明明德

《大學》是六經之一的《禮記》中的一篇，相傳為子思之師曾子所作，

---

〔註90〕《周易傳注》卷五。
〔註91〕《老子·第四十二章》。
〔註92〕《周易注·繫辭上》。
〔註93〕《文公易說》卷十七。
〔註94〕《周易經傳集解》卷三十三。

其道得孔子之眞傳，後世道統論者將此列爲「聖經賢傳」。「子程子曰：『大學，孔氏之遺書，而初學入德之門也。』於今可見古人爲學次第者。獨賴此篇之存，而論、孟次之，學者必由是而學焉，則庶乎其不差矣」。〔註95〕朱子亦以此篇爲「孔氏之遺書」，其位列《論語》、《孟子》之上，可見《大學》對於儒家道統論的重要性。《大學》提出三綱領、八條目，涵蓋了孔子內仁外禮的複合型道觀。其以內仁爲本，可以說，《大學》是孟子創發先秦儒家道統論的理論淵源之一。

> 大學之道，在明明德，在親民，在止於至善。知止而後有定，定而後能靜，靜而後能安，安而後能慮，慮而後能得。物有本末，事有終始。知所先後，則近道矣。〔註96〕

> 古之欲明明德於天下者，先治其國。欲治其國者，先齊其家。欲齊其家者，先修其身。欲修其身者，先正其心。欲正其心者，先誠其意。欲誠其意者，先致其知。致知在格物。物格而後知至，知至而後意誠，意誠而後心正，心正而後身修，身修而後家齊，家齊而後國治，國治而後天下平。自天子以至於庶人，壹是皆以修身爲本，其本亂而末治者否矣。其所厚者薄，而其所薄者厚，未之有也。此謂知本，此謂知之至也。〔註97〕

這裏以明明德即修身爲本，以親民、至善即齊家、治國、平天下爲末，此亦即其道「明德」之功用觀。很顯然，「明德」爲仁義之道，即清明、純粹之德、仁，以之爲本體，發、明此本體而施之於行政，則爲德政、仁政，亦即王者之道。因此可以說，《大學》是孟子創發先秦儒家道統論的理論淵源之一。

### （三）誠者，天之道也

《中庸》相傳爲孔子之孫子思所作，孟子承其精義頗多。《中庸》對於儒家道統論的貢獻有二：第一，以中庸、中和思想來發展、完善孔子之「中」道。第二，對心性進一步形上化，以構建其「天命」或「誠」的形上本體。二者一也，中即性，性即天。以致於後世道統論者將《中庸》視爲「孔門傳授心法」，是儒家道統之道的心傳之法。

---

〔註95〕　《四書章句集注・大學章句》。
〔註96〕　《四書章句集注・大學章句》。
〔註97〕　《四書章句集注・大學章句》。

　　孔子以中庸爲至德，「中庸之爲德也，其至矣乎！民鮮久矣。」〔註98〕指出堯、舜、禹、文、武、周公所口授心傳之道即「中」，「允執其中」。〔註99〕孔子強調中的運用。「子貢問：『師與商也孰賢？』子曰：『師也過，商也不及。』曰：『然則師愈與？』子曰：『過猶不及』」。〔註100〕過與不及皆非善者，主張無過、無不及的中正。「質勝文則野，文勝質則史，文質彬彬，然後君子」。〔註101〕儘管孔子尙本，與其史也寧野，卻仍以中爲君子之道。何謂「中」？「不偏之謂中，不易之謂庸。中者，天下之正道，庸者，天下之定理。」〔註102〕不偏不倚，無過而不及，即所謂中正是也。「不易」爲庸，常也。中庸者，正常也。《中庸》將孔子「中」道詳盡闡發，提出「致中和」。「喜怒哀樂之未發，謂之中；發而皆中節，謂之和。中也者，天下之大本也，和也者，天下之達道也。致中和，天地位焉，萬物育焉。」〔註103〕如此則將「中」與「喜怒哀樂」之性聯繫起來，唯性之「中」方能「和」，一中一和，則可成物成事。同時，中庸亦涵有「時中」之義，「君子中庸，小人反中庸。君子之中庸也，君子而時中，小人之反中庸也，小人而無忌憚也。」〔註104〕「時中」只是「中」道在時候、時機上的恰如其分。若以「中」道行政，則是舜之所爲。「舜其大知也與，舜好問而好察邇言，隱惡而揚善。執其兩端，用其中於民，其斯以爲舜乎！」〔註105〕此「中」道即是「仁義」之道的無過無不及。

　　《中庸》對於儒家道統論的另一貢獻就是對道的形上化，構建天人合一的形上體系。「君子不可以不修身，思修身，不可以不事親；思事親，不可以不知人；思知人，不可以不知天」。從修身上達至知天。《中庸》視至誠爲天道，以誠爲則，中道而行，則爲人道矣。「唯天下至誠，爲能經綸天下之大經，立天下之大本，知天地之化育」。「誠者，天之道也。誠之者，人之道也。誠者，不勉而中，不思而得，從容中道，聖人也。誠之者，擇善而固執之者也」。天人合一，天道即人道。「道不遠人，人之爲道而遠人，不可以爲道」。進而，《中庸》引入「天命」的概念以安頓「誠」，「天命之謂性，率性之謂道，修

〔註98〕　《論語・雍也》。
〔註99〕　《論語・堯曰》。
〔註100〕　《論語・先進》。
〔註101〕　《論語・雍也》。
〔註102〕　《四書章句集注・中庸章句》。
〔註103〕　《四書章句集注・中庸章句》。
〔註104〕　《四書章句集注・中庸章句》。
〔註105〕　《四書章句集注・中庸章句》。

道之謂教。道也者,不可須臾離也;可離,非道也。」「自誠明謂之性,自明誠謂之教。誠則明矣,明則誠矣」。可見:至誠是天命之性,率性即是誠者從容中道而行,修道則由明而誠。至誠者成己則爲仁,成物爲知,亦即中則能和,和而成己、成物。「誠者,非自成己而己也,所以成物也。成己,仁也;成物,知也,性之德也」。如此一來,教、道、仁、義以誠、性爲介上達天命,所謂下學而上達矣。「唯天下之至誠,爲能盡其性,能盡其性,則能盡人之性;能盡人之性,則能盡物之性;能盡物之性,則可以贊天地之化育;可以贊天地之化育,則可以與天地參矣」。〔註106〕後聖孟子「盡其心者,知其性也;知其性則知天矣」就是對於這一思想的一脈相承。

《中庸》對於儒家之道的起源、聖人傳承統緒以及道的功用亦略有闡述。「君子之道,本諸身,徵諸庶民,考諸三王而不謬,建諸天地而不悖,質諸鬼神而無疑,百世以俟聖人而不惑。質諸鬼神而無疑,知天也;百世以俟聖人而不惑,知人也。是故君子動而世爲天下道,行而世爲天下法,言而世爲天下則」。聖人以其身而行天人合一,所持之道爲天下之法則。「仲尼祖述堯、舜,憲章文、武;上律天時,下襲水土」。〔註107〕這裏充分肯定孔子對於中華道統的貢獻。

### (四)禮樂正其盛者也

荀子秉承周孔禮樂外王一脈,闡發外王事功之道,在孔子進取於事功方面縱深拓展,獨樹一幟,勉人爲學,以「制天命而用之」,構建其以禮、法爲道的儒家道統論,而成爲後世外王事功道觀的主要開創者之一。荀子對於道的傳承的統緒可具體歸納爲:伏羲、堯、舜、禹、文、武、周公、仲尼、子弓。荀子之道施之於政治的功用,可用「王霸雜用」一語以概括,這是「禮法並重」道觀的政治功用。

荀子「禮、義」說以「禮」爲基點,以「樂、法」左右相輔。對於近古之周禮、周制,荀子推崇備至,認爲其「衣服有制,宮室有度,人徒有數,;喪祭械用皆有等宜。」〔註108〕,並且「聲則凡非雅聲者舉廢,色則凡非舊聞者舉息,械用則凡非舊器者舉毀。」唯如此方稱爲「王者之制也。」〔註109〕

---

〔註106〕《四書章句集注·中庸章句》。
〔註107〕《四書章句集注·中庸章句》。
〔註108〕《荀子·王制》。
〔註109〕《荀子·王制》。

在荀子看來，禮是其所承的三代以至周、孔之道，「道也者，何也？曰：禮、讓、忠、信是也」。〔註110〕讓、忠、信三者皆是依禮而行，禮於斯四者居其中，禮是核心。「先王之道，仁人隆也，比中而行之。曷謂中？曰：『禮義是也』。」〔註111〕可見，禮是荀子所承續的「先王之道」。何謂禮？「禮者，貴賤有等，長幼有差，貧富輕重皆有稱者也。」〔註112〕「禮者，節之準也。程以立數，禮以定倫，德以敘位，能以授官，」〔註113〕「禮者，法之大分，纇類之綱紀也。」〔註114〕禮爲典法之大分。在此，「法」是「禮」的衍生物，亦是荀子在特定時勢之下賦予儒家之道的創發之義。「水行者表深，使人無陷。治民者表亂，使人無失。禮者，其表也，先王以禮表天下之亂。」〔註115〕因此，從某種意義上說，荀子之道是「禮法並重」的。

作爲後聖的荀子對於子思、孟子之說頗有微詞，這體現此先秦儒家內聖與外王道觀的差異性。荀子指責孟子：

> 略法先王而不知其統，猶然而材劇志大，聞見雜博，案往舊造說，謂之五行。甚僻違而無類，幽隱而無說，閉約而無解，案飾其辭而祗敬之，曰：此眞先君子之言也。子思唱之，孟軻和之，世俗之溝猶瞀儒，嚾嚾然不知其所非也，遂受而傳之，以爲仲尼、子游爲茲厚於後世，是則子思、孟軻之罪也。〔註116〕

既伐「子思、孟軻之罪」，則必有其異。孟、荀之別，在本質上，是二者道觀上之異，即爲內仁與外禮之別。孔子以內仁釋周禮，復古而有新，創內仁外禮之複合型儒家道觀，而成儒家內聖外王之道之濫觴。孟子承曾子、子思內仁之道，以仁義爲其道觀。荀子承周孔禮樂外王一脈，以禮樂法刑爲道。兩者道觀是同源異脈之別。

統觀亦可稱爲「法先王」的人物序列。荀子是首位提出「法後王」的聖哲，因此有必要略論荀子之「法先王」與「法後王」，以明其道的統緒。總的來說：荀子「法後王」是託法近世之「先王」，而改其今王之制爲「王霸雜用」

---

〔註110〕《荀子・強國》。
〔註111〕《荀子・效儒》。
〔註112〕《荀子・富國》。
〔註113〕《荀子・致仕》。
〔註114〕《荀子・勸學》。
〔註115〕《荀子・大略》。
〔註116〕《荀子・非十二子》。

之道，以爲「後王」之「表」。也可以說，荀子是表「先」裏「後」，託先王之「禮」，而立後王之「法」。〔註117〕可見，荀子亦是「法先王」的，即是有其道的統觀。然其統如何？荀子上崇堯、舜，指出：「不知而問堯、舜，無有而求天府。先王之道，則堯、舜已。」〔註118〕「請成相，道聖王，堯、舜尚賢身辭讓，……堯讓賢，以爲民，泛利兼愛德施均，辯治上下，貴賤有等明君臣。堯授能，舜遇時，尚賢推德天下治。」〔註119〕荀子在《非十二子》中更明確地提出舜、禹、仲尼、子弓爲可法之先聖。

> 若夫總方略，齊言行，一統類，而群天下之英傑而告之以太古，教之以至順，奧穾之間，簟席之上，斂然聖王之文章具焉，佛然平世之俗起焉，則六說者不能入也，十二子者不能親也，無置錐之地而王公不能與之爭名，在一大夫之位則一君不能獨畜，一國不能獨容，成名況乎諸侯，莫不願以爲臣，是聖人之不得勢者也，仲尼、子弓是也。一天下，財萬物，養長生民兼利天下，通達之屬莫不服從，六說者立息，十二子者遷化，則聖人之得勢者，舜、禹是也。今夫仁人也，將何務哉？上則法舜禹之制，下則法仲尼、子弓之義，以務息十二子之說，如是則天下之害除，仁人之事畢，聖王之跡著矣。〔註120〕

同樣，荀子對於文、武、周公的推崇不讓孔、孟。在《儒效》中更是以「文、武、周公」爲「大儒」，讚美周公「以枝代主而非越也，以弟誅兄而非暴也，君臣易位而非不順也。」且「文、武之道同伏戲。」〔註121〕文王、武王與始畫八卦、造書契的伏羲同道，上下相承。因此，荀子對於道的傳承的統緒可具體歸納爲：伏羲、堯、舜、禹、文、武、周公、仲尼、子弓。

持禮樂道觀，施之於政，則民和齊而國強。「先王之道，禮樂正其盛者也，……夫聲樂之入人也深，其化人也速。故先王謹爲之文。樂中平則民和而不流，樂肅莊則民齊而不亂，民和齊則兵勁城固，敵國不敢嬰也，如是則百姓莫不安」。〔註122〕荀子之道施之於政治的功用，可用「王霸雜用」一語以

---

〔註117〕萬國崔：《荀子之「法後王」與「法先王」辨析》，臺北：《孔孟月刊》，第50卷1期。
〔註118〕《荀子‧大略》。
〔註119〕《荀子‧成相》。
〔註120〕《荀子‧非十二子》。
〔註121〕《荀子‧成相》。
〔註122〕《荀子‧樂論》。

概括，這是「禮法並重」道觀的政治功用。「禮者，治辯之極也，強國之本也，威行之道也，功名之揔也，王公由之所以得天下也，不由所以隕社稷也。」〔註123〕強調禮對於社稷安危之重要性。基於孔子之「禮」而傾向於「道之以政，齊之以刑」，〔70〕主以禮、法治國，王、霸雜用。王道即「義立而王」，其具體而言：「行一不義、殺一無罪而得天下，仁者不為也，」〔註124〕一同為政之人，皆「義士也」；「之所以為布陳於國家刑法者，則舉義法也」；「主之所極然帥群臣而首嚮之者，則舉義志也。」即不懷不義之志。如此「以國齊（濟）義」，方能「天下為一，諸侯為臣，通達之屬莫不從服」。榜樣就是湯、武，這是「法古」之效。霸道則是除了以武力服人之外，還要「信立而霸」。與王道相比，其「德雖未至也，義雖未濟也，然而天下之理略奏矣」，其中也有德義，略行王道。然而主要的還是「刑賞己諾，信乎天下矣，」就是要做到「與其有諾責，寧有己怨」〔註125〕，以此與齊、桓之「霸」相別論。王、霸兩者的兼備，即「王霸雜用」才是荀子的理想政治觀。〔註126〕

## 六、特徵──內外兼重、一源二流

道統論的理論構成包括道觀、統觀以及功用觀或外王說三者，道觀是指論者對於道的看法，以何為道的學說，是道統論的核心理論部分。統觀則是論者所崇尚、宗法的道的先聖序列。功用觀或外王說是指道之用於政、學的學說。先秦儒家道統論是由孔子集成伏羲等三皇以迄文、武、周公歷代相承之道，並發明仁之一義，成其內仁外禮之道觀；孟子上承孔子、子思內仁道觀，申之以義，以仁義為其道觀；荀子道觀可歸為禮法二字，是對孔子外禮一脈的繼承與闡發。孔、孟、荀所宗之道統序列大致可為：伏羲、堯、舜、禹、文、武、周公、仲尼、子弓。在道之外王學說方面，孔子主張德政，為政以德，則無為而成。孟子強調仁政，行王道，以其「不忍人之心」，「保民而王」。荀子則以禮法並重之道行「王霸雜用」之政。

從本章的論述和分析中可以看出，先秦儒家道統論具有二個基本特徵：即內外兼重、一源二流。內外兼重即指此期道統論在內聖與外王兩路均有一

〔註123〕《荀子·議兵》。
〔註124〕《荀子·王霸》。
〔註125〕《論語全解·顏淵》。
〔註126〕萬國崔：《荀子之「法後王」與「法先王」辨析》，臺北：《孔孟月刊》，第50卷第1期。

定的發展。這一方面體現在思孟一派以仁義爲其道觀，並力圖將其構建爲形而上之本體。荀子以禮爲道，承周孔禮樂外王之道脈；另一方面則體現在此期道統論者均著力於外王功用學說的構想，紛紛提出「德政」、「仁政」或是「王道」、「王霸雜用」等政治主張。一源二流則是針對先秦道統論演變的歷史軌跡而言的，伏羲以迄孔子均爲儒家之道的一源，是儒家道統論的主要的思想淵源。孟、荀則爲其內、外二支流。此一格局是與後來兩個道統論時期所不同的。

先秦儒家道統論是儒家道統論的原創階段理論，先秦聖哲們篳路藍縷、闢除榛莽，開仁、禮即內聖、外王道觀之端緒。思、孟一派心性道統論的成熟爲宋明儒理學、心學道統論奠定了理論基礎，荀子所承周孔外王一脈的禮樂道統論爲後世事功派所繼，其伏流不斷，爲現代新儒家道統論的多元發展提供了理論淵源；同時，完備的道統論理論結構亦是先秦儒家道統論的一大貢獻，使得後世道統論延綿流長、傳承不輟。然而，從學理層面上說，唐宋以降儒家道統論「內聖強而外王弱」之弊則自思、孟始。先秦道統論之流即有是「內聖強而外王弱」之跡象，內聖一脈有《易傳》、《大學》、《中庸》、孟子之流承其源，並初成形上之本體，其道觀亦日臻大備，體系遂成；而周孔外王一脈僅荀子以禮法相承，其道略傾於法則出於儒，而流爲法家之端緒。因此可以說，思、孟一派道統論的大備爲唐宋以降儒家道統論傾於「內聖強而外王弱」的發展方向萌育了幼芽。

## 第二節　流變時期——唐宋以降儒家道統論

唐宋以降儒家道統論時期是指中唐至明末，即從公元八世紀末到公元十七世紀這一時期。在經歷了兩晉、南北朝大分裂政局以及短暫的隋朝之後，中央君主集權下的郡縣制大一統局面又重新登臺，土地地主所有制經濟在李唐時代得以鞏固。「安史之亂」後，經歷近一百四十年的興盛時期的李唐皇朝開始走向衰微。分裂亂局以及李唐「三教並行」的文化政策使得釋、道二教得以空前發展，中國化佛教內部各派紛呈。韓愈以《原道》接續先秦時期儒家道統，開創儒家道統論宋明儒時期的新局面。二程是此期道統論發展的一個重要環節，其承接思孟一派之道脈，以天理爲形上本體。並完善「心傳」理論，以《中庸》爲「孔門傳授心法」。同時，以王安石、

陳亮、葉適爲代表的事功派，持禮、法爲道，倡言「功利爲的」。朱子集注「四書」，闡發義理，集唐宋以降儒家道統論之大成。其上承二程「孔門傳授心法」，並進一步闡發「十六字心訣」之說。其後，陸九淵以心論道，將作爲形上本體的倫常之道主體於心，主張心性合一。王守仁以「致良知」成說，完成宋明儒理學道統論向心學道統論的突破與流變，爲儒家心學道統論的集大成者。宋明儒道統論具有狹隘的排他性、內聖強而外王弱兩個基本特徵。此期道統論所承繼和發展的三種道觀爲現代新儒家道觀多元化奠定了理論基礎。

## 一、背景分析——「道濟天下之溺」

　　梁啓超云：「凡思想之分合，常與政治之分合成正比例，……勢使然也」。〔註127〕政治之勢勢必致「思想之分合」。唐宋以降儒家道統論具有深厚的時代背景。自五胡亂華致公元 317 年晉室南渡以來，中國大局始分南北，各自發展。北方：五胡十六國在約七十年後歸一於北魏拓跋氏，再歷近一百五十年之後則分裂爲東魏、西魏，此後，僅二十年遂分別被北齊、北周所替代；南方：東晉在近百年之後，宋、齊、梁、陳相爲更替。公元 581 年北周大將楊堅篡北周以立。楊堅橫掃南北，中國始又重歸爲一。自東晉與十六國至此時統一，經歷計約二百年的大分裂時期，史稱南北朝時期。隋立二世而沒，取而代之的李唐皇朝經歷近一百四十年、史稱「貞觀之治」、「永徽之治」、「開元之治」的興盛時期之後，因藩鎮割據、宦官專權、朋黨傾軋，且土地兼併嚴重等各種因素，終致八年之久的藩鎮兵亂，史稱「安史之亂」。此後百餘年，李唐王朝步入衰敗時期。從經濟上看，先秦領主經濟瓦崩於春秋戰國時期，自秦漢以來，封建土地制漸趨沒落，至隋唐已爲地主制所代替。唐代韓愈在此期應時運而生。

　　歷東晉與十六國、南朝與北朝的大分裂時期之後，自東漢明帝傳入中國的佛教應戰亂之勢而廣爲傳播。道教在此期亦已日臻成熟，影響頗深。自漢以來，被神化、工具化的儒學日漸衰微，至南北朝時期，中國思想界已漸成儒、釋、道三教並行及衝突的局面。中國歷史上三次滅佛事件，此期則有其二，第三次則是唐中葉武宗滅佛。唐代伊始，太宗令孔穎達以「疏不破注」

---

〔註127〕梁啓超：《論中國學術思想變遷之大勢》，中國人民大學出版，2004 年，第 16 頁。

爲則撰寫《五經正義》，令顏師古考定《五經》文字，撰寫《五經定本》，以期終結今、古文經之爭以及鄭、王學之爭。然以出世爲義的釋、道二教亦佔據意識形態領域，與儒學相與爭鋒。二教干政攬權，上下其手，利用政權爭奪教權，終致太宗「興道抑佛」、武則天「興佛抑道」、中宗「興道抑佛」、武宗滅佛等等，不一而足。在此時興時抑的宗教鬥爭中，佛教獲得長足發展。南北朝之初，佛教即步入中國化的新時代，至唐初，已成就天台宗、淨土宗、法相宗、華嚴宗、禪宗等中國佛教宗派，有所謂「教下三家，教外別傳」之說，此「三家」即指天台、法相、華嚴，「別傳」則是指禪宗。中國化佛教之教理發展到禪宗，已至其極，禪宗強調無拘無束，解脫無礙，時人多受薰染，禪宗的影響遠盛於儒學。然其「參話頭」讓人自己參悟，鄙棄經卷而捕風捉影，以致墮爲狂禪。又自南北朝以來，興起於漢的駢文盛行，其流於排偶、辭藻、聲律、典故之形式而忽視內容，其華麗、雕彩而無實用，故唐前期即有宗經明道、改革文弊之先聲。「唐宋八大家」之一的韓愈、柳宗元等，遂揭櫫「復古」之幟，興起古文運動，明確提出「文以載道」、「文以明道」的口號，強調道先於文、文道合一。蘇軾對韓愈就有「文起八代之衰，道濟天下之溺」的讚語。至此，儒家之「道」已被推至時代的風口浪尖，新的儒家道統論呼之欲出，即將登臺。

## 二、接續道統——「明先王之道以道之」

韓愈以《原道》標立道統之說，接續先秦時期儒家道統，開創唐宋以降儒家道統論時期的新局面。韓愈對於儒家道統的貢獻有三點：1、自任接續唐虞三代以迄西漢揚雄的儒家道統，開唐宋以降儒家道統論時期的新局面；2、賦予所承之道以內仁定位，其道爲思孟一派的仁義之道；3、定立唐宋以降儒家道統論「內聖強而外王弱」的基調，立足於「教」、「學」言儒家道統，這一點表現爲其對於異端邪說的誅伐。

韓愈自命爲楊雄之後、承續儒家道統的第一人。他說道：

> 漢氏以來，群儒區區，修補百孔千瘡，隨亂隨失，其危如一髮引千鈞，綿綿延延，寖以微滅。於是時也，而唱釋老於其間，鼓天下之眾而從之。嗚呼！其不仁甚矣！釋老之害過於楊墨。韓愈之賢不及孟子，孟子不能救之於未亡之前，而韓愈乃欲全之於已壞之後。嗚呼！其亦不量其力且見其身之危，莫之救以死也。雖然，使其道

> 由愈以粗傳，雖滅死萬萬無恨！天地鬼神臨之在上，質之在旁，又
> 安得因一摧折，自毀其道以從於邪也。〔註128〕

這是說，自漢以來，儒家道統時斷時續，千鈞一髮。韓愈深懷儒家道統存亡
絕續的憂思，以孟子之才、任自喻，明志以濟「一發引千鈞」之危，以使儒
家道統「由愈以粗傳」，「群儒」不致「從於邪也」。韓愈強調，其所傳之道上
承唐虞三代、文、武、周公以迄孔、孟。

> 　　斯吾所謂道也，非向所謂老與佛之道也。堯以是傳之舜，舜以
> 是傳之禹，禹以是傳之湯，湯以是傳之文、武、周公，文、武、周
> 公傳之孔子，孔子傳之孟軻，軻之死，不得其傳焉。荀與揚也，擇
> 焉而不精，語焉而不詳。由周公而上，上而爲君，故其事行。由周
> 公而下，下而爲臣，故其說長。〔註129〕

其道在周代以上，以聖事顯，在周代以下由孔孟成其說。「己之道，乃夫子、
孟軻、揚雄之所傳之道也。」〔註130〕然至「荀與揚」已不詳備，頗失其精義。
傳道之艱辛也絕非尋常。「自文王沒，武王、周公、成、康相與守之，禮樂皆
在及至乎，夫子未久也。自夫子而至乎孟子，未久也。自孟子而至乎揚雄，
亦未久也。然猶其勤若此，其困若此，而後能有所立，吾其可易而爲之哉？
其爲也易，則其傳也不遠，故余所以不敢也」。〔註131〕並且，自揚雄以下，六
百餘年，道、釋二氏風靡華夏，其根至深，其波甚廣，憾之不易。「今夫二氏
行乎中土也，蓋六百年有餘矣。其植根固，其流波漫，非所以朝令而夕禁也。」
〔註132〕韓愈自感承道之艱難，然「知者不惑，仁者不憂，勇者不懼。」〔註133〕
「天不欲使茲人有知乎，則吾之命不可期。如使茲人有知乎，非我其誰哉？」
〔註134〕天命所歸，韓愈以孔孟道統的承續者自任，表現出強烈的、有如孟子
「如欲平治天下，當今之世，舍我其誰也」〔註135〕的時代擔當感。

先秦儒家道統論至孔子後，流分二端：思孟一脈以仁義爲道，荀子則承
周孔禮樂外王一脈，以禮法爲道。韓愈遙承孔孟之道，其道爲何？「夫所謂

〔註128〕《五百家注昌黎文集・與孟簡尚書書》。
〔註129〕《五百家注昌黎文集・原道》。
〔註130〕《五百家注昌黎文集・重答張籍書》。
〔註131〕《五百家注昌黎文集・重答張籍書》。
〔註132〕《五百家注昌黎文集・重答張籍書》。
〔註133〕《論語・子罕》。
〔註134〕《五百家注昌黎文集・重答張籍書》。
〔註135〕《孟子・公孫丑章下》。

先王之教者，何也？博愛之謂仁，行而宜之之謂義，由是而之焉之謂道，足乎足無待於外之謂德。」〔註136〕韓愈所傳之道是思孟一脈仁義之道，他秉承孔子仁者「愛人」〔註137〕之精義，而成其仁、義、道、德。「仁與義爲定名，道與德爲虛位。」〔註138〕其所定義的道、德只是一種載體或外在的形式，可稱爲與釋、道二氏對壘誅伐的理論平臺。「故道有君子有小人，而德有凶有吉。老子之小仁義，非毀之也，其見者小也。……其所謂道，道其所道，非吾所謂道也。其所謂德，德其所德，非吾所謂德也。凡吾所謂道德云者，合仁與義言之也，天下之公言也。老子之所謂道德云者，去仁與義言之也，一人之私言也。」〔註139〕可見，韓愈是以仁義爲儒家之道。

孔子道統論功用觀可以「德政」概之，孟子則以「仁政」爲其功用觀，荀子則「王霸雜用」矣。韓愈承孔孟內仁道統，立足於「教」、「學」以言道，而無明確的政治功用觀。這體現在他對於異端邪說的誅伐。從這個意義上說，韓愈接續儒家道統，也成爲唐宋以降儒家道統論「內聖強而外王弱」特色的主要成因之一。

如孔孟對於楊墨之流的駁斥，韓愈視老、釋二氏之論爲「奸言」、「邪說」，認爲其「欺惑愚眾」〔註140〕，痛感「釋老之害過於楊墨」。〔註141〕

> 周道衰，孔子沒。火於秦，黃老於漢，佛於晉、魏、梁、隋之間。其言道德仁義者，不入於楊，則入於墨；不入於老，則入於佛。入於彼，必出於此。入者主之，出者奴之；入者附之，出者污之。噫！後之人其欲聞仁義道德之說，孰從而聽之？老者曰：「孔子，吾師之弟子也。」佛者曰：「孔子，吾師之弟子也。」爲孔子者，習聞其說，樂其誕而自小也，亦曰：「吾師亦嘗師之云爾。」不惟舉之於其口，而又筆之於其書。噫！後之人，雖欲聞仁義道德之說，其孰從而求之？甚矣！人之好怪也，不求其端，不訊其末，惟怪之欲聞。〔註142〕

---

〔註136〕《五百家注昌黎文集‧原道》。
〔註137〕《論語‧顏淵》。
〔註138〕《五百家注昌黎文集‧原道》。
〔註139〕《五百家注昌黎文集‧原道》。
〔註140〕《荀子‧非十二子》。
〔註141〕《五百家注昌黎文集‧與孟簡尚書書》。
〔註142〕《五百家注昌黎文集‧原道》。

這說明：二氏混淆視聽，使時人以及後世之人不得而聞儒家仁義之說。對於「聖人不死，大盜不止。剖鬥折衡，而民不爭」之語，韓愈予以駁斥，指出：「如古之無聖人，人之類滅久矣。何也？無羽毛鱗介以居寒熱也，無爪牙以爭食也。」君、臣、民當各守其分。「君者，出令者也；臣者，行君之令而致之民者也；民者，出粟米麻絲，作器皿，通貨財，以事其上者也。」〔註 143〕他指責釋氏「焚頂燒指，百十爲羣，解衣散錢。自朝至暮，轉相仿傚，惟恐後時，老少奔波棄其業次。若不即加禁遏，更歷諸寺，必有斷臂臠身以爲供養者，傷風敗俗，傳笑四方，非細事也。夫佛本夷狄之人，與中國言語不通，衣服殊制，口不言先生之法言，身不服先王之法服，不知君臣之義、父子之情。」〔註 144〕鑒於此情此狀，「不塞不流，不止不行。人其人，火其書，廬其居。明先王之道以道之。」〔註 145〕唯有如此，方能光大儒家道統，剋制二氏之弊。

## 三、道統論發展——「道心天理」與禮樂爲道

### （一）「道心天理」

　　北宋程顥、程頤兄弟，史稱爲二程。二程是唐宋以降儒家道統論發展史上的兩位重要人物。其道統論上承韓愈所啓唐宋以降儒家道統論之端緒，下啓朱子、陸、王。二程承接思孟一派所構建的道之形上本體的雛形，提升韓愈仁、義之道爲形上本體，創建以五常、五倫爲天理的形上本體。二程運用並完善先秦《中庸》之道的「心傳」理論，籍此來論證中斷「千四百年之後」的儒家道統之可接續性，並以此爲「孔門傳授心法」。

　　程顥逝後，其弟程頤爲其書墓誌銘曰：

　　　　周公沒，聖人之道不行。孟軻死，聖人之學不傳。道不行，百世無善治。學不傳，千載無眞儒。無善治，士猶得以明夫善治之道，以淑諸人，以傳諸後；無眞儒，天下貿貿焉莫知所之，人欲肆而天理滅矣。先生生千四百年之後，得不傳之學於遺經，志將以斯道覺斯民。天不慭遺，哲人早世。鄉人士大夫相與議曰：道之不明也久矣。先生出，揭聖學以示人，辨異端，辟邪說，開歷古之沉迷，聖人之道得先生而復明，爲功大矣。〔註 146〕

〔註 143〕《五百家注昌黎文集·原道》。
〔註 144〕《東雅堂昌黎集注·論佛骨表》。
〔註 145〕《五百家注昌黎文集·原道》。
〔註 146〕《二程文集·明道先生墓表》。

伊川以明道爲孟子道統中斷「千四百年之後」的承續者，認爲他不僅承道，而且傳道。他說：

> 先生爲學……明於庶物，察於人倫，知盡性至命，必本於孝悌；窮神知化，由通於禮樂。辨異端似是之非；開百代未明之惑，秦漢而下未有臻斯理也。謂孟子沒而聖學不傳，以興起斯文爲己任。〔註147〕

由此可見其強烈的承道意識。如果說韓愈從形式上重新提出儒家道統，那麼則可以說二程是從內涵、義理上賦予儒家道統之道以全新的、形而上的意義，並籍此來傳承儒家道統。

二程組建「四書」，將《大學》、《中庸》從《禮記》中抽出，與被列入「子」的《孟子》以及被稱爲「經」的《論語》組合成「四書」。並對這四書中的章句進行闡釋，藉此而發明義理。

> 學者當以《論語》、《孟子》爲本，《論語》、《孟子》既治，則六經可不治而明矣。讀書者當觀聖人所以作經之意，與聖人所以用心，與聖人所以至聖人，而吾之所以未至者，所以未得者。句句而求之，晝誦而味之，中夜而思之，平其心，易其氣，闕其疑，則聖人之意見矣。〔註148〕

二程以《論語》、《孟子》爲本，認爲《大學》爲「入德之門」，《中庸》乃「孔門傳授心法」。將《大學》、《中庸》「與《語》《孟》並行，於是上自帝王傳心之奧，下至初學入德之門，融會貫通，無復餘蘊」。〔註149〕二程以先秦儒家元典爲理論依據，闡發符合新時代要求的儒家道統論，發展、重建唐宋以降儒家道統論。

二程以天理爲道，構建其形上之倫理本體。二程指出：「天者，理也；神者，妙萬物而爲言者也；帝者，以主宰事而名」。〔註150〕「萬物皆只是一個天理，己何與焉？」〔註151〕以天理爲宇宙之本體，「理也，性也，命也，三者未嘗有異。窮理則盡性，盡性則知天命矣。天命猶天道也，以其用而言之則謂之命。命者，造化之謂。書言：天敘天秩，天有是理，聖人循而行之，所謂道也。聖

---

〔註147〕 《二程文集・伊川文集・明道先生行狀》。
〔註148〕 《二程遺書・暢潛道本》。
〔註149〕 《宋氏・道學傳》。
〔註150〕 《二程遺書・師訓》。
〔註151〕 《二程遺書・元豐己未呂與叔東見二先生語》。

人本天，釋氏本心」。〔註152〕天理即天道、天命，亦即性也。性者，仁義也。「是由仁義行也，則是性。」〔註153〕天理統攝萬物，爲萬物之根本。「天理云者，這一個道理，更有甚窮已？不爲堯存，不爲桀亡。人得之者，故大行不加，窮居不損。這上頭來，更怎生說得存亡加減？是它元無少欠，百理具備」。〔註154〕

　　二程接續思孟一派之道脈，將《中庸》、孟子對儒家之道的抽象化、形上化的構建逐步完善。馮友蘭說：「程顥和孟子的區別在於：程顥對『仁』的詮釋帶有更多形而上學的意味」。〔註155〕二程將道的形上化，其旨在五常、五倫的本體構建。「且如五常，誰不知是一個道」。〔註156〕仁、義、禮、智、信五常即道。「自性而行，皆善也。聖人因其善也，則爲仁、義、禮、智、信以名之，以其施之不同也，故爲五者以別之，合而言之皆道，別而言之亦皆道也。捨此而行是悖其性也，是悖其道也。」〔註157〕五倫則是「君臣、父子、夫婦、兄弟、朋友」〔註158〕之倫，此爲「道之大本」。

　　同時，二程以心性爲道。程顥認爲，「道即性也，若道外尋性，性外尋道，便不是」。〔註159〕道即是性。「心，道之所在，……心與道渾然一也。」〔註160〕則心即是道。心、性、道，其實一也。「孟子曰：盡其心，知其性，心即性也。在天爲命，在人爲性，論其所主爲心，其實只是一個道。……在天爲命，在義爲理，在人爲性。主於身爲心，其實一也。心本善，發於思慮則有善，有不善，若既發則可謂之情，不可謂之心。譬如水，只謂之水，至於流而爲派，或行於東，或行於西，卻謂之流也」。〔註161〕心性、天命、義理都被賦予道的闡釋，以此將道德主體與形上本體合而爲一。

　　可以說，二程所闡發的儒家之道，即義理，既是形上的宇宙本體，亦可爲五常、五倫的道德主體。對於道德主體的形上化，是對先秦思孟一派心性之學的發展和完善，也是對漢唐以迄老、釋二氏的形上致思路線的借鑒和吸

---

〔註152〕 《二程遺書・附師說後》。
〔註153〕 《二程遺書・元豐己未呂與叔東見二先生語》。
〔註154〕 《二程遺書・元豐己未呂與叔東見二先生語》。
〔註155〕 馮友蘭：《中國哲學簡史》，天津社會科學院出版社，2005 年，第 247 頁。
〔註156〕 《二程遺書・劉元承手編》。
〔註157〕 《二程遺書・暢潛道本》。
〔註158〕 《二程遺書・劉元承手編》。
〔註159〕 《二程遺書・端伯傳師說》。
〔註160〕 《二程遺書・附師說後》。
〔註161〕 《二程遺書・劉元承手編》。

納。這可視爲對於兩漢以來神化儒家之道的矯枉，或者說是對與漢唐之際儒家之道的經學化的過正。

二程是儒家道統論「孔門傳授心法」的開創者。「孔門傳授心法」草創於二程，大備於朱子，可爲唐宋以降儒家道統論的一大特色。其說應運而生，卻不期而大成，可視爲儒家心學道統論之濫觴。

對於《中庸》，程顥認爲：「中庸之書是孔門傳授，成於子思。」〔註162〕繼而釋之：「中者，只是不偏，偏則不是中。庸只是常。猶言中者是大中也。庸者是定理也。定理者，天下不易之理也，是經也。孟子只言反經，中在其間。」〔註163〕中庸乃一以貫之的天下定則，即使孟子反經從權，亦是蘊含中道的。然此天下之定理傳承艱難。「傳經爲難。如聖人之後才百年，傳之已差。聖人之學，若非子思、孟子，則幾乎息矣。道何嘗息？只是人不由之。道非亡也，幽、厲不由也」。〔註164〕由此，程頤指出「《中庸》乃孔門傳授心法」。〔註165〕這爲「先生生千四百年之後，得不傳之學於遺經」的說法提供理論依據，亦可作爲韓愈於六百餘年之後，遙契揚雄之道這一說法的合理詮釋。這顯然是受當時禪宗心法傳授的啓發而來的。其「師承關係來自釋迦以教外別傳的心法傳授弟子，經過列祖，直到弘忍和慧能」。〔註166〕「傳心」之說，始於禪宗五祖弘忍，其意爲以心傳心，密意相受，不立文字。二程直接使用此二字，以之爲孔、孟仁義之道的傳承之法。

「孔門傳授心法」說的完善一方面強化了儒家道統意識，認爲儒家道統可跨越千餘年而接續、光大，具有超越時代的傳授功能，展示儒家道統堅韌的延續性；另一方面，「心法」所衍生出來的「傳聖人之道」、「傳聖人之心」、「傳己之心」的推理，以致心心相傳，以心傳心。二程對於儒家道統論的「孔門傳授心法」說的創建具有三點意義：第一，尊崇子思、孟子。通過對中庸之道的闡發，奠定其人、其道在儒家道統中的地位；第二，首倡「《中庸》乃孔門傳授心法」之論，即發明孔門心法，以應釋氏心法之說，以彰顯儒家道統；第三，提出「人心私欲，故危殆；道心天理，故精微。滅私欲，則天理

---

〔註162〕《二程遺書・入關語錄》。
〔註163〕《二程遺書・入關語錄》。
〔註164〕《二程遺書》卷十七。
〔註165〕《二程外書・時氏本拾遺》。
〔註166〕馮友蘭：《中國哲學簡史》，天津社會科學院出版社，2005年，第233頁。

明矣」，〔註167〕「人心惟危，道心惟微。心，道之所在，微，道之體也。心與道渾然一也。對放其良心者言之，則謂之道心。放其良心則危矣，惟精惟一所以行道也」。〔註168〕這直接啓發朱子闡發「十六字傳心訣」。程顥在《告神宗曰》中寫道：

> 先聖後聖，若合符節，非傳聖人之道，傳聖人之心也。非傳聖人之心也，傳己之心也。己之心無異聖人之心，廣大無垠，萬善皆備。欲傳聖人之道，擴充此心焉耳。〔註169〕

將「己之心」擴充而「廣大無垠，萬善皆備」，程顥強調「己之心」的主體性，這對於後來以心爲道的陸王心學道統論的萌發作用是不可否認的。對此，朱子頗有微詞，由此可見大程開儒家道統之「心法」而啓宋明心學之端緒。朱子對此段評述道：

> 愚謂此言，務爲高遠而實無用力之地，聖賢所以告其君者似不如是也。夫學聖人之道乃能知聖人之心，知聖人之心以治其心，而至於與聖人之心無以異焉，是乃所謂傳心者也。豈曰不傳其道而傳其心，不傳其心而傳己之心哉？且既曰己之心矣，則又何傳之有？況不本於講明存養之漸，而直以擴充爲言，則亦將以何者爲心之正而擴充之耶？夫進言於君而其虛誇不實如此，是不惟不能有所裨補，而適所以啓其談空自聖之弊，後之學者尤不可以不戒也。〔註170〕

格物窮理與發明本心之辨已現端倪，傳心之法的流波可謂至深至廣。二程對於儒家道統論「孔門傳授心法」說的創建具有兩點意義：第一，論證儒家道統跨越時代的以心傳道的可能性，以彰顯其理學爲先秦儒家道統在新時代的眞傳、正統；第二，開「發明本心」的陸王的以心爲道的道統論之端緒。

　　二程對於先秦儒家道統施之於學、政的功用學說的繼承和發展亦不遺餘力。成都范祖禹曾讚譽二程學以致用，「先生於經，不務解析爲枝詞，要其用在已而明於知天。其教人曰：『非孔子之道，不可學也』。蓋自孟子沒而中庸之學不傳，後世之士不循其本而用心於末，故不可與入堯、舜之道」。〔註171〕

---

〔註167〕《二程遺書·鄒德久本》。
〔註168〕《二程遺書·附師説後》。
〔註169〕《晦庵集》。
〔註170〕《晦庵集》。
〔註171〕《二程遺書（附錄）·明道先生遺狀》。

盛讚他爲「眞學者之師也」。在學統的維護，即衛道方面，二程抨擊佛、道二
教，斥責老子去仁義而言道，「槌提仁義，絕滅禮學，則無取」，「自不識道，
已不成言語，卻言其『道德有取』，則蓋自是楊子已不見道，豈得如愈也？」
〔註172〕批評釋氏「絕倫類」，且「今日之風，便先言性命、道德，先驅了知者，
才愈高明則陷溺愈深。」〔註173〕

　　施之於政則教化鄉里，視民如傷，倡議王道，以仁政爲「天下之式」。對
於明道所爲，成都范祖禹如是評說：

> 先生……其爲政，視民如子，慘怛敎愛出於至誠。建利除害，
> 所欲必得。故先生所至，民賴之如父母，去久而思之不忘。先生嘗
> 言：縣之政可達於天下，一邑者，天下之式也。先生以親老求爲閒
> 官，居洛陽殆十餘年，與弟伊川先生講學於家，化行鄉黨，家貧蔬
> 食或不繼，而事親務養，其志暇贍。族人必盡其力，士之從學者不
> 絕於館，有不遠千里而至者。〔註174〕

### （二）禮樂為道

　　自韓愈以仁義爲道，遙承先秦孔孟道統始，孫復、石介接續其後，倡言
孔孟道統。周子以仁義中正爲道，張子氣化論道，亦以仁義爲道，二程以天
理論道，上契孔孟之仁。然而，孔子承三皇以迄文武周公之道，成內仁外禮
的複合型道觀，其內仁在思孟一派的精微構建和闡發下，已至大備。二程以
傳道心法遙承其道，以天理論道，遂構建儒家之道的形上體系。自孔子而下，
儒分爲八，各秉其一而成其說。其後學荀子秉承周孔外王禮樂一脈，以禮、
法爲道，遂開儒家道統論外王事功一脈之端緒。唐宋以降儒家道統論亦有儒
家外王事功一脈的存在，雖退居次流，卻仍暗流湧動，時隱時現，與作爲主
流的內仁心性一脈如影隨形，大有抗衡對峙之勢。以陳亮爲代表的宋儒道統
論事功派括李覯、范仲淹、王安石、陳亮、葉適等儒家學者，其以禮、法爲
道，在肯定內仁心性道觀的前提下，注重功利，倡言「功利爲的」。這派道統
論者以夏禹、周、孔、荀子爲尙，肯定漢唐諸帝之功業，主張「王霸雜用」
的功用觀。

---

〔註172〕　《二程遺書・端伯傳師說》。
〔註173〕　《二程遺書・元豐己未呂與叔東見二先生語》。
〔註174〕　《二程遺書（附錄）・明道先生遺狀》。

在肯定內仁心性道觀的前提下，事功派諸儒以禮、法為道。對於理學家門所致力的內仁心性之學，事功派亦頗為認可。陳亮指出，理學家諸儒「研窮義理之精□，辨析古今之同異，原心於秒忽，較禮於分寸，以積纍為工，以涵養為正。」〔註175〕然而論及大道，則當以禮法為本。李覯以禮為道，為天下之大本。他說：

> 夫禮，人道之準，世教之主也。聖人之所以治天下、國家、修身、正心，無他，一於禮而已矣。曰：嘗聞之，禮、樂、刑、政，天下之大法也。仁、義、禮、智、信，天下之至行也。八者並用，傳之者久矣。而吾子一本於禮，無乃不可乎？曰：是。皆禮也。飲食、衣服、宮室、器皿，夫婦、父子、長幼、君臣、上下、師友、賓客、死喪、祭祀，禮之本也。曰樂，曰政，曰刑，禮之支也。而刑者，又政之屬矣。曰仁，曰義，曰智，曰信，禮之別名也。是七者蓋皆禮矣。〔註176〕

仁、義、知、信，皆禮也。樂、政、刑，均是禮的支屬。總其言，禮即道也。王安石在《周公論》中強調為政以法，他說：「君子之為政，立善法於天下，則天下治；立善法於一國，則一國治。如其不能立法，而欲人人悅之，則日亦不足矣」。〔註177〕

王安石以周公、荀卿為其所推崇之先聖。「使周公知為政，則宜立學校之法於天下矣。不知立學校而徒能勞身以待天下之士，則不唯力有所不足而勢亦有所不得也。……荀卿生於亂世，而遂以亂世之事量聖人，後世之士尊荀卿以為大儒，而繼孟子者吾不信矣」。〔註178〕周公立法於天下，荀子以禮、法為道，當為大儒。李覯以禮為道，其所論之政，即荀子所謂「王霸雜用」，崇尚功利，注重現實踐履。如范仲淹所言，「天道下濟，品物咸亨；聖人下濟，萬國咸寧」。〔註179〕王安石認為，聖人當以身行道，「聖人之所以能大過人者，蓋能以身救弊於天下耳」。〔註180〕當「先天下之憂而憂，後天下之樂而樂乎」。〔註181〕對

〔註175〕　《宋史・列傳・儒林・陳亮傳》。
〔註176〕　《旴江集・禮論》。
〔註177〕　《唐宋八大家文鈔・臨川文鈔・周公論》。
〔註178〕　《唐宋八大家文鈔・臨川文鈔・周公論》。
〔註179〕　《范文正集・易義》。
〔註180〕　《臨川文集・論議・三聖人》。
〔註181〕　《范文正集・岳陽樓記》。

於弊政，應屬行改革，所謂「天變不足畏，祖宗不足法，人言不足恤」。〔註182〕

事功派由肯定人欲為常情，進而指出利的正當性。他們指出：

> 利可言乎？曰：人非利不生。曷為不可言？欲可言乎？曰：欲者，人之情。曷為不可言？言而不以禮，是貪與濫，罪矣。不貪不濫而曰不可言，無乃賊人之生，反人之情，世俗之不惠儒。以此孟子謂：何必曰利？激也。焉有仁義而不利者乎？其《書》數稱湯武將以七十里、百里而王天下，利豈小哉？孔子七十所欲不踰矩，非無欲也。於《詩》則道男女之時，容貌之美，悲感念望，以見一國之風，其順人也至矣。〔註183〕

李覯認為，欲為人之常情。為欲以禮，則可言可行，若禁止以禮之欲，則是「賊人之生，反人之情」。范仲淹亦認為「進思濟物，利之方也」。〔註184〕他認為先王制禮是出於利欲的目的，「先王制禮之心，非萬世利則不行焉。或五帝不相沿樂，三王不相襲禮，此何泥於古乎？」〔註185〕商湯、文、武、堯、舜等諸聖以事顯道，所顯是事功之道。「湯武應天順人，開國除亂，履其亨而闡其利者也。夏禹治水，《幹》之成功，幹其事者也。體其元而兼其三者，堯舜也歟。」〔註186〕商湯、文、武、堯、舜以及孔子，還有位列六經的《詩》、《書》皆不諱言利，不避行利。

何謂利？范仲淹認為：「道之用者也。於天為膏雨，於地為百川，於人為兼濟，於國為惠民、為日中市，於家為豐財、為富其鄰，於物為驕虞，為得食雞，其跡異，其道同，統而言之，義之和也」。〔註187〕利為道之用，道統攝義利，義利於此，不同而和。並指出，利與仁義並行不悖。既肯定功利，則治國當以民生為重。「生民之道，食為大。有國者未始不聞此論也。顧罕知其本焉。不知其本而求其末，雖盡智力弗可為已。是故土地本也，耕獲末也。……古之行王政必自此始。」〔註188〕民生為大，財利為行道之本，治國則以富國為先。「洪範八政，一曰食，二曰貨。孔子曰：足食、足兵，民信之矣。是則

〔註182〕 《宋名臣言行錄‧後集》。
〔註183〕 《盱江集‧雜文》。
〔註184〕 《范文正集‧四德說》。
〔註185〕 《范文正集‧上資政晏侍郎書》。
〔註186〕 《范文正集‧四德說》。
〔註187〕 《范文正集‧四德說》。
〔註188〕 《盱江集‧平土書》。

治國之實，必本於財用。……禮以是舉，政以是成，愛以是立，威以是行。捨是而克爲治者，未之有也。是故賢聖之君，經濟之士，必先富其國焉」。〔註189〕這裏將財利上陞到治國之本的地位。

## 四、道統論大成──「性即理」即道

朱子繼承二程道統論，憑籍發明「四書」義理而重建新儒家道統論。他集注「四書」，闡發義理，集唐宋以降儒家道統論的大成。车宗三認爲，宋明儒理學道統論對於儒家道統的貢獻有二點：一是創建孔子以下的傳道譜系，以曾子、子思、孟子、《中庸》、《易傳》、《大學》爲儒家之道的傳承正統；二是一改周孔並稱的提法而創孔、孟並稱的論說，以彰顯內聖成德之教。根據此種說法，可將宋明儒理學道統論的思想成果歸納爲三點：第一、完善道統之道的形上建構。第二、上承二程「孔門傳授心法」，提出並進一步闡發「十六字心傳」學說。第三、建立宋明儒道統論的明確而一貫的統觀。

朱子道統論是對二程的繼承和發展，「此道更前後聖賢，其說始備。自堯舜以下，若不生個孔子，後人去何處討分曉？孔子後若無個孟子，也未有分曉。孟子後數千載，乃始得程先生兄弟發明此理。今看來，漢唐以下諸儒說道理見在史策者，便直是說夢。只有個韓文公，依稀說得略似耳。」〔註190〕在朱子看來，是二程繼承孔孟道統，發明此「理」，而韓子只是「依稀說得略似耳」。「自孔孟之云遠，聖學絕而莫繼。得周翁與程子，道乃抗而不墜，然微言之輟響，今未及乎百歲，士各私其所聞，已不勝其乖異」。〔註191〕朱子在此盛讚二程繼先秦儒家道統於將墜，但二程之後，「士各私其所聞」，道未及遠揚，亦無確定的地位。「明於庶物，察於人倫，知盡性、至命必本於孝悌，窮神知化由通於禮樂。辨異端，似是之非，開百代未明之惑，秦漢而下未有臻斯理也。」〔註192〕朱子在懷念明道先生的文字中，高度評價程子行道、傳道中德、之功。他評說：

> 先生生乎千四百年之後，得不傳之學於遺經，以興起斯文爲己

---

〔註189〕《旰江集・富國策》。
〔註190〕《朱子語類・孔孟周程》。
〔註191〕《晦庵集・又祭張敬夫殿撰文》。
〔註192〕《伊洛淵源錄・明道先生》。

任。辨異端、辟邪說，使聖人之道煥然復明於世，蓋自孟子之後一人而已。然學者於道不知所向，則孰知斯人之為功？不知所至，則孰知斯名之稱情意哉？〔註193〕

二程以承續儒家道統為己任，筆伐天下，橫掃異端，使孔孟聖道得以復明，朱子認為，二程是孟子之後第一人。但世人並不以為是，言下之意，唯朱子其人「知斯人之為功」、「知斯名之稱情意」，就是說：傳承其道者，朱子也。可以說，唐宋以降儒家道統論由唐代韓愈發其萌，經二程承接、發展，至朱子而大備。朱子是繼承二程以天理為道，以太極釋理，而成精微的理學道統論。

朱子上承二程道觀，完善道統之道的形上體系。程顥對孟子之仁以形上意義的闡發，以天理為形上之道。形上之道在朱子那裏，既具有道德屬性，亦具有形上本體意義。朱子指出，漢唐之時，「其間雖或不無小康，而堯、舜三王、周公、孔子所傳之道，未嘗一日得行於天地之間也」。然「若論道之常存，卻又初非人所能預，只是此個自是亙古亙今，常在不滅之物，雖千五百年被人作壞，終殄滅他不得耳」。〔註194〕雖未及行道，而形上之道卻仍恒古永存，非人為所能消滅。正因為其道具有此性質，儒家道統之道超越時代的心傳才成為可能。何謂形而上者？他解釋道：

陰陽，氣也，形而下者也。所以一陰一陽，理也，形而上者也。道即理之謂也。繼之者，氣之方出而未有所成之謂也，善則理之方行而未有所立之名也，陽之屬也，誠之源也。成則物之已成，性則理之已立者也，陰之屬也，誠之立也。〔註195〕

天理即為形上之道。朱子提出：性即理即道。「道之在天下，其實原於天命之性，而行於君臣、父子、兄弟、夫婦、朋友之間，其文則出於聖人之手，而存於易、書、詩、禮、樂、春秋、孔、孟氏之籍，本末相須，人言相發，皆不可以一日而廢焉者也。」〔註196〕道源於天命，而體現於五倫之間。這是將形而上之道與儒家社會倫理相結合。「道只是統言此理，不可便以道為用，仁、義、禮、智、信是理，道便是統言此理」。〔註197〕朱子遂提出「性即理」，這

〔註193〕《四書大全・孟子集注大全・盡心章下》。
〔註194〕《晦庵集・答陳同甫》。
〔註195〕《性理大全書・通書》。
〔註196〕《晦庵集・徽州婺源縣學藏書閣記》。
〔註197〕《朱子語類・程子之書》。

形而上之理即仁、義、禮、智、信。「人之生也，均有是性；均有是性，故均有是倫；均有是倫，故均有是道。然惟聖人能盡其性，故爲人倫之至，而所由無不盡其道焉。此堯舜之爲君臣，所以各盡其道而爲萬世之法，猶規矩之盡夫方圓，而天下之爲方圓者莫不出乎此也」。〔註198〕性與人倫即是天理，天理即道，盡其性則爲人倫之至。

　　朱子上承二程「孔門傳授心法」，提出並進一步闡發「十六字心傳」之說。二程發明「孔門傳授心法」說，並對《古文尚書・大禹謨》中「人心惟危，道心惟□，惟精惟一，允執厥中」予以「放其良心」的解說，朱子則在此基礎上對這十六字予以精微闡發，提出「十六字心傳」之說。「心傳」之說自朱子始而詳備，然「心傳」之實卻由來已久，它與道統之傳形影相隨。「蓋自上古聖神繼天立極，而道統之傳有自來矣。其見於經，則『允執厥中』者，堯之所以授舜也。『人心惟危，道心惟□，惟精惟一，允執厥中』者。舜之所以授禹也。堯之一言至矣，盡矣！而舜復益之以三言者，則所以明夫堯之一言，必如是而後可庶幾也」。〔註199〕繼承二程人心、道心之分，朱子將「十六字傳心訣」作爲「堯舜禹相傳之密旨」對應著《中庸》這一「堯舜相傳之心法」，〔註200〕逐一作出闡釋。「其曰：天命、率性則道心之謂也。其曰：擇善固執，則精一之謂也。其曰：君子時中，則執中之謂也。」〔註201〕孔子提出「允執其中」〔註202〕，子思發展出「致中和」〔註203〕，孟子有「湯執中」〔註204〕、「孔子豈不欲中道哉？」〔註205〕之語，至《古文尚書・大禹謨》則有關乎「心」與「道」的十六字之論。韓愈、二程傳承漢唐期間千餘年未傳的儒家道統，以此爲「孔門傳授心法」。朱子將「心法」與「中道」合一，闡發爲「十六字心訣」說。他說：

　　　孔子傳之孟軻，軻之死，不得其傳。此非深知所傳者何事，則未
　　易言也。夫孟子之所傳者何哉？曰：仁義而已矣。孟子之所謂仁義者

---

〔註198〕《四書或問・孟子》。
〔註199〕《四書章句集注・中庸章句》。
〔註200〕《晦庵集・答陳同甫》。
〔註201〕《四書章句集注・中庸章句序》。
〔註202〕《論語・堯曰》。
〔註203〕《四書章句集注・中庸章句》。
〔註204〕《孟子・離婁章下》。
〔註205〕《孟子・盡心章下》。

何哉？曰：仁，人心也；義，人路也。曰：惻隱之心，仁之端也；羞
惡之心，義之端也；如斯而已矣。然則所謂仁義者，又豈外乎此心哉？
堯舜之所以爲堯舜，以其盡此心之體而已。禹、湯、文、武、周公、
孔子傳之，以至於孟子，其間相望，有或數百年者，非得口傳耳授密
相付屬也。特此心之體，隱乎百姓日用之間，賢者識其大，不賢者識
其小，而體其全且盡，則爲得其傳耳。雖窮天地，互萬古，而其心之
所同然，若合符節。由是而出，宰制萬物，酬酢萬變，莫非此心之妙
用，而其時措之宜，又不必同也。故堯、舜與賢，而禹與子湯放桀，
文王事殷，武王殺受，孔子作春秋以翼衰周，孟子說諸侯以行王道，
皆未嘗同也，又何害其相傳之一道，而孟子之所謂仁義者，亦不過使
天下之人各得其本心之所同然者耳。〔註206〕

這裏，朱子歷述堯、舜、禹、湯、文、武、周公、孔、孟，對於仁義之道的
傳授並非「口傳耳授密相付屬也」，皆爲「盡此心之體而已」，以此論證以心
傳道的可能。心之所有，道之所存，對存之於心的「仁義」若能「體其全且
盡，則爲得其傳耳」，如此心心相傳，而使道脈連綿、久遠。對於「十六字傳
心訣」，朱子給予詳說。

心者，人所知覺主於中而應於外者也。指其生於形氣者而言，
則謂之人心；指其發於義理者而言，則謂之道心。人心易私而難公，
故危；道心難明而易昧，故微。惟能精以察之，而不雜形氣之私；
一以守之而純乎義理之正。道心常爲之主，而人心聽命焉。則危者
安，微者著。動靜云爲自無過不及之差，而信能執其中矣。〔註207〕

朱子以義理爲道詮釋「心訣」，人心有形氣之私而危，道心純爲義理而晦，即
不顯明。若要明察形氣之私，持守義理之正，則必「執其中」。這亦是他對於
先秦心性之學的闡揚。

憑籍其天理道觀，朱子系統構建了其道的傳授統緒。朱子指出：「自堯舜
以下，若不生個孔子，後人去何處討分曉？孔子後，若無個孟子，也未有分
曉。孟子後，數千載乃始得程先生兄弟發明此理。今看來，漢唐以下，諸儒
說道理見在史策者，便直是說夢。只有個韓文公，依稀說得略似耳」。〔註208〕

---

〔註206〕 《晦庵集・溫公疑孟下》。
〔註207〕 《讀四書叢說・讀中庸叢說》。
〔註208〕 《朱子語類・孔孟周程》。

由此，可略見朱子之統觀：堯、舜、孔、孟、韓、二程，韓愈並不在朱子傳道譜系之列。

　　具體而論，首先，朱子自任以儒家道統之重。「河南程氏兩夫子出，而有以接乎孟氏之傳。……雖以熹之不敏，亦幸私淑而與有聞焉」。〔註209〕其次，他歷述諸聖，以明道統之傳。

> 自是以來，聖聖相承，若成湯、文、武之爲君，皋陶、伊、傅、周、召之爲臣，既皆以此而接夫道統之傳。若吾夫子，則雖不得其位，而所以繼往聖，開來學，其功反有賢於堯舜者。然當是時，見而知之者，惟顏氏、曾氏之傳得其宗。及曾氏之再傳，而復得夫子之孫子思，則去聖遠而異端起矣。子思懼夫愈久而愈失其眞也，於是推本堯、舜以來相傳之意，質以平日所聞父師之言，更互演繹作爲此書，以詔後之學者。……其曰：天命、率性則道心之謂也。其曰：擇善固執，則精一之謂也。其曰：君子時中，則執中之謂也。世之相後千有餘年，而其言之不異如合符節，歷選前聖之書所以提挈綱維，開示蘊奧，未有若是其明且盡者也。自是而又再傳，以得孟氏爲能推明是書，以承先聖之統。及其沒而遂失其傳焉，則吾道之所寄，不越乎言語文字之間，而異端之説日新月盛，以至於老、佛之徒出，則彌近理而大亂眞矣。然而尚幸此書之不泯，故程夫子兄弟者出，得有所考，以續夫千載不傳之緒；得有所據，以斥夫二家似是之非。蓋子思之功，於是爲大，而微程夫子，則亦莫能因其語而得其心也。〔註210〕

朱子指出：「自是以來，聖聖相承」，是對中華道統的溯源，指伏羲、神農、黃帝，以及前述堯、舜、禹。然後有成湯、文、武、皋陶、伊、傅、周、召之傳道、行道，至孔子，則集其大成，「繼往聖，開來學」。其後，儒分爲八，唯顏子、曾子得其道。至子思，恐失其道之精髓，著《中庸》以「中」論道，且詳細解說。孟子之後，中斷越千年的儒家道統再次爲二程所接續、傳承。

## 五、道統論流變──「心即理」即性即道

　　此言流變，並非如先秦孔子相對於孟、荀那樣，是一源二流的。先秦道

---

〔註209〕　《四書章句集注・大學章句序》。
〔註210〕　《四書章句集注・中庸章句序》。

統論從流變來說，則偏重於「流」。陸、王爲心學道統論的集大成者，其端緒則起於大程。程、朱爲理學道統論的創建者，至朱子而大成。然心學出於理學，唐宋以降儒家道統論從流變來說，則注重於「變」。陸、王所創心學道統論對於現代新儒家道統論的影響至深至廣，可以說，陸、王心學道統論是二十世紀上半葉現代新儒家道統論心性一派的主要理論淵源。有論者說，「現代新儒家多把思孟、陸王一系視爲儒學發展的正宗和主流，把陸王心學視爲自己最切近的源頭活水」。〔註211〕陸九淵以心論道，王守仁以「致良知」成說，完成宋明儒理學道統論向心學道統論的突破與流變。

　　陸九淵以心論道，將作爲形上本體的倫常之道主體於心，使道、性、理、天與心合一，賦予由先秦儒家啓其端緒、歷程朱而大備的儒家心性之學以主體性的闡釋，從而創建儒家心學道統論。陸九淵徑承思孟心性一脈，其統觀清晰而明確。

　　對於宇宙二字的解析：「四方上下曰宇，往古來今曰宙」，陸九淵「忽大省曰：『宇宙內事乃己分內事，己分內事乃宇宙內事』」。〔註212〕並進一步解悟到：

> 東海有聖人出焉，此心同也，此理同也；西海有聖人出焉，此心同也，此理同也；南海、北海有聖人出焉，此心同也，此理同也；千百世之上有聖人出焉，此心同也，此理同也；千百世之下有聖人出焉，此心同也，此理同也。〔註213〕

於是，他把宇宙與心等同起來。提出：「宇宙便是吾心，吾心便是宇宙。」〔註214〕陸九淵認爲，心理不二，「蓋心，一心也；理，一理也。至當歸一，精義無二，此心此理，實不容有二。故夫子曰：『吾道一以貫之。』孟子曰：『夫道一而已矣。』又曰：『道二，仁與不仁而已矣。如是則爲仁，反是則爲不仁。仁，即此心也，此理也」。〔註215〕因此，他提出「心即理」。「四端者，即此心也。天之所以與我者，即此心也。人皆有是心，心皆具是理，心即理也」。〔註216〕他認爲，心即道，道即心。「道未有外乎其心者。自可欲之善，至於大而

〔註211〕鄭家棟：《現代新儒學概論》，廣西人民出版社，1990年，第65頁。
〔註212〕《慈湖遺書‧象山先生行狀》。
〔註213〕《慈湖遺書‧象山先生行狀》。
〔註214〕《明儒學案‧徵君章本清先生潢》。
〔註215〕《象山集‧與曾宅之》。
〔註216〕《象山集‧與吳顯仲》。

化之之聖，聖而不可知之神，皆吾心也」。〔註217〕陸九淵以心論道，將儒家道統之道詮釋爲心，主張心道合一。然心、道，何也？即「一以貫之」的仁義之道。「道塞宇宙，非有所隱遁。在天曰陰陽，在地曰柔剛，在人曰仁義，故仁義者，人之本心也。孟子曰：存乎人者，豈無仁義之心哉？又曰：我固有之，非由外鑠我也」。〔註218〕陸九淵將仁義之道與主體之心、形上之理合而爲一，將經由程朱本體化的形上的倫常之道主體於心，即道、性、理、天皆主體於心，心性爲一，以此構建其心學道統論。

秉持心性道觀，陸九淵認爲只有以心傳道，方能接續間隔千餘年的儒家道統。「學者之不能知至久矣，非其志其識能度越千有五百餘年間名世之士，則《詩》、《書》、《易》、《春秋》、《論語》、《孟子》、《中庸》、《大學》之篇正爲陸沉，……堯舜禹湯文武周公孔子孟子之心，將誰使屬之」。〔註219〕以心論道、傳道之說亦正好印證其「能度越千有五百餘年間」而知道、傳道。「堯舜禹湯文武周公孔子孟子之心，將誰使屬之」一語體現出其強烈的續道意識。

以心爲道，其統觀則自有一說。

> 古先聖賢，無不由學。伏羲尚矣，猶以天地萬物爲師，俯仰遠近，觀取備矣，於是始作八卦。夫子生於晚周，麟遊鳳翥，出類拔萃，謂天縱之將聖，非溢辭也。……中庸稱之，亦曰：「祖述堯舜，憲章文武」。堯舜相繼以臨天下，而臯陶矢謨其間曰：「朕言惠可底行。」武王纘太王、王季、文王之緒以有天下，……秦漢以來，學絕道喪，世不復有師。……韓退之、柳子厚，猶爲之屢歎，惟本朝理學遠過漢唐，始復有師道。……學於夫子者多矣，顏淵、閔子騫、冉伯牛、仲弓，固無可疵，……卒之傳夫子之道者，乃在曾子。伯魚死，子思乃夫子嫡孫，夫子之門人光耀於當世者甚多，而子思獨師事曾子，則平日夫子爲子思擇師者可知矣。……曾子傳之子思，子思傳之孟子，乃得其傳者，外此則不可以言道。〔註220〕

> 孟子沒，道不得其傳。而老氏之學始於周末，盛於漢，迨晉而

---

〔註217〕《象山集・敬齋記》。
〔註218〕《象山集・與趙監》。
〔註219〕《象山集・與任孫濬》。
〔註220〕《象山集・與李省幹》。

衰矣。老氏衰而佛氏之學出焉，佛氏始於梁達磨，盛於唐，至今而衰矣。有大賢者出，吾道其興矣夫。〔註221〕

竊不自揣，區區之學，自謂孟子之後，至是而始一明也。〔註222〕

茲三段文字展示出陸九淵關於儒家道統的傳授統緒，他指出，伏羲開道之先，歷經堯、舜、皋陶、湯、太王、王季、文王、箕子、武王、周公以至孔子、顏淵、曾子、子思、孟子，「孟子沒，吾道不得其傳」，直至其本人，遙承孟子道統，「至是而始一明也」。

王守仁接陸九淵心學道統論之緒，以「致良知」成說，是儒家心學道統論集大成者。其心學是對陸九淵形上本體之道的主體於心的深化和進一步論證，從而完成儒家道統之道自形上本體下落至主體之人的構建，使宋明儒理學道統論向心學道統論突破與流變，亦是對開創於孟子、闡發於朱子的儒家心性之學的完備。

王守仁提出「心即道」，他認為「問道，一而已。」「道無方體，不可執著。卻拘滯於文義上求道，遠矣」。〔註223〕如此執著於文字而求道，終不可得矣。他解釋道：

若解向裏尋求，見得自己心體，即無時無處不是此道，亙古亙今，無終無始，更有甚同異。心即道，道即天。知心則知道、知天。

又曰：諸君要實見此道，須從自己心上體認，不假外求始得。〔註224〕

這是說，道即在本心，心體即道，不假外求。無處不在，無時不有，可跨越時空，知心、盡心明心則知道、悟道、得道。

王守仁致力於程朱道統論的心學化建設，針對程朱所闡明的「孔門傳授心法」和「十六字心傳」，他另有其說：

聖人之學，心學也。堯舜禹之相授受曰：「人心惟危，道心惟微，惟精惟一，允執厥中」。此心學之源也。中也者，道心之謂也。道心精一之謂仁，所謂中也。孔孟之學，惟務求仁，蓋精一之傳也。

〔註225〕

---

〔註221〕《象山集・象山語錄》。
〔註222〕《象山集・與路彥彬》。
〔註223〕《王文成全書・語錄一・右曰仁所錄》。
〔註224〕《王文成全書・語錄一・右曰仁所錄》。
〔註225〕《王文成全書・象山文集序》。

王守仁視、釋之爲其「心學之源」，在程朱處，形上本體之道並非主體之心，至王守仁，則道、心合一，以使形上本體之道主體於心，從而將理學道統論改造爲心學道統論。

　　心學道統論由陸九淵啓其端緒，王守仁藉此提出「致良知」說。他指出，「良知即是道，良知之在人心，不但聖賢雖常人亦無不如此。若無有物欲牽蔽，但循著良知發用、流行將去，即無不是道」。〔註226〕良知是道，其自在人心，無論聖、常均有良知，只在於各人的發用。「天命之謂性，命即是性；率性之謂道，性即是道；修道之謂教，道即是教。問：如何道即是教？曰：道即是良知，良知原是完完全全，是的還他是，非的還他非，是非只依著他，更無有不是處，這良知還是你的明師」。〔註227〕「明師」即價值標準，道德原則。致良知即是修道，即是教。良知即道，乃是心之本體，爲天地、萬物、人倫之本體，亦是人的認識主體。這是王守仁對於《中庸》心學式的闡釋，是對陸九淵形上本體之道的主體於心的深化和進一步論證。王守仁完成了儒家道統之道從形上本體下落至主體之人心的構建，作爲本體之道的神秘性至此消散殆盡，這爲二十世紀上半葉現代新儒家道統論者分立學統、政統，進而構建知識形上本體、政治形上本體奠定了基石。

## 六、道統之爭

　　此道統之爭是指宋明儒道統論者內部關乎道觀的正統之爭，此期存在著朱陳之爭和朱陸之爭，朱陳之爭，即朱子持理學道觀與事功派代表人物陳亮的道觀在爭，實爲儒家內部內聖與外王之辯。朱陸之爭，即朱子之理學道觀與陸九淵之心學道觀的辯論。

### （一）朱陳之爭

　　朱陳之爭，即朱子與其同時代的儒者陳亮之間的論爭，他們關於對儒家之道的理解存在著不同的學說傾向，論爭實爲儒家內部內聖與外王之辯。可以說，朱陳之爭即是宋儒道統論者理學派與事功派關於儒家道統的正統的爭論。作爲理學派的代表或集大成者的朱子堅持天理即道，認爲道是形上的，是萬物的終極根據。而作爲事功派代表的陳亮則主張道在日用之間，即衣、

---

〔註226〕《王文成全書・答陸原靜書》。
〔註227〕《王文成全書・語錄三》。

食、住、行之中，即道之所在，從而肯定功利的重要性。進而，由道觀的差
異而引出對於漢唐之際道統續絕之辯。朱子認為，漢唐諸儒不傳道，諸君王
所行霸道，而非王道。漢唐之際，儒家道統中斷千餘年矣。在接續先秦道統
的問題上，朱子強調儒家之道可超越時代，以心傳道。陳亮則堅持漢唐諸君
王所行「王霸雜用」，創立事功即是在行聖人之道，道不離人，豈可枉言心傳。

　　陳亮提出，人之為人，口體之奉非外物也，缺一不可。他說：

> 百骸九竅具而為人，然而不可以赤立也，必有衣焉以衣之，則
> 衣非外事也。必有食焉以食之，則食非外物也。衣食足矣，然而不
> 可以露處也，必有室廬以居之，則室廬非外物也，必有門戶藩籬以
> 衛之，則門戶藩籬非外物也，至是宜可已矣。然而非高明爽塏之地
> 則不可以久也，非弓矢刀刃之防則不可以安也，若是者皆非外物也，
> 有一不具則人道為有闕。〔註228〕

道在日用之間，即衣、食、住、行之中，即道之所在也。從而肯定物利的重
要。陳亮進一步論述：「道之在天下，平施於日用之間，得其性情之正者。彼
固有以知之矣，當先王時，天下之人其發乎情，止乎禮義，蓋有不知其然而
然者。先王既遠民情之流也久矣，而其所謂平施於日用之間者，與生俱生，
固不可得而離也」。〔註229〕可見，陳亮所謂道乃人道，體現了「與生俱生」之
人欲，節之以禮義，而「得其性情之正」，則可為行道，進而引出禮、法為道。

　　由此，陳亮對於理學家們以形上心性為道予以批評。他指出：

> 世之學者玩心於無形之表，以為卓然而有見。事物雖眾，此其
> 得之淺者，不過如枯木死灰而止耳；得之深者，縱橫妙用，肆而不
> 約，安知所謂文理密察之道？泛乎中流，無所底止，猶自謂其有得，
> 豈不可哀也哉！故格物致知之學，聖人所以惓惓於天下，後世言之
> 而無隱也。夫道之在天下，何物非道，千途萬轍，因事作則。苟能
> 潛心玩省於所已發處體認，則知夫子之道，忠恕而已，非設辭也。
> 〔註230〕

陳亮認為，理學家們傾心於道的形而上之本體化，對抽象玄妙、無形無相的
精神本體孜孜以求，自以為得其道。「因事作則」，即有事方有則。其實，道

---

〔註228〕《龍川集‧問答》。
〔註229〕《龍川集‧經書發題》。
〔註230〕《龍川集‧與應仲實》。

在事物之間，道在天下。形上、形下的道觀之辯必然會引來天理、人欲之辯。陳亮說，「喜怒哀樂愛惡，欲之所以受形於天地而被色而生者也。六者得其正則為道，失其正則為欲」。道欲之分在於禮，道在欲中，即道欲不離。以此駁斥朱子天理人欲的相悖、對立之說。

　　宋儒理學道統論者認為，自漢唐以來，諸儒以文字訓詁、詩賦為主，未能見道，更不能傳道，儒家道統孟子以後，漢唐並無傳者。另外，鑒於文、武以上行道，周公以下傳道，行道、傳道皆為有道之世。漢唐諸帝所行霸道，以利主之，出於人欲之私，未能行仁義之王道。由此可得，漢唐以來，無道已久矣。對此，朱子詳解：

> 　　賈誼之學雜，他本是戰國縱橫之學，只是較近道理，不至如儀秦蔡范之甚爾。他於這邊道理見得分數稍多，所以說得較好。然終是有縱橫之習，緣他根腳只是從戰國中來故也。漢儒惟董仲舒純粹，其學甚正，非諸人比。只是因苦無精彩，極好處也只有「正義、明道」兩句。下此諸子皆無足道。如張良、諸葛亮固正，只是太粗。王通也有好處，只是也無本原工夫，卻要將秦漢以下文飾做個三代，他便自要比孔子，不知如何比得！他那斤兩輕重自定，你如何文飾得。……聖人做個《論語》，我便做《中說》。如揚雄《太玄》、《法言》亦然，不知怎生比併！某嘗說，自孔孟減後，諸儒不子細讀得聖人之書，曉得聖人之旨，只是自說他一副當道理。說得卻也好看，只是非聖人之意，硬將聖人經旨說從他道理上來。〔註231〕

賈誼、董仲舒、張良、諸葛亮、王通、揚雄均未能明道、傳道，諸儒皆未「細讀得聖人之書，曉得聖人之旨」，只是自圓其說，卻「非聖人之意」。朱子還說：

> 　　此漢唐之治所以雖極其盛而人不心服，終不能無愧於三代之盛時也。夫人只是這個人，道只是這個道，豈有三代、漢唐之別？但以儒者之學不傳，而堯、舜、禹、湯、文、武以來轉相授受之心不明於天下，故漢唐之君雖或不能無暗合之時，而其全體卻只在利欲上。此其所以堯、舜、三代自堯、舜、三代，漢祖、唐宗自漢祖、唐宗，終不能合而為一也。〔註232〕

---

〔註231〕　《朱子語類・戰國漢唐諸子》。
〔註232〕　《晦庵集・答陳同甫》。

三代執仁義，行王道，漢唐尚功利，行霸道。朱子由此斷言，漢唐之際，諸儒不傳聖人之道，諸帝不行仁義王道。對此，陳亮反駁道：

> 高祖、太宗及皇家太祖，蓋天地賴以常運而不息，人紀賴以接續而不墜；而謂道之存亡非人之所能預，則過矣。漢唐之賢君果無一毫氣力，則所謂卓然不泯滅者，果何物邪？道非賴人以存，則釋氏所謂千刧萬刧者是真有之矣。〔註233〕

道賴人以存，漢唐之賢君不行道，先秦之道何存之於今？漢唐諸君王創立事功即是在行聖人之道。行道、傳道，實則一也。他進而批評朱子心傳之說：

> 人不立則天地不能以獨運，捨天地則無以為道矣。夫「不為堯存，不為桀亡」者，非謂其舍人而為道也。若謂道之存亡非人所能與，則舍人可以為道，而釋氏之言不誣矣。使人人可以為堯，萬世皆堯，則道豈不光明盛大於天下？使人人無異於桀，則人紀不可修，天地不可立，而道之廢亦已久矣。天地而可架漏過時，則塊然一物也。人心而可牽補度日，則半死半活之蟲也。道於何處而常不息哉？

在陳亮看來，道超越時代的心傳之說是站不住腳的。為回應陳亮的駁斥，朱子在《答陳同甫》的書文中提出其「十六字傳心訣」，以論證其能超越千年而得儒家道統之真傳。

### （二）朱陸之爭

如果說朱陳之爭是在認同孔子內仁外禮道觀的前提下進行的、儒學內部內聖與外王之道的辯論，那麼朱陸之爭就是在理學道統論所構建的以天理、倫理為道並作為形上本體的理論基礎上、宋儒內部客觀之理與主觀之心的道觀之辯。程、朱及其後學以理學道統論為其所接續的先秦道統論的真傳，陸、王及其後學亦以心學道統論為孔孟道統的正統之傳，朱陸之爭實為道統正宗之爭。

陸九淵給出的對於《古文尚書·大禹謨》中十六字的解釋迥異於朱子。他說：

> 天理人欲之言亦自不是至論，若天是理，人是欲，則是天人不同矣。……《書》云：「人心惟危，道心惟微。」解者多指人心為人欲，道心為天理，此說非是。心一也，人安有二心？自人而言，則

---

〔註233〕《龍川集·與朱元晦秘書》。

曰惟危；自道而言，則曰惟微。罔念作狂，克念作聖，非危乎？無
聲無臭，無形無體，非微乎？因言莊子云：「眇乎小哉！以屬諸人：
警乎大哉！獨遊於天」。又曰：「天道之與人道也相遠矣」。是分明裂
天人而爲二也。〔註234〕

陸九淵反對朱子區分人心、道心的說法，認爲茲說割裂天人而爲二。如此以
人心爲人欲，以道心爲天理，破壞心的整體性。他指出，朱子「誤解了《書》，
謂『人心，人僞也；道心，天理也』，非是。人心，只是說大凡人之心。惟微，
是精微，才粗便不精微，謂人欲天理，非是。人亦有善有惡，天亦有善有惡，
豈可以善皆歸之天，惡皆歸之人。」〔註235〕陸九淵斷言，此種說法不是聖人
之言。他進一步否定心分爲二的解釋。陸講究心性一也，無形而上、形而下
即道、器之別，認爲心爲體、爲道，道、器均在心中，形上之本體與人之主
體統而爲一，道、器或體、用在此融合一體。而朱子卻強調本末、道器之別，
「天下之事，有本有末。正其本者，雖若迂緩而實易爲力，救其末者，雖若
切至而實難爲功。是以昔之善論事者，必深明夫本末之所在，而先正其本，
本正則末之不治非所憂矣。」〔註236〕首先要區分本末，然後正本方能治末。

## 七、特徵──狹弊叢生與內聖強而外王弱

　　唐宋以降儒家道統論之理學、心學道統論是道統論諸聖跨越千餘年，而
接續先秦儒家道統的理論成果。他們在強化道的本體性的同時，亦賦予道以
濃鬱的主體性色彩。「宋明儒把《論語》、《孟子》、《中庸》、《易傳》推進一步，
明確說明了『天道性命通而爲一』和『心性天爲一』」。〔註237〕此期道觀涵括
理、心、事功三者，理學道觀外與事功道觀爭儒家道脈之正統，內和心學道
觀較儒家內聖道脈之上下。各特其道觀以成其嚴格的傳道譜系，至於功用觀
則均建樹不多。

　　縱覽唐宋以降儒家道統論，可從中提煉出狹弊叢生、內聖強而外王弱兩
個基本特徵。狹弊叢生是指唐宋以降儒家道統論具有的狹隘的排他性。在現
代新儒家對於宋明儒道統論的論述、評價中，批評最多的當屬宋明儒道統論

---

〔註234〕　《象山集·象山語錄》。
〔註235〕　《黃氏日抄·陸象山語錄》。
〔註236〕　《晦庵集·與陳侍郎書》。
〔註237〕　鄭家棟：《現代新儒學概論》，廣西人民出版社，1990年，第311頁。

的狹隘的排他性。如錢穆就曾客觀地指出，宋明儒道統論所彰顯的道統「是截斷眾流，甚為孤立的。又是甚為脆弱，極易中斷的。我們又可說它是一種易斷的道統。此種主觀的、單傳孤立的、易斷的道統觀，其實紕繆甚多。」〔註238〕這主觀性體現在宋明儒所構建的理學、心學道統論都講究「傳心」，從而形成其一脈單傳的傳道譜系。因此，「可說它是一種易斷的道統」。「今吾黨亦未之講，而險佞之徒又飾邪說以蔽害之，甚可歎也」。〔註239〕朱子在此以「吾黨」稱其理學同道，而以「險佞之徒」指稱他派儒者，其狹隘的門戶之見不可謂不深。從朱陳之爭到朱陸之爭，其所爭從本質上說即是儒家道統的正統。這狹隘的排他性也正是現代新儒家道統論者具有隱言道統的基本特徵之一主要原因。究其原因，宋明儒道統論者續接孟子以後中斷千餘年的儒家道統，以心傳說來論證孔孟之道雖間隔千餘年，卻仍可續接的說法。「傳心之法」與「十六字心訣」的闡發以及「致良知」心學體系的構建，突出的是個人的主體自覺性，從而將對於道的領悟、修道以及傳承均塗上更為濃厚的主觀色彩。

「內聖強而外王弱」所指的是宋明儒道統論在內聖心性方面建樹頗多，而於禮樂外王一脈則少有發展。這體現在兩個方面：一是以陳亮、葉適為代表的外王事功派道統論者面對作為時代思想中流砥柱的理學、心學的道統論，頗顯黯然失色。陳亮在朱陳之爭中敗北〔註240〕，與其說陳亮等事功派不敵朱子等歷代理學大師所精心構建的強大理論陣營，還不如說是事功派自身對於禮樂外王構想學說的貧乏；二是擁有豐碩成果的宋明儒道統論理學、心學道統論，其理論結構中卻少有與其內聖心性道觀相得益彰的、或是頗為對應的外王構想，即功用觀。陸、王主張體用、本末合一，其皆出之於人心。朱子雖強調體用、本末，卻以個人持道貫徹於灑掃、應對、進退等日常事務以及修身之中，而不似先秦道統論者孳孳以天下生靈為念，構想德政、仁政、王霸雜用等外王學說，以為其道統論的功用觀。正如學者對此期文化的評價：「有宋一代，武功不竟，而學術特昌」。〔註241〕

---

〔註238〕 錢穆：《錢賓四先生全集》第 25 冊，臺北聯經出版事業公司，1967 年，第 97 頁。

〔註239〕 《朱子禮纂・總論》。

〔註240〕 陳亮等事功派所主張的外王道觀以及其事功、為利等思想在宋明思想的歷史長河中只能是伏流湧動，時隱時現。因此，相對於主流思想而言，姑且以敗北言之，非指辯論之高下結果。

〔註241〕 柳貽徵：《中國文化史》，東方出版社，1988 年，第 503 頁。

此語雖未特指道統論，然亦可作此理解。熊十力先生亦指出，「宋儒受佛氏禪宗影響，守靜之意深。而健動之力，似疏於培養。寡欲之功密，而致用之道，終有所未宏。」〔註 242〕對此，現代新儒家學者有如下評述：「中國周、秦、漢、唐的文化都相當健康，宋以後就有了病態。……宋以後文武分離，且有重文輕武之弊。」〔註 243〕梁漱溟將孔子的人生哲學概括爲「內」、「外」「雙條的路」，認爲「宋明大儒似均不分清此雙條的路，而尤忽於照看外邊，於是種種流弊毛病，遂由此生。」〔註 244〕

　　唐宋以降儒家道統論在儒家道統論發展史上具有舉足輕重的學理意義。如果說先秦道統論向整個儒家道統論的理論寶庫奉獻了內聖與外王「雙條」的思想道「路」，以使後世道統論者可立足於教或政以言道統。那麼也可以說，宋明儒道統論在儒家道統論發展史的豐碑上鑲刻了三顆璀璨的明珠——理學、心學、事功學三種道觀，這爲二十世紀上半葉現代新儒家道統論者分立學統、政統，分別立足於教、學、政，以構建道德的、知識的、政治的形而上學體系埋下伏筆。

---

〔註 242〕　熊十力：《讀經示要》卷三，見《熊十力全集》第三卷，湖北教育出版社，2001年，第 916 頁。

〔註 243〕　賀麟：《文化與人生》，商務印書館，1988 年，第 192 頁。

〔註 244〕　梁漱溟：《東西文化及其哲學》，商務印書館，2005 年，第 149 頁。

# 第二章　二十世紀上半葉現代新儒家道統論生發的歷史背景

　　思想是時代的產物，是人們有感於新時代的特定環境和重大事件，爲應對時代困境、尋求解決時代問題所提出和構想的新方案。對於一種思想或思潮所發生、發展之時代背景進行分析，從而揭示出此種思想或思潮被觸發的現實條件及其生發的必然性、偶然性，這對於研究此種思想或思潮來說是必不可少的一項工作。現代新儒家道統論者徐復觀寫道：

> 任何思想的形成，總要受某一思想形成時所憑藉的歷史條件之影響。歷史的特殊性，即成爲某一思想的特殊性。沒有這種特殊性，也或許便沒有誘發某一思想的動因；而某一思想也將失掉擔當某一時代任務的意義。〔註1〕

二十世紀上半葉現代新儒家道統論是「過渡時代之中國」所孕育出來的「時代思潮」之一。對於「過渡時代」，梁啓超在其《過渡時代論》中是如此解釋的。

> 今日中國之現狀，實如駕一扁舟，初離海岸線，而放於中流，即俗語所謂兩頭不到岸之時也。語其大者，則人民既憤獨夫民賊愚民專制之政，而未能組織新政體以代之，是政治上之過渡時代也；士子既鄙考據詞章庸惡陋劣之學，而未能開闢新學界以代之，是學問上之過渡時代也。社會既厭三綱壓抑虛文縟節之俗，而未能研究新道德以代之，是理想風俗上之過渡時代也。語其小者，則例案已

---

〔註 1〕 徐復觀：《學術與政治之間》，臺灣學生書局，1980 年，第 47 頁。

> 燒矣，而無新法典；科舉議變矣，而無新教育；元兇處刑矣，而無
> 新人才；北京殘破矣，而無新都城。數月以來，凡百舉措，無論屬
> 於自動力者，屬於他動力者，殆無一而非過渡時代也。〔註2〕

從字面上言，茲以晚清之中國爲「過渡時代之中國也」。辛亥以降，民國新立，
廢科舉，建辦新式學堂，新文化運動興起，可謂已「組織新政體以代之」，已
「開闢新學界以代之」，已「研究新道德以代之」。然茲「代之」純屬表象，
絕非「各波具足體，是爲停頓相」、「膨脹力（即漲力）之現象顯焉」之「停
頓時代」的到來。可以說，「過渡時代」至少涵蓋了晚清、民國的大部分時期。
嘉、道以降，國運盛極而衰，已顯露出衰世徵象。而西方資本主義的發展必
然要求對世界商品市場和原材料市場的開闢，中國面臨著社會與民族的雙重
危機。清末西化思潮和反傳統主義思想勃興於十九世紀末二十世紀初，其以
強烈主張「唯泰西是傚」、鼓吹近代文明，懷疑和否棄傳統文化爲旨歸。辛亥
革命之後的北洋軍閥專制政局使得民眾對革命的失望與對於傳統文化之悲絕
的普遍情勢彌漫一時。基於此，「五四」時期反傳統主義及「全盤西化」思想
興起。「中國意識」面臨著深刻危機。第一次世界大戰的爆發使「西方的沒落」
的悲觀文化論調充溢西方思想界，梁啓超等人的歐遊歸感使國內之人文主義
思潮波瀾再起，其後的東西文化之論爭以及「科玄論戰」爲「五四」時期現
代新儒家接續異構儒家道統論創造了一定的條件。二十世紀上半葉現代新儒
家道統論即是此「過渡時代」的產物。

## 第一節 「日之將息，悲風驟至」

滿清鐵騎入關，橫掃華夏中原，其初生機盎然，氣勢勃發。歷四朝經營，
至乾隆一朝，其文治武功已臻極盛。「西陲拓地萬里，臣屬至　嶺以西，衛藏
以外，國內太平，文治自興起。而順、康、雍、乾四朝，人主聰明，實在中
人以上。修文偃武，製作可觀。自三代以來，帝王之尊榮安富，享國久長，
未有盛於此時者也。」〔註3〕值此盛世，晚年乾隆曾以「十全老人」自詡。然
盛極必衰，天之道也。嘉、道以降，國運盛極而衰，即已顯露出衰世徵象。

---

〔註2〕 梁啓超：《過渡時代論》，原刊 1902 年《清議報》第 83 冊，載於《飲冰室合
　　　　集》文集之 6，中華書局，1989 年，第 28、29 頁。
〔註3〕 孟森：《清史講義》，中國友誼出版公司，2009 年，第 226 頁。

其政治、士風頹敗。財政拮据，經濟凋敝，土地兼併嚴重，軍備廢弛。學風務虛，瑣碎、空洞。而西歐資本主義的發展必然要求對世界商品市場和原材料市場的開闢，中國將在所難免地被迫捲入世界資本主義市場。社會危機與民族危機並存。

在政治上，自滿清入主中原以來，厲行中央君主集權之制，增設軍機處，俾皇權獨攬，其專制、集權更甚於宋、明兩朝。「天下無鉅細，一束之於不可破之例。則雖以總督之尊，而實不能以行一謀、專一事。」〔註4〕如此以成其「一夫爲剛，萬夫爲柔」〔註5〕的專制集權統治。同時，清廷施行文字獄、禁燬書籍、禁止結社議政等文化鉗制的高壓手段，在此環境下，「內外大小之臣，具思全軀保室家，不復有所作爲」。〔註6〕龔自珍就有如此論述：

> 約束之，羈縻之，朝廷一二品之大臣，朝見而免冠，夕見而免冠，議處、察議之諭不絕於邸鈔。部臣工於綜覈，吏部之議群臣，都察院之議吏部也，靡月不有。府州縣官，左顧則罰俸至，右顧則降級至，左右顧則革職至，大抵逆億於所未然，而又絕不斠畫其所已然。其不罰不議者，例之所得行者，雖亦自有體要，然行之無大損大益。……夫聚大臣群臣而爲吏，又使吏得以操切大臣群臣，雖聖如仲尼，才如管夷吾，直如史魚，忠如諸葛亮，猶不能以一日善其所爲，而況以本無性情，本無學術之儕輩耶？〔註7〕

長此以往，則士林墮落，趨利避責，不思進取，終日無爲。乾嘉以降，「康乾盛世」相對清明的政局已不再呈現，政治、士風頹敗之勢不可阻擋。吏治腐敗，賄賂公行，官吏士民，狼艱狽蹶。三公六卿以及士大夫不務國計民生，只行結黨營私，皆醉心於功名利祿，僅以搞裙帶關係，或獻媚邀寵，或粉飾太平爲其能事，卻無人用心於朝政、民生。對此，曾國藩感喟道：

> 近世以來，士大夫相與爲縣遁之言。縣遁者，設與之論東方，則泛稱西事以應之，又變而之北，或變而之南。將東矣，則詭辭以

---

〔註4〕 龔自珍：《明良論》（四），《龔自珍全集》，上海古籍出版社，1999 年，第 35 頁。

〔註5〕 龔自珍：《古史鈎沈論》（一），《龔自珍全集》，上海古籍出版社，1999 年，第 20 頁。

〔註6〕 龔自珍：《明良論》（一），《龔自珍全集》，上海古籍出版社，1999 年，第 30 頁。

〔註7〕 龔自珍：《明良論》（四），《龔自珍全集》，上海古籍出版社，1999 年，第 35 頁。

遁之，虛懸其語而四無所薄，終不使其機牙一相牴觸。友朋會合，咨寒而問暄，同唯而共諾，漠然不能相仁。臣下入告，則擇其進無所拂，退無所傷者言之。一有不安，終不敢言。一時率爲孤懸善遁之習。背怨向利，所從來深已。〔註8〕

同時，整個官場賄賂、舞弊之風盛行。以和珅一案爲例，其貪污白銀達四億兩之巨，幾逾國家財政八年之入。然此巨貪之查處亦非出自反貪倡廉之旨，實爲政治鬥爭的結局。士風趨利，不言道義，一味以私利爲是。康有爲在《公車上書》中就曾屢次提到：士人「求富貴而廢學業」，「嗜利無恥，蕩成風俗」，「士人不勵廉恥，而欺詐巧滑之風成」。可說是對於時貌的眞實寫照。至於此期清朝行政系統，有時人以垂危之病人爲喻。「方今良法美意，事事有名無實。譬之於人，五官猶是，手足猶是，而關竅不靈，運動皆滯。」〔註9〕

在財政、經濟上，嘉道以後，政府國庫庫存空虛、財政拮据，但開支浩繁，難以維繫。社會經濟凋敝，土地兼併嚴重，貧富不均日甚。「豪強兼併⋯⋯無田者半天下」〔註10〕。然「豪富之家，動連阡陌」。〔註11〕「大抵豪家巨族，田連阡陌，盈千累萬」。〔註12〕土地兼併嚴重，大部分失去土地的農民則淪爲佃農或雇農。以至「貧富之相去，不可倍蓰，貧民之食於富民者，十室而九」。〔註13〕「自京師始，概乎四方，太抵富戶變貧戶，貧戶變餓者」，然「開捐例，加賦、加鹽價」〔註14〕仍不止。土地集中至極，巨富、赤貧兩極分化，往往通過農民起義顛覆政權，使江山易主，而得以再均田地。此種規律在中央君主集權的前工業時代是客觀存在的。此期社會危機四伏，秘密結社遍及各地，各省起義時有發生，其中猶以白蓮教起義、天理會起義爲最。

自清初始，就有清政府與外洋之貨物往來，但在閉關鎖國政策之引導下，中國茶葉、瓷器、絲巾等大多是作爲政治賜物而非外貿商品與他國交通，中

〔註 8〕 曾國藩：《黎越喬之兄六十壽・序》，《曾國藩全集・詩文》，嶽麓書社，1986年，第 188 頁。

〔註 9〕 張穆：《海疆善後宜重守令論》，《鴉片戰爭時期思想史資料選輯》，中華書局，1963 年，第 9 頁。

〔註 10〕 吳艇：《因時論十・田制》，《中國近代經濟思想資料選輯》上冊，中華書局，1982 年，第 57 頁。

〔註 11〕 管同：《甘節婦傳》，《因寄軒文初集》卷八。

〔註 12〕 李兆洛：《蔣氏義莊記》，《養一齋文集》卷九。

〔註 13〕 李兆洛：《祝君廣颺家傳》，《養一齋文集》卷十四。

〔註 14〕 龔自珍：《西域置行省議》，《龔自珍全集》，第 106 頁。

外貨物交往只是停留在朝貢與恩賜的層面上。乾隆、嘉慶兩朝的各有一道聖諭說明了這一情況。

> 天朝物產豐盈，無所不有，原不借外夷貨物以通有無。特因天朝所產茶葉、瓷器、絲巾為西洋各國及爾國必需之物，是以加恩體恤，在澳門開設洋行，俾得日用有資，並沾餘潤。〔註15〕

> 天朝臣服中外，夷夏咸賓，蕞爾夷邦，何得與中國並論？〔註16〕

與此同時，經歷了政治上資產階級革命和經濟上產業革命的西歐部分國如英國、法國等資本主義國家，其生產力突飛猛進，發展迅速。資本主義發展對商品傾銷地和原材料產地的需求使其向封閉的中國輸入商品，此時「與外界隔絕曾是保存舊中國的首要條件，而當這種隔絕狀態通過英國而為暴力所打破的時候，接踵而來的必然是解體的過程，正如小心保存在密閉棺材裏的木乃伊一接觸新鮮空氣便必然要解體一樣。」〔註17〕以英國東印度公司為主體的殖民機構之棉花、棉毛紡織品等商品的傾銷對於解體中國以農業和手工業相結合的自然經濟起到了至關重要的作用。同時，鴉片的豐厚利潤以及多年來中英貿易上的逆差或對華貿易之入超使得英國將鴉片貿易擴大化以至泛濫，給中國經濟、政治、軍事等各方面均帶來災難性的破壞。

在軍事上，軍備廢弛，暮氣沉重。軍官貪污挪用軍餉，嗜占缺額、空餉，不理營務。士兵不事操練，專務玩樂。清代兵制，「以旗兵為主，而輔之以綠營」，〔註18〕入主中原之後，因承平日久，加之八旗世享特權，遂漸化為寄生集團，以逛戲院、下酒館、賭博、鬥雞、鬥蟋蟀等吃喝玩樂為常務。至清中後期，八旗、綠營皆已頹廢，不堪征戰。而鴉片的流入則更加速了這支政府軍隊的腐化。

在思想學術方面，士人專以考據詞章、八股帖括為業，學風務虛，瑣碎、空洞。清初以來，空談性理的宋學屢遭棄置，繁瑣考據之漢學漸興。「程朱二子之學，今之宗之罕矣，其宗之者率七八十年以前之人，近則目為迂疏空滯

---

〔註15〕 《1793 年清乾隆皇帝給英王喬治三世敕書》，《高宗純皇帝實錄》卷一四三五，中華書局，1987 年，第 15 頁。

〔註16〕 《1808 年嘉慶皇帝論及中英地位諭》，《仁宗睿皇帝實錄》卷二〇二，中華書局，1987 年，第 13 頁。

〔註17〕 馮天瑜、何曉明、周積明：《中華文化史》，上海人民出版社，1990 年，第 915 頁。

〔註18〕 《清史稿‧兵志》。

而薄之，人心風俗之患不可不察也……而七八十年來，學者崇漢唐之解經與百家之雜說，轉視二子不足道，無怪其制行之日，趨於功利邪辟，而不自知也。」〔註19〕至乾嘉以降，學人大多潛心於訓詁、考據、文字、音韻之業，或醉心於八股帖括之文，而於義理之學則鮮有涉及，「今未之見也」。「清至嘉、道，學凋文敝，索索無生氣。」〔註20〕「士林習於優容苟安，以干祿為鵠，下以此求，上以此應，學者以此學，教者以此教。」〔註21〕對此，沈垚在《與丁子香書》中亦感喟於懷：

近日風氣，於進取——無可望，……里中故人皆講求讀書，不講求作字，今世不工胥吏書，即一領青衿恐亦不可得。……今日自為計，當讀書明義理，求可對於古人；為子弟計，當急學入時小楷，以求免於餓死；非厚自待而薄待子弟，必如此，庶可偷生於今之世耳。公卿議論，皆以能小楷為天下奇才，今日即有韓昌黎、歐陽文忠之文章、政績，亦不能希館選。人無羽毛以避寒，無爪牙以爭食，必古之好而時之違，安得不相率而入於溝壑也？是故為子弟計，不特經史不必讀，即文義亦不必甚通，以今世原無通文義之人也。不特拙書之習不可仍，即古書家法帖亦不可學，以學法帖而不工胥吏之書，猶之不工書也。垚及諸故人皆老矣，勢不能再習此，子弟慎毋蹈此覆轍可也。〔註22〕

學子們畢其一生精習八股，千篇一律，空洞無物。以至於學人「日治帖括，雖不慊之，然不知天地間於帖括之外，更有所謂學」。〔註23〕時日一久，應試之帖括取代了聖哲經典，則「士子以腐爛時文互相代取科名以去，此人才所以日下也」〔註24〕。對此，潘德輿在其《與魯通甫書》中說道：

今天下之人，所讀者雖聖人之書，而自少至老，聖人之微言大義未嘗一究心焉。上所校而取者為八股之文，其文非聖人欲言者也。

〔註19〕《任東潤先生集序》，《養一齋集》卷十八，《叢書集成初偏本》。
〔註20〕王文濡：《龔定庵全集》，世界書局，1935年，序。
〔註21〕張昭軍：《傳統的張力——儒學思想與近代文化變革》，吉林人民出版社，2004年，第44頁。
〔註22〕沈垚：《與丁子香書》，載自：鑫圭編：《中國近代教育史資料彙編·鴉片戰爭時期教育》，上海：上海教育出版社，1990年，第95頁。
〔註23〕梁啟超：《飲冰室文集》（十一），中華書局，1989年，第16頁。
〔註24〕林昌彝：《射鷹樓詩話》（十二），咸豐元年刻本，轉引自：馮天瑜、何曉明、周積明：《中華文化史》，上海：上海人民出版社，1990年，第933頁。

下之舍科第而傑然以文學自命者，爲考據、爲詞章，今考據雖託名
經學，實皆泛引細故陳說，用相誇擘，不問經之垂訓何意也。其詞
章英雋，益泛益誇擘，去聖訓彌遠。綜而論之，能以考據、詞章發
僞聖人之心者，前數十年或有之，今未之見也。夫合四海之眾，數
十年之久，爭爲考據、詞章與八股文之皆異乎聖人之心者，士大夫
夷然視之，不以爲怪，以如此之學術而求其心之必惡利必嗜義，是
猶射魚而指天也。……欲救人事，恃人才；欲救人才，恃人心；欲
救人心，則必恃學術。〔註25〕

「考據、詞章與八股文」與「聖人之微言大義」相離，時人逐末而棄本。漢
學支離、瑣碎之弊至此期已顯露無遺，有志學者則多「惡夫餖飣爲漢，空腐
爲宋」，〔註26〕而揭櫫「經世致用」之幟。對此，曾國藩疾呼：「以己之所向，
轉移風俗，而陶鑄一世之人」。〔註27〕

# 第二節　「中國意識的危機」

　　十九世紀末二十世紀初，此時的中國正處在民族危亡、社會急劇動蕩的
全面危機之中，清末西化思潮和反傳統主義思想興起。其以強烈主張「唯泰
西是傚」、鼓吹近代文明，懷疑和否棄傳統文化爲旨歸。同時，這也爲「五四」
時期反傳統主義及「全盤西化」思想的高漲準備了理論前提。辛亥革命之後，
北洋軍閥專制政局俾民國初年的中國社會呈現出滿目瘡痍、危機四伏的景
象，對革命的失望與對傳統文化之悲絕的普遍情勢彌漫一時。基於此，「五四」
時期反傳統主義及「全盤西化」思想興起，對數千年根植人心的〔註28〕、政
教合一的傳統文化的徹底顛覆與否棄風行一時，「中國意識」面臨著深刻危機。

## 一、清末西化思潮與反傳統思想

　　顧名思義，西化就是西方化。茲借用學者的論述予西化或歐化一詞以定

〔註25〕潘德輿：《與魯通甫書》，載於鑫圭編：《中國近代教育史資料彙編・鴉片戰爭
　　　　時期教育》，上海教育出版社，1990年，第95頁。
〔註26〕魏源：《武進李申耆先生傳》，《魏源集》上冊，北京：中華書局，1976年，第
　　　　361頁。
〔註27〕曾國藩：《原才》，《曾國藩全集・詩文》，嶽麓書社，1986年，第182頁。
〔註28〕這裏是以倫理及民族心理而言。

義。「『化』之爲義，變化也、仿傚也，其間又有『徹底』的意思。『西』者，西方也」。可以說，「『西方或歐洲的制度本身是現代化的根本內容，其它社會可以忘掉自己的歷史傳統而採納西方和歐洲式的現代價值標準和制度，就像他們把牛車換成汽車或把土爾其帽換成大英帽一樣。』」〔註29〕歐化思想最早萌芽於維新變法時期，「甲午戰後，識時俊傑風發飆起，東向而求學，誠是爲歐化之先河。」〔註30〕「歐化」一詞則源自日本。1902年日本學者在論及「歐化」與「國粹」之分野時寫道：「日本有兩派，一爲國粹主義。……一爲歐化主義，歐化云者，謂文明創自歐洲，欲己國進於文明，必先去其國界，純然以歐洲爲師。極端之論，至謂人種之強，必與歐洲互相通種，至於制度文物等類無論矣。」〔註31〕可見，在中國，歐化或西化是與維護傳統背道而馳的。何謂傳統？「傳統其實就是理解者內在地置身於其中的歷史」。〔註32〕維護傳統則是抓住歷史傳統之核心價值不變，是對自己業已習慣的東西表現出內在的留戀，而與歐化或西化表現出截然迥異的價值取向。

清末西化（歐化）思潮與反傳統思想是一種以強烈主張「唯泰西是傚」、鼓吹近代文明，懷疑和否棄傳統文化爲旨歸的社會思潮。其可視爲「五四」反傳統主義及「全盤西化」思想之濫觴。十九世紀末二十世紀初的中國處在民族危亡、社會急劇動蕩的全面危機之中，亦是社會各個層面處於近現代轉型的關鍵時期。此期門戶開放、割地賠款、歐風美雨如疾風驟雨般而至，各種思想、主義如潮水般地湧入中國。甲午一役，偌大中國完敗於國情頗爲相類之蕞爾小國——日本，舉國重創，猶晴空霹靂然。有時論評說，「今日之事岌岌哉！一蹶再蹶，輸幣割地，剜肉飼虎，身肉有盡，而虎欲無厭，他日之患害，其十倍於今日者，且日出而未有已也」。〔註33〕同時，此役亦使國人對東瀛列島的崛起和騰飛倍感新奇與仰慕，認爲「惟遊學外洋者，爲今日救吾國唯一方針」，〔註34〕一時間，家家言時務，人人談西學。朝野上下，暢言變法。大批學人「遊學海外，窺破世界進化之公例，著書立說，以喚醒同胞」，

---

〔註29〕 周積明：《晚清西化思潮析論》，《天津社會科學》，2002年第1期。
〔註30〕 董壽慈：《論歐化主義》，《環球中國學生報》，1907年3月，第4期。
〔註31〕 佚名：《日本國粹主義與歐化主義之消長》，《譯書彙編》，東京，第2年第五期，1902年7月25日。
〔註32〕 郭齊勇：《文化學概論》，武漢：湖北人民出版社，1990年，第302頁。
〔註33〕 《湖南時務學堂緣起》，光緒23年9月初1日，《知新報》第32冊。
〔註34〕 《勸同鄉父老遣子弟航洋留學書》，《遊學譯編》第六期，1903年4月。

〔註 35〕其大多東渡扶桑，蜂擁留學。這時，萌芽並彌漫於日本思想界的歐化思想亦勢不可擋地薰習了這批中國留學青年，茲「歐美文明，可以改良中國社會之風尚者，固所當學者也」成爲新思想界之共識，「醉心歐化」的思潮傳入中國。早在十九世紀八、九十年代，開一代風氣之先、引領新文化方向的維新派人士深感，傳統文化中專制、愚昧以及陳腐的因素對於社會危害至深，遂力倡西學，強烈主張「一革從前，搜索無剩，唯泰西是傚」〔註 36〕和「改正朔、易服色、一切制度，悉從泰西」。〔註 37〕鼓吹重建新的近代文明。如時人所論，「此三年中，時局一變，風氣大開，人人爭言西學矣，而余精舍諸君子猶硜硜焉抱遺經而究終始，此叔孫通所謂鄙儒不通時變者也」。〔註 38〕庚子一役，亡國在即，師法歐美以救亡圖存則迫在眉睫。同時，社會民眾之崇洋心理日益風行，亦深刻影響到社會意識。時人撰文嘲諷：「見一外國人則崇之拜之，視之爲無所不知無所不能之上帝。雖一外國流氓，其入中國也，其身價可以埒周孔。官吏大夫與交接者，得其一顧盼，登龍不如也。」崇洋媚外之風的逐步蔓延，在客觀上爲歐化思潮之廣播推波助瀾。中國上下層人士之一致推動使得歐化思潮甚囂塵上，方興未艾。「1905 年第 2 期《東方雜誌》載文曰：『通海以來，吾國人士崇拜外人思想極深。至甲午庚子以後，又加甚焉。』（《縱論甲辰年大事》，《東方雜誌》1905 年第 2 期。）林懈《政治之因果關係論》一文批評當時『輕儒學而醉歐化』（宣樊（林懈）：《政治之因果關係論》，《東方雜誌》1911 年第 12 期。）之潮流，吳稚輝則『以歐化爲可戚』，（吳稚輝：《書〈神州日報〉〈東學西漸〉篇後》，《辛亥革命前十年間時論選集》第 3卷，第 464 頁。）可見當時『西化』（歐化）思潮盛極一時。」〔註 39〕

西潮猛烈來襲，俾一部分有識之士藉此西風謀求救亡圖強之策，而另一產物則是令一些學人或民眾揚崇洋媚外之風，而大行盲目傚仿西方之舉。其「見中國式微，則雖一石一華，亦加輕薄」，〔註 40〕皆「以舊學爲不適用而竟相唾棄者項背相望。……無論學說器物皆以外至者爲尚」。〔註 41〕「儼若國中

〔註 35〕黃琳：《中國宜除去守舊根性說》，《留美學生季報》1915 年秋季第 3 號。
〔註 36〕樊錐：《開誠篇》，載於《湘報》，1898 年（光緒二十四年）3 月 7 日。
〔註 37〕易鼐：《中國宜以弱爲強說》，載於《湘報》，1898 年（光緒二十四年）3 月 7日。
〔註 38〕俞樾：《詁經精舍課藝》，1897 年，序言。
〔註 39〕周積明：《晚清西化思潮析論》，《天津社會科學》，2002 年第 1 期。
〔註 40〕魯迅：《破惡聲論》，《河南》第 8 期。
〔註 41〕狸照：《論中國有救弊起衰之學派》，《東方雜誌》1904 年第 4 期。

無一物可以當其愛戀者」，視「數千年老大帝國之國粹，猶數百年陳屍枯骨之骨髓，雖欲保存，其奈臭味污穢，令人掩鼻作嘔何？徒增阻力於青年之吸受新理新學也」。〔註42〕誠可謂是：「言非同西方之理弗道，事非同西方之術弗行」。〔註43〕《中外日報》1903年4月12日有人撰文——《論近時媚外之弊》，尖銳地諷刺媚外之時風：

> 十年以前，大約排外之一類人爲多……於開學堂則以爲養成漢奸，於改制度則以爲用彝（夷）變夏，於設製造局則以爲作奇技淫巧。至於今日，其底裏已畢露，其明效大驗，已爲人所共知……於是排外之習一轉而爲媚外之極，乃至外人一舉一動無不頌爲文明，一話一言無小奉爲著蔡也。〔註44〕

一味模仿的同時，也存在著誤讀、歪曲理解西方名詞以及濫用新名詞等不良現象。對此，1904年《東方雜誌》有文批評：「今之個人權利者則不然，以放恣爲自由，以狂妄爲平等，以私欲爲親愛，視道德家言爲迂闊而遠於事情」。〔註45〕梁啓超亦曾感歎：「數年以來，彼最優美高尚之名詞，若自由也，平等也，平和也，人道也，愛國也，民意也，何一不爲人抒扯蹂躪以盡。夫至於一切道德名詞之效力，所餘者惟以供天下後世嬉笑詬病之用，則國家社會更何所賴以與立？」〔註46〕由此可見晚清西化思潮之另樣。

中華大河大陸型地理環境決定著中國古代農耕自然經濟的生產方式，而這又決定著國人一種特有的經驗理性的文化心理。在人類文明由血緣向地緣演進的歷史進程中，因農耕生活、生產方式的限制，以農耕文明爲主導的古代中國，其原始社會氏族部落的血緣紐帶解體不充分。作爲中國古代社會結構的基本單元的家族、宗族一直較爲牢固地保存著，從而形成龐大而有序的血緣——政治社會結構體系，即宗法制度。正是這種關乎血緣的制度體系和經驗理性的文化心理帶給人們一種濃烈的祖先崇拜意識，從而構成倫理型的中華心態文化。同時，由於中國古代的神權觀念意識崩潰過早，傳統文化中人文意識則更爲濃烈，使得對英雄、聖賢的推崇成爲一種傳統思維方式。歷

〔註42〕 民：《好古》，《新世紀》第24號，1907年11月30日。
〔註43〕 魯迅：《文化偏至論》，《河南》第7期。
〔註44〕 轉引自：周積明：《晚清西化思潮析論》，《天津社會科學》，2002年第1期。
〔註45〕 可軒：《國恥篇》，《東方雜誌》第1卷第10號。
〔註46〕 黃珅：《梁啓超詩文選》，華東師範大學出版社，1990年，第130頁。

時彌久，茲法古、崇聖意識即崇尙傳統已成爲民族無意識，而對傳統的懷疑和否棄則向來被視爲離經叛道之舉。「人情多安舊習，難於圖始，驟與更改，莫不驚疑，雖以帝王之力，變法之初，固莫不衝概驚蹙者。」〔註47〕可見傳統之力的強韌。然近代中國，時逢數千年未有之大變局，時艱已非祖宗、先聖之法所能應對之。兩次鴉片戰爭之慘敗，朝野震驚。「庚申之變，目擊時艱，凡屬臣民，無不皆裂」。〔註48〕「士大夫見外侮日迫，頗有發憤自強之意」。〔註49〕始有異於傳統之洋務運動興起。甲午一役，對於國人的震懾益深，「喚起吾國四千年之大夢，實自甲午一役始也」。〔註50〕「自是天下響風，上自朝廷，下至士人，紛紛言變法」。〔註51〕變法、西化之風盛必致離古經、叛聖道即反傳統意識之蔓延。時人深感：「中國以數千年文明舊域，迄今乃不若人，臣等心實羞之。」〔註52〕「中國舉事著著落後，浸並落後之著而無之，是以陵遲至有今日」。〔註53〕「宇內士夫，痛時事之日亟，以爲中國之變，古未有其變，中國之學，誠不足以救中國」。〔註54〕傳統之「適用於今時者殆寥寥無足取法」〔註55〕，「中國之國粹，若世人之所謂種種者，尤當早於今日陳諸博物館」。綿延數千年的文化傳統和先賢聖道已無補於新時代，則棄之唯恐不及。有時論說：「居今日之中國，上之不可不衝破二千年頑謬之學理，內之不可不鏖戰四百兆群盲之習俗。」〔註56〕「中國文化進退之如何，當視國粹之受若何之

---

〔註47〕　康有爲：《孔子改制考》卷十三。

〔註48〕　鄭觀應：《易言·自序》，夏東元編：《鄭觀應集》上冊，上海：上海人民出版社，1982 年，第 173 頁。

〔註49〕　鄭觀應：《易言·自序》，夏東元編，《鄭觀應集》上冊，上海：上海人民出版社，1982 年。

〔註50〕　梁啓超：《戊戌政變記》，北京：中華書局，1954 年。

〔註51〕　中國史學會主編：《戊戌變法》(2)，上海：上海書店出版社，2006 年，第 19 頁。

〔註52〕　《考察政治大臣端方、戴鴻慈奏陳各國導民善法請次第舉辦摺》，《大公報》，1906 年 12 月 8 日。

〔註53〕　《報貝元徵》，《譚嗣同全集》（增訂本），北京：中華書局，1981 年，第 205 頁。

〔註54〕　黃節：《〈國粹學報〉敘》，《辛亥革命前十年間時論選集》第二卷，北京：三聯書店，1960 年版，第 44 頁。

〔註55〕　《辛亥革命前十年間時論選集》第二卷，北京：三聯書店，1960 年版，第 350 頁。

〔註56〕　《辛亥革命前十年間時論選集》第一卷，北京：三聯書店，1960 年版，第 12 頁。

處分。世之學者，其三思之。」〔註57〕在此一片對傳統文化之反思、檢討聲中，晚清反傳統思潮勃然而興。

諸如三綱五常、儒家禮教、尊古法先、孔聖、儒學、儒家道統、家族、宗族等傳統文化因素或實體皆在受批判，甚至位於否棄之列，更有甚者提出廢除中國文字等激進主張。他們將孔聖、儒學以及儒家道統與專制主義捆綁批判，嚴厲指出：「宋儒尊三綱，定名分之說，可以有利於專制也，」遂歷受表彰，其「名爲尊聖道，實則塞人民之心思耳目，使不敢研究公理而已。」斥儒家道統說爲「中國腐儒之說」，歷數其流弊有四：「一曰不合論理，二曰重誣聖賢，三曰縮聖道之範圍，四曰遏人民之思想。」〔註58〕並逐一從學理的層面予以批駁。同時指出，儒家道統論多年來嚴重壓制學術之自由發展。由此而倡導無道統的學術環境，「中國自上古以來，有學派，無道統。學派貴分，道統貴合；學派尚競爭，道統尚統一；學派主日新，道統主保守；學派則求勝前人，道統則尊尚古人；宗教家有道統，學術家無道統也。吾非爲宋儒之無足取，吾非謂理學之不足言，不過發明宋儒之學爲學派，而不欲尊宋儒之學爲道統耳」。〔註59〕同時，反傳統主義者還倡導反孔丘革命，疾呼「排孔」口號，認爲孔子乃是專制主義的根基，「嗚呼！孔丘砌專制政府之基，以荼毒吾同胞者，二千餘年矣。……吾請正告曰：欲世界人進於幸福，必先破迷信；欲支那人之進於幸福，必先以孔丘之革命。」進而指出：「破世界人之迷信，世界人之所有事也。……吾輩支那人也，請行孔丘之革命，以破支那之迷信。」〔註60〕有學者認爲，十九、二十世紀之交的反傳統思潮是「以進化、競爭、自由、民主、科學、平等、個性、實用等近代西方資本主義文化價值爲基準的，顯示其背後的世界觀和價值觀，開始擺脫了傳統文化價值的範疇」。〔註61〕可以說，清末西化（歐化）思潮與反傳統思想爲「五四」反傳統主義及三十年代「全盤西化」思潮的萌發和興起準備了思想前提。

---

〔註57〕　《辛亥革命前十年間時論選集》第三卷，北京：三聯書店，1960 年版，第 193 頁。

〔註58〕　《道統辨》，張枬、王忍之編：《辛亥革命前十年間時論選集》第一卷下冊，北京：三聯書店，1960 年版，第 735～739 頁。

〔註59〕　《道統辨》，張枬、王忍之編：《辛亥革命前十年間時論選集》第一卷下冊，北京：三聯書店，1960 年版，第 735～739 頁。

〔註60〕　絕聖：《排孔徵言》，《新世紀》，第 52 期，1908 年 6 月 20 日。

〔註61〕　陳萬雄：《五四新文化的源流》，北京：三聯書店，1997 年，第 122 頁。

## 二、傳統政統的瓦崩及革命後的失望

辛亥革命結束了秦漢以迄清末延綿兩千年的君主集權體制，朝代更替卻一體垂統的皇權政統就此瓦崩。傳統模式的政教一體化使得傳統儒家道統隨著皇權政統而崩塌，維繫社會、人心之現代道統的構建尚需時日。共和表象下的軍人專制政局致使民國初年的中國社會遂呈現出滿目瘡痍、危機四伏的景象。「借新道德之影響之皮毛以破壞舊道德，」國人「無所制約、無所信仰」，「社會蕩無秩序、極其流弊」，此害堪比「洪水猛獸」，當時學人對革命的失望與對傳統文化之悲絕同在。

武昌一役之後，中國政局煥然為之一變：自始皇以來的中央集權君主之位被代之以中華民國共和政府大總統之職。1912 年 1 月 1 日，孫中山在南京當選為中華民國臨時大總統，傳承兩千年之久的皇權政統就此瓦崩，三個多月後，孫辭袁任。此後，中國踏上了重建現代政統的漫長而艱難的民主共和之旅。護國一役之後，民國政局猝然為之小變：基本維持中國大一統中央集權政局的北洋新軍領袖袁世凱的敗亡俾北洋各軍閥割據時代猝然到來。此後十餘年，武夫當國，政局混亂不堪。為讓中國走向現代民主共和的武昌、護國之役並未能打出一個趨於理想的新國家、新秩序，民國初年的中國社會，滿目瘡痍，危機四伏。「這是一個充滿黑暗和動盪的年代。在這個年代裏，軍閥橫行，兵匪肆虐，死亡流離，道瑾相望，疾首整額者，漣漣泣涕，鵠面鳩形者，嗷嗷哀鳴。」〔註 62〕對此，李大釗無不滿懷隱憂，他歷數六點時弊，認為「邊患」、「兵憂」、「財困」、「食艱」、「業敝」、「才難」〔註 63〕堪憂。激憤之餘，他哀歎道：「衰哉！吾民瘁於晚清秕政之餘，復丁干戈大亂之後，滿地兵燹，瘡痍彌目，民生雕敝，亦云極矣。」〔註 64〕共和表象之下的軍人專制政局使得民國初年的中國社會，遂呈現出滿目瘡痍、危機四伏的景象。

梁啓超所作的一段沉痛反思則代表了當時大多數學人的心聲。「革命成功將近十年，所有希望件件都落空，漸漸有點廢然思返，覺得社會文化是整套的，要拿舊心理運用新制度，決計不可能，漸漸要求全人格的覺醒」。〔註 65〕民國之理想與現實的巨大落差使得時人對於更為深層的心態文化進行反思，

---

〔註 62〕 陳旭麓：《近代中國社會的新陳代謝》，上海：上海人民出版社，1991 年，第372 頁。
〔註 63〕 《隱憂篇》，《李大釗文集》上，北京：人民出版社，1984.1。
〔註 64〕 《大哀篇》，《李大釗文集》上，北京：人民出版社，1984.6。
〔註 65〕 梁啓超：《五十年中國進化概論》，上海：上海大學出版社，2003 年。

將民國初年的亂局歸罪於革命之不徹底，即未能夠把與皇權政統休戚與共、榮損俱進的傳統儒家道統一併收拾乾淨。陳寅恪對此洞若觀火，亦痛心疾首。他說：「夫綱紀本理想抽象之物，然不能不有所依託，以爲具體表現之用。其所依託以表現者，實爲有形之社會制度，而經濟制度尤其重要者。故所依託者不變易，則依託者亦得因以保存。……近數十年來，自道光之季迄今日，社會經濟制度，以外族之侵迫，致劇疾之變遷；綱紀之說無所憑依，不待外來學說之撞擊而已銷沉淪喪於不知不覺之間，雖有人焉，強聒而力持，亦終歸於不可救療之局。」〔註66〕皮之不存，毛將焉附？然皮、毛盡去，社會規範、道德秩序何以爲繼？社會倫理道德其舊已破，而其新卻未就。民何以安？國何以立？「一言以蔽之，今日中國青年之大患，莫甚於借新道德之影響之皮毛以破壞舊道德，無所制約、無所信仰，其影響於社會蕩無秩序、極其流弊。……人道蕩然，雖洪水猛獸，何足比其害也。」〔註67〕曾經燦爛輝煌的千年絕學——傳統儒家道統上陵下替、一落千丈的厄運已在所難免。現代政統、道統之構建豈是朝夕之間、一日之寒所能成就！陳寅恪之悲絕即在於此。

## 三、「五四」反傳統主義思潮與「全盤西化」

清末西化思潮和反傳統主義思想的勃興、科舉制度的廢除、辛亥作爲道統之皮的皇權政統的被扔棄、以及民國初年西學的進一步衝擊，使得「五四」時期，以儒家倫理道德爲全面批判和誅伐之的、標榜西方民主、科學的運動興起，中國傳統文化備受冷落或撻伐。「東方化對於西方化步步的退讓，西方化對於東方化的節節斬伐！到了最後的問題是已將枝葉去掉，要向咽喉去著刀，而將中國化根本打倒。」〔註68〕中國傳統文化這棵已被砍伐得孤零零的大樹即將面臨著被連根拔掉的厄運。「國學的陵替、本國歷史魅力的喪失、科學理性的思維方式對傳統直覺思維方式的挑戰、廢除漢字的激烈主張、對文言文的摧毀式批判、傳統風俗習慣遭受的西方和現代雙重壓力，這一切昭示著，在傳統文化中已經沒有任何東西可以被視爲想當然地合理，傳統文化面臨著全面有力的挑戰。」〔註69〕美籍華裔學者林毓生指出，「五四」時期之顯著特色就是在文化

---

〔註66〕 陳寅恪：《王觀堂先生挽詞・序》，《學衡》，第64期。
〔註67〕 《中國國學保存論之一》，《東方雜誌》，第1卷第3號。
〔註68〕 梁漱溟：《東西文化及其哲學》，商務印書館，2005年，第15頁。
〔註69〕 劉黎紅：《五四文化保守主義思潮研究》，北京：中國社會科學出版社，2006年，第23頁。

方面的「全盤性反傳統主義」。〔註70〕「中國意識」面臨著深刻的危機。

　　在此期間，陳獨秀創辦了批判和聲討傳統文化、提倡科學與民主之新文化的思想陣營——《新青年》，胡適的《文學改良芻議》和陳獨秀的《文學革命論》相繼發表，他們極力主張白話文、反對文言文，主張新道德、反對舊禮教。他們皆是以西方文化，尤民主、科學思想作為參照物，進行檢討、反思和批判中國傳統文化。陳獨秀指出：「吾人倘以新輸入之歐化為是，則不得不以舊有之孔教為非；倘以舊有之孔教為非，則不得不以新輸入之歐化為是，新舊之間絕無調和兩存之餘地。」〔註71〕胡適認為：「新文化運動的根本意義是承認中國舊文化不適宜於現代的環境，而提倡充分接受世界的新文明。」〔註72〕為「充分接受」西方民主、科學，即德莫克拉西（Democracy）和賽因斯（Science）之「世界的新文明」計，魯迅在《狂人日記》中指出：幾千年的中國歷史是「吃人」的歷史。他指出：「所謂中國的文明者，其實不過是安排給闊人享用的人肉的筵宴。所謂中國者，其實不過是安排這人肉筵宴的廚房」。〔註73〕進而強烈要求：「我以為要少——或者竟不——看中國書，多看外國書。」〔註74〕陳獨秀提出：「若是決計革新，一切都應該採用西洋的新法子，不必拿什麼國粹、什麼國情的鬼話來搗亂。」〔註75〕對於維繫傳統社會倫理政治的「孔子之道」，陳獨秀視之為「接受世界的新文明」之最大障礙，兩者勢不兩立。他認為，「惟以其根本的倫理道德，適與歐化背道而馳，勢難並行不悖。吾人倘以新輸入歐化為是，則不得不以舊有之孔教為非。」〔註76〕對於孔教，李大釗則斥之為「數千年前之殘骸枯骨」、「歷代帝王專制之護符」〔註77〕，若以之「施於今日之社會為不適於生存，任諸自然之淘汰，其勢力

〔註70〕　林毓生著、穆善培譯：《中國意識的危機——「五四」時期激烈的反傳統主義》，貴陽：貴州人民出版社，1988年，序。

〔註71〕　陳獨秀：《答佩劍青年》，《新青年》，第3卷1號。

〔註72〕　胡適：《中國傳統與將來》，姚鵬、范橋：《胡適講演》，北京：中國廣播電視出版社。

〔註73〕　魯迅：《墳·燈下漫筆》，北京：人民文學出版社，2006年。

〔註74〕　魯迅：《青年必讀書——應〈京報副刊〉的徵求》，《京報副刊》，1925年2月，編入《華蓋集》。

〔註75〕　陳獨秀：《今日中國之政治問題》，載《新青年》，第5卷第1號。

〔註76〕　陳獨秀：《答佩劍青年（孔教）》，《陳獨秀著作》第1卷，上海人民出版社，1993年，第281頁，原載《新青年》第3卷第1號，1917年3月1日。

〔註77〕　李大釗：《孔子與憲法》，《李大釗文集》（一），北京：人民出版社，1999年，第245頁，原載《甲寅》日刊，1917年1月30日。

遲早必歸於消滅」。〔註78〕吳虞則指出：「儒家以孝悌二字爲二千年來專制政治與家族制度聯結之根幹，而不可動搖」，「其主張孝悌，專爲君親長上而設。但求君親長上免奔亡弒奪之禍，而絕不問君親長上所以致奔亡弒奪之故，及保衛尊重臣子卑幼人格之權。」「其流毒誠不減於洪水猛獸矣」。〔註79〕鬥爭矛頭直指以孝悌爲核心的儒家倫理。認爲儒家道統是專爲專制皇權護駕的，「守孔教之義，故專制之威愈衍愈烈。苟非五洲大通，耶教之義輸入，恐再二千餘年，吾人尚不克享憲法上平等自由之幸福」，因此，他們強烈提出：「儒教不革命，儒學不轉輪，吾國遂無新思想、新學說，何以造新國民？」〔註80〕不破儒教，「新思想、新學說」無以立，則「新國民」無以造。總而言之，「兩千年吃人的禮教法制都掛著孔丘的招牌，故這塊孔丘的招牌無論是老店，是冒牌不能不拿下來，捶碎，燒去！」〔註81〕「五四」時期反傳統主義者們是要從根本上全面地、系統地批判中國文化傳統，對於其中的規則、理念、秩序和信仰予以否認，徹底地否棄被認爲是民族沉重「包袱」的中國傳統文化。

如果說「五四」時期反傳統主義思潮是重在「破」，是爲引進「世界的新文明」而對數千年根植人心的（倫理及民族心理上）、政教合一的（政治上）傳統文化的徹底顛覆與否棄；那麼也可以說二十世紀三十年代興起的「全盤西化」思潮則是「破」後之「立」，是對來自西方的新學說、新思想、新文明的理論建樹。

「全盤西化」思潮是由陳序經、胡適等爲代表的一部分知識分子所倡導和推動的一種社會思潮。陳序經、胡適等直接針對《文化建設月刊》十教授《中國本位的文化建設宣言》的發表，而提出「全盤西化」的激進主張和思想，以期解決中國文化的出路問題，即中國文化的現代化問題。

在作爲「全盤西化」論調的始作俑者胡適看來，中國的一切都是落後的，而西方一切則都比中國要先進。他曾告誡青年：「我們必須承認我們自己百事

---

〔註78〕 李大釗：《自然的倫理觀與孔子》，《李大釗文集》第1卷，北京：人民出版社，1999年，第250頁。原載《甲寅》日刊，1917年2月4日。

〔註79〕 吳虞：《家族制度爲專制主義之根據論》，《吳虞集》，成都：四川人民出版社，1985年，第63～64頁。

〔註80〕 吳虞：《儒家主張階級制度之害》，《吳虞集》，成都：四川人民出版社，1985年，第95、98頁。

〔註81〕 胡適：《〈吳虞文錄〉序》，《胡適文集》第2集，北京：北京大學出版社，1998年，第610頁。原載《晨報》副刊，1921年6月21日。

不如人，不但物質機械上不如人，不但政策制度不如人，並且道德不如人，知識不如人，文學不如人，音樂不如人，藝術不如人，身體不如人。」〔註82〕「若把政治教育以及他方面的情況來和西洋比較，我們實在說不出來。我們要和西洋比較科學嗎？交通嗎？出版物嗎？哲學嗎？其實連了所謂禮教之邦的中國道德，一和西洋道德比較起來，也只有愧色。」〔註83〕對於西方國家，胡適曾讚美道：「美國風俗極佳，此間夜不閉戶，道不拾遺，民無遊蕩，即一切遊戲之事，亦莫不泱泱然有大國之風，對此，眞令人羨煞。」〔註84〕因此，胡適在《中國今日的文化衝突》一書中寫道：「中國人對於這個問題，曾有三派的主張。一是抵抗西洋文化；二是選擇折衷；三是充分西化。我說抵抗西化在今日已成過去，沒有人主張了。但所謂『選擇折衷』的議論，看去非常有理，其實骨子裏只是一種變相的保守淪。所以我主張全盤的西化，一心一意的走上世界化的路。」〔註85〕

　　中國固有的傳統文化應予以否定，而不能作爲現代新文化的一個組成部分。而文化本身是一個不可分割的有機的整體，對西方文化的「全盤」引進是必要的。因此主張「全盤西化」，提出要用改造中國文化，以西方資本主義先進文化爲模板，改造出新的現代中國文明。陳序經則指出：第一，中國從理論到事實都已經「趨於全盤接受西洋文化」。具體而言，「在教育方面，所謂廢除科舉，設立學校；在政治方面派大臣出洋考察政治，請洋人顧問，均是實行西化的表示。……就是在思想哲學方面我們也要西洋化」；第二，「歐洲近代文化的確比我們進步得多」。〔註86〕可以說，「不能不承認中國文化無論在哪一方面，都比不上西洋文化」。並且，「從文化的各方面的比較來看，我們所覺爲最好的東西，遠不如人家的好，可是我們所覺爲壞的東西，還壞過人家所覺爲最壞的千萬倍」。〔註87〕「若從農、工、商業來看，那麼我們比

〔註82〕　胡適：《介紹我自己的思想》，《新月》第 3 卷，第 4 期，載於《中國現代思想史簡編》。

〔註83〕　邱志華編：《陳序經學術論著》，杭州：浙江人民出版社，1998 年，第 86 頁。

〔註84〕　羅志田：《再造文明的嘗試：胡適傳（1891～1929）》，北京：中華書局，2006年，第 64 頁。

〔註85〕　胡適：《中國今日的文化衝突》，《中國基督教年鑑》，1929 年。

〔註86〕　陳序經：《全盤西化的理由》，《中國文化的出路》，1934 年。載自李培林、渠敬東、楊雅彬主編：《中國社會學經典導讀》上，北京：社會科學文獻出版社，2009 年。

〔註87〕　《關於全盤西化答吳景超先生》，《獨立評論》，第 142 號。

諸西洋人，更有天淵之別。……說起工業，一個這麼大的廣州，數不出五支
煙筒，比起從比利時而入德境以至柏林的那條路的數不盡的工廠，有什麼分
別呢？」；第三，「西洋的現代文化，無論我們喜歡不喜歡，它是現世的趨勢」。
〔註88〕目前中國民眾的生活狀況尙屬「未完全開化的生活」。「沒有到外國的
人，也許不覺得我們的生活的簡陋，然一到外國的人，總免不了要覺得我們
自己的生活，若不客氣來說一句，還是未完全開化的生活。」因此，這正如
胡適所言：「西洋文化是世界文化的趨勢。質言之，西洋文化在今日，就是世
界文化。我們不要在這個世界生活則已，要是要了，則除了去適應這種趨勢
外，只有束手待斃。」〔註89〕

## 第三節　人文主義的回歸

繼古典哲學之後，現代西方哲學呈現出科學主義與人本主義兩種思潮並
列前行的景象。在此時期，人本主義思想得以充分發展，它相信直覺而非理
性，尋求和崇尙人類心靈深處而非理性的情感意志。第一次世界大戰的爆發
將資本主義文明惡的一面展露無遺，「西方的沒落」的悲觀文化論調充溢著西
方思想界，歸復「古之宗教」或轉向引進中國儒家、道家思想的文化出路的
構想風行一時。梁啓超等人的歐遊歸國的感悟使得國內人文主義思潮波瀾再
起，其所宣揚的中西調和論預示著「全盤西化」之後的中國人文主義之回歸。
緊接其後的東西文化之論爭以及「科玄論戰」爲「五四」時期接續異構階段
的儒家道統論的理論演進創造了條件。

### 一、科學主義思潮與人本主義思潮的分裂與融合

現代西方哲學建立在全面批判西方古典哲學的基礎上，在從十九世紀
三、四十年代以來的一百多年的發展歷程中，現代西方哲學經歷了兩種思潮
從對立、分裂到融合、統一的演進過程。在此期間，西方哲學思潮流派紛呈，

---

〔註88〕陳序經：《全盤西化的理由》，《中國文化的出路》，1934 年。載自李培林、渠
　　　　敬東、楊雅彬主編：《中國社會學經典導讀》上，北京：社會科學文獻出版社，
　　　　2009 年。
〔註89〕陳序經：《全盤西化的理由》，《中國文化的出路》，1934 年。載自李培林、渠
　　　　敬東、楊雅彬主編：《中國社會學經典導讀》上，社會科學文獻出版社，2009
　　　　年。

激烈角逐。此興彼衰，思潮迭起。其興衰相間，不絕如縷。大致歸類，可分為科學主義與人本主義兩種思潮，這兩種思潮從分裂到融合的過程正是西方哲學在整體上現代化的過程。

自十九世紀中葉以來，西方哲學流派層出，精彩紛呈。思潮迭起，此起彼伏。相與爭鋒，激烈角逐。然而，從內容和立足點來看，大致可分為兩大思想陣營，即科學主義思潮和人本主義思潮。兩種思潮並非絕對的分裂，二者之間既對立而又相互交織、滲透。

科學主義又稱實證主義，其出現於十九世紀三十年代，由法國孔德實證主義開其端，其後，有英國的穆勒和斯賓塞繼承、發展。實證主義繼承休謨的經驗主義與現象主義的傳統，它把包括科學、哲學在內的人的一切認識局限於現象領域，即經驗領域，力圖將科學從傳統宗教神學和形而上學的束縛下解放出來，從而倡導科學而興起科學主義思潮。實證主義強調知識的實證性和為學的實證精神，認為唯有經歷實證的知識或經驗、現象的知識才是確實可靠的。而對於經驗或者現象背後的本體的研究則擱置一旁，認為這是神學或形而上學解決的問題。

十九世紀末二十世紀初，有德國、奧地利馬赫主義和美國的實用主義出現。馬赫主義又稱經驗批判主義，它基於實證主義，而且克服其「形而上學」殘餘，而將世界盡數歸結為感性的、經驗的，認為經驗、現象之外不存在任何本質、實在，以科學的認識論取代實證主義的體系。實用主義發軔於美國，於二十世紀頭三十年風行於美國思想界。它基於實證主義和馬赫主義而視經驗為世界存在的基礎，認為經驗之外無物也。同時，受叔本華的意志主義和柏格森的生命哲學的影響，它將把實證主義功利化，強調「行動」及其「效果」，進而把「經驗」、「現象」、「實在」歸結為「行動的效果」，「知識」則被視為「行動的工具」，而「真理」被降格為「效用」，從而宣揚有用即是真理的主張。可以說，實用主義同時具有科學主義思潮和人本主義思潮的特徵，以信念為出發點，以行動為手段，以傚果為評價標準。杜威是美國最有影響的實用主義大家，他將實用主義運用於社會、政治、道德、教育等各個領域，從而使實用主義成為一門社會哲學。它強調經驗方法的應用，並認為一切知識均是人們為應付環境而創造的工具，真理就是人造的工具，從而肯定人的思維是具有工具性的。其後，實用主義與來自歐洲的分析哲學等融彙，羅素等將實證主義的經驗主義與現代邏輯分析方法結合，進而提出邏輯原子主

義，使科學主義思潮進入到新實證主義階段。維也納學派則在此基礎上提出邏輯實證主義，此派認爲經驗之外無世界基礎，有則淪爲形而上學。主張科學知識即經驗知識。其所倡導的經驗實證原則就是指判斷一個經驗科學命題的的意義在於其能否被經驗證實或證僞。30年代以後出現於美國的物理主義、邏輯語義學等邏輯分析哲學以及產生於英國的日常語言分析哲學，都歸屬於科學主義思潮之流派。

與之相對應，人本主義思潮，即唯意志主義或非理性主義思潮，其發端於十九世紀中葉德國叔本華的意志主義，叔本華欲在人類心靈深處尋求非理性的情感意志，並將其絕對化，以糾正古希臘以來用經驗或者理性解釋世界的哲學傳統。他認爲，一切事物皆是意志之派生物，理性和科學是作爲意志之工具而存在，因而相信直覺而非理性。他以人的情感和欲望即生存意志爲本體，指出世界就是非理性的自我生存欲望衝動的產物，並由此而推理出人生的悲劇性結局。

其後，尼采的權利意志主義即唯意志主義繼承之，他們從非理性主義出發，認爲人的生存意志，即生存的情感和欲望是本體，是世界的本源和動力，即世界源於這種非理性的自我生存意志。尼采則將此本體提高爲權利意志即人的本能及內在生命力，以此作爲評價一切的尺度。並在「重新估價一切價值觀念」的主旨下激烈批判在基督神學和理性哲學統攝下的西方猶歐洲文化。

柏格森的生命哲學則總結前學，繼承尼采的唯意志主義，對非理性主義和直覺主義作了系統的論證。它以包涵生存意志和權利意志以及無意志在內的生命衝動或生命之流爲世界的本原。他強調，經驗和理性不能認識生命衝動，唯乞之於非理性的本能、直覺來領悟。這對後來的非理性主義影響至深。

以海德格爾爲代表的存在主義承其後，發展了意志主義、生命哲學之思想，堅持從孤立的個人之「自我意識」、「主觀性」的存在出發，進而揭示世界的存在。主張個人存在具有優先地位，是通向其它一切存在的始點。薩特則提出：「存在先於本質」。另外，屬於人本主義思潮流派的還有法蘭克福學派、弗洛伊德主義、現象學等。

所謂「有象斯有對，對必反其爲。有反斯有仇，仇必和而解。」〔註90〕至二十世紀五十年代，西方科學主義思潮和人本主義思潮兩大思想陣營開始呈現融匯合一的態勢。也就是說，科學主義思潮陣營中出現汲取人本主義思

---

〔註90〕張載：《正蒙‧太和篇》。

想來充實科學主義的思想流派，而人本主義思潮陣營亦存在有以科學主義論證人本主義的觀點和主張。現代學人研究二十世紀以來西方兩大思潮的分裂與融合時指出：

> 自啓蒙運動以後，兩種文化之間就開始出現了斷裂，這種斷裂到 20 世紀中葉以前達到頂峰。隨著 20 世紀中後期由於科技帶來的各種負面效應顯現，引起人們開始反思以科學主義爲代表的科學文化；另一方面，這一時期也是世界範圍内社會動蕩不已的年代，人們普遍失去了信仰，精神空虛，這一切都要求人們反思產生這種情況的深層原因。對於科學主義試圖用科學的進化論「取代傳統的倫理學」、以及「用科學主義對道德進行解釋」（Mikael Stenmark. Scientism; Science, ethics, religion M. Published by Ashgate Publishing, Limited, 2001.）的企圖，可以說都以失敗告終，但是造成的後果卻是嚴重的，引起了社會大範圍失範現象的發生。基於這種認識，我們認爲整合的基礎就是兩種文化所面對的目標是一致的：即人類面臨的風險與危險，構成了兩種文化整合的實踐層面；而整合的形而上基礎就是價值（理論層面），因爲任何一種文化都是人類自身價值的體現，基於此，兩種文化的整合才有了現實的可能性。〔註91〕

兩種文化就是指科學文化與人文文化。五十年代以來，西方資本主義社會的一些新情況促使人本主義思潮更爲人們所關注，科學技術之飛速發展使得出現融合理性主義和非理性主義的思想流派，當時所流行的存在主義和弗洛伊德主義就具有此種特色和傾向。存在主義呈現出與馬克思主義相融合的傾向。弗洛伊德主義本於心理學即精神分析學，以之用於解釋人性、人格乃至於思想、文化，可視爲兩種思潮之融合物。此期出現的波普批判理性主義把世界分爲物質世界、意識和精神世界、客觀精神世界即知識和精神產品三者，三個世界交互作用。波普爾以證僞原則即試錯方法取代證實原則即經驗歸納方法，以非理性來補充理性。他認爲證僞促使科學的發展，人類的認識正是通過諸如「問題、假設、證僞、新的問題……」的動態模式而不斷接近客觀真理的。

---

〔註91〕李俠：《試論人文主義與科學主義的斷裂與整合》，《齊魯學刊》，2004 年，第5 期。

## 二、「西方的沒落」

1918 年斯賓格勒所著《西方的沒落》應時出版，書中充溢著西方文化危機的悲觀論調，它以深刻的歷史洞見揭示了西方文化即將走向沒落的生命周期。第一次世界大戰爆發將資本主義文明惡的一面充分展露，西方學人普遍陷入對於歐洲現代文明的全面反思之中，其或歸復「古之宗教」，或轉向於中國傳統文化如儒家、道家思想的引進。歷經歐洲一戰慘狀的梁啓超歐遊歸國後著《歐遊心影錄》，以一種理性客觀的態度對中西文化重新作出評判，改變以往對西方文化的盲目抬高，並提出對於中國傳統文化的繼承和發揚的時代問題。從而在國內思想界掀起「全盤西化」之後的人文主義回歸的思潮。

1914 年 8 月，第一次世界大戰爆發，得到充分資本主義發展的西方國家爲爭奪地區或世界霸權而大興刀兵，戰火波及歐洲、非洲、中東以及太平洋、大西洋、印度洋，致使包括平民在內的近兩千萬人死亡。戰後人們顚沛流離，生活困苦，難以爲繼。遭際兵燹、歷經喪亂的歐洲人飽嘗了工業革命所帶來的負面惡果，西方資本主義文明的快速發展所致之殘酷現實發世人之深思。由此，「西方陷入了對文藝復興以來資本主義文化的全面反思之中，出現了反對極端個人主義、消極自由主義、唯科學主義、實證主義、理性主義、極端功利主義和極端國家主義的思潮」〔註92〕斯賓格勒之《西方的沒落》即問世於斯時，茲書風行歐洲，影響頗深。爲宏濟時艱，西方學人或興復古之風，於古宗教中尋求醫國之方。吳宓所譯的《Paul Valéry La crise de l Esprit》就有如此敘述：「有主復古者，於是歐戰方酣之時，人乃爭讀古書，又虔心祈禱，乞靈於古之宗教。古之英雄聖哲詩人學者，一一奉爲偶像，資以鼓吹，一若行其所言世即可救者；而極奇僻極矛盾之學說教理，各皆有人提倡，有人信從，此興彼僕，盛行一時，陸離光怪，莫可名狀。」〔註93〕或轉而乞靈於東方文化，老子道法自然、無爲而治的精義迎合了遭遇戰亂之苦的歐洲人們之尋求平和、安寧的急切願望。郭沫若寫道：「老子的思想直接道著歐洲近代社會的弊端，所以極受德國戰後青年的崇拜，戰前德國青年在山林中散步時懷中大半帶了一本尼采的〈查拉圖斯特拉〉，現在德國青年卻帶老子的〈道德經〉了」〔註94〕。

---

〔註92〕 劉黎紅：《五四文化保守主義思潮研究》，中國社會科學出版社，2006 年，第27 頁。

〔註93〕 《韋拉里論理智之危機》，《大公報·文學副刊》第 10 期，1928 年 3 月 5 日。

〔註94〕 郭沫若：《論中德文化書——致宗白華兄》，《創造周報》，第 5 號。

　　同樣，以仁義爲道的儒家思想亦在歐洲頗受青睞。他們「欲本於常識實證，重新造成平正通實之倫理觀念，以爲國民立身行事之規範，則其書必常引孔子之言。」〔註95〕認爲儒家倫理思想「平正通實」，「歐戰之際，殺傷達三千萬人。巴黎大主教滿而西日，此時方覺中國儒家折中之倫理爲可持久」。〔註96〕平和、方正、通達、實用的中學在西方的受崇使得國內力主「全盤西化」者心實難平，陳序經曾說，「歐戰後所給中國人的一種反響，實在是利害的很。所謂精神救國，所謂西洋文化的崩壞，所謂東方文化的復興，形形色色，舉不勝舉，而比較頭腦清楚的文士名流，也只會說什麼東方的精神文化和西方的物質文化相調和」。〔註97〕西風之逆轉，使國內思想界波瀾再起。

　　1918 年底，梁啓超偕張君勱、蔣百里等六人赴歐考察，正值第一次世界大戰狼煙未盡，滿眼一片狼藉。其耳聞目睹，感觸猶深。在歐遊期間，梁啓超就致書其弟仲策，一抒胸臆：

> 至內部心靈界之變化，則殊不能自測其所屆。數月以來，晤種種性質差別之人，聞種種派別錯綜之論，睹種種利害衝突之事，炫以範像通神之圖畫雕刻，摩以迴腸蕩氣之詩歌音樂，環以恢詭　鬱之社會狀態。飫以雄偉矯變之天然風景，以吾之天性富於情感，而志不懈於向上，弟試思之。其感受刺激，宜何如者。吾自覺吾之意境。日在醞釀發酵中，吾之靈府必將起一絕大之革命。唯革命產兒爲何物。今尚在不可知之數耳。〔註98〕

從「絕大之革命」一語可見歐洲見聞對於梁啓超的觸動之深。1920 年 3 月，梁啓超、張君勱師徒一行七人結束其爲期一年有餘的歐洲之旅。第一次世界大戰所展現出來的現代科學、文明之惡的一面讓其心有餘悸，幡然有悟。「從前的理想和信條，已經破壞的七零八落，於是全社會都陷入懷疑的深淵，現出一種驚惶沉悶淒慘的景象。」〔註99〕

　　戰後「驚惶沉悶淒慘的景象」發人深思，科學在戰爭中所表現出來的巨

〔註95〕　德　雷赫完撰、吳宓譯：《孔老子學說對於德國青年之影響》，《學衡》，第 54 期。

〔註96〕唐圓：《邪說》，《甲寅周刊》，第 1 卷第 24 號。

〔註97〕陳序經：《全盤西化的理由》，載自羅榮渠主編：《從西化到現代化》，北京大學出版社，1990 年，第 373 頁。

〔註98〕丁文江等：《梁啓超年譜長編》，上海人民出版社，1983 年，第 880〜881 頁。

〔註99〕梁啓超：《歐遊心影錄》，《飲冰室合集》，中華書局，1989 年，第 7 冊。

大破壞力使得「科學萬能」的信念頃刻崩潰。梁啓超寫道：「世人總以爲只要有錢何求不得？到今日也知道錢的功用是有限的了。」「在物質的組織之下，全社會像個大機器，一個輪子出了毛病，全副機器停擺，那苦痛眞說不盡，只怕從今以後，崇拜物質文明的觀念總有些變動罷。」〔註100〕

而另一面，則又讓其精神振奮，「甚爲樂觀」。他說，「此次遊歐，爲時短而歷地多，故觀察亦不甚清切。所帶來之土產，因不甚多，惟有一件可使精神受大影響者，即將悲觀之觀念完全掃清是已。因此精神得以振作，換言之，即將暮氣一掃而空。」〔註101〕對於中國文化的悲觀論調藉此得以肅清。對此，來自西方的飽西學之士辜鴻銘亦有此先明，他曾說，「西方現在雖十分發達，然而已趨於末路，積重難返，不能挽救。」〔註102〕梁啓超不無感歎地宣佈：「鄙人自作此遊，對於中國，甚爲樂觀，興會亦濃。且覺由消極變積極之動機，現已發端，諸君當知，中國前途絕對無悲觀，中國固有之基礎亦最合世界新潮。」〔註103〕因此，「吾人當將固有國民性發揮光大之，即當以消極變爲積極是已。」〔註104〕進而，他鼓勵青年：「我希望我們可愛的青年，第一步，要人人存一個尊重愛護本國文化的誠意。第二步，要用那西洋人研究學問的方法去研究他，得他的眞相。第三步，把自己的文化綜合起來，還拿別人的補助他，叫他起一種化合作用，成了一個新文化系統。第四步，把這新系統往外擴充，叫人類全體都得著他好處。」〔註105〕以中國傳統文化爲基礎，融彙他國文化新鮮、優長之因素，以成充滿活力之中國現代文化，以服務於全人類。他呼籲：「我們人數居全世界人口四分之一，我們對於人類全體的幸福，該負四分之一的責任。不盡這責任，就是對不起祖宗，對不起同時的人類，其實是對不起自己。我們可愛的青年啊！立正，開步走！大海對岸那邊有好幾萬萬人，愁著物質文明破產，哀哀欲絕的喊救命，等著你來超拔他哩。我們在

---

〔註100〕 梁啓超：《歐遊心影錄·倫敦初旅》，《飲冰室合集》第 7 冊，中華書局，1989
　　　　 年，第 48 頁。
〔註101〕 梁啓超：《在中國公學演說》，《申報》，1920 年 3 月 10 日。
〔註102〕 包恒新：《辜鴻銘與〈怪味嬉皮士〉》，《中共福建省委黨校學報》，1999 年，
　　　　 第 5 期。
〔註103〕 梁啓超：《在中國公學演說》，《申報》，1920 年 3 月 10 日。
〔註104〕 梁啓超：《在中國公學演說》，《申報》，1920 年 3 月 10 日。
〔註105〕 梁啓超：《歐遊心影錄》，《飲冰室合集·文集》之二十三，中華書局，1989
　　　　 年，第 37～38 頁。

天的祖宗三大聖和許多前輩，眼巴巴盼望你完成他的事業，正拿他的精神來加祐你哩。」〔註106〕

梁啓超由此得出結論：「拿西洋的文明來擴充我的文明，又拿我的文明去補助西洋的文明，叫他化合起來成一種新文明」。〔註107〕換言之，世界的未來就是中國文化的復興。「正視西方文明的危機與弊病，主張發揮中國文明的優長，調和東西方文明，」這種中西調和論象徵著「全盤西化」之後的人文主義之回歸，亦正是「一戰以後中國知識界中普遍存在的文化保守主義心態。」〔註108〕

## 三、東、西文化的交鋒

自16世紀中葉「西學東漸」以來，東、西文化的交鋒不絕如縷，正所謂「一物兩體」、「有象斯有對，對必反其為」〔註109〕。二十世紀一、二十年代，發生了兩次規模較大的東西文化論爭，即「五四」時期東、西文化論爭及其後的「科學與人生觀論戰」，這兩次論爭為二十世紀上半葉現代新儒家道統論的接續和建構準備了理論前提。

清末西化（歐化）思潮與反傳統思想興起之時，東、西文化的論爭進入新的階段，此期，西化思潮來勢猛烈，而復古、保守等雖為不合時宜之論，亦不絕於耳。兩種文明體繫於「政」的層面激烈交鋒。然將東、西文化上陞至文化理論之核心層面予以論爭的則是自「五四」時期始，「五四」時期東、西文化之爭續清末中學、西學之爭的餘音，高潮迭起，其規模、歷時以及影響遠過於清末。

19世紀末20世紀初以來，逾千種西方自然科學方面的書籍被翻譯和輯著，達爾文、赫胥黎之生物進化論的著作得以大量出版，相對論、量子論、放射性學說等西方自然科學新發現深入中國知識界，且頗受讀者歡迎。在此影響下，中國科學社、中華學藝社等科學團體陸續成立。

---

〔註106〕梁啓超：《歐遊心影錄》，《飲冰室合集・文集》之二十三，中華書局，1989年，第37～38頁。
〔註107〕梁啓超：《歐遊心影錄》，《飲冰室合集・文集》之二十三，中華書局，1989年，第35頁。
〔註108〕何曉明：《返本開新──近代中國文化保守主義新論》，商務印書館，2006年，第178頁。
〔註109〕張載：《正蒙・太和篇》。

與此同時，西方的人文科學和社會科學也被大量地翻譯。培根、洛克、穆勒、斯賓諾莎、赫胥黎、斯賓塞、以及康德、黑格爾等人及其思想被介紹進來。《新青年》等刊物作爲東西文化交通的橋梁，其作用是不可忽視的。「五四」時期的東、西文化論爭就在《新青年》與《東方雜誌》之間進行。由杜亞泉爲主編的《東方雜誌》倡明，中國傳統文化對於現代中國的重要性。他指出：解決中國現今之亂局，當以傳統文化爲收拾人心、挽救國人精神頹廢之良方。也就是說，「決不能希望於自外輸入之西洋文明，而當希望於己國固有之文明。」〔註110〕其主要原因是，「近年以來，吾國人之羨慕西洋文明，無所不至。自軍國大事，以至日用細微，無不效法西洋，而於自國固有之文明，幾不復置意。然自歐戰發生以來，西洋諸國，日以其科學所發明之利器，戕殺其同類，悲慘劇烈之狀態，不但爲吾國歷史之所無，亦且爲世界從來所未有，吾人對於向所羨慕之西洋文明，已不勝其懷疑之意見。」〔註111〕

諸如此類連篇累牘的維護傳統的言論必然引來陳獨秀等人的猛烈抨擊，首先，陳獨秀從東西文化之「本位」差異來分析，他認爲：「東西洋民族不同，而根本思想亦各成一系，若南北之不相併，水火之不相容也。」具體而論：「（一）西洋民族以戰爭爲本位，東洋民族以安息爲本位」；「（二）西洋民族以個人爲本位，東洋民族以家族爲本位」；「（三）西洋民族以法治爲本位，以實利爲本位；東洋民族以感情爲本位，以虛文爲本位」。〔註112〕他指出，正是東西文化之上列的諸「本位」差異導致了其社會制度的根本不同。從而得出結論：「自西洋文明輸入吾國，最初促吾人之覺悟者爲學術，……其次爲政治，……繼今以往，國人所懷疑莫決者，當爲倫理問題。……吾敢斷言曰：倫理的覺悟，爲吾人最後覺悟之最後覺悟。」〔註113〕與此相對，杜亞泉以其《靜的文明與動的文明》相回駁，他明確提出「以中濟西」論：「蓋吾人意見，以爲西洋文明與吾國固有之文明，乃性質之異而非程度之差；而吾國固有之文明，正足以救西洋文明之弊，濟西洋文明之窮者。西洋文明濃鬱如酒，吾國文明淡泊如水，西洋文明腴美如肉，吾國文明粗礪如蔬，而中酒肉之毒者則當以水及

---

〔註110〕傖父：《迷亂之現代人心》，《東方雜誌》，第15卷，第4號，1918年4月。

〔註111〕傖父：《靜的文明與動的文明》，《東方雜誌》，第13卷，10號，1916年10月10號。

〔註112〕陳獨秀：《青年雜誌》第一卷第四號，1915年12月15日。

〔註113〕陳獨秀：《吾人最後之覺悟》，《獨秀文存》，安徽人民出版社，1987年，第41頁。

蔬療之也。」〔註114〕中西文化之間只是性質而非程度之差異，即西洋文明是「動」的文明，東方文明爲「靜」的文明。對此，李大釗指出：「竭力以西方文明之特長，以濟吾靜止文明之窮」。他強調，「將從來之靜止的觀念，怠惰的態度，根本掃蕩，期與彼西洋之動的世界觀相接近，與物質的生活相適應。」〔註115〕藉此，陳獨秀、李大釗等高揚「科學」與「民主」，拉開全面反傳統主義運動的帷幕。

第一次世界大戰給西方人帶來了失敗和迷惘，一些西方學者轉而向中國文化尋求出路。遊歐歸國的梁啓超所發表的《歐遊心影錄》震撼思想界，東西文化之論再起波瀾。其後，1923 年 3 月，張君勱在清華大學所作的《人生觀》演講猶一石激起千層浪，使得東西文化的交匯與碰撞在哲學的層面激烈展開。

「科學與人生觀論戰」即「科玄論戰」，是科學派與玄學派雙方圍繞著「科學能否解決人生觀」這一核心命題所展開筆墨交鋒。張君勱開宗明義，認爲科學與人生觀根本不同。他說，「科學之中，有一定之原理原則，而此原理原則，皆有證據」。而人生觀則不然，「人生觀之特點所在，曰主觀的，曰直覺的，曰綜合的，曰自由意志的，曰單一性的。」「同爲人生，因而彼此觀察點不同，而意見各異，故天下古今之最不統一者，莫若人生觀。」可以說，科學與人生觀兩者迥異。兩者的區別爲：「科學爲客觀的，人生觀爲主觀的。科學爲論理的方法所支配，而人生觀則起於直覺。科學可以以分析方法下手，而人生觀則爲綜合的。科學爲因果律所支配，而人生觀則爲自由意志的。科學起於對象之相同現象，而人生觀起於人格之單一性。」進而，他強調：「科學無論如何發達，而人生觀問題之解決，決非科學所能爲力，惟賴諸人類之自身而已。」「蓋人生觀，既無客觀標準，故惟有返求之於己。」〔註116〕

科學派主將丁文江則以「科學萬能」論相駁，他認爲：「科學的萬能，科學的普遍，科學的貫通，不在他的材料，在他的方法。」〔註117〕「凡是用科

〔註114〕 傖父：《靜的文明與動的文明》，《東方雜誌》，第 13 卷，10 號，1916 年 10 月 10 號。

〔註115〕 李大釗：《東西文明根本之異點》，《新青年》第 5 卷第 1 號。

〔註116〕 張君勱：《人生觀》，《中國現代思想史資料簡編》第 2 卷，浙江人民出版社，1982 年版，第 253 頁。

〔註117〕 丁文江：《玄學與科學──評張君勱的〈人生觀〉》，《中國現代思想史資料簡編》第 2 卷，浙江人民出版社，1982 年版，第 372 頁。

學方法研究的結果，不論材料性質如何，都是科學。」〔註118〕「要求是非真偽，除去科學方法，還有甚麼方法？」〔註119〕進而指出，科學與人生觀不能兩分，他說，「沒有法子把人生觀同科學真正分家，」因為「他們本來是同氣連枝的了」。而且，「不但是人生觀同科學的界限分不開，就是他所說的物質科學同精神科學的分別也不是真能成立的。」〔註120〕並指出，科學應該統攝人生觀。人生觀「決逃不出科學的範圍」。他說，「凡不可以用論理學批評研究的，不是真知識。」「科學的材料原都是心理的現象，若是你所說的現象是真的，決逃不出科學的範圍。」「科學未嘗不注重個性直覺，但是科學所承認的個性直覺，是『根據於經驗的暗示，從活經驗裏湧出來的』。」〔註121〕對於一戰後歐洲思潮的轉向，他解釋道：「歐洲文化縱然是破產，科學絕對不負這種責任，因為破產的大原因是國際戰爭。對於戰爭最應該負責的人是政治家同教育家。這兩種人多數仍然是不科學的」。〔註122〕而「歐美的工業雖然是利用科學的發明，他們的政治社會卻絕對的缺乏科學精神。」最後，丁文江借用胡適一語作出結論：「我們觀察我們這個時代的要求，不能不承認人類今日最大的責任與需要是把科學方法應用到人生問題上去。」〔註123〕

　　這場發生於二十世紀二十年代、持續近兩年之久的「科玄論戰」對現代思想文化的影響是至為深遠的。同時，論戰也為現代新儒家道統論接續異構階段，即「五四」時期儒家道統論的理論演進創造了條件。論戰所涉及的核心命題在當代思想文化以及哲學領域的研究中，仍具有理論價值和現實意義。

〔註118〕 丁文江：《我的信仰》，《獨立評論》，第 100 期，1934 年 5 月。
〔註119〕 丁文江：《玄學與科學》，《努力周刊》，第 49 期，1923 年 4 月。
〔註120〕 丁文江：《丁文江集》，花城出版社，2010 年，第 71 頁。
〔註121〕 丁文江：《玄學與科學》，《努力周刊》，第 49 期，1923 年 4 月。
〔註122〕 丁文江：《玄學與科學》，《努力周刊》，第 49 期，1923 年 4 月。
〔註123〕 丁文江：《玄學與科學》，《努力周刊》，第 49 期，1923 年 4 月。

# 第三章　二十世紀上半葉現代新儒家
## 　　　道統論分派依據及總特徵

## 第一節　分派的依據

　　以往對於二十世紀上半葉現代新儒家道統論的研究，多滯於局部觀照和靜態描述，其或起於「哲學家的道統觀」與「思想史家的道統觀」之紛爭〔註1〕，或僅囿於現代新儒家道統論者的個案研究，或宏觀審視儒家道統論由周、孔而韓、朱、王，至熊、牟一系則順帶以求全，且以熊、牟一系總概現代新儒家道統論者居多，抑或究其某一專題各陳其論〔註2〕。綜而考之，對二十世紀上半葉現代新儒家道統論進行整體性的、動態的研究者甚少，然整體、動態的研究是深窺一思想體系精髓的不可或缺的一環。如此一來，分派研究勢在必行。譬如一江水，其淵源高遠深厚，途經萬壑，形勢使然而分派百川。後其志向東，百折不回，然奔流日久，必歸一而會。天人同理，萬物亦然。現代新儒家道統論發端於周、孔，其源可謂至深至廣。至二十世紀上半葉，現代新儒學者們接續傳統道統論〔註3〕，諸儒承其大流，各秉一幟，實乃形勢

〔註1〕　如余英時、李明輝針對錢穆與熊十力一系的道統觀歸屬問題不吝筆墨等。
〔註2〕　如針對「三統」說（大多是牟宗三的「三統」說，但也不乏其它儒者對此的大論）、宋明儒與現代新儒家的道統論的比較、對於「五八年《宣言》」的評價等諸多專題研究。
〔註3〕　現代儒家者常說接著宋明儒講，近人研究者亦多認爲，現代新儒家道統論是接續宋明儒道統論，並加以發展而成其業。竊以爲，現代新儒家道統論者禮樂派一支徑承周、孔，是宋明儒之不屑，而補其外王一脈的缺省，其功偉矣。豈可以接續宋明儒之說斷言！

使然，然至牟宗三集其大成，猶萬川歸海。此情此狀之曲折、之繁雜不可不究；清人徐用錫於《得何義門太史兒信》中有詩云：「君學謹派別，原本切講究。」以此誠學人門戶之弊，吾人於此以派別論現代新儒家道統論，卻旨在周其原本。

派別之論以各家道觀的分歧爲則，對此的陳論在此略述一二，權當研究前史。余英時將熊十力一系現代新儒家〔註4〕定位爲「以對『心性』的理解和體證來判斷歷史上的儒者是否見得『道體』、『隨時可斷』」〔註5〕的狹義道統觀，名之曰：「哲學家的道統觀」。而名乃師錢穆「『以整個文化大傳統即道統』」曰「思想史家的道統觀」〔註6〕。李明輝回應其後，力闢茲說，糾纏於熊十力「道統不過表示一中心思想而已」〔註7〕一語，以證其「文化傳統」〔註8〕之廣義的道統觀。鄭家棟於斯二者之外增論梁漱溟、馮友蘭、牟宗三、賀麟四君，卻仍以廣、狹二義爲則，即梁、馮、賀是在寬泛的意義上講，遂異於熊牟一系。盛邦和認爲「張東蓀的道統說的是廣義中國文化的延續和光大。」〔註9〕其它學人關乎諸君道統觀之見均在此列，並無出其右者。

再者，時人論及現代新儒家道統論者，關涉梁漱溟、張君勱、張東蓀、賀麟、徐復觀諸君者，大多只是片言隻語，猶蜻蜓點水，一帶而過。至於張君勱、徐復觀二公則無有提及。然 1958 年元旦，現代新儒家唐君毅、牟宗三、張君勱、徐復觀四君在《民主評論》發表《爲中國文化敬告世界人士宣言》，以張中華道統，而作爲聯名者亦即是現代道統論者一說已絕非妄語。吾人深感於此，遂以分派的視角對二十世紀上半葉現代新儒家道統論細究宏覽，並增補梁漱溟、張君勱、張東蓀、賀麟、徐復觀的道統論而求其全備，以期於此域的研究聊盡綿薄之力。

可見，對二十世紀上半葉現代新儒家道統論者進行派別研究勢在必行，然如何界定現代新儒家道統論者？以何標準對其進行分派？爲此特定立三項界定「二十世紀上半葉儒家道統論者」的準則，以及三種論及儒家道統、但

---

〔註4〕即指熊十力、唐君毅、牟宗三三人。
〔註5〕余英時：《錢穆與現代中國學術》，廣西師範大學出版社，2006 年，第 58 頁。
〔註6〕余英時：《錢穆與現代中國學術》，廣西師範大學出版社，2006 年，第 47 頁。
〔註7〕熊十力：《讀經示要》，中國人民大學出版社，2009 年，第 193 頁。
〔註8〕李明輝：《當代儒學的自我轉化》，中國社會科學出版社，2001 年，第 144 頁。
〔註9〕盛邦和：《解體與重構——現代中國史學與儒學的思想變遷》，華東師範大學出版社，2002 年，第 292～293 頁。

應被擯棄於現代新儒家道統論者之外的情況，藉此而鎖定十位現代新儒家作
爲研究對象。進而，提出儒家道統論三個部分的理論構成的說法，並予以說
明和論證。依據十位儒家道統論者的道觀，即其對於儒家之道的不同解悟，
可將其劃分爲明顯的三派。

　　中華道統論亦即儒家道統論，從學理意義上言，其首先是儒家者言，是
儒家關於儒家之「道」及其傳承統緒的學說體系。此既異於道家一脈流傳、
釋氏衣缽相承的道家、禪宗的道統論〔註10〕，又異於歷代政家、學家憑藉儒
家道統以張其政、學之正統的道統論。現代新儒家道統論則是由傳統儒家道
統論嬗衍而出，是現代新儒家在繼承先秦原始儒家道統論、唐宋以降儒家道
統論的思想、理論基礎上，爲應對中國近現代的時代問題所作創新的學說、
理論，是與傳統道統論一脈相承，而又加以現代化創發而成的新儒家核心思
想體系。因此，從現代意義上說，中華道統論又首先是中華者言，是挺立中
華民族歷史思想文化精神的理論載體，是異於世界其它民族文化的道統論的。

　　同樣，二十世紀上半葉儒家道統論研究所涉及人物，即現代新儒家道統
論者亦有別於此期如孫中山、戴季陶、陳立夫，如朱自清、陳寅恪、王國維
等人關於道統的論說者。爲釐清概念、分明異類計，特此定立三點界定「二
十世紀上半葉儒家道統論者」的準則：一、具有承接儒家道統的續統意識以
及對中華民族傳統文化存亡絕續的憂思和時代擔當感，即認同和維護儒家道
統，對先秦原始儒家、唐宋以降儒家道統論均有不同程度的追述和崇尚，並
以承接儒家道統者自任；二、在承接傳統儒家道統中，有自己明顯的關於道
統之「道」的思想傾向，且或直抒己意，或在對傳統道統諸論即先秦儒家、
唐宋以降儒家道統論的褒貶揚抑中蘊寓、闡發己見，以成其現代道統論；三、
既是論者，則必有其新論。如以「道」爲其論的本體，則當於此處構建其道
統論的功用，亦可說在維護儒家傳統內聖之道的前提下，對於新時代有其新
外王構想，也即對於民主、科學這一新內容的吸納和融彙。此三者明，則足
以爲現代新儒家道統論者。

　　另有三種論及儒家道統、但應被擯棄於現代新儒家道統論者之外的論
者：一、因囿於主觀政見、學見而對於儒家道統唯批判是務，視之如封建陳

---

〔註10〕　因儒家自秦漢以降，即居中國思想文化的主導和支配地位。歷代以來，廣收
　　　　博取，兼攝道家、釋氏之長，遂成今日之中華文化，故儒家道統論亦可以中
　　　　華道統論稱之。

物，棄之唯恐不及；二、諸如這種「帝王公卿更當在內的道統說」是被意識形態化了的學說，或因學術門戶之見而憑籍道統，引以為黨同伐異之資的學說。諸如此二者均是道統的被利用和走樣，是政治化了的、學術門戶化了的道統論，是道統與政統、與學統的現實統一。正如張東蓀所言，是沒有靈魂的軀殼。而精神和靈魂的統一才是真正的道統論，兩者當區分開來；三者，在此引用馮友蘭論現代道統之言，「一、不可抱殘守缺。二、不可牽強附會。三、不可斷章取義」〔註11〕。對於此等諸如以道統論之片言隻語為論，或差強人意，或平述之而無己意者均不可以現代道統論者視之。鑒於此，吾人遍觀二十世紀上半葉論及道統的諸學者，以如上準則和三種情況考量、體察，得出：能負「二十世紀上半葉新儒家道統論者」之盛名者共十人，即熊十力、唐君毅、牟宗三、錢穆、馮友蘭、梁漱溟、張君勱、張東蓀、賀麟、徐復觀。

　　對於這十君的歸屬於「儒家道統論者」之說以及其個人道統論的解析，將圍繞儒家道統論的理論構成來一一進行闡述和論證。因此，儒家道統論的理論結構一說則有待於澄清和明確。至於儒家道統論的理論構成一說，蔡方鹿將其概括為十點：仁義之道、執中及中道、內聖心性之學、修齊治平之道、超越時代的心傳說、「四書」學、以天理為道、以氣化為道、以心為道、三統之說。這顯然是將中華道統論思想發展史上所產生過的理論均羅列其中。然竊以為，無論時代如何更新，先秦儒家道統論，唐宋以降儒家道統論抑或現代新儒家道統論，其所以闡發其道統義理的形式載體，即中華道統論〔註12〕的理論架構，唯道觀、統觀、功用觀三者。道觀是指道統論者對道的解悟、自認之論。統觀則為對道的垂統，即其所崇尚、宗主之先賢人物序列之說。統觀是與道觀相生相成的，道統論者依憑其道觀形成其統觀，亦可從其統觀窺其道觀。至現代新儒家道統論，已不再有顯明、嚴格如宋明儒道統論那樣的傳道譜系，而代之以寓諸於對先賢人物的評介中的、與其道觀密切相應的統觀。道統觀是統緒之所在，是就其承續義而言的。功用觀是道統論者依憑其所恃之道施之於人、群、事、物所顯發的效用之論說。現代功用觀即三統說，亦可稱為新外王說，是儒家道統論發展至現代社會，為響應時代需求，解決中國文化的現代走向而遙承周孔孟荀之道的精髓，吸納或生發民族、科

---

〔註11〕 馮友蘭：《三松堂全集》第 11 卷，河南人民出版社，.2001 年，第 555 頁。
〔註12〕 從道統論發展史的意義上來論述，稱中華道統論頗為適宜。然先秦以降，儒家道統論成為中華道統論之主幹，中華道統論與儒家道統論二者亦可混稱。

學的新內容所形成的理論構想，即道統論者對道統之新時代之社會功用的理論建構和設計，是現代道統論異於唐宋以降儒家道統論之處，這是從其發展義來論的。余英時曾有論說，「道學涉及儒家理論中互相關聯的三個層次：（1）哲學思辨，（2）文化價值，（3）現實政論。」〔註13〕余英時先生所說的三個層次亦可說分別對應著儒家道統論理論結構之道觀、功用觀之學說、功用觀之政說。

　　道觀、統觀、功用觀三者周全儒家道統論，這三者的關係可以載體與信號為喻，道猶如信號，是欲傳遞、承接的原物，是準宗教的、哲學的、文化的。統則是縱向傳承的載體，可將原物世代承接、薪火相傳，是歷史的精神性載體。功用則是橫向的載體，波及甚廣，滲透益深，讓作為信號的道無處不在，是社會的、政治的、倫理的、思維的物質性載體，其可表徵為：孔廟、祭祀儀禮等，或主流意識形態如經書、官方學說及制度等，書院、私塾，以及民風民俗、鄉規村約，以及個人的行為模式等。如此三維地傳播、承續，整體地構建著儒家道統。

　　前所述界定儒家道統論者的三準則之二、三點，是對於儒家道統之「道」的解悟和對於道統功用的構建，這兩者在二十世紀上半葉現代新儒家諸多道統論中，則各有其內容和特色。依照二十世紀上半葉現代新儒家道統論者對於儒家之道的解悟和傾向，而對其分門別類，大致可得三派：心性派、大傳統派、禮樂派。熊十力、唐君毅、牟宗三以儒家「心性」為其對儒家道統之「道」的解悟，故歸為心性派；錢穆、馮友蘭以中國思想學術大傳統為其對儒家道統之「道」的理解，可稱為大傳統派；梁漱溟、張君勱、張東蓀、賀麟、徐復觀廣承道統，更趨向於對先秦周、孔禮樂外王一脈的承接、發展，以禮樂為道統之「道」，稱為禮樂派。三派並非明顯的形下學術門戶之別，亦非絕對意義上的形上理論之異，而是互相滲透、關聯、影響而存在的。三派是以其對儒家道統之「道」的理解，對儒家道統思想的解悟，且憑之以重構現代儒家道統學說的不同側重、傾向和方式，即其立論的根據、側重視角及其理論落腳點來劃分的。三派均是在認同心性之學、歷史文化大傳統以及儒家禮樂外王作為儒家道統觀之不可或缺的內涵之一的理論前提下，而對於儒家之道的承接。更確切地說，是在新的歷史時期下，對道的理解各有側重。

〔註13〕田浩：《朱熹的思維世界》，陝西師大出版社，2002年，余英時：序。

這亦形成現代新儒家道統論之一共通性，即道觀的多元化。同時，儒家道統論作為一種思想，其功用的理論構建各有著不同的立足點：心性派著眼於道統的宗教功用，從「教」或「道」的層面立論；大傳統派著眼於道統的哲學、思想、學術功用，從「學」的層面立論；而禮樂派則著眼於道統的社會、政治功能，從「政」的層面立論。

　　三派內部的基本特徵的研究是使現代新儒家道統論三派之說立足更穩的必要研究步驟。各派的基本特徵是各派內部基於儒家道統論的理論結構而凸顯出的共通特徵，此特徵是各派相對於其它派而言，其內部所共同具有的特徵。因此，則存在著既是某派的基本特徵又是三派的總特徵的情況，如心性派有整體道觀趨於宗教化傾向這一基本特徵，此宗教化傾向亦是二十世紀上半葉現代新儒家道統論者所共有的總特徵。前者是相對於大傳統派、禮樂派而論，心性派在整體道觀上更趨於宗教化傾向。後者則是相對於唐宋以降儒家道統論而言，二十世紀上半葉現代新儒家道統論均有構建中國現代宗教的宏願以及理論付出和些許成果；也存在著另一種情況：某派所具有的基本特徵，其相反面卻是二十世紀上半葉現代新儒家道統論者所共有的總特徵的現象。如心性派有明言道統這一基本特徵，而隱言道統卻是二十世紀上半葉現代新儒家道統論者所共有的總特徵。同樣，前者是相對於大傳統派、禮樂派而論，心性派更趨於屢言、明言道統。後者則是相對於唐宋以降儒家道統論而言，二十世紀上半葉現代新儒家道統論者均隱言道統。基於儒家道統論的理論結構而言的各派基本特徵是從現代儒家道統論的續統意識以及其中二個理論部分，即道觀、統觀共三方面來論述的。各派的基本通特徵是提煉了各派在各個理論部分的客觀存在的共同點，以此為該派學理的標識，並深析其理，使現代新儒家道統論三派之說立足更穩。

　　綜而論之，心性派具有四項基本通特性：1、明言道統，2、整體道觀內聖宗教化，3、神化孔孟、推崇宋明、凸顯內聖心性旨歸的統觀，4、返本開新的新外王說共；大傳統派的基本通特徵可歸結為三點：1、整體道觀「中學」知識化、學術化，2、兼收並蓄，博採眾家之優長的統觀，3、「中體西用」的老調子的新外王說；禮樂派的基本特徵則有如下四點：1、道觀政治化傾向，2、直尊周孔道脈、漢唐精神、宋明事業，彰顯外王事功取嚮之統觀，3、現實踐履，4、「不返本而開新」的新外王學說。

# 第二節　二十世紀上半葉現代新儒家道統論總特徵分析

　　三派總特徵是指二十世紀上半葉現代新儒家道統論所共有的基本特徵。此特徵是相對於唐宋以降儒家道統論而言的，是現代新儒家道統論與唐宋以降儒家道統論迥然相異之處。相對於唐宋以降儒家道統論而言，二十世紀上半葉儒家道統論有了如下一些的變化與發展，這種變化與發展體現在哪些地方？這又是如何構建的呢？其深層的、內在的學理依據又是什麼？蔡方鹿在《中國道統思想發展史》一書中，總結了四點現代新儒家道統論的基本特徵：1、廣義的道統觀，2、寬泛的傳道譜系，3、重心性之學，4、汲取西學，援西學入道統。李明輝在《論所謂「儒家的泛道德主義」》一文中自辯〔註14〕爲「弱義的泛道德主義」。何曉明先生在《返本與開新──近代中國文化保守主義新論》一書，將宋明儒道統論與現代新儒家道統論進行比較，認爲現代新儒家「講道統，就是講『自救、救國、救文化』」，「既有對民族文化的憂患，又有對個體生命的悲憫」。〔註15〕鄭家棟在《當代新儒學史論》中認爲：現代新儒家道統論「彰顯的是一種更爲普泛的民族文化意識」。〔註16〕還有李禹階、鄒登順的論文《論現代新儒學「援西入儒」之得失》，文中針對現代新儒學「援西入儒」的特徵加以評述。以上諸學者對二十世紀上半葉現代新儒家道統論的基本特徵的提煉，均是在以心性派，或加上大傳統派錢、馮二公爲現代道統論者的前提下進行的。如此提煉而成的基本特徵並未能高度概括二十世紀上半葉現代新儒家道統論的共同特徵，故於此略加補充，以期能夠更爲全面、深入的研究。

　　二十世紀上半葉現代新儒家道統論具有四點總特徵：1、隱言道統，2、道觀多元化──和而不同、百川競流，3、新外王構想，4、形上本體之分立。

---

〔註14〕熊、牟一系現代新儒家道統論的「內聖開出新外王」說被指謫爲「化約主義」，冠以「泛道德主義」之名，李明輝因茲撰文《論所謂儒家的「泛道德主義」》，將「泛道德主義」分爲「強義的泛道德主義」和「弱義的泛道德主義」，認爲其業師牟宗三的「開出」說應歸屬於後者。

〔註15〕何曉明：《返本與開新──近代中國文化保守主義新論》，商務印書館，2006年，第57頁。

〔註16〕鄭家棟：《當代新儒家的道統論》，《當代新儒學論衡》，臺北桂冠圖書公司，1995年，第29頁。

## 一、隱言道統

隱言道統者，是指不明言道統，沒有嚴格的傳道譜系，並不明言以儒家道統的傳人自居。此相對於唐宋以降儒家道統論者自排傳道譜系，並自居其中者。道統者，以道垂統，以統傳道。唐宋以降儒家道統論者以其自列的傳道譜系為統，並以「孔門傳授心法」和「十六字心傳」為媒介而聯繫上下，以使其延綿不輟。在二十世紀上半葉現代新儒家道統論者中，沒有明顯的、清晰的傳道譜系，亦不自居於傳道諸子之列，故以隱言道統為其總特徵之一。

儒家道統論自唐代韓愈始方有明確提法，並列出具體的傳道譜系，已不似孔、孟般的隱晦。迨宋明儒諸子出，傳道譜系更為完備、嚴格，排他性更強，且自居或被列於譜系之中，明言唯自己接續儒家道統之真傳。唐代韓愈指出，

> 斯道也，何道也？曰斯吾所謂道也，非向所謂老與佛之道也。堯以是傳之舜，舜以是傳之禹，禹以是傳之湯，湯以是傳之文、武、周公，文、武、周公傳之孔子，孔子傳之孟軻，軻之死不得其傳也。荀與揚也，擇焉而不精，語焉而不詳。〔註17〕

韓子所列傳道譜系為：堯、舜、禹、湯、文、武、周、孔、孟。明道逝，伊川為其兄墓作《敘明道墓表》曰：

> 周公沒，聖人之道不行；孟軻死，聖人之學不傳。道不行，百世無善治；學不傳，千載無真儒。無善治，士猶得以明夫善治之道，以淑諸人，以傳諸後；無真儒，則貿貿焉莫知所之，人欲肆而天理滅矣。先生生於千四百年之後，得不傳之學於遺經，以興起斯文為己任，辨異端，闢邪說，使聖人之道煥然復明於世，蓋自孟子之後，一人而已。然學者於道不知所向，則孰知斯人之為功；不知所至，則孰知斯名之稱情也哉。〔註18〕

顯然，大程乃「自孟子之後，一人而已」，已被列為傳道之人。朱子的傳道譜系更為詳備：

> 自是以來，聖聖相承。若成湯、文、武之為君，皋陶、伊、傅、周、召之為臣，既皆以此而接夫道統之傳。若吾夫子，則雖不得其位，而所以繼往聖，開來學，其功反有賢於堯、舜者。然當是時，

---

〔註17〕 《韓昌黎集‧原道》卷十一。
〔註18〕 《宋史‧道學》。

> 見而知之者，惟顏氏、曾氏之傳得其宗。及曾氏之再傳，而復得夫
> 子之孫子思，則去聖遠而異端起矣。……自是而又再傳以得孟氏，
> 爲能推明是書，以承先聖之統。及其沒，而遂失其傳焉。……然而
> 尚幸此書之不泯，故程夫子兄弟者出，得有所考，以續夫千載不傳
> 之緒，得有所據，以斥夫二家似是之非。〔註19〕

> 自孟子沒而聖人之道不傳，……若是者已有千餘年矣，濂溪周
> 子奮乎百世之下……河南兩程先生既親見之而得其傳，於是其學遂
> 行於世。……而慨然有志於堯舜君民者，蓋三先生有功於當世不少
> 矣。〔註20〕

朱子已將周子、二程列入儒家傳道譜的序列之中，並自居其中，而爲道統的
傳人。

> 於是河南程氏兩夫子出，而有以接乎孟氏之傳。……然後古者
> 大學教人之法、聖經賢傳之指，粲然復明於世。雖以熹之不敏，亦
> 幸私淑而與有聞焉。〔註21〕

俟有明一代心學道統論者諸儒出，則更是各持其道統論以與程朱爭道統之
正，其明言道統的特徵更勝於前代。由此可見，唐宋以降儒家道統論具有明
言道統的共同特徵，該特徵同時亦體現了此期道統論的狹隘的排他性。

　　在二十世紀上半葉現代新儒家道統論諸公中，心性派上承唐宋以降儒家
道統論，因襲其明言道統的特色，對道統的論述較之他兩派爲多，已成心性
派的基本特性。然而，其全然未有唐宋以降儒家道統論嚴格的傳道譜系，以
及自居傳道序列之一的說法。大傳統派錢、馮二公僅有關於唐宋以降儒家道
統論的評述，更有甚者，禮樂派諸公直言「道統」一辭者更爲少有。

　　禮樂派少有直言道統者，究其原理，則可說是其上承周孔道脈，而對韓
子、宋明儒則褒貶不一，毀譽相參。周、孔、孟、荀等先秦道統諸聖，即使
是孟子，其道統的人物譜系、續統意識已昭然於世，但其於「道統」二字仍
處幽隱。儒家道統論發端於孟子，其特色是幽隱而強勁；道統的張揚、凸顯
始於韓愈，經韓愈明確立幟，迨宋明而成理學、心學道統論，其特色是彰顯
而縱橫；近現代以來，新儒家重構現代道統論，或是避諱於「五四」反傳統

---

〔註19〕《中庸章句序》。
〔註20〕《朱文公文集》卷七十八。
〔註21〕《大學章句序》。

的潮流，或誠於宋明儒狹隘之訓，抑或應於新時代廣義化道統的需求，亦再現先秦幽隱的古風。可以說，隱言道統這一總特徵是相對於唐宋以降儒家道統論而言的，一是對宋明儒道統論的反省，二是對新時代的反應。

## 二、道觀多元化──和而不同、百川競流

統者，一元垂統，有總括之意。「大一統也，注：統者，始也，總繫之辭」。〔註22〕統字涵有排異己、爭正統的意思。以此論之，道統當與多元無涉。然而，二十世紀上半葉儒家道統論卻具有道觀多元化、和而不同的總特徵。三種不同的道觀所引領的道統論並行而不悖，兼重而融彙。在現代新儒家道統論三派中，心性派道觀內聖宗教化，大傳統派道觀「中學」知識化，禮樂派道觀外王政治化，三派道觀和而不同〔註23〕、百川競流。

茲特徵是相對於宋明儒道統論的排他性、獨斷性而言的，宋明儒道統論以同而不和、力求一尊為其特色。唐宋以降儒家道統論存在著以二程、朱子為代表的理學道統論以及陸之心學道統論為主，陳亮、葉適外王事功道統論為次的三支勁流，其各執己見，互有論爭，而又互相促進。在唐宋以降儒家道統論中，有關於理學派與事功派的內聖心性與外王事功的道論之爭，以及關於理學派與心學派的理學與心學道論之爭。

然較之唐宋以降儒家道統論，二十世紀上半葉現代新儒家道統論卻呈現出「花開三朵，各表一枝」的多彩景況。心性派、大傳統派、禮樂派各秉一幟，卻又相互融彙，至牟宗三而集其大成。心性派接續陸王心學道統論，以心性合一的心性之學為其道觀，並致力於道的宗教化建設，希冀以孔子為教主的孔教佔據國人乃至世人的心靈、道德領域；大傳統派以客觀問學的程朱為宗，持中國思想、學術大傳統為其道觀，道的知識化傾嚮明顯，試圖以此分立學統；禮樂派則是承繼先秦周孔禮樂外王一脈，以禮樂外王為其道觀，立足於政治、社會以言道，以期政統獨立。作為二十世紀上半葉儒家道統論的集大成者，牟宗三則有融彙三派道觀於一爐的趨勢。

> 道統必須繼續。此為立國之本，日常生活軌道所由出，亦為文化創造之原。此相應上列三套「道德宗教」一套而言。中國以往四千餘年的歷史中，惟是彰著此一套，一切聖賢用心惟是直接扣緊此

方面而立言。此即爲以仁教爲中心的道德政治的教化系統，亦即禮
樂型的教化系統。以前在此系統下，道統，政統，學統是一事。道
統指內聖言，政統指外王言，學統則即是此內聖外王之學，而內聖
外王是一事，其爲一事，亦猶仁義之與禮樂爲一事。在吾人今日觀
之，此三者爲一事之一套，實應只名爲「道統」。〔註24〕

茲「相應上列三套」即指「民主」、「科學」、「道德宗教」三套。他以「道德
宗教」爲傳統儒家道統，「禮樂型的教化系統」、「內聖外王之學」均以此心性
道統爲中心。牟宗三在此期則認爲：「三者爲一事之一套，實應只名爲『道
統』。茲儒家「道統」顯然涵括了「仁義」與「禮樂」二者，即涵括「道」、
「學」、「政」三者。

儒家道統論在二十世紀上半葉展現出異於宋明的新面貌：三派道觀多元
化發展，並行不悖，相互融彙，和而不同，猶百川競流然。然究其原因，則
大致可歸爲四點：

第一、在體用派時期，道統觀已有多元化的趨勢。面對西方基督教的侵
襲，體用派著意建構自己的宗教性道統，尋找人之爲人的合理的內在依據。
西學東漸讓張之洞等深感國人之所以爲中國人的重要性，文化、學術性道統
亦勢在必建。數千年未遇之大變局讓張之洞們憂思於大清之難保，於是力倡
經世致用、變革圖強。這種爲朝廷勇建外王功勳的精神亦需要道統的支撐和
凝聚。宋儒只須從道的層面應對時難，而現代新儒家則要從道、學、政三個
層面來應對，因而增加外王學作爲近、現代道統論的重要組成部分。可以說，
儒家道統自晚清中體西用派的接續之時，就已隱顯著多元分化之跡；

第二、二十世紀上半葉儒家道統論者以多元化的道觀接續儒家道統，這
也取決於現代新儒家道統論諸公對於西方道統的多元看法。現代新儒家道統
論者諸公身處「後『三千年未有之大變局』」，西風烈，東風惡，他們紛紛各
持其對儒家道統的一己之見而比附於西學，認爲西方亦當有世代相遞、薪火
傳承的道統，如西方道統或爲基督教，或爲民主、科學。然後返諸中學，操
他人之戈而入己之室，反而強化自己的儒家道統觀。如此一來，諸公各持一
戈，立足於教、學、政而論現代儒家道統，遂成二十世紀上半葉儒家道統論
多元之局；

---

〔註24〕黃克劍、鍾小霖：《當代新儒學八大家集·牟宗三集》，群言出版社，1993年，
第176頁。

第三，受西方兩分的世界模式的影響。兩分的世界模式即是將世界區分為事實世界和意義世界（價值世界），或者是自然世界和應然世界。傳統儒學是以價值世界統攝事實世界，以形而上者涵蓋一切，而形而下者即所謂事實世界或自然世界沒有相對獨立的地位和作用。傳統儒家道統論構建形上本體——心性，即道，並以此統攝學、政。至晚清民初，隨著中央君主集權體制的瓦解，儒家道統論所棲身的傳統儒家亦已日薄西山，風光不再。現代新儒家道統論者深感唯有吸納西學，方可重振河山，實現傳統儒學的現代化。遂在西方兩分的世界模式的影響下，現代新儒家道統論者嘗試著分立學統、政統，與道統分域發展，平分秋色。有學者亦云，「兩分的思維模式乃是儒家的道德主義在現代的特殊表現形式。新儒家認為科學與哲學具有不同的性質內容和方法，科學的目的在於尋求事物之真，哲學的使命則在於追求倫理之善，所以主張科學與哲學分途。這似乎意味著給予科學與哲學、知識與道德以平等的地位，但事實並非如此」。〔註25〕「事實並非如此」只是表示這種嘗試的效果以及實現程度的大小；

第四、儒家道統發展的邏輯必然。以長時段的歷史視角來看，儒家道統論草創於孔、孟、荀，其道與天、天命緊密相連，保留著三皇、唐虞之時，即道的發端時期的神性。至宋明儒時期，程朱構建以理、天理為形上本體的理學道統論，其道尚略具神性。王守仁接續陸九淵的心學道統論的建設，將儒家道統從此略具神性的形上本體——理下落至主體之心，以致道的神性頓失，從而完成儒家道統之道的世俗化，使儒家道統論在現代的分化與多元發展成為可能。二十世紀上半葉，現代新儒家道統論者諸公有感於傳統社會道德的喪失和無序，有感於傳統政治格局的崩潰與坍塌，有感於傳統學術的現代困境，遂致力於儒家道統多元的現代建構；

第五，道觀多元化與「五四」以來宗法體系漸趨崩潰、宗法意識淡化的現狀密切相關。自北宋始，宗法組織民間化、大眾化、普遍化，「這是民間自發組成的、以男系血統為中心的宗族共同體」，「只是在宋代，這種宗法組織才成為社會結構中具有普遍性的主流社會組織」。〔註26〕與此同時，自西周以來的「中國宗法文化在兩宋得以創造性重建」。宗法文化強調血緣正統，並以

---

〔註25〕 鄭家棟：《現代新儒學概論》，廣西人民出版社，1990年，第51頁。

〔註26〕 馮天瑜、何曉明、周積明：《中華文化史》，上海人民出版社，1990年，第664頁。

此理念波及政治、經濟、社會、文化各個領域,「進而從總體上影響民族意識、民族性格、以及民族習慣」。〔註27〕宋明儒道統論尤理學道統論的構建不能說沒有受到其影響,可以說,朱子所創的理學道統論與宋代宗法文化以及「宗族共同體」可謂是相得益彰。那麼強調血緣正統的宗法意識與注重儒家之道的正統的觀念有著很大程度的異中之同,宋明儒道統論狹隘的排他性則由是而出。晚清以來,由於西方軟、硬勢力的東漸以及國內社會階層的巨大變化,中國社會結構表現出異於傳統社會的新狀況,「祖宗革命」以及後來新文化運動對家族制度的批判使得宋代以來所重建的「宗族共同體」漸趨鬆動乃至於解體,與之相應的宗族觀念、宗法文化氛圍亦有所淡化和消散。這樣,致使宋明儒道統論頗具狹隘的排他性特徵的組織、觀念文化基礎和前提則沒有能夠在二十世紀上半葉再次影響和決定著現代新儒家所重建的道統論,以使此期道統論道觀的多元化成為可能和現實。

## 三、新外王構想

　　新外王構想即現代外王構想,是相對於傳統外王,諸如德政、仁政而言的。這指的是現代新儒家道統論者面對當時學人共同研究的時代新課題——民主、科學的引進所作出的思想成果。換言之,新外王構想即是現代新儒家道統論的功用觀,是關於民主、科學的引進以及其與中國儒家道統和傳統儒學的關係的學說,是將西方民主、科學與儒家道統融匯合一的設計和構想的學說。

　　宋明儒道統論〔註28〕諸儒雖不乏社會教化、軍功政績等功業跡象和表現,然而,在外王方面的構想、設計卻極為缺失,於道統論功用觀一域並無建樹。然明體在於達用,先秦儒家道統論之功用觀是其理論的重要部分,其立足於政,勾勒出德政、仁政、禮法之政的外王構想。而宋明儒道統論諸儒均將此用立足於個人的修養,構建識人定性的誠敬功夫論,居敬立己、格物窮理的功夫論,發明本心、切己自反的致知論以及事上磨練、靜處體悟的功夫論和廓然大公的境界論,以致於在晚明興起空談心性的士風,正所謂「平時袖手談義理,臨危一死報君王」。

---

〔註27〕　馮天瑜、何曉明、周積明:《中華文化史》,上海人民出版社,1990年,第663頁。

〔註28〕　茲所言宋明儒道統論僅指當時主流道統論,即理學和心學道統論。至於伏流——陳亮、葉適外王事功學道統論,這裏不作主論。

　　然而，二十世紀上半葉現代新儒家道統論者諸公接續宋明儒道統論以及先秦儒家道統論，卻均致力於對於西方民主、科學的吸納，紛紛設計其新外王構想，這可成為此期道統論的一大特色。在二十世紀上半葉現代新儒家道統論中，心性派、大傳統派均有承續周孔至晚明實學以來外王一脈之志，而以社會、政治的現實踐履為矢志的禮樂派，則更是揭櫫「復興禮樂」的旗幟，汲汲於現實政治、教化之踐履。然僅這一點，並不足以為其特徵而樂道於此。三派道統論者均有其新外王說，其說後有詳述，茲僅以三派之各自特性來論證現代新儒家道統論皆有此說。心性派諸公的新外王說具有返本開新的基本特性。熊十力以六經為本，民主、科學為其枝葉。唐君毅「返本」為基，倡「以全套而取之」，以與「中體西用」相徑庭。牟宗三以其「良知坎陷」之說，「曲通」新外王；大傳統派則大有「中體西用」之遺風，其基本特性且名為「中體西用」的老調子，錢、馮二公具有一種對中國傳統文化極力維護，甚至辯護的心態，以致於未能客觀地、理性地處理中西文化的融合，其並不否定、排斥新文化，亦肯定對於西方民主、科學的整體引進，但其醉心於中國傳統文化，對其熱愛之切幾近於良莠不分；禮樂派以「不返本而開新」為其新外王說的特徵，即民主、科學這一新外王並非從儒家「心性」之「道」的道德本體中開出，而是道統、政統、學統三者並列發展，互不統攝，民主、科學、儒家心性「靈根」均各行一域，獨立不悖。張君勱認為政統（民主）、學統（科學）不可返本求之，即政統、學統皆不統攝於道統，三者當並列、獨立發展。張東蓀不贊同「返本開新」的構想，提出「孔孟之道」、民主、科學互不統攝，各領風騷。賀麟堅持科學、儒學在各自獨立的領域謀求發展，不相衝突，也無須附會迎合。

　　二十世紀上半葉現代新儒家道統論具有新外王構想這一總特徵，是時代使然。也就是說，諸公痛感於時局之危，認識到民主、科學對於強國富民的重要性。同時，這亦是明末清初之實學、晚清「體用派」經世致用之學的遺風薰染所致。當然，現代新儒家道統論諸公均有其新外王說亦可說是對於宋明儒道統論「內聖強而外王弱」的刻意矯正。

## 四、形上本體的分立

　　形上本體之分立是指在現代新儒家道統論中構建多個形上本體，各自

形成其形而上的體系。心性派以心性爲其本體，心性即道，重建其道德的形而上學系。大傳統派以中國歷史文化生命和精神爲其形上本體，形成其知識形而上學體系。禮樂派以民主精神爲其形上本體，而成其政治形而上學體系。〔註29〕

　　形而上學在中國由來已久，儒家心性論就是對於儒家倫理道德之道形上化的精心構建。自子思、孟子始，就開始構建以性爲本體的形上體系，性爲天命所賦予，是倫理道德的根本或最終依據。「天命之謂性，率性之謂道」。並初步設計上達本體之徑，即「盡心知性而知天」。至唐宋以降儒家道統論，程朱以天理爲道，進一步完善理的本體建構。陸王則以心論道，構建心性本體。將儒家道統之道的形上化的努力使得道德的形而上學得以實現，然茲形上體系亦可謂道德倫理統攝下的多元結構。在先秦道統論中，其道作爲形而上之本體，落腳點在於道德倫理與社會政治二者，是道德形而上學與政治形而上學的統一體。宋明儒的理學道統論則以道德倫理和宇宙自然學說爲其形而下基礎，可視爲道德形而上學與知識形而上學的有機統一。也就是說，傳統道統論所蘊含的是複合型的道德形而上學體系，儒家之道則是此現實社會政治、道德的形而上本體或最終依據。當然，內聖、外王或者修身、齊家、治國、平天下的致思路線決定了道德的統攝地位。

　　二十世紀上半葉現代新儒家道統論則不然，處數千年「斷統」之際，三派道統論者各持其道觀，重建或新建其形而上學體系。

　　心性派諸公在宋明儒心學道統論的基礎上，汲取西方哲學的方法和架構，重建道德的形而上學體系。牟宗三所重建的道德的形而上學可以說是「現代的陸王學（我稱之爲『陸王心學的現代形態』），是吸收西方哲學方法加以改造和重構的陸王學。在牟先生這裏，西方哲學的影響主要表現爲對康德哲學的吸收。」〔註30〕這道德的形而上學迥異於西方傳統的宇宙自然形而上學，亦與康德道德形而上學相區別。「牟氏哲學只是從康德哲學那裏吸收了某種運思方式和論說架構，……以極其思辨的方式講陸王哲學，卻又不失陸王哲學的基本精神，這正是牟先生的難能之處」。〔註31〕牟宗三認爲，其道德的形而

〔註29〕　至於政治形而上學一說，其實古已有其萌。王道爲傳統政治形而上學之本體，然古者聖王合一，政治形而上學遂被統攝於道德形而上學之下。
〔註30〕　鄭家棟：《當代新儒學史論》，廣西教育出版社，1997年，第139頁。
〔註31〕　鄭家棟：《當代新儒學史論》，廣西教育出版社，1997年，第139頁。

上學是以具有理性思辨與體系結構而異於陸王傳統體系。首先，對於「由內在的道德實踐出發何以能開出超越的形上義理和精神境界？」這一傳統課題，「在傳統儒家那裏，此問題只是以一種啓示的、結論的、隨處點撥的方式說出，而讓人自去體會。牟先生則是以一種清晰明白的邏輯的、理性思辨的方式，層層展開地說明之，論述之。他完成了熊先生所期完成而未能完成的事業：眞正（也是第一次）使儒家的內聖心性之學不僅在內在義理上，而且在外在形式上成爲可以通過思想邏輯加以把握的學說體系。」〔註32〕儒家傳統道德的形上學「由道德良知（智的直覺）的自我呈現顯露一眞善統一的形上實體，達於天人合一的形上境界，」而牟宗三之道德的形而上學「包含兩層存有論，由無執的存有論展露一超越的形上世界，說明道德實踐、價值創造及成聖成賢的根據；由執的存有論開顯感性的現象世界，說明科學知識及其對象如何可能的問題。把科學的認識及其根據問題提升到存有論的層面加以探討，」〔註33〕這正是牟宗三對於陸王學的現代改造，其「兩層存有論」顯然受西方兩個世界思維模式以及主體與客體的概念的啓發。同時，心性派諸公構建道德的形而上學，是通過「智的直覺」上達心性本體，何謂「智的直覺」？「其直覺是理智的，不是『感覺的』；其理智是直覺的，不是辯解的，即不是邏輯的。可是這種智，在西方哲學家言之，大都以爲只屬於神心，即惟上帝之心靈始有之。而人心之直覺必是感覺的，其理智必是辯解的。他們把圓智只屬於神心，而於人心之智，則只言其知性形態」〔註34〕在康德那裏，作爲有限存在的人只有知性、邏輯可言，而不可能有「智的直覺」，唯有神——上帝作爲無限存在方有此良知。這也正是牟宗三所構建的形而上學之異於康德之處。

知識形而上學又可稱爲宇宙形而上學或自然形而上學，即對應於西方傳統形而上學——自然形而上學，在此體系中，形而下的宇宙或自然知識，經由邏輯思辨、知性、理性上達自然本體，即自然背後的終極依據。大傳統派借鑒西方傳統形而上學的架構和方法，創造性地構建其知識形而上學。錢穆指出，「把握我們生命的學問，是認識我們生命的學問。再進一步說，這一生命，也並不是自然的生命，而是歷史的生命。不是物質的生命，而是精神的

---

〔註32〕 鄭家棟：《當代新儒學史論》，廣西教育出版社，1997年，第142頁。

〔註33〕 鄭家棟：《當代新儒學史論》，廣西教育出版社，1997年，第146頁。

〔註34〕 牟宗三：《歷史哲學》，廣西師大出版社，2007年，第161頁。

生命。」〔註35〕這種「文化生命」〔註36〕、「歷史的生命」、「精神的生命」以
及「中國哲學『極高明而道中庸』的基本精神和人生境界」就是大傳統派力
圖建樹的知識〔註37〕形而上學體系之本體。這本體是超越於歷史、文化典籍、
實物或者實體之上的，在錢、馮二公看來，通過邏輯、知性，形而下的典籍、
史料可上達本體，得到活的歷史、文化。「新儒家把歷史看作是同一精神實體
的展現，是一『生命的延綿』。」〔註38〕在《新理學》一書中，「馮先生……
把眞際與實際、形上與形下、共相與殊相、體與用、理與事完全打成兩截」，
顯然，馮友蘭受到西方主體與客體二元對立的影響，這是「承自西方哲學的
兩極對立的思考方式」〔註39〕。在此形上與形下之間，馮友蘭汲取維也納學
派的邏輯分析法而重建形而上學，這顯然是自亞里斯多德以來西方傳統的自
然形而上學的老路數。他指出，「新理學的工作，是要經過維也納學派的經驗
主義，而重建形而上學」。〔註40〕「維也納學派所用的方法，是邏輯分析法，
是分析法的很高底發展。」〔註41〕因此，馮友蘭所構建的則是一種異於陸王、
牟宗三以及康德三種道德形而上學的、且稱之爲「知識形而上學」的體系。
正如有論者說，「在某種意義上可以說：馮友蘭恰如熊十力等人所反對的，是
把形而上學描述成一個知性的邏輯結構」。〔註42〕

　　如果說宋明儒理學道統論是著眼於個人道德修養、客觀知識探求多於政
治秩序的構建，是道德形而上學與知識形而上學的融彙，聖人是其綜合體現。
而大傳統派所作的努力即是分立其知識形而上學；那麼也可以說，先秦道統
論立足於政治多於道德，是道德形而上學與政治形而上學的統一體，是聖與
王的有機結合。禮樂派所著力的則是分立其政治形而上學，此「著力」多是
指其思想結果而言。徐復觀「反對牟宗三、唐君毅及其老師熊十力以玄學的

〔註35〕　錢穆：《中國歷史精神》，臺北東大圖書公司，1981 年，第 5 頁。
〔註36〕　張君勱：《新儒家思想史》，中國人民大學出版社，2009 年，附：《爲中國文化
　　　　　敬告世界人士宣言》。
〔註37〕　此知識實指史學、哲學學科而言，因此期中國剛步出前工業社會，自然科學
　　　　　學科體系尚未建立，史學、哲學學科則是從傳統思想學術之中分立而出，故
　　　　　以知識概言之。
〔註38〕　鄭家棟：《現代新儒學概論》，廣西人民出版社，1990 年，第 115 頁。
〔註39〕　鄭家棟：《當代新儒學史論》，廣西教育出版社，1997 年，第 137 頁。
〔註40〕　馮友蘭：《三松堂全集》第五卷，河南人民出版社，1986 年，第 223 頁。
〔註41〕　馮友蘭：《三松堂全集》第五卷，河南人民出版社，1986 年，第 221 頁。
〔註42〕　鄭家棟：《現代新儒學概論》，廣西人民出版社，1990 年，第 76 頁。

精神，從具體生命、行為，層層往上推，一直推到形而上的天命天道處立足」。
〔註 43〕他在對儒家之道的理解上強調「行」，他說，「孔子追求的道，不論如何推廣，必然是解決人自身問題的人道，而人道必然在『行』中實現。行是動進的、向前的，所以道也必是在行中開闢。《論語》中所涉及的問題，都有上下淺深的層次，但這不是邏輯上的層次，而是行在開闢中的層次，」〔註 44〕這「行」即現實踐履，可視為由形而下之「解決人自身問題的人道」上達本體之徑，本體何在？徐復觀以儒家之道為「民族的靈魂」〔註 45〕，為「凝成中國民族精神的主流」，〔註 46〕這是「貫穿於歷史之流的普遍而永恒的常道」。〔註 47〕即其所謂的「人文精神骨幹的禮、樂」〔註 48〕。張東蓀指出，傳統儒家之道有兩個方面，「即一個是天的思想，另一個是禮的思想」。〔註 49〕而這「正是中國道統的精神所寄」。〔註 50〕他還說，「據我看來，孔子的真正主張只是一個政治理論，他有一個理想的社會，並所以達到這個境界的步驟。」〔註 51〕他凸顯傳統儒家複合型道德形而上學之政治因素，旨在構建其政治形而上學體系。對於「西洋的道統」的「民主主義」，〔註 52〕張東蓀認為，「可以把他當作一個制度或風俗，又可以當作一種精神」，〔註 53〕這「精神」亦可理解為政治理論背後的最終依據，即其現代政治形而上之本體。

面對「五四」以後的激烈反傳統思潮，現代道統論者們作為儒家道統的承接者，自覺地具有一種對於中國文化存亡絕續的憂思和使命感，均在尋求重現先秦儒家形上之「道」的智慧，發展和更新宋明儒家道德形上學的方法和途徑，並紛紛嘗試著重建以現代儒家道統之「道」為本體的形而上學體系。二十世紀上半葉儒家道統論諸公以儒家理學、心學以及事功學道統論為其理論淵源，參以西方哲學、佛學的概念、方法和架構，紛紛構建與道觀相應的

---

〔註 43〕 許繼霖：《知識分子十論》，復旦大學出版社，2003 年，第 94 頁。
〔註 44〕 徐復觀：《向孔子的思想性格回歸》，《中國思想史論集續篇》，上海書店出版社，2004 年。
〔註 45〕 徐復觀：《學術與政治之間》，華東師大出版社，2009 年，第 1 頁。
〔註 46〕 徐復觀：《學術與政治之間》，華東師大出版社，2009 年，第 8 頁。
〔註 47〕 徐復觀：《學術與政治之間》，華東師大出版社，2009 年，第 8 頁。
〔註 48〕 徐復觀：《學術與政治之間》，華東師大出版社，2009 年，第 83 頁。
〔註 49〕 張東蓀：《思想與社會》，遼寧教育出版社，1998 年，第 133 頁。
〔註 50〕 張東蓀：《思想與社會》，遼寧教育出版社，1998 年，第 134 頁。
〔註 51〕 克柔編：《張東蓀學術文化隨筆》，中國青年出版社，2000 年，第 130 頁。
〔註 52〕 張東蓀：《思想與社會》，遼寧教育出版社，1998 年，第 192 頁。
〔註 53〕 張東蓀：《思想與社會》，遼寧教育出版社，1998 年，第 199 頁。

形而上學，其主要原因在於「五四」以後實證主義思潮盛行。實證主義由近代西方經驗主義演進而來，十九、二十世紀之交，隨著西學東漸而被引入中國，又與中國乾嘉所興樸學之考證精神頗相吻合。實證主義注重客觀的、實證的、科學的、邏輯的方法，拒絕經驗、現象領域以外的探求，質疑超越的存在，其本質上是反形而上學的。然而，對於現實的超越是人類必然的精神需求，宗教和形而上學是達到這一需求的兩種途徑。置身於實證主義思潮之中，就有學人存在著兩難的「煩悶」，「知其可信而不能愛，覺其可愛而不能信」。〔註54〕宗教對於此期中國的不可行性自不待言，因此，形而上學不僅是人類意義、價值層面的靈丹，亦可為解決尋求知識、倫理、政治等形而下層面其背後的終極依據的一劑良藥。

---

〔註54〕王國維：《宋元戲曲史》，鳳凰出版社，2010年，自序二。

# 第四章　心性派

　　心性一辭係儒學的核心概念，心性關係即天人關係，亦可謂認識與人性之關係。心性論即論心性之學，其源於孔、思、易、孟，大成於朱子，亦是賦予儒學準宗教色彩的重要學說。早在先秦，儒家子思一系就賦予「性」以形上的闡釋，《中庸》有云：「天命之謂性，率性之謂道」。人性即由天命賦予，然天人、上下、內外如何溝通？又云：

> 唯天下至誠，爲能盡其性。能盡其性，則能盡人之性；能盡人
> 之性，則能盡物之性；能盡物之性，則可以贊天地之化育；可以贊
> 天地之化育，則可以與天地參矣。

如此「存誠盡性」，可下學上達，貫通天人。茲「人性是聯結、溝通『天』、『人』的樞紐」。〔註1〕孟子以「『不忍人之心』論『本心』」〔註2〕，以此心爲認識本心，亦爲道德本心。由此「『本心』論『本性』」〔註3〕，則「盡其心者，知其性也。知其性則知天矣。」〔註4〕然要「知天」、「事天」，唯「存心養性」矣。孟子上接孔子、《中庸》、《易傳》之「天」、「命」、「心」、「性」，以開儒家心性之學的端緒。俟宋儒出，「宋儒通過『心性之學』，上連天道，下接倫常，以反擊釋老。」〔註5〕經二程、朱子、陸王等宋明諸子的接續與創發，遂成就儒家心性之學〔註6〕。程朱、陸王因各執「性即理」、「心即性」一旨而導致朱、

---

〔註1〕 李澤厚：《中國古代思想史論》，天津社會科學院出版社，2004年，第212頁。
〔註2〕 馮達文、郭齊勇：《新編中國哲學史》，人民出版社，2004年，第91頁。
〔註3〕 馮達文、郭齊勇：《新編中國哲學史》，人民出版社，2004年，第93頁。
〔註4〕 《孟子‧盡心上》。
〔註5〕 李澤厚：《中國古代思想史論》，天津社會科學院出版社，2004年，第212頁。
〔註6〕 後面所稱「心性之學」即指儒家心性之學，與道教性命雙修之學以及佛教禪門識心見性之學不可混淆。

陸「心性二元」與「心性不二」的理學與心學之爭,足見心性之學爲傳統儒學之根荄。

二十世紀現代新儒家道統論心性派以「心性」這一頗具中國特色的、準宗教意味的詞語命名,是因爲此派學者熊十力、唐君毅、牟宗三均以承接傳統儒家心性之學爲矢志,以「心性」爲其對於儒家道統之「道」的解悟,基於「道」或「教」的層面闡釋、創發儒家道統論。心性派著眼於道統思想的宗教功用,從教的層面立論,是在宋明儒的基礎上對儒家道統之內聖心性本體的精心維護和構建,致力於創建現代中國儒家宗教體系。有學者在論述熊十力等儒家時就曾說,「所謂弘揚儒學道統也就是要繼承儒家的內聖之學即心性之學。他們對宋明理學發揮最多,也就是有關心性的理論。與此相聯繫,他們多認爲思孟、陸王一系,是儒學發展的正統和主流,也是我們民族文化慧命的根源所在」。〔註7〕這種說法雖有些以偏蓋全,但此期道統論者心性一派的客觀存在是毋庸置疑的。

# 第一節 心性派代表人物

## 一、熊十力——達天德而立人極

熊十力,字子眞,原名繼智、又名升恒、定中,晚年號漆園老人。1885年生於湖北黃岡張家灣一個貧苦農家。早年投身辛亥革命,曾出任湖北督軍府參謀。後又投奔廣東,參加「護法運動」,「佐中山幕」。〔註8〕年三十五,始「決志學術一途」〔註9〕。熊十力在二十世紀上半葉新儒家道統論者諸公中是篳路藍縷,以啓山林的「現代新儒學事實上的精神導師」〔註10〕。他以儒家道統繼承者自任,以「天不喪斯文,必將有以庇我矣」〔註11〕的時代使命感和民族文化擔當感,致力於現代儒家道統論的建構。熊公接續宋明儒「心性之學」,尤陽明心學,「以儒爲宗,糅合佛學,又採摘西學的『量智』(即向

---

〔註7〕 鄭家棟:《現代新儒學概》,廣西人民出版社,1990年,第192頁。

〔註8〕 李山、張重崗、王來寧:《現代新儒家傳》,山東人民出版社,2002年,第128頁。

〔註9〕 熊十力:《十力語要 黎滌玄記語》卷三,中華書局,1996年,第332頁。

〔註10〕 何曉明:《返本與開新——近代中國文化保守主義新論》,商務印書館,2006年,第220頁。

〔註11〕 熊十力:《致梁漱溟信》,1925年3月28日。

外求理之工具）優長，綜合先秦孔子易學、宋明陸王心學和佛教大乘空宗法相唯識之學，」〔註12〕以建構現代儒家道統的形上本體。晚年，他從《新唯識論》之「本體」建構返歸《乾坤衍》「大道之學」的新外王預設，以奠定現代儒家道統論「返本開新」說早期的基石。

### （一）續統意識

作為現代新儒家的開宗立派的精神領袖人物，熊十力強烈的續統意識是其明顯的特徵之一。余英時就曾說，「自熊十力起，新儒家都有一種強烈的道統意識」。〔註13〕此言「新儒家」是特指熊牟一系。隨後余英時指謫熊牟一系「新儒家」的道統觀是有別於宋明儒「一線單傳」的、「卻仍是隨時可斷」的，認為他們「大致都認定孟子以後，道統中斷，至北宋始有人重拾墜緒；明末以來，道統又中斷了三百年，至新儒家出而再度確立。」〔註14〕牟宗三在憶述其業師熊十力的文中，就談及其振聾發聵的一喝，「忽然聽見他老先生把桌子一拍，很嚴肅地叫了起來：『當今之世，講晚周諸子，只有我熊某能講，其餘都是混扯。』」〔註15〕此喝一出，將熊公儼然以儒家道統唯一承繼者自任的形象生動展現。在《略談新論──答牟宗三》一文中，熊公自述其作《新唯識論》之要旨是接續儒家道統。「《新論》（《新唯識論》之省稱）一書，不得已而作，未堪忽略。」首先，他力述唐宋以降儒家道統論的歷史功績，認為「中國自秦政夷六國而為郡縣、定帝制之局，思想界自是始凝滯。（參考《讀經示要》第二講。）」〔註16〕後「自魏晉以來，經夷狄與盜賊長期蹂躪，人道滅絕之餘，印度佛化乘機侵略，」〔註17〕以至於「中國人失其固有也久矣。」值此危難之間，「兩宋諸大師奮起，始提出堯舜至孔孟之道統，令人自求心性之地。於是始知有數千年道統之傳，而不惑於出世之教；又皆知中夏之貴於夷狄，人道之遠於禽獸。此兩宋諸大師之功也。」至明儒，王陽明承接宋儒道統，並開拓光大之。「逮有明陽明先生興，始揭出良知，令人掘發其內在無盡寶藏，」晚清民國以來，「今當衰危之運，歐化侵凌，吾固有精神蕩然泯絕。

---

〔註12〕 何曉明：《返本與開新──近代中國文化保守主義新論》，商務印書館，2006年，第220頁。
〔註13〕 余英時：《猶記風吹水上鱗》，臺北：三民書局，1991年，第70頁。
〔註14〕 余英時：《猶記風吹水上鱗》，臺北：三民書局，1991年，第70頁。
〔註15〕 牟宗三：《生命的學問》，廣西師大出版社，2005年，第106頁。
〔註16〕 熊十力：《熊十力選集》，吉林人民出版社，2005年，第474頁。
〔註17〕 熊十力：《讀經示要》，中國人民大學出版社，2009年，第196頁。

人習於自卑、自暴、自棄，一切向外剽竊，而無以自樹。」因此，「《新論》固不得不出。」〔註18〕此「不得不出」即表明熊公作《新論》而承接宋、明儒以來的儒家道統的時代擔當感及其康濟時艱的主旨，熊公所承之道統是「尋堯、舜、禹、湯，以至孔、孟之緒」〔註19〕。杜維明曾如此評價熊十力：「熊氏為了自己對儒家之『道』的見解，孤寂地戰鬥了一生」。〔註20〕

## （二）道觀

昔者學界往往多憑此一段文字對熊十力之道統觀左右持疑。

> 余少時從事革命，對宋學道統觀念，頗不謂然。後來覺其甚有意義。蓋一國之學術思想，雖極複雜，而不可無一中心。道統不過表示一中心思想而已。此中心思想，可以隨時演進，而其根源終不枯竭。〔註21〕

蔡方鹿認為，「這一中心思想即由孔子集堯舜以來之大成，隨時代發展而演進」的「以儒學為正統的中國文化和以儒學為代表的中華民族精神」，由此認定熊十力「是從廣義的方面解釋道統觀念」。〔註22〕李明輝則為回應余英時在《錢穆與新儒家》中批評熊牟一系現代新儒家承接唐宋以降儒家的道統觀，以成其狹隘的、「以對『心性』的理解和體證來判斷歷史上的儒者是否見得『道體』」的、「仍是隨時可斷」〔註23〕的道統觀一說，特撰文力闢茲論，所憑籍即亦是此段文字。李明輝說，「『中心思想』一詞甚為廣泛，未必即指對於『道』的主觀體悟」。〔註24〕認為「熊先生所理解的『道統』是指孔子所繼承且加以融貫、發揚的文化傳統。」進而得出：熊公一系現代新儒家之道統觀「與錢穆先生將歷史文化之大傳統視為『道統』，並無二致。」〔註25〕鄭家棟亦依此認定：「熊十力同樣賦予『道統』一詞以某種寬泛的含義」。〔註26〕上述李、蔡、鄭三先生所論頗似有理，然孤證不舉，僅憑此段則難以定論成說，且此「中

---

〔註18〕熊十力：《熊十力選集》，吉林人民出版社，2005年，第474頁。
〔註19〕熊十力：《讀經示要》，中國人民大學出版社，2009年，第196頁。
〔註20〕鄭家棟：《現代新儒學概論》，廣西人民出版社，1990年，第211頁。
〔註21〕熊十力：《讀經示要》，中國人民大學出版社，2009年，第193頁。
〔註22〕蔡方鹿：《中華道統思想發展史》，四川人民出版社，2003年，第462頁。
〔註23〕余英時：《猶記風吹水上鱗》，臺北：三民書局，1991年，第70頁。
〔註24〕李明輝：《當代儒學的自我轉換》，中國社會科學出版社，2001年，第143頁。
〔註25〕李明輝：《當代儒學的自我轉換》，中國社會科學出版社，2001年，第144頁。
〔註26〕鄭家棟：《斷裂中的傳統》，中國社會科學出版社，2001年，第137頁。

心思想」亦可理解爲儒家「心性之學」爲儒學的「中心思想」，亦爲中國歷史文化的「中心思想」，那麼熊公所指仍是儒家「心性之學」。

熊十力以儒家「心性之學」爲其對於儒家道統之「道」的理解，也即其道觀是傾向於「心性」是不容存疑的。余英時對熊牟一系通稱爲「新儒家」，以此有別於其師錢穆「通儒」之稱。他說，熊十力「重建道統的方式則已與宋明以來的一般取徑有所不同。他們不重傳道世系，也不講『傳心』，而是以對『心性』的理解和體證來判斷歷史上的儒者是否見得『道體』」。〔註 27〕對此，牟宗三也認爲，「只有業師熊十力先生一生的學問是繼承儒聖的仁教而前進的」。〔註 28〕此「仁教」即是由孔孟開其端、大成於朱子的「心性之學」。熊十力上承六經，「六經之精神，遍注於吾民族，淪肌浹髓，數千年矣。」〔註 29〕而「六經之道，以盡性爲極則」。〔註 30〕其著《新唯識論》旨在發明「心性」本體，再立人極。「達天德而立人極者，莫如《新論》」。〔註 31〕其學「以窮玄爲極，而窮玄以反己自識眞源，盡其心而見天地之心，盡其性而得萬物之性」。〔註 32〕經此發明本體以及「窮玄以反己」修養功夫，則「實悟吾人之眞性即是遍爲天地萬物本體，天地萬物之本體即是吾人眞性」〔註 33〕。他認爲，此「心性之學，所以明天人之故，究造化之原，彰道德之廣崇，通治亂之條貫者也」。〔註 34〕「人生如果完全缺乏此等學術之涵養，則其生活無有根源，而一切向外追求之私，芒然紛然，莫知所止。」〔註 35〕可見，熊公是以「心性之學」爲其學術、生活之「根源」的。

### （三）統觀

熊十力是在宋明儒之陸、王的基礎上重建現代道統的。首先，熊公認爲宋儒道統是承孔孟而來的，「孟子以後，道統中斷，至北宋始有人重拾墜緒」，

---

〔註 27〕　余英時：《猶記風吹水上鱗》，臺北：三民書局，1991 年，第 70 頁。

〔註 28〕　牟宗三：《生命的學問》，廣西師大出版社，2005 年，第 34 頁。

〔註 29〕　熊十力：《讀經示要》，中國人民大學出版社，2009 年，第 51 頁。

〔註 30〕　熊十力：《讀經示要》，中國人民大學出版社，2009 年，第 84 頁。

〔註 31〕　郭齊勇編：《現代新儒學的根基──熊十力新儒學論著輯要》，中國廣播電視出版社，1996 年，第 97 頁。

〔註 32〕　熊十力：《讀經示要》，中國人民大學出版社，2009 年，第 186 頁。

〔註 33〕　熊十力：《原儒》，中國人民大學出版社，2009 年，第 4 頁。

〔註 34〕　熊十力：《讀經示要》，中國人民大學出版社，2009 年，第 187 頁。

〔註 35〕　熊十力：《讀經示要》，中國人民大學出版社，2009 年，第 188 頁。

為「一線單傳」〔註36〕之統。且「去人欲存天理一語，雖自宋、明諸師盛言之。而實堯、舜、孔、孟以來相傳宗旨也。」〔註37〕熊公對宋儒推崇備至，力矯學人對宋儒「心性」之貶伐。他指出：

> 汝謂中國之衰，自宋始，便大謬。謂心性之學，必流於緩懦，更誤。汝試讀孔子《十五志學》一章，謂其非心性之學乎？而晚周諸儒，皆活潑有用。其見於《儒行篇》者，猶可考見，何曾有緩懦之弊。孫卿之制天思想，直與現代西洋思想遙契。而謂流於緩懦可乎？諸子百家，皆出自孔氏，無一不雄奇。誰謂其流為緩懦？宋學探本心性，確有得於六經之髓，其工夫不免雜禪家氣味，從而正之可也。若因此而根本詆毀心性學則大不可也。中國之衰，萌於東漢，著於魏、晉，極於五季之世。宋儒心性之學，尚有保固中夏之功，而昧者不察耳。〔註38〕

認為「心性之學」得「孔氏」、「孫卿」之「正」「髓」，「晚周諸儒」之「實學」，經世致用之學亦由其所出。對於其中「禪家氣味」，則「正之可也」。至於茲學之功績，熊公自然不少讚歎，認為宋學「最大之功績」乃是「自魏晉以來，經夷狄與盜賊長期蹂躪，人道滅絕之餘，印度佛化乘機侵略」，「兩宋諸大師奮起」，〔註39〕「諸師始表章六經，尋堯、舜、禹、湯，以至孔、孟之緒，明道統之傳，」〔註40〕而後「令人自求心性之地。於是始知有數千年道統之傳，而不惑於出世之教；又皆知中夏之貴於夷狄，人道之遠於禽獸。此兩宋諸大師之功也。」〔註41〕以致今日「吾人自尊自信之潛力，宋學養之已深也。」〔註42〕這種民族之自信力亦源自宋學，他盛讚宋明儒至偉之功。

　　熊公視陽明之學為心性論之宗主，其作《新唯識論》而重立儒家道統，已然「歸本性智，仍申陽明之旨」。他認為，「逮有明陽明先生興，始揭出良知，令人掘發其內在無盡寶藏，一直擴充去，自本自根，自信自肯，自發自闢，大灑脫、大自由，可謂理性大解放時期。程朱未竟之功，至陽明而始著。

〔註36〕余英時：《猶記風吹水上鱗》，臺北：三民書局，1991年，第70頁。
〔註37〕熊十力：《讀經示要》，中國人民大學出版社，2009年，第102頁。
〔註38〕熊十力：《讀經示要》，中國人民大學出版社，2009年，第191頁。
〔註39〕熊十力：《熊十力選集》，吉林人民出版社，2005年，第474頁。
〔註40〕熊十力：《讀經示要》，中國人民大學出版社，2009年，第196頁。
〔註41〕熊十力：《熊十力選集》，吉林人民出版社，2005年，第474頁。
〔註42〕熊十力：《讀經示要》，中國人民大學出版社，2009年，第196頁。

此陽明之偉大也」。〔註43〕在他看來，唯陽明得孔孟道統之全。而熊十力則自視得陽明之全。他指出：

> 儒者之學，唯陽明善承孔孟。陽明以天也、命也、性也、心也、理也·知也（良知之知，非知識之知）、物也，打成一片。此宜深究。程朱支離，只在將心性分開，心與理又分開，心與物又分開。陽明大處深處，不獨攻之者不識也；即宗之者，又誰識其全耶？〔註44〕

## （四）新外王說

熊十力對於現代外王說——民主、科學是持肯定態度的，至於如何在中國實現，他有其獨特的理論設想。他認為，先秦儒學啓內聖、外王二端，此孔子外王之學實已蘊含科學、民主之初義，「六經廣大，無所不包通，科學思想，民治思想，六經皆已啓其端緒」〔註45〕。只是後儒不能全面承接，以致直到晚清民初尚未能生出科學、民主來。然唯固守儒家道統，同時汲取西學，即中西調和才是中國文化的未來方向。他分析道：

> 吾國先哲重在向裏用功，雖不廢格物而畢竟以反己為本。……西人遠在希臘時代，即猛力向外追求，雖於窮神知化有所未及，而科學上種種發明，非此無以得之也。今謂中西人生態度，須及時予以調和，始得免於缺憾。中土聖哲反己之學，足以盡性至命，斯道如日月經天，何容輕議？至於物理世界，則格物之學西人所發皇者，正吾人今日所當把取，又何可忽乎？今日文化上最大問題，即在中西之辨，能觀異以會其通，庶幾內外交養而人道亨，治道具矣。吾人於西學當虛懷容納，以詳其得失，於先哲之典尤須布之遐陬，使得息其臆測，睹其本然，融會之業，此為首基。〔註46〕

如此調和，則又回到「中體西用」之舊途上來。熊公於此特別強調中國固有文化之重要。「認為六經是中國文化根柢」，「六經之精神，遍注於吾民族，淪肌浹髓，數千年矣。」〔註47〕《易》為五經之源，《大學》為六經之宗要。「特拈出《周易》、《春秋》、《周官》、《禮運》加以疏釋，發掘其中自由、民主、

---

〔註43〕熊十力：《熊十力選集》，吉林人民出版社，2005年，第474頁。
〔註44〕高瑞泉編選：《返本本新：熊十力文選》，上海遠東出版社，1997年，第277頁。
〔註45〕熊十力：《讀經示要》，中國人民大學出版社，2009年，第140頁。
〔註46〕熊十力著：《十力語要》，中華書局1996年版，第344頁。
〔註47〕熊十力：《讀經示要》，中國人民大學出版社，2009年，第51頁。

社會主義思想和科學精神」。〔註48〕此猶以六經為根本，以科學、民主為枝葉。

> 圃夫之接木也，必固其本幹，方可以他木之枝，附著其間。因
> 本幹生機之盛也，而後吸收他枝，足以幹運轉化，發榮滋長，迥異
> 其舊焉。若斷絕本幹，令其枯死，無復生意，而欲成接木之功，則
> 雖孩童蒙昧亦知其不可矣。今人不自護持生命，其智反出圃天下，
> 豈不哀哉！〔註49〕

從某種意義上說，熊十力之外王一說即是其後學者牟宗三等人「返本開新」論之雛形。有學者認為，「從諦造『遊乎佛與儒』之間的『新唯識論』，到衍發被認作孔子經論之首的大易的乾坤，熊十力的全部文化憂思幾可說凝注在『返本』與『開新』之間。」〔註50〕可以說，熊公晚年對於新外王的理論預設和創發，雖然不離其「從性上立基」之初衷，「但畢竟已經是對涵存於孔、孟以至宋明儒一線學脈中的儒家道統的蕩開。」〔註51〕此「蕩開」正是熊十力對於傳統儒家道統論在承接義之外的發展。

## 二、唐君毅——天人合其德

唐君毅（1909～1978），四川宜賓人，出身於世代以耕讀傳家的書香門第。1926 年考入北京大學，曾受教於熊十力先生。此後，他先後於華西大學、中央大學、金陵大學、無錫江南大學等校任教，1949 年與錢穆等共同創辦新亞書院，1958 年元旦，由他負責起草，與張君勱、牟宗三、徐復觀聯合署名，發表《為中國文化敬告世界人士宣言》，被稱為海外當代新儒家思想綱領，亦可稱為儒家道統論現代發展的里程碑。唐君毅一生致力於儒學宗教化的建樹，被其摯友牟宗三稱為「文化意識宇宙的巨人」。他以儒家心性之學為其對儒家道統之「道」的理解，上承孔孟、韓愈、宋明儒一脈相承之道統，主張以「固有文化中」科學、民主之緒為根本從而引進現代文明，以「全套而取之」的方式來構建其新外王說。

---

〔註48〕 中國孔子基金會編：《中國儒學百科全書》，中國大百科全書出版社，1997 年，第 922 頁。

〔註49〕 熊十力：《讀經示要》，中國人民大學出版社，2009 年，第 50 頁。

〔註50〕 黃克劍、周勤：《寂寞中的復興——論當代新儒家》，江西人民出版社，1993 年，第 143 頁。

〔註51〕 黃克劍、周勤：《寂寞中的復興——論當代新儒家》，江西人民出版社，1993 年，第 146 頁。

### （一）續統意識

在 1958 年《宣言》中，唐君毅的續統意識已充分展現。此外，在對宋儒道統論心同理同之義與禪宗之傳心的比較評說中，唐君毅強烈的續統、擔當意識亦溢於言表。他說，「禪宗之機鋒應對之言，以及參公案話頭，……只參話頭，而更無話尾。」如此一來，「後之禪宗之徒專治語錄，並為之分別宗旨，此則又無異於經生之業，於是昔人活句，亦皆成死句。」而宋儒即「不求播弄語言上之精彩，而務在以語言平實說理者」，「此皆自成一家之言，而又志在契昔聖賢之心。」於是他認為，宋儒「亦可謂是志在以己之心，傳古聖賢之心。」〔註52〕宋儒言說上承韓愈，實則逕承先秦儒家。「宋儒言道統之傳，乃上承韓愈之說。……實則濂溪、橫渠，同志在遙接中庸與大易之旨。」可謂是「直可平地拔起」，「居千載之後，而接千古聖賢之心。」〔註53〕認為「宋明儒之自得於道」，「是最得孔子之意。」〔註54〕評介之餘，唐君毅要求今人能識此等思想，「則中國思想史後此之言默之論，亦皆不難循序而通，亦可暫不煩更一一為之解釋矣」。為此論「通」之「解釋」一務豈非唐君毅自任以儒家道統之重！

### （二）道觀

作為 1958 年《為中國文化敬告世界人士宣言》的起草者，唐君毅的思想在其中所佔比重較大，文中專設「中國心性之學的意義」一章，以明現代新儒家所承之道統乃是自孔孟以迄宋明儒薪火相傳的「心性之學」。文中說道：

> 由先秦之孔孟以至宋明儒，明有一貫之共同認識。共認此道德實踐之行，與覺悟之知，二者係相依互進，共認一切對外在世界之道德實踐行為，唯依於吾人之欲自盡此內在之心性，即出於吾人心性自身之所不容自己的要求；共認人能盡此內在心性，即所以達天德，天理，天心而與天地合德，或與天地參。此即中國心性之學之傳統。今人如能瞭解此心性之學，乃中國文化之神髓所在。〔註55〕

---

〔註52〕 唐君毅：《中國哲學原論——導論篇》，中國社會科學出版社，2005 年，第 142 頁。

〔註53〕 唐君毅：《中國哲學原論——導論篇》，中國社會科學出版社，2005 年，第 143 頁。

〔註54〕 唐君毅：《中國哲學原論——導論篇》，中國社會科學出版社，2005 年，第 146 頁。

〔註55〕 《為中國文化敬告世界人士宣言》，載於張君勱：《新儒家思想史》，中國人民大學出版社，2009 年。

唐君毅對「心性之學」給予高度評價，他指出：「中國由孔孟至宋明儒之心性之學，則是人之道德實踐的基礎，同時是隨人之道德實踐生活之深度，而加深此學之深度的」。〔註56〕「十六字心傳」作爲孔門傳授心法，被宋明儒道統論者視爲「中國道統之傳之來源所在」，「這正因爲他們相信中國之學術文化，當以心性之學爲其本源。」〔註57〕由此，他在《宣言》中宣告，「實則此心性之學，正爲中國學術思想之核心。」〔註58〕

唐君毅一生致力於構建的人文教，即孔門仁教，其「道德自我」就是孔子之「仁」、「性」。他認爲，此「中國聖人之道」「不僅是超越的涵蓋宇宙人生人格與文化，而且是以贊天地化育之心，對此一切加以持載。」〔註59〕從其對於人文思想的理解亦可看出，此人文教亦是建立在儒家心性之學的基礎上的。「所謂人文的思想，即指對於人性、人倫、人道、人格、人之文化及其歷史之存在與其價值，願意全幅加以肯定尊重，不有意加以忽略，更決不加以抹殺曲解，以免同於人以外、人以下之自然物等的思想。」〔註60〕「心性之學」又以「性善論」爲基本理論之一，此人文教「乃擴充孟子之人性善論，以成文化本原之性善論，擴充康德之人之道德生活之自決論，以成文化生活中之自決論」。〔註61〕顯然，唐君毅是以「心性」爲其對儒家道統之「道」的理解。

## （三）統觀

唐君毅以在中國建立孔教爲其矢志，其所建體系可以說是接著陽明心學講的。其追根溯源，以孔子爲教主，遂將孔子的地位上揚至尊，幾近於神明。他認爲「由孔子至秦之一時期，即可稱爲中國人文思想之自覺的形成時期」。「孔子一生之使命，不外要重建中國傳統之人文中心的文化」。〔註62〕「孔子之大，則大在極高明而歸博厚，以持載一切、肯定一切、承認一切。」〔註63〕

〔註56〕 《爲中國文化敬告世界人士宣言》，載於張君勱：《新儒家思想史》，中國人民大學出版社，2009年。
〔註57〕 《爲中國文化敬告世界人士宣言》，載於張君勱：《新儒家思想史》，中國人民大學出版社，2009年。
〔註58〕 《爲中國文化敬告世界人士宣言》，載於張君勱：《新儒家思想史》，中國人民大學出版社，2009年。
〔註59〕 唐君毅：《人文精神之重建》，中國社會科學出版社，2005年，第180頁。
〔註60〕 唐君毅：《中國人文精神之發展》，人生出版社，1958年，第18頁。
〔註61〕 唐君毅：《文化意識與道德理性》，臺灣學生書局，1986年，第17頁。
〔註62〕 唐君毅：《中國人文精神之發展》，人生出版社，1958年，第24頁。
〔註63〕 唐君毅：《人文精神之重建》，中國社會科學出版社，2005年，第183頁。

他將孔子與世界三大宗教教主相列等，「超越的賢聖型：如穆罕默德、耶穌、釋迦、甘地、武訓等。圓滿的賢聖型：如孔子及孔子教化下之聖賢等。」〔註64〕甚至較之有過之而無不及。

> 在思想上翻過博大精深之佛學的宋明儒者，乃眞知孔子之不可及。而現代人眞能翻過西方之柏拉圖、亞里士多德、康德、黑格爾之龐大系統，亦將眞知孔子與宋明思想之偉大。而能瞭解世界其它偉大人格之形態者，亦將重認識孔子之不可及。如其不然，你一定只是站在泰山之旁，羨慕其高峻，而未嘗登泰山，便不能瞭解泰山之上不屬泰山，而屬孔子者，在何處也。〔註65〕

唐君毅提出「天知」、「良知」合一論，主張「人心」超越自我、「良知」統攝世界。顯然，唐君毅是承繼陽明心學道統論的。對此，黃克劍評說道：「當他在《道德自我之建立》中說『一朝直接觸了道德價值之全體，你可突然與自然世界截斷而與心之本體合一』時，則幾可說他已經步著陽明學派的餘韻，輔以程朱學理的慧解，接上孔孟之道的正脈了」。〔註66〕

## （四）新外王說

唐君毅力圖將儒學宗教化，視儒家心性爲一種宗教精神。對於中國文化之未來建設，他首先有一種來自孔子的開放的接納態度。

> 夫孔子之精神，即超越的涵蓋持載精神，亦即一絕對之眞誠惻怛。誠之所至，即涵蓋持載之所至，亦即超越有限之自我，以體現無限之精神之所至。而眞有孔子之精神，正須隨時隨地開展心量，致其誠敬，以學他人之長。此即中國文化之宗孔子，而過去未嘗排斥外來文化，今亦不能故步自封之故。〔註67〕

對於西方之科學、民主精神以及工業文明、民主制度等現代文明，唐君毅主張：「欲救中國文化之淡泊，則宜取之於西方文化，以求文化內容之豐富。此中西文化精神之融合之道，亦即所以開拓人類文化。」〔註68〕科學、民主當取之於西方，並從中國傳統文化開出。「故吾人如欲加以採取，必須依於肯定

〔註64〕唐君毅：《人文精神之重建》，中國社會科學出版社，2005年，第165頁。
〔註65〕唐君毅：《人文精神之重建》，中國社會科學出版社，2005年，第164頁。
〔註66〕黃克劍：《當代新儒學八大家論略：百年新儒林》，中國青年出版社，2000年，第186頁。
〔註67〕唐君毅：《人文精神之重建》，中國社會科學出版社，2005年，第185頁。
〔註68〕唐君毅：《文化意識與道德理性》，臺灣學生書局，1986年，第667頁。

客觀超越理想之精神，伸引吾固有文化中相同之緒，以全套而取之」。〔註69〕唐君毅認為應以「固有文化中」科學、民主之緒為根本而引進現代文明，以求「全套而取之」。此較之中西調和，已為一大進步了。

## 三、牟宗三——亦超越亦內在

牟宗三（1909～1995），字離中，山東棲霞人。1927 年考入北京大學，後曾先後在華西大學、中山大學、金陵大學、浙江大學等校任教，1949 年去臺灣，任教於臺北師範大學、臺灣東海大學，1958 年參與聯名發表《為中國文化敬告世界人士宣言》。1960 年去香港大學、香港中文大學新亞書院任教，他一生致力於重建儒家的「道德形上學」，被學界稱之為現代新儒家中最具「原創性」的「智者型」哲學家。牟宗三不僅是現代道統論者心性派之大成者，而且亦為二十世紀上半葉現代道統論的終結者。牟公視儒家道統為「中國『德性之學』之傳統」，憑籍此道觀，他分別對中國文化、儒家以及宋儒內部進行了判釋，並創造性地構建「返本開新」的新外王學說體系，「重開生命之學問」，以期中華「民族盡性之再出發」。

### （一）續統意識

牟宗三作為現代新儒家道統論之集大成者，其道統意識必是顯而易見的。牟宗三視儒家道統為「生命的學問」，其內核即是「盡性」、「明明德」，因「個人的盡性與民族的盡性，皆是『生命』上的事」，〔註70〕這「與參天地贊化育，是連屬在一起的。」〔註71〕如何「盡性」？「明明德」而已。「『明明德』的學問，才是真正『生命』的學問」。「生命的學問」是為中國所獨有的，其「上溯堯舜周孔，下開宋明儒者」。〔註72〕而「中國的學問以『生命』為首出，以『德性』潤澤生命」，〔註73〕故亦可以「德性之學」名之，「則中國『德性之學』之傳統即名曰『道統』」，〔註74〕然茲統早已「斷絕於明亡」〔註75〕。他說，辛亥革命之未盡人意，致此敗局，均「表示中華民族之未能盡其

---

〔註69〕 唐君毅：《中國文化之精神價值》，臺灣正中書局，1984 年，第 510 頁。

〔註70〕 牟宗三：《生命的學問》，廣西師範大學出版社，2005 年，第 30 頁。

〔註71〕 牟宗三：《生命的學問》，廣西師範大學出版社，2005 年，第 34 頁。

〔註72〕 牟宗三：《生命的學問》，廣西師範大學出版社，2005 年，第 63 頁。

〔註73〕 牟宗三：《生命的學問》，廣西師範大學出版社，2005 年，第 109 頁。

〔註74〕 牟宗三：《生命的學問》，廣西師範大學出版社，2005 年，第 51 頁。

〔註75〕 牟宗三：《生命的學問》，廣西師範大學出版社，2005 年，第 32 頁。

性也」，唯「業師熊十力先生一生的學問是繼承儒聖的仁教而前進的，並繼承晚明諸大儒的心志而前進的。」鑒於此，他表示當「發憤從事文化生命之疏通，以開民族生命之途徑」〔註76〕，即「重開生命之學問。上承孔孟，下接晚明，舉直錯諸枉，清以來之歪曲，可得而暢通。中華民族終當盡其性，克服磨難，以屹立於天壤間。」〔註77〕牟宗三凜然的時代文化擔當感躍然紙上。下一段文字是他談及儒家道統的現代意義，亦是其強烈的續統意識的主要明證之一。

> 說到道統，我們看看，從夏商周開始，從孔子開啓孔——孟傳統，一直發展到宋明儒，這其中是有一條線索的。這條線索時隱時現，有時候起作用，有時候不起作用。但它總是存在著的。不僅事實上有此一線索，即令沒有，我們也應當使它有。它不顯，我們也應當使它顯。這是我們作歷史的回顧時，作為黃帝的子孫所應當有的責任。這是我們責無旁貸的責任。這是一個民族的方向，一個指南針，好比數學上所說的常數。一個國家民族不可以沒有常數，如果沒有一個常數，那麼今天往這裏變，明天往那裏變，這些變便沒有定準。因為變是相對於常而言的，如果沒有一個常數，那麼變數也不成其為變數了。所以我常說中華民族，以前的人是有智慧的，從民國以來就沒有智慧了。從民國以來，許多人專門想把這個民族的常數拉掉。這一代的子孫實在太不肖，太墮落了。〔註78〕

在牟宗三看來，這根道統的「線索」是「一個民族的方向」，文化的「常數」，對它的傳承和發展是作為黃帝的子孫的國人之責無旁貸的責任。

## （二）道觀

牟宗三作為被余英時稱為「自熊十力起」的「新儒家」的「熊牟一系」道統論者，他「以心性論為內核的儒家之『道』」，或「以對『心性』的理解和體證」作為其道觀已是學界不容置疑的共同結論。自牟宗三始，道觀已漸趨寬泛，但從嚴格「道」的意義上論之，仍是以「心性之學」為作為儒家道統之傳。他說：「中國本有之學的意義以及基本精神則限於『道』一面，亦即『德性之學』。如在科學一面說學統，則在『德性之學』一面自可說道統。」

---

〔註76〕 牟宗三：《生命的學問》，廣西師範大學出版社，2005年，第34頁。
〔註77〕 牟宗三：《生命的學問》，廣西師範大學出版社，2005年，第35頁。
〔註78〕 牟宗三：《中國文化的省察》，聯合報社，1983年，第25～26頁。

〔註79〕「中國『德性之學』之傳統即名曰『道統』。」〔註80〕「德性」亦可謂「大心性」〔註81〕，牟宗三道觀是上承宋明儒之「心性之學」的。他強調，上承儒家道統即是「提煉凝聚那根源的文化生命」，而「那虛玄的空洞的『根源的文化生命』卻正是創造一切的根源，此即孔孟的智慧與生命，宋明儒者的智慧與生命。」他指出，「凡由此『根源的文化生命』（即根源的心靈表現之方向）所演生的事象，無論是在構造中的或是在曲折中的，都已成陳跡，讓它過去。然而那那根源的文化生命則並不過去，恒萬古而長存」。〔註82〕此「德性之學」即儒家道統，這是民族文化生命的根源所在，對於此根源的維護與更新以俾其永葆青春，正是牟公以接續儒家道統論者自任之天職。

### （三）統觀

牟宗三恃其以心性體道之道觀對中國文化、儒家以及宋儒內部分別進行了判釋，成就其以孔、顏、思、孟一脈爲主宗的現代儒家道統論之統觀。

對於中國文化內部的判釋，牟公以「魏晉南北朝隋唐七八百年間」之中國文化爲「長期歧出」，「所謂歧出是以正宗之儒家爲準。文化生命之歧出是文化生命之暫時離其自己。」在此期間，「道家玄理至此而得其充分之發揚。王弼、嵇康、向秀、郭象，其選也。適於此時而有印度佛教之傳入。道家玄理之弘揚正是契接佛教之最佳橋梁。亦因此而拉長中國文化生命歧出之時間」。並以此時期之歧出爲中國文化「生命之大開」，「至乎宋明，則爲中固文化生命之歸其自己，而爲大合。」〔註83〕從而標立儒學爲中國文化之主流。牟公繼而在儒家內部進行判釋，以明內聖、外王對於儒學的主次輕重。他說：

> 中國文化中，自墨子起即有要求事功一暗流，陳同甫其一相也。
> 顏習齋、李恕谷，又其一相也。乾嘉考據，則其變形也。今之科學
> 方法又其一變形也。而皆一方引不出事功，一方又反對理性本體，

〔註79〕 牟宗三：《生命的學問》，廣西師範大學出版社，2005 年，第 50 頁。
〔註80〕 牟宗三：《生命的學問》，廣西師範大學出版社，2005 年，第 51 頁。
〔註81〕 「德性」源於《禮記‧中庸》「故君子尊德性而道問學。」鄭玄注：「德性，謂性至誠者也。」孔穎達疏：「君子尊德性者，謂君子賢人尊敬此聖人道德之性，自然至誠也。」孟子云：「盡心則知性知天」，至張子，則區分「德性所知」與「見聞之知」，力言「大心」、「知性」。簡言之，「德性」是孔孟心性之學發展至宋明儒時期的精細化、形上化的成果，故謂之「大心性」矣。
〔註82〕 牟宗三：《生命的學問》，廣西師範大學出版社，2005 年，第 56 頁。
〔註83〕 牟宗三：《才性與玄理——初版序》，臺灣學生書局，1985 年，第 5 頁。

反對堯舜相傳之心法，故皆不知事功形成之關鍵，故亦不能實現其
要求。〔註84〕

外王事功、「乾嘉考據」皆不以「心性」為本體，此等均為儒家末流。他批評
「這些考據書生沒有一個能比得上陸象山、朱夫子、王陽明」。〔註85〕相對而
言，秦漢以來，宋儒總體上是符合孔孟精神的，「宋以前是周孔並稱，宋以後
是孔孟並稱。周孔並稱，孔子只是堯舜禹湯文武周公之驥尾，……孔子並未
得其應得之地位，其獨特之生命智慧並未凸現出。但孔孟並稱，則是以孔子
為教主，孔子之所以為孔子始正式被認識。故二程品題聖賢氣象唯是以孔、
顏、孟為主。」〔註86〕對於宋儒內部，牟公亦有其判釋，他認為，對於「孔
於踐仁知天，孟子盡心知性知天，仁與天，心性與天，似有距離，然已函蘊
著仁與天之合一，心性與天之合一。」宋儒諸子中「濂溪、橫渠、明道、五
峰、陽明、蕺山，皆不能背此義。惟伊川朱子析心性為二，心理為二，似不
能充分及此義，」〔註87〕因此，牟公以「心性與天之合一」為標尺將宋明儒
學劃為三系：

（一）五峰蕺山系：此承由濂溪、橫渠、而至明道之圓教模型
（一本義）而開出。此係客觀地講性體，以《中庸》《易傳》為主，
主觀地講心體，以《論》《孟》為主。

（二）象山陽明系：此系不順「由《中庸》《易傳》回歸於《論》
《孟》」之路走，而是以《論》《孟》攝《易》《庸》而以《論》《孟》
為主者。

（三）伊川朱子系：此系是以《中庸》《易傳》與《大學》合，
而以《大學》為主。

以上（一）、（二）兩系以《論》《孟》《易》《庸》為標準，可會
通而為一大系，……此一大系，吾名曰縱貫系統，……是宋明儒之
大宗，亦合先秦儒家之古義。……伊川朱子所成者，吾名曰橫攝系
統，……是旁枝，乃另開一傳統者。〔註88〕

---

〔註84〕牟宗三：《政道與治道——新版序》，臺灣學生書局，1991年，第262頁。
〔註85〕牟宗三：《政道與治道——新版序》，臺灣學生書局，1991年，第13頁。
〔註86〕牟宗三：《心體與性體》，臺北正中書局，1981年，第13～14頁。
〔註87〕牟宗三：《從陸象山到劉蕺山》，臺灣學生書局，1990年，第20頁。
〔註88〕牟宗三：《心體與性體》，臺北正中書局，1981年，第49頁。

牟公將朱子列爲「旁枝」是源於他對朱子之「四書」的判釋。他認爲「《大學》言『明明德』，未表示『明德』即是吾人之心性（就本有之心性說明德）。可以說，《大學》幾無心性之義。另外，「伊川朱子」對「致知在格物」作「致吾心氣之靈之知」、「即物而窮其存在之理（窮究實然者之所以然之理）」的理解亦皆不合其本義，「《大學》只列舉出一個實踐底綱領，只說一個當然，而未說出其所以然，在內聖之學之義理方向上爲不確定者。」〔註89〕於是，他認爲，「《大學》，則是開端別起，只列出一個綜括性的，外部的（形式的）主客觀實踐之綱領，所謂只說出其當然，而未說出其所以然。宋明儒之大宗實以《論》《孟》《中庸》《易傳》爲中心，只伊川朱子以《大學》爲中心。」〔註90〕藉此心性道觀，他判立心性一元說爲大宗，以《易傳》取代《大學》在「四書」中的地位。

## （四）新外王說

牟宗三的新外王說是其現代道統論的理論重鎮，亦是現代道統論中最爲完備的三統說。牟宗三認爲，科學、民主並非西方文化所獨有的，中華民族文化生命中亦可開出，遂提出三統之說：

> 一、道統之肯定，此即道德宗教之價值，護住孔孟所開闢之人生宇宙之本源。二、學統之開出，此即轉出「知性主體」以融納希臘傳統，開出學術之獨立性。三、政統之繼續，此即由認識政體之發展而肯定民主政治爲必然。〔註91〕

孔子以「仁」釋「禮」，遂開出「內聖」、「外王」雙路的發展路徑。其後思孟、荀各取其一而自成其說。至「宋明儒程、朱、陸、王之一系，是通過佛教之吸收，而豁醒其內聖之一面。葉水心、陳同甫以及明末顧、黃、王，則是因遭逢華夏之淪於夷狄，而豁醒其外王之一面」。總言之，宋明儒是顯內隱外，忽略了外王一脈的發展。而又「經過滿清之歪曲」，已停滯不前，至今「則又須對之作進一步之豁醒與建立。」〔註92〕他闡明了重建新外王說之理論意義，且進一步表達其緊迫的時代使命感。

---

〔註89〕 牟宗三：《心體與性體》，臺北正中書局，1981年，第17～18頁。
〔註90〕 牟宗三：《心體與性體》，臺北正中書局，1981年，第19～20頁。
〔註91〕 牟宗三：《道德的理想主義——序》，臺北學生書局，1985年。
〔註92〕 黃克劍、鍾小霖：《當代新儒學八大家集——牟宗三集》，群言出版社，1993年，第164頁。

　　我們現在的人文主義必須含有近代化的國家政治法律之建立這
一義，即必須含有外王之重新講這一義，這就構成今日儒家學術之
第三期的發展這一使命。近代化的國家政治法律不能建立起來，儒
家所意想的社會幸福的「外王」（王道）即不能眞正實現；而內聖方
面所顯的仁義（道德理性），亦不能有眞實的實現，廣度的實現。我
們必須瞭解民主政治之實現就是道德理性之客觀的實現。我們若眞
知道道德理性必須要廣被出來，必須要客觀化，則即可知民主政治
即可從儒家學術的發展中一根而轉出。只要知道政治之不斷，即可
知道道德理性之要求客觀實現之不容已，這就是民主政治之必然轉
出之文化生命上的根據。〔註93〕

重建新外王說是儒學第三期發展之重要使命，亦是儒學現代化的必然要求。
牟宗三新外王說是現代道統論功用觀的集大成之作，相對於其它現代功用觀
來說，必能裨補闕漏，而至精微完備。他不像其它現代道統論者那樣，以爲
中國傳統文化即含有科學、民主的因素，可進行轉化而得之。他明確地指出：

　　中國文化生命的特質及其發展的限度，它實在是缺少了一環。
在全幅人性的表現上，從知識方面說，它缺少了「知性」這一環，
因而也不出現邏輯數學與科學，從客觀實踐方面說，它缺少了「政
道」之建立這一環，因而也不出現民主政治，不出現近代化的國家
政治與法律。〔註94〕

中國傳統文化不能夠轉化出科學、民主，主要是由於中國文化生命的特質缺
少了「知性」和「政道」。對此，牟宗三作了具體的解析：

　　基本精神是以個人姿態而向上透，無論是理性一面的聖賢人格
或是才氣一面的英雄人格（藝術性的天才人格）。玆且就理性一面
說，它之向上透是眞能徹悟眞實而通透天人之源的。從「心覺」方
面說，它之向上透而徹悟本源是點出「仁」字，因而將心覺之「智」
亦完全提上去而攝之於仁。而成爲「神智」，神智之瞭解萬物是不經
過邏輯數學的，因而邏輯數學出不來；神智之瞭解萬物是不與外物

〔註93〕黃克劍、鍾小霖：《當代新儒學八大家集——牟宗三集》，群言出版社，1993
　　　　年，第166頁。
〔註94〕黃克劍、鍾小霖：《當代新儒學八大家集——牟宗三集》，群言出版社，1993
　　　　年，第215頁。

> 爲對爲二的，而是攝物歸心，因而科學知識出不來。這如西方哲學
> 所說，神心之瞭解萬物是不經過邏輯數學的，因而上帝亦無所謂科
> 學。從實踐方面說，它之向上透而徹悟本源完全表示一個成就聖賢
> 人格的道德實踐，用到政治方面，也只成了一個聖君賢相的神治形
> 態。只有治道而無政道的聖賢一心之治是不會出現近代化的國家政
> 治法律的。〔註95〕

此番透徹的學理分析，已道出了現代道統論者對於儒家「外王學」「重新講」
的艱巨理論重任。

　　對於傳統儒家「外王學」——「內聖開外王」的精緻思路如何「重新講」？
牟宗三創建性地提出「曲通」說，這是相對於傳統思路的內聖直接開外王而
言的，顧名思義，就是通過一曲折通道實現民主、科學這一新外王。

> 　　以前儒者所講的外王是由內聖直接推出來：以爲正心誠意即可
> 直接推出外王，以爲盡心盡性盡倫盡制即可直接推出外王，以爲聖
> 君賢相一心妙用之神治即可推出外王之極致，此爲外王之「直接形
> 態」。這個直接形態的外王是不夠的，現在我們知道，積極的外王，
> 外王之充分地實現，客觀地實現，必須經過一個曲折，即前文所說
> 的轉一個彎，而建立一個政道，一個制度，而爲間接的實現：此爲
> 外王之間接形態，亦如向上透所呈露之仁智合一之心需要再向下曲
> 折一下而轉出「知性」來，以備道德理性（即仁智合一的心性）之
> 更進一步的實現。經過這一曲折，亦是間接實現。聖賢人格則是直
> 接實現，所以道德理性之積極的實現，在知識與實踐兩方面，都需
> 要一層曲折。〔註96〕

具體而言，如何實現這「一層曲折」？牟宗三認爲，需要一個不同於傳統「只
在向上透一面大開大合」的「在向下方面撐開再轉出一個大開大合」。他說，
「『知性』與『政道』這兩面的曲折即是向下方面的大開大合」。那麼，何謂
「大開大合」？「大開是撐開那以往的『構造的綜合』與『曲折的持續』而
提煉凝聚那根源的文化生命，此即『道統』之所在」。然後，「在大開中立大

〔註95〕 黃克劍、鍾小霖：《當代新儒學八大家集——牟宗三集》，群言出版社，1993
　　　　年，第 215 頁。
〔註96〕 黃克劍、鍾小霖：《當代新儒學八大家集——牟宗三集》，群言出版社，1993
　　　　年，第 216～217 頁。

信。由此根源的文化生命來孳生出『知識之學』，來創造出『民主政體』，此之謂『大合』；在大合中與大用」。〔註97〕由於「知性方面的邏輯數學科學與客觀實踐方面的國家政治法律（近代化的）」「是中間架構性的東西，」「在人間實踐過程中實現價值上，實現道德理性上，這中間架構性的東西卻是不可少的。而中國文化生命在以往的發展卻正少了這中間一層。」〔註98〕這「中間架構性的東西」就是體現著「分解的盡理之精神」的「理性的架構表現」，而這不同於體現中國傳統文化「綜合的盡理之精神」的「理性的運用表現。」〔註99〕而成就科學與民主的「『理性之架構表現』其本性卻又與德性之道德意義與作用表現相違反，即觀解理性與實踐理性相違反。即在此違反上遂顯出一個『逆』的意義。它要求一個與其本性相違反的東西」。這就形成一種矛盾，即「它所要求的東西必須由其自己之否定轉而為逆其自性之反對物（即成為觀解理性）始成立」。為消融這一矛盾，「必須先曲一下。此即為由逆而成的轉折上的突變。」〔註100〕對此，牟公又提出了「良知自我坎陷」說，以求將知識融攝進良知中，實現良知──道德理性的一種自我否定。他指出：

> 此融攝之真實義，須如此說：吾心之良知決定此行為之當否，在實現此行為中，固須一面致此良知，但即在致字上，吾心之良知亦須決定自己轉而為了別。此種轉化是良知自己決定坎陷其自己，此亦是其天理中之一環。坎陷其自己而為了別以從物。從物始能知物，知物始能宰物。及其可以宰也，它復自坎陷中湧出其自己而復會物以歸己，成為自己之所統與所攝。如是它無不自足，它自足而欣悅其自己。此入虎穴得虎子之本領也。〔註101〕

通過牟公精心構建的新外王說，現代道統論者似乎已圓滿完成時代所賦予的開出民主、科學新外王的歷史使命。但在傳統道德理性的統攝下是不可能開出新時代所需求的民主、科學新內容。如此精微、龐雜的三統說最終只能成

---

〔註97〕 牟宗三：《生命的學問》，廣西師大出版社，2005年，第55～56頁。
〔註98〕 黃克劍、鍾小霖：《當代新儒學八大家集──牟宗三集》，群言出版社，1993年，第216～217頁。
〔註99〕 鄭家棟：《牟宗三新儒學論著輯要──道德理想主義的重建》，中國廣播電視出版社，1992年，第155頁。
〔註100〕 鄭家棟：《牟宗三新儒學論著輯要──道德理想主義的重建》，中國廣播電視出版社，1992年，第167頁。
〔註101〕 牟宗三：《從陸象山到劉蕺山》，吉林出版集團有限責任公司，2010年，第160頁。

爲現代道統論的理論泡沫，這同時也代表著現代道統論新外王學說的終結。正如學者所分析的那樣，「他將道德與認知生硬地置於道德一元論或泛道德主義的單向度思維模式中，因此才有『逆』、『相違』的斷語，所謂『良知的自我坎陷』才有了必要價值和全部意義。問題在於，正是這道德一元論或泛道德主義制約了牟宗三的視野和眼力，使他未能明察中國文化傳統並非沒有他所謂的知性主體、觀解理性，未能明察正是儒家古已有之的道德一元論或泛道德主義傾向大大限制了知性主體、觀解理性的自由與效能。」〔註102〕

## 第二節　心性派基本特徵分析

　　二十世紀上半葉儒家道統論心性派的基本特徵可歸結爲四點：明言道統；整體道觀內聖宗教化；神化孔孟、推崇宋明、凸顯內聖心性旨歸的統觀；返本開新的新外王說。這四點特徵均是在此派心性道觀的總領下，是其內聖心性旨歸在儒家道統各個理論組成部分的貫穿和體現。明言道統是因心性派徑承宋明儒之道統，而對其道統論者明言道統之遺風有所繼承所致。其道觀內聖宗教化是指此派諸公立足於宗教言道統，力圖將其所接續的儒家道統之道的儒家心性之學形上化、宗教化，並致力於構建中國人文教。神化孔孟、推崇宋明則可爲其統觀的主要特徵。此派的外王說自熊十力即有返本開新的雛形，至牟宗三而完備。

### 一、明言道統

　　在二十世紀上半葉儒家道統論諸公中，有明言道統者，他們或以承繼孔孟以迄韓愈、宋明儒之道統者自任，或盛讚唐宋以降儒家道統論諸賢首明儒家道統之功；亦有隱言道統者，或直評唐宋以降儒家道統論功罪利弊，或徑崇周孔、孔孟道統之實。然綜而論之，其間隱言道統者居多，足堪爲二十世紀上半葉儒家道統論之一大特徵。分而論之，則心性派較之他派更爲明言道統，足以成爲心性派的基本特徵。熊十力自稱擎儒家道統之重，暢言孔孟、宋明儒之道統以及「孔門傳授心法」、「十六字心訣」，其續接儒家道統的方式亦是昭然不晦。唐君毅則盛讚宋明儒道統論傳心之法，並明確提出，「中國歷

---

〔註102〕何曉明：《返本與開新——近代中國文化保守主義新論》，商務印書館，2006年，第281頁。

史文化中道統之說，……這是中國歷史上的事實。此事實，乃原於中國文化之一本性」〔註 103〕牟宗三作爲二十世紀儒家道統論之集大成者，其明言道統，並創發三統之說。

值「五四」之際，西風烈，東風惡，學人均諱言道統，以避「封建」陳腐之嫌。熊十力身處其時，對此並無計較。談及宋儒道統故事，熊公認爲，「自魏晉以來，經夷狄與盜賊長期蹂躪，人道滅絕之餘，印度佛化乘機侵略，諸師始表章六經，尋堯、舜、禹、湯，以至孔、孟之緒，明道統之傳，使人知人道之尊嚴，與中夏文化之優越，卓然異於夷狄」〔註 104〕「兩宋諸大師奮起，始提出堯舜至孔孟之道統，令人自求心性之地。於是始知有數千年道統之傳，而不惑於出世之教；……此兩宋諸大師之功也。」〔註 105〕熊公亦從六經言道統之傳：

> 《論語》盛稱堯、舜、禹、湯、文、武、周公之德，《孟子》亦然。吾嘗欲以《論》、《孟》稱堯、舜、禹、湯、文、武、周公之辭，彙錄而釋之。茲不暇。而《中庸》云：仲尼祖述堯、舜，舉二帝，即攝禹湯。禹湯承二帝之道者也。憲章文、武。言文、武，即攝周公。文、武周三聖根本精神，自承禹、湯。但周初世運已不同夏、商，三聖之道自有許多變通處。孔子曰：吾從周。其相承接較近也。則《書經》專紀二帝三王之行事，以明道統治統之傳授，其極重要可知。後之人，欲尋儒家血脈，不得不注意於斯經。〔註 106〕

對於道統之「心傳」，熊公亦明有論述。他說，「去人欲存天理一語，雖自宋、明諸師盛言之。而實堯、舜、孔、孟以來相傳宗旨也。堯、舜、禹之相授受曰『執中』。湯亦『執中』。中者，天理也。執中，猶存天理也。」〔註 107〕「今唯據《論》、《孟》以求二帝三王相傳心法，而後儒者所承道統治統之脈，灼然可明。」

進而，他對「孔門傳授心法」和「十六字心訣」進行闡釋。

> 所謂二帝三王相傳心法者何？曰：「執中而已矣。」《論語‧堯曰篇》云：「堯曰：『咨爾舜，天之歷數在爾躬。允執其中。四海困

〔註 103〕張君勱：《新儒家思想史》，中國人民大學出版社，2009 年，第 561 頁。
〔註 104〕熊十力：《讀經示要》，中國人民大學出版社，2009 年，第 196 頁。
〔註 105〕熊十力：《熊十力選集》，吉林人民出版社，2005 年，第 474 頁。
〔註 106〕熊十力：《讀經示要》，中國人民大學出版社，2009 年，第 380 頁。
〔註 107〕熊十力：《讀經示要》，中國人民大學出版社，2009 年，第 102 頁。

窮，天祿永終，舜亦以命禹。』案歷數，是歲月日星辰運行之法，……
執中者。執，持義。中謂心也。心備萬理，其通感流行，皆自然有
則而不過，故謂之中。如星辰之行，皆有紀律而不過，故準諸天之
歷數。以察於身，則見夫吾身之動作，實內自有主，其發用皆有則
而不可亂者，此即所謂心是也。」〔註108〕

《論語》稱二帝三王之德者，頗有多處。而《堯曰篇》明執中
之傳，即群聖心法相授之征。……儒家道統，治統，相承不絕。其
開基實自二帝，觀《堯曰篇》所稱，而《書》始唐虞之意，昭然可
見。偽孔《古文尚書》「人心惟危」四句，見偽《大禹謨》。爲宋儒
所宗。〔註109〕

其續接儒家道統的方式亦是昭然不晦。「人皆有以識人道之尊崇，與人生職分
之所當盡。而更深切瞭解吾民族自堯、舜以迄孔、孟，數千年文化之美，與
道統之重」，在他看來，儒家「道統不過表示一中心思想而已。此中心思想，
可以隨時演進，而其根源終不枯竭。卓然繼天立極，而生其自尊自信之心，
自知爲神明之胄，而有以別於夷狄鳥獸。」〔註110〕他認定，儒家道統「至新
儒家出而再度確立。」〔註111〕

唐君毅亦暢言道統：

> 宋儒言道統之傳，乃上承韓愈之說。韓愈原道嘗謂，堯舜禹湯
> 文武周公孔子之道，自孟軻死而不得其傳。而程伊川爲明道先生墓
> 表，亦謂「孟軻死，聖人之學不傳。學不傳，千載無眞儒。先生生
> 於千四百年之後……」云云。實則濂溪、橫渠，同志在遙接中庸與
> 大易之旨。〔註112〕

唐公「以道爲統」，所重者在「道」。他指出，「道無今古，故雖晦而能顯，雖
斷而續之則在人。豪傑之士，無文王猶興，故一朝而可頓接於千載不傳之道，
以接聖賢之心。」〔註113〕在五八年《宣言》中，他明確提出，「中國歷史文化

---

〔註108〕熊十力：《讀經示要》，中國人民大學出版社，2009 年，第 381 頁。
〔註109〕熊十力：《讀經示要》，中國人民大學出版社，2009 年，第 384 頁。
〔註110〕熊十力：《讀經示要》，中國人民大學出版社，2009 年，第 193 頁。
〔註111〕余英時：《猶記風吹水上鱗》，臺北：三民書局，1991 年，第 70 頁。
〔註112〕唐君毅：《中國哲學原論——導論篇》，中國社會科學出版社，2005 年，第 143 頁。
〔註113〕唐君毅：《中國哲學原論——導論篇》，中國社會科學出版社，2005 年，第 143 頁。

中道統之說，皆非中國現代人與西方人所樂聞，但無論樂聞與否，這是中國歷史上的事實。此事實，乃原於中國文化之一本性」。〔註114〕

牟宗三作為現代儒家道統論之集大成者，其明言道統之處更多，於此略舉一二：

> 說到道統，我們看看，從夏商周開始，從孔子開啓孔——孟傳統，一直發展到宋明儒，這其中是有一條線索的。……這是我們作歷史的回顧時，作為黃帝的子孫所應當有的責任。這是我們責無旁貸的責任。這是一個民族的方向，——個指南針，好比數學上所說的常數。〔註115〕

> 道統必須繼續。此為立國之本，日常生話軌道所由出，亦為文化創造之原。此相應上列三套「道德宗教」一套而言。中國以往四千餘年的歷史中，惟是彰著此一套，一切聖賢用心惟是直接扣緊此方面而立言。〔註116〕

由上可見，較之大傳統派僅評述宋明儒道統論者狹隘的排他性時論及道統，禮樂派大多諱言道統，儘管已有蘊含強烈的續統意識，心性派明言道統已是不爭的事實。

隱言道統是二十世紀上半葉儒家道統論者之總特徵，然三派之中，心性派諸公儘管不若韓愈、宋明儒那般排「統」論「道」，而大言道統。但較之另兩派，則堪當以「明言道統」為其一基本特性。何也？

第一、從道觀上言，心性派上承唐宋以降儒家道統論，以心性之學為儒家道統之傳。儒家「道統」論之明確提出自韓子始，為抗衡釋氏之法統，韓子傚仿禪宗之心法傳述宗系，為儒家明立以「仁義」為道之傳授統緒。又有鑒於佛教之傳法世系的祖統說，為儒家創立傳道譜系。

> 斯道也，何道也？曰：斯吾所謂道也，非向所謂老與佛之道也。堯以是傳之舜，舜以是傳之禹，禹以是傳之湯，湯以是傳之文武周公，文武周公傳之孔子；孔子傳之孟軻。軻之死，不得其傳焉。
>
> 〔註117〕

---

〔註114〕張君勱：《新儒家思想史》，中國人民大學出版社，2009年，第561頁。

〔註115〕牟宗三：《中國文化的省察》，聯合報社，1983年，第25~26頁。

〔註116〕黃克劍、鍾小霖：《當代新儒學八大家集——牟宗三集》，群言出版社，1993年，第176頁。

〔註117〕《韓昌黎集·原道》卷十一。

朱子出，其基於二程，承其「孔門傳授心法」，開發「十六字心傳」，首次將「道」與「統」合用。

> 蓋自上古聖神，繼天立極，而道統之傳，有自來矣。其見於經，則「允執厥中」者，堯之所以授舜也；「人心惟危，道心惟微，惟精惟一，允執厥中」者，舜之所以授禹也，堯之一言，至矣盡矣，而舜復益之以三言者，則所以明夫堯之一言，必如是而後可庶幾也。〔註118〕

此後朱子與陳亮、朱子與陸王之爭以及後儒則更是公然各持其道統一幟，以張其論。秉承此期道統論而來的心性派已然具備其師學風範，不避「封建」之諱，明言道統則是自然之理了。

第二、心性派立足宗教論道統之傳，以基督教為西方道統。時至現代，西方基督教對於中國思想的影響已不容忽視。正如牟宗三所言，中國「從前是儒釋道三教相摩蕩，現在則當是儒佛耶相摩蕩，這是不可避免的時代問題。」〔註119〕宗教屬信仰一域，欲使其成為現代國人之信仰，建樹中國宗教，非挾儒家道統相號召不可。「中國『德性之學』之傳統即名曰『道統』（西方道統在基督教）」。〔註120〕「德性之學」即「心性之學」，已頗具形上、宗教意味，以此為儒家道統，足可與其意中的西方道統——基督教相抗衡。

第三、二十世紀五十年代，唐君毅、牟宗三有感於西人對中國文化之誤解，聯名作《宣言》，以明儒家道統。對道統直言最多者是現代道統論之集大成者牟宗三。從學理的角度析其內因，則前現代道統論者諸多見解、論述有待大成。析其外因，五十年代寄局港、臺一隅的新儒家道統論者已無文化激進主義者制其肘，則彰顯儒家道統論正當其時。

## 二、整體道觀內聖宗教化

心性派整體道觀趨於宗教化傾向是指此派諸公立足於宗教言道統，力圖將其所接續之儒家道統之道的儒家心性之學形上化、宗教化，並致力於構建中國人文教。茲所言整體道觀內聖宗教化的基本特性與三派所共有的總特徵——宗教化、本體化取向並非完全是重語贅言，茲道觀宗教化是指其所承之

---

〔註118〕《中庸章句・序》。
〔註119〕牟宗三：《生命的學問》，廣西師大出版社，2005年，第82頁。
〔註120〕牟宗三：《生命的學問》，廣西師大出版社，2005年，第51頁。

「道」有「教」化之趨勢，對於傳統儒家心性論進行「道德的形上學」的構建。宗教化、本體化取向的總特徵是指三派道統論者均有建立中國宗教的志願、努力和理論成果。宗教與形而上學並非一回事，但二者共同之處是均能滿足人類超越現實、經驗的欲望和追求，也可以說是關於人類「終極關懷」的一種思想體系。而正是基於此，宗教與形而上學之間的界限顯得頗為模糊。道觀內聖宗教化則是主觀上有將儒學構建為中國人文教的願望，而在客觀上只能是增強傳統儒家道德形而上學的神聖性。熊十力以為「本心」即本體，是萬物之本源，此本體即是「聖而不可知之謂神」〔註121〕的至神，以此構建與佛教、基督教同等思想高度的形上體系，並極趨宗教化傾向。唐君毅致力於從傳統儒學中發明宗教價值，樹立中國人文教或人倫教，他所說的宗教精神即「心性之高明，與文化精神之廣大」。其人文教「即由道德以轉出宗教，而人建立神，人造神」。〔註122〕牟宗三直接將儒學與佛教、道教並列為「三教」，稱基督教為離教，即神人相隔離之意，而儒教則為神人融合之圓教。可以說，二十世紀上半葉新儒家道統論者心性派諸公接續儒家道統心性一脈，其現實意義更多的是在於構建現代人賴以安身立命的精神世界。有學者說，熊牟一系道統論者諸公「所表現的就不只是對民族文化之存亡絕續的憂患，而且是對人本身、人存在的意義、價值及其自我完善問題以及人類文化的前途、命運的苦苦思索。這是一種意義的追求、形上的探索、超越層面的體驗、終極層面的反思，其用意則在於在終極關懷的層面（形上學和宗教的層面）重建人的意義世界和精神家園」。〔註123〕

熊十力以孔孟心性之學為基礎，闡發「仁」、「道心」、「良知」、「本心」、「德性」等心性論範疇，營造嚴密的形上體系，達到了與佛教、基督教同等的思想高度。首先，熊公認為，人皆有不死之願，「人之不甘心於死而遂朽者，其根本要求畢竟在靈魂永存而已」。由此，宗教信仰之要求在所難免。

> 人皆有要求靈魂永存之觀念似不容疑，即其以知解作主張而否認靈魂者，恐其持論是一事，而其骨子裏對於靈魂永在之要求未必能掃除淨盡也。……近世學術，重客觀而黜反觀，雖於物理多所甄

---

〔註121〕《孟子‧盡心下》。
〔註122〕黃克劍、鍾小霖：《當代新儒學八大家集——唐君毅集》，群言出版社，1993年，第325頁。
〔註123〕鄭家棟：《當代新儒學史論》，廣西教育出版社，1997年，第69頁。

明，而於宇宙眞理、人生眞性之體驗，恐日益疏隔而陷於迷離狀態
矣。吾不欲斷言靈魂之爲有爲無，但確信人皆有靈魂永存之要求。
〔註124〕

另外，「今日中國人之生活力最貧乏，其生活內容至空虛，故遇事皆表見其虛
誑、詐僞、自私、自利，卑怯、無恥、下賤、屈辱、貪小利而無遠計。蓋自
清末以來，浮囂之論，紛紜而起，其信仰已摧殘殆盡。」〔註125〕鑒於此，熊
公融彙儒佛，以《大易》爲思想源泉，爲國人關切終極存在，追求終極價值，
以求生命歸附和靈魂安頓提供了幾同乎宗教的形上體系——「體用不二」的
新唯識論。他對應孟子「盡心、知性、知天」之大義，與之「遙相契應」。

　　　　本心即是性，但隨義異名耳。以其主乎身，曰心。以其爲吾人
　　　所以生之理，曰性。以其爲萬有之大原，曰天。故「盡心則知性知
　　　天」，以三名所表，實是一事，但取義不一而名有三耳。盡心之盡，
　　　謂吾人修爲工夫，當對治習染或私欲，而使本心得顯發其德用，無
　　　有一毫虧欠也。故盡心，即是性天全顯，故曰知性知天。知者證知，
　　　本心之炯然內證也，非知識之知。〔註126〕

此「本心」即本體，爲萬物之本源。「蓋自孔孟以迄宋明諸師，無不直指本心
之仁，以爲萬化之原、萬有之基。即此仁體，無可以知解向外求索也。」〔註
127〕此本體即是「聖而不可知之謂神」〔註128〕的至神，以慰國人「靈魂永存
之要求」。熊公從教的層面立論來接續、闡發儒家道統，旨在建樹中國宗教，
以解決現代國人的超越欲求。正如學者所說，「自熊先生始，新儒家〔註129〕
在比較完全的意義上走入了『形上意義的追求』一途，其核心意旨則在於通
過發掘儒家本身的宗教性層面，來回答和說明生命的終極託付問題」。〔註130〕

　　唐君毅自述其自小有感於草木繁衰、天地風雲，即傾心於宗教。然他常
思「究竟在我內心，希望成立什麼一種哲學宗教信仰，以安頓我自己的生命。」

---

〔註124〕熊十力：《熊十力全集》第4卷，湖北教育出版社，2001年，第167頁。

〔註125〕熊十力：《熊十力全集》第4卷，湖北教育出版社，2001年，第168頁。

〔註126〕黃克劍、王欣、萬承厚：《當代新儒學八大家集——熊十力集》，群言出版社，
　　　　1993年，第84頁。

〔註127〕黃克劍、王欣、萬承厚：《當代新儒學八大家集——熊十力集》，群言出版社，
　　　　1993年，第170頁。

〔註128〕《孟子·盡心下》。

〔註129〕鄭家棟先生在此用新儒家一詞，是泛指三派，然尤以心性派爲主。

〔註130〕鄭家棟：《當代新儒學史論》，廣西教育出版社，1997年，第113頁。

〔註131〕其後面對佛教、基督教等神教並無皈依之心，希冀於人文的世界裏「建立一神靈之世界，即可以使我們不致只以物的世界，自然的世界爲託命之所，即可以平衡我們之精神之物化自然化，而背離人文之趨向。」如此一來，「有一神靈世界之信仰，亦可提升其精神，以自覺的瞭解人文之價值意義。」〔註132〕在唐公看來，中國心性之學之「自性本心」、之「最高之人格」、之「盡心知性則知天」、之「聖而不可知」、之「至誠」〔註133〕均具有超越性和人倫形上意義，蘊含豐富的宗教精神。鑒於中國重人倫關係而非重神人關係，唐君毅立志從中國傳統儒學中發明宗教價值，樹立中國人文教或人倫教。其人文宗教精神及內涵可見於下：

> 吾人之宗教精神，可謂爲至剛健，極高明，而眞廣大的，此即謂吾人宗教精神，乃對神全無希慕欲望，而純由吾人道德精神文化自身所建立，以表現吾人心性之高明，與文化精神之廣大者，故吾人之建立此神與宗教精神，吾人唯是自覺的依理性之必然與當然上或純「義」上言，當有此建立。西方之道德精神，唯依附宗教精神。及近世人謗神，而視神爲人造。孔子融宗教於道德，神即人。宋明即道德以爲宗教，而人即神。吾人今即由道德以轉出宗教，而人建立神，人造神。〔註134〕

唐君毅言明此人文宗教是由人造神，雖較之佛教、基督教其宗教色彩淡薄，但宗教精神是一致的，「儒學精神亦有與一切人類高級宗教共同之點，此共同點即其宗教性」。「此儒者之教與一切宗教之共同點，即他是重視人生存在自己之求得一確定的安身立命之地的。」〔註135〕此人文宗教即「儒者之教」，當有別於儒者之學，其根本在於「哲學科學理論本身不能使人安身立命」。〔註

〔註131〕唐君毅：《人文精神之重建》(2)，中國社會科學出版社，2005年，第483頁。
〔註132〕黃克劍、鍾小霖：《當代新儒學八大家集——唐君毅集》，群言出版社，1993年，第340～341頁。
〔註133〕黃克劍、鍾小霖：《當代新儒學八大家集——唐君毅集》，群言出版社，1993年，第340～341頁。
〔註134〕黃克劍、鍾小霖：《當代新儒學八大家集——唐君毅集》，群言出版社，1993年，第325頁。
〔註135〕唐君毅著：《中國人文精神之發展》，廣西師範大學出版社，2005年，第309頁。
〔註136〕唐君毅著：《中國人文精神之發展》，廣西師範大學出版社，2005年，第309頁。

136〕因為「理論只為知之所對，理論有各種可能形式，因而是搖擺不定的」。
〔註 137〕他列舉了「藝術文學」、「政治經濟之事業」等均不能使人「安身立命於苦惱中」，而「此外個人之貨利財富、名譽、權力地位、一時的愛情與個人所具之各種知識技能，無一可使人安身立命」。〔註 138〕只因這一切「都是一方變化得失無常，一方無最後的滿足之標準的」，「其現實存在性，都是有限的」，這與「人心則以無限性為其本質」〔註 139〕相違。這就要求「能有一表現其心靈之無限性、超越性之宗教的精神要求與宗教信仰，及宗教性之道德與實踐」。〔註 140〕從此意義上說，「儒者之教」即可當此大任。其對於現實存在，可使「人心皆能超冒於這些東西之上，而不能長自限自陷於其中」，從而置身於安身立命之境。唐君毅作為現代道統論者之心性派，其道統觀之宗教化傾向已顯而易見了。正如有學者所說，「唐先生是新儒家陣營中較富宗教情懷的一位，他對於各種宗教的瞭解和肯定都不只是在學理上，更是在生命的體驗上。」〔註 141〕

　　牟宗三將儒學與佛教、道教並列為「三教」而論，認為「此三教本質上皆是從自己之心性上，根據修養之工夫，以求個人人格之完成，即自我之圓滿實現，從此得解脫，或得安身立命」，「皆是最內在性的事，皆必通過最內在之主體以求人生之基本態度、信念與立場」。〔註 142〕這是儒家之學得以被稱為儒教的學理根據，但亦是與西方基督教相區別之處。牟宗三稱基督教為離教，即神人相隔離之意，而儒教則為神人融合之圓教。

> 耶穌在其宗教精神上，亦沒有開主體之門，沒有從人方面樹立起主體來，沒有通過人的主體之樹立而上徹於神。他樹立了神這個主體，而沒有樹立起人的主體。在人這方面是個空虛。所以人文主義之門在基督教裏並沒有開出來。順基督教下來是神本，順希臘傳

---

〔註 137〕唐君毅著：《中國人文精神之發展》，廣西師範大學出版社，2005 年，第 310 頁。

〔註 138〕唐君毅著：《中國人文精神之發展》，廣西師範大學出版社，2005 年，第 310 頁。

〔註 139〕唐君毅著：《中國人文精神之發展》，廣西師範大學出版社，2005 年，第 310 頁。

〔註 140〕唐君毅著：《中國人文精神之發展》，廣西師範大學出版社，2005 年，第 310 頁。

〔註 141〕鄭家棟：《當代新儒學史論》，廣西教育出版社，1997 年，第 82 頁。

〔註 142〕牟宗三：《生命的學問》，廣西師大出版社，2005 年，第 84 頁。

統下來，從客體方面說話，停於理智一層上，是物本。這兩個本，在西方的文化精神下，學術傳統裏，特別彰著。而在這兩個本的夾逼下，把人本悶住了。所以人文主義在西方始終抬不起頭來。〔註143〕

　　宗教，如中文所示，有宗有教。宗是其歸宿，教是其軌道，（方法理論皆含於軌道中。）依宗起教，以教定宗。故中國以前只言教，而不合言宗教。言宗教則彰顯「依他之信」，只言教，則歸於自信自肯，而惟是依教以如何成聖、成仙、成佛。從內在主體性方面說，耶教因歧出而爲依他之信，故不如儒釋道，若從基本態度、決斷、肯定對於人生宇宙學術文化之關係言，則釋道又不如儒教與耶教。依此而言，儒教爲大中至正之大成圓教。其它皆不免歧出與偏曲。〔註144〕

在此，牟宗三認定儒教爲諸教之中一「大中至正之大成圓教」，其盡性踐仁即是實踐與本體的「圓融」與「綜合」。儒、釋、道三教相比，儒教獨具特色。「察業識莫若佛，觀事變莫若道，而知性盡性，開價值之源，樹立價值之主體，莫若儒。此即是中國儒家學術之特色，足以善化一切消融一切之學也。故爲人間之大本。」〔註145〕儒家心性之學所彰顯的「天」、「天命」、或「天道」體現了儒教之超越性，「其所透徹而肯定之超越而普遍之道德精神實體，則正代表提撕精神，啓發靈感之文化生命一面。而中國文化生命所凝結成之倫常禮文與其超越而普遍之道德精神實體尤具圓滿之諧和性與親和性，不似西方之隔離」，「儒家教養即依據此兩面之圓滿諧和形態而得成爲人文教」。〔註146〕此人文教雖不具備宗教的儀式，唯有日用人倫之禮樂，但以「理」視之，「它有高度的宗教性，而且是極圓成的宗教精神。它是全部以道德意識道德實踐貫注於其中的宗教意識宗教精神」。〔註147〕

　　牟宗三用「內在超越性」定義爲中國哲學的特質，以「超越性」來形容、說明儒家之「天道」。本源於黑格爾對於中國哲學的詰問和誤解。此種做法頗引學界爭議。

---

〔註143〕黃克劍、鍾小霖：《當代新儒學八大家集——牟宗三集》，群言出版社，1993年，第170頁。

〔註144〕牟宗三：《生命的學問》，廣西師大出版社，2005年，第84頁。

〔註145〕牟宗三：《中西哲學之會通十四講》，上海古籍出版社，2007年，第216頁。

〔註146〕牟宗三：《生命的學問》，廣西師大出版社，2005年，第64頁。

〔註147〕牟宗三：《中國哲學的特質》，吉林出版集團，2010年，第109頁。

牟宗三所爲是用西學的語境來描述中國哲學，儘管頗顯不倫不類，但此舉體現了牟公對中國哲學、儒家道統之一核心價值的「心性之學」的宗教化取向。當然，這亦是讓西方學人瞭解、認識中國哲學、儒家道統之內涵的有效做法，亦是世界學人搭建世界多元文化之對話平臺的必不可少的工序和步驟。然竊以爲，牟宗三對於儒家道統的宗教化構建之志更切，並非全然中西交流之難免的附會。因爲心性之學以西學口吻之即感性而理性〔註148〕稱之，則既可避免「內在」與「超越」、「經驗」與「先驗」、抑或「現象」與「本體」之二元對立的撻伐，又可成搭建文化平臺之功。這體現出牟宗三以教救儒學、以教明儒家道統的苦心孤詣。

心性派整體道觀內聖宗教化，深究其裹，可得兩點。

首先，五四以來反傳統主義思潮的風行，使得二十世紀上半葉儒家道統論心性派諸公深感以傳統儒家道德的形而上學來重建現代儒家道統，並籍此收拾人心已力不從心。如面對「五四」以來傳統失落、民族文化危機，熊十力著力解決國人「信仰」問題，他說，「今日中國人之生活最貧乏，其生活內容至空虛，故遇事皆表見其虛誑，詐僞、自私、自利、卑怯、無恥、下賤、屈辱、貪小利而無遠計。蓋自清末以來，浮囂之論，紛紜而起，其信仰已摧殘殆盡。宣聖曰：人而無信，不知其可也」〔註149〕。且有感於西方基督教的此方面的強大威力，認爲基督教是西方的道統或核心文化，與此相對，中國就當棋逢對手，旗鼓相當，也樹立一個儒家宗教來。「不斷強調和凸顯儒家思想的超越意識和宗教精神，是『五四』以後新儒學發展的一個重要趨勢，這顯然是與回應來自基督教傳統的挑戰有關。」〔註150〕這是心性派諸公鑒於西方基督教的成功表現，遂以構建中國宗教爲矢志，籍此彰顯中國文化之民族

---

〔註148〕茲「即感性而理性」較之牟宗三的「內在而超越」、馮友蘭的「極高明而道中庸」來說，則更少宗教色彩，但理性與感性可相互統攝，並無二元對立之嫌，自然便無中西附會而致方鑿圓枘之嫌。可以說，這可避免西方「兩個世界」的模式與中國「一個人生」的傳統的相牴牾，卻又足以向西人表達中國哲學的「心」與「性天」的微妙關係。「即感性而理性」，依康德的「純粹理性」來看，有人會問：「知性」何在？「知性」的缺失豈不正是中國哲學又一明顯特質！康德以「自在之物」和「爲我之物」相分立，中國哲學以此二「物」相融，「爲我」而「自在」，「人道」而「天道」，正可濟其《實踐理性批判》之弊端。

〔註149〕熊十力：《十力語要》，明文書局，1989年，第147頁。

〔註150〕鄭家棟：《當代新儒學史論》，廣西教育出版社，1997年，第80頁。

性。正如有學者所說，「在新儒家這裏，宗教的普遍性與文化的民族性始終糾纏在一起，他們所謂『道德的宗教』或『人文教』並不只是抽象地講，而是必須關聯於歷史文化傳統來講，關聯於儒家的道統觀念來講，否則即很難理解其中的全部內涵。」〔註151〕可知，心性派是關聯於歷史文化傳統，關聯著儒家道統來講宗教的。

其次，傳統儒學形而上學的類宗教因素（超越性）為現代儒家道統論道觀宗教化提供了一定的可能性。儒學形而上學的類宗教因素，即其超越性由此可見：「天生蒸民，有物有則，民之秉彝，好是懿德」，〔註152〕「盡其心者，知其性也；知其性，則知天矣。存其心，養其性，所以事天也。」〔註153〕這都是天賦懿德，下學上達性天的表達。此「天」即是中國古人之「終極存在」，通過「盡心」、「存養」等功夫修養，以達人德合於天道之境界。現代道統論者心性一派「通過揭示本心、仁體即內在即超越、即存有即活動的特性，打通天與人、知與行、存有與道德的界限，」〔註154〕這彰顯了儒家道德的形上學的基本特色。

另外，二十世紀上半葉儒家道統論者心性一派對於現代道統的宗教化努力，亦源自於諸公復興儒學的迫切的心理訴求。儒學之三大功能：教、學、政三者，其中「學」、「政」二者至現代已分立並分化於現代民主、科學之中，唯「教」一者，教化則歸於「政」，形上哲學建構則又流於「學」，如此一來，「教」似無獨立之地。宗教一域使得儒學「教」的功能異軍突起，足以重光儒家之「道」。從另一個角度來說，復興儒學之重心應當是回歸、強化先秦儒家對於「道」的擔當感、神聖感，以此來重塑現代知識分子的神感性，而對「道」的宗教化闡釋正是實現這一任務的有效做法。

## 三、神化孔孟、推崇宋明、凸顯內聖心性旨歸

心性派統觀的基本特性可以「神化孔孟、推崇宋明」一語來概況。統觀是道觀的歷史化、具體化的體現，有斯道觀，則有憑之而評價周、孔、孟道

〔註151〕 鄭家棟：《斷裂中的傳統：信念與理性之間》，中國社會科學出版社，2001年，第244頁。
〔註152〕 《孟子·告子上》。
〔註153〕 《孟子·盡心上》。
〔註154〕 鄭家棟：《斷裂中的傳統：信念與理性之間》，中國社會科學出版社，2001年，第121頁。

統論、宋明儒道統論的統觀。「神化孔孟」是企圖樹立孔子的教主地位。「推崇宋明」則是以宋明儒構建心性本體之形而上學爲至偉功業。熊十力以孔子爲儒學的開宗大師，「譬如太陽居中，眾星外繞矣」。認爲宋儒大成之儒家心性論，其功至偉。唐君毅一生致力於構建儒家人文教──孔教，力圖樹立孔子之教主地位。宋明儒「志在以己之心，傳古聖賢之心」，「是最得孔子之意」。牟宗三以爲孔子當爲一元創始者，「孔孟並稱」才是孔子之應有地位。宋明儒得孔子道統之眞傳，符合孔孟之精神。

　　熊十力以孔子爲儒學的開宗大師。他說，「洪惟孔子，集古聖之大成，開萬世之學統」。〔註155〕孔子承遠古聖學，「上承伏羲、堯、舜以至文武之道，下啓晚周諸子百家之學」。〔註156〕「中國學術導源鴻古，至春秋時代，孔子集眾聖之大成，巍然爲儒學定宏基」。〔註157〕「孔子之所承藉者極其宏博，其所開創者極其廣遠，巍然儒學宗師。自春秋、戰國久爲華夏學術思想界之正統，諸子百家，靡不爲其枝流餘裔。譬如太陽居中，眾星外繞矣。」〔註158〕孔子以「仁」釋「禮」，開創儒家心性之學，「以人道弘天道，從天地萬物渾然一體處立命」。〔註159〕孟子接其端緒，弘啓儒學形上路數。

　　熊十力認爲宋儒功績至偉，宋儒所大成之心性論「尙有保固中夏之功」，〔註160〕「卓然繼天立極，而生其自尊自信之心，自知爲神明之胄，而有以別於夷狄鳥獸。」〔註161〕此論一出，俾我「中夏文化」「卓然異於夷狄」，民族自信心由此而鞏固，「故元、清以邊疆夷俗入主，一則不久而覆，一則完全同化於中原禮義之教，吾人自尊自信之潛力，宋學養之已深也。」〔註162〕蒙元不隨漢化，國祚未久。有清一代，同化於中原儒家文化，遂有近三百年基業。此皆宋明儒之學建設之功。

　　唐君毅一生致力於構建儒家人文教──孔教，力圖樹立孔子教主地位，他稱頌孔子之偉大，「大在極高明而歸博厚，以持載一切、肯定一切、承認一

〔註155〕熊十力：《原儒》，中國人民大學出版社，2009年，第9頁。
〔註156〕熊十力：《原儒》，中國人民大學出版社，2009年，第45頁。
〔註157〕熊十力：《原儒》，中國人民大學出版社，2009年，第14頁。
〔註158〕熊十力：《原儒》，中國人民大學出版社，2009年，第24頁。
〔註159〕熊十力：《原儒》，中國人民大學出版社，2009年，第8頁。
〔註160〕熊十力：《讀經示要》，中國人民大學出版社，2009年，第191頁。
〔註161〕熊十力：《讀經示要》，中國人民大學出版社，2009年，第193頁。
〔註162〕熊十力：《讀經示要》，中國人民大學出版社，2009年，第196頁。

切。」〔註163〕遂將孔子與世界三大宗教教主相列等，「超越的賢聖型：如穆罕默德、耶穌、釋迦、甘地、武訓等。圓滿的賢聖型：如孔子及孔子教化下之聖賢等。」〔註164〕

> 在思想上翻過博大精深之佛學的宋明儒者，乃眞知孔子之不可及。而現代人眞能翻過西方之柏拉圖、亞里士多德、康德、黑格爾之龐大系統，亦將眞知孔子與宋明思想之偉大。而能瞭解世界其它偉大人格之形態者，亦將重認識孔子之不可及。如其不然，你一定只是站在泰山之旁，羨慕其高峻，而未嘗登泰山，便不能瞭解泰山之上不屬泰山，而屬孔子者，在何處也。〔註165〕

在唐君毅看來，孔子高遠神聖而不可及，高於泰山之上，幾近於神明。

唐君毅如是評價宋儒承接道統之舉：「不求播弄語言上之精彩，而務在以語言半實說理者」，「此皆自成一家之言，而又志在契昔聖賢之心。」「志在以己之心，傳古聖賢之心。」〔註166〕對於宋明儒之「默然自證而自得」的接續道統之法，唐公對此讚賞有加，認爲宋明諸儒「自得於道，賴默識心通，而又稱心而談，以告學者，是最得孔子之意。」〔註167〕因此，朱陸之爭亦「『各尊所聞，各行所知』」，不必如「漢儒之各本家法，以自謂能傳經者之必齗齗相爭」，「亦不同於名墨諸家之必以說辯，求人之信己」。〔註168〕

牟宗三對於「周孔並稱」耿耿於懷，他說，「宋以前是周孔並稱，宋以後是孔孟並稱。周孔並稱，孔子只是堯舜禹湯文武周公之驥尾，對後來言，只是傳經之媒介，此只是外部看孔子，孔子並未得其應得之地位，其獨特之生命智慧並未凸現出。」〔註169〕視孔子爲教主，則孔子當爲一元創始者，豈可爲「堯舜禹湯文武周公之驥尾」乎！「孔孟並稱」才是孔子之應有地位。

牟宗三認爲宋明儒被稱之爲「新儒家」，其「新」有二：其一、「對於孔

〔註163〕唐君毅：《人文精神之重建》，中國社會科學出版社，2005 年，第 183 頁。
〔註164〕唐君毅：《人文精神之重建》，中國社會科學出版社，2005 年，第 165 頁。
〔註165〕唐君毅：《人文精神之重建》，中國社會科學出版社，2005 年，第 164 頁。
〔註166〕唐君毅：《中國哲學原論——導論篇》，中國社會科學出版社，2005 年，第 142 頁。
〔註167〕唐君毅：《中國哲學原論——導論篇》，中國社會科學出版社，2005 年，第 146 頁。
〔註168〕唐君毅：《中國哲學原論——導論篇》，中國社會科學出版社，2005 年，第 144 頁。
〔註169〕牟宗三：《心體與性體》，臺北正中書局，1981 年，第 13～14 頁。

子生命智慧前後相呼應之傳承有一確定之認識,並確定出傳承之正宗,決定出儒家之本質」。〔註170〕此言宋明儒得孔子道統之眞傳。其二、「直接以孔子爲標準,直就孔子之生命智慧之方向而言成德之教以爲儒學,或直相應孔孟之生命智慧而以自覺地作道德實踐以清澈自己之生命,以發展其德性人格,爲儒學。」〔註171〕這是盛讚宋明儒大成儒家心性論之功。前章論及牟宗三之統觀時已詳述,他對中國文化、儒家內部以及自先孔以迄宋明儒各期進行判釋,認爲宋儒總體上符合孔孟精神。

心性派道統論者接續宋明儒的心性道觀,以儒家心性爲形而上之本體,試圖構建中國人文教。人文教以孔子爲教主,以儒家內聖心性之學爲旨歸。故有「神化孔孟、推崇宋明」的基本特性。

## 四、「返本開新」的新外王說

「返本開新」,顧名思義,是指以儒家內聖心性爲根本,開出民主、科學之新外王。「返本開新」說是二十世紀上半葉儒家道統論之集大成者牟宗三先生的力作,這是現代道統論者爲回應新時代民主、科學之理論要求所構建的新外王說。熊十力以六經爲本,民主、科學爲其枝葉。在「開新」一處有其異於傳統「開外王」之意,可爲「良知坎陷」之萌。唐君毅「返本」爲基,倡「以全套而取之」,以與「中體西用」相徑庭。牟宗三以其「良知坎陷」之說,「曲通」新外王。

熊十力以六經爲根本,以民主、科學爲其枝葉。他說,爲今之計,「必固其本幹,方可以他木之枝,附著其間」。究其原理,「因本幹生機之盛也,而後吸收他枝,足以幹運轉化,發榮滋長,迥異其舊焉。若斷絕本幹,令其枯死,無復生意,而欲成接木之功,則雖孩童蒙昧亦知其不可矣」。〔註172〕因此,他強調,「創新,必依據其所本有」。〔註173〕進而,他從《新唯識論》之「本體」建構返歸《乾坤衍》「大道之學」的新外王預設,以此奠定現代儒家道統

---

〔註170〕 黃克劍、鍾小霖:《當代新儒學八大家集——牟宗三集》,群言出版社,1993年,第315頁。

〔註171〕 黃克劍、鍾小霖:《當代新儒學八大家集——牟宗三集》,群言出版社,1993年,第315頁。

〔註172〕 熊十力:《讀經示要》,中國人民大學出版社,2009年,第50頁。

〔註173〕 熊十力:《文化與哲學》,見《中國本位文化建設討論集》,臺北帕米爾書店,1980年,第165頁。

論「返本開新」說最初的基石。從某種意義上說，熊十力之外王一說是其後學牟宗三等人「返本開新」論的雛形。有論者說，「從諦造『遊乎佛與儒』之間的『新唯識論』，到衍發被認作孔子經論之首的大易的乾坤，熊十力的全部文化憂思幾可說凝注在『返本』與『開新』之間。」〔註174〕熊十力此舉頗似「中西調和」、「中體西用」之類的、古典式的「內聖外王」的構思，但從他對中、西文化的比較分析中可看出其「異己」端倪，「吾國先哲重在向裏用功，雖不廢格物而畢竟以反己爲本。」而「西人遠在希臘時代，即猛力向外追求，雖於窮神知化有所未及，而科學上種種發明，非此無以得之也。」這爲對於中國文化因「以反己爲本」而未致科學的異議，以及牟宗三「良知坎陷」的學說埋下伏筆，這也正是體現出「返本開新」說理論先導的作用。

　　唐君毅對此並無多大發展，但仍在「返本開新」的理論進程中艱難行進著。對此，他的態度是：「故吾人如欲加以採取，必須依於肯定客觀超越理想之精神，伸引吾固有文化中相同之緒，以全套而取之」。〔註175〕要採取西方之民主、科學，還得以「客觀超越理想之精神」爲其理論依據。「即爲『由肯定限制，以上陞無限，通過阻礙對待之反面，以生發正面』之精神」，從其「由下上陞之精神，自有其高度者」〔註176〕來說，此「客觀超越理想之精神」是以儒家心性本體爲根基的。

　　在「返本開新」的理論道路上闊步前行的當屬牟宗三，其「良知坎陷」的學說顛覆了傳統內聖、外王的直接體、用或本、末定式，試圖爲民主、科學，即新時代之外王新立形上本體。鄭家棟曾說，「在我看來，牟氏『良知坎陷』說的最重要之點即在於它肯定儒家內聖心性之學及其內在精神，不能夠直接作爲民主、科學的形上基礎」。〔註177〕至於牟宗三如何以「良知坎陷」的學說實現其「返本開新」的理論構想，文中已作詳述。

　　「返本開新」論因其以「良知坎陷」說「開新」而基本否定了內聖開出外王的傳統致思路線，從而頗具現代特色。但是又因其「返本」的理論前提而使其新外王難以擺脫儒家心性道德本體的一元統攝，從而銳減其可操作

〔註174〕克劍、周勤：《寂寞中的復興——論當代新儒家》，江西人民出版社，1993年，第143頁。
〔註175〕唐君毅：《中國文化之精神價值》，臺灣正中書局，1984年，第510頁。
〔註176〕黃克劍、鍾小霖：《當代新儒學八大家集——唐君毅集》，群言出版社，1993年，第305頁。
〔註177〕鄭家棟：《當代新儒學史論》，廣西教育出版社，1997年，第75頁。

性。心性派諸公皆有「返本開新」的外王學說傾向，其主要原因在於其旗幟鮮明的心性道觀，在心性爲本、爲體的致思路線指導下，「開新」必以「返本」爲理論前提。那麼，諸公雖然已意識到內聖直開外王的傳統路徑已然淪爲斷潢絕港之境，進而致力於「曲通」的精心設計，但是心性內聖包打天下的做法在近現代的新時代背景下已再無「老樹發新芽」的功效，諸公所致力於構建的道德形上學只能作用於國人的價值領域和意義世界，學統和政統的分立已勢趨必然。

# 第五章　大傳統派

　　傳統，首先是歷史的，是文化的。借用文化學者的定義，「傳統其實就是理解者內在地置身於其中的歷史」。〔註1〕傳統是固有文化的沿襲，亦是風俗、習慣、慣例的守成。傳統的範圍寬泛而又模糊，其影響無所不在。美國芝加哥大學人類學家羅伯特・雷德菲爾德在其 1956 年出版的著作《鄉村社會與文化》中提出大傳統、小傳統的概念區分，用以說明在複雜的社會中所存在著的兩個不同文化層次的傳統。後來西方學者列文森、李歐梵等用精英文化和大眾文化對大、小傳統的概念進行進一步闡釋。中國學者李亦園、林毓生等亦將大小傳統的概念運用於對中國文化的研究，並將其分別對應於雅文化和俗文化。所謂大傳統，即是指「社會精英及其所掌握的文字所記載的文化傳統」，「體現了社會上層生活和知識階層代表的文化，多半是由思想家、宗教家經深入思考所產生的精英文化或精雅文化」。小傳統則是「鄉村社區俗民（folk）或鄉民（peasant）生活代表的文化傳統」。〔註2〕大、小傳統正是通過「深層文化理念的共同性」〔註3〕來實現兩者的交流、互動的。中國小傳統是通過民間習俗、社會風氣等大眾化的載體表現，而中國大傳統則是通過中國歷史文化或者說中國學術思想來表現的。

　　二十世紀上半葉現代道統論之大傳統派則是指以中國歷史文化或者中國學術思想作為其對儒家道統之「道」的理解的現代道統論者。此派學者錢穆以中國歷史文化大傳統為其所接續的儒家道統之「道」，馮友蘭則以中國學術

---

〔註1〕　郭齊勇：《文化學概論》，湖北人民出版社，1990 年，第 302 頁。
〔註2〕　陳來：《古代宗教與倫理》，生活・讀書・新知三聯書店，2009 年，第 14 頁。
〔註3〕　李亦園：《人類的視野》，上海文藝出版社，1996 年，第 156 頁。

思想之精髓——「極高明而道中庸」作為其對儒家道統之「道」的解悟。二人均是著眼於道統論之學術、思想、文化功用，從學的層面立論，是在整個中國歷史文化、學術思想的基礎上提煉中華民族精神，接續、闡釋、創發儒家道統論，是立足於中國歷史文化的整體來分立客觀學統。

# 第一節　大傳統派代表人物

## 一、錢穆——中國歷史文化精神

　　錢穆（1895～1890），字賓四，原名思鏐，江蘇無錫人。歷任燕京、北京、清華、四川、齊魯、西南聯大等大學教授，曾任無錫江南大學文學院院長。1949 年遷居香港，創辦了新亞書院。他立志於闡揚中國傳統文化，以「替故國招魂」為己任，一生筆耕不輟，著述宏富。錢穆以承續中國傳統學術思想為其道觀，其治學以「撤藩籬而破壁壘」，泯門戶之見為要旨，對唐宋以降儒家道統論的排他性頗有微詞，即秉持「中國歷史文化精神」這一標杆對中國學術思想史揚抑益損，而成其統觀。文化保守意識異常強烈的他，主張以復興傳統舊文化為時代新文化之主體，加之「急激的科學化」、工業化內容，此為其現代道統論新外王說之主旨。

### （一）續統意識

　　從錢穆對文化的定義可見其對於中國傳統歷史文化的接續感。錢穆認為文化的涵義必須要有歷史感，「人類各方面各種樣的生活總括匯合起來，就叫它做文化。但此所謂各方面各種樣的生活，並不專指一時性的平鋪面而言，必將長時間的綿延性加進去。」民族文化亦然，「一國家一民族各方面各種樣的生活，加進綿延不斷的時間演進，歷史演進，便成所謂『文化』。因此文化也就是此國家民族的『生命』。因此，「凡文化，必有它的傳統的歷史意義。」對於中國文化，「更要用歷史的眼光。中國文化，更是長時期傳統一線而下的，已經有了五千年的歷史演進。」〔註4〕對於儒家道統論，錢穆頗為認同，他說，道統「此一觀念，實由昌黎氏首先提出。原道云：『堯以是傳之舜，舜以是傳之禹湯文武周公，文武周公傳之孔子，孔子傳之孟子，孟子之死，而不得其

---

〔註 4〕 錢穆：《中國文化史導論》，商務印書館，1994 年，第 231～232 頁。

傳』。〔註 5〕至於朱子標立道統，錢穆視之為莫大功績，「朱子在中國學術思想史上貢獻最大而最宜注意者，厥為其對儒家新道統之組成。」朱子之具體承接道統，茲略有闡述：

> 韓愈《原道》，始明為儒家創傳統，由堯、舜以及於孟子。下及北宋初期，言儒學傳統，大率舉孔子、孟、荀以下及於董仲舒、揚雄、王通、韓愈。惟第二期宋學，即所謂理學諸儒，則頗已超越董、揚、王、韓，並於荀卿亦多不滿。朱子承之，始確然擺脫荀卿、董、揚以下，而以周、張、二程直接孟子。第二期宋學，即所謂理學者，亦始確然占得新儒學中之正統地位。此為朱子之第一大貢獻。〔註 6〕

此段涉及先秦原始儒家、韓愈、宋代諸儒對於儒家道統之薪火相傳的統緒問題，儼然儒家道統之一小史。錢穆於此說明儒家道統之淵源流變，其意在彰顯中國文化之「長時間的綿延性」，其對於儒家道統強烈的續統意識呼之欲出。

### （二）道觀

蔡方鹿在《中華道統思想發展史》一書中把錢穆道統觀的變化看作一個由狹義的、有類於宋明儒的道統觀到廣義的、中國歷史文化大傳統的道統觀的變化歷程，其根據則是錢穆在 1945 年所寫的《朱子學術述評》中，總述朱子於中國學術思想史上之四大貢獻，其首大即是「對儒家新道統之組成」。〔註 7〕

> 朱子在中國學術思想史上貢獻最大而最宜注意者，厥為其對儒家新道統之組成。道統觀念，似乎孟子已言之，但亦可謂其本由釋氏。隋、唐間臺、賢、禪諸家皆有其傳統，不獨禪宗一家為然。韓愈《原道》，始明為儒家創傳統，由堯、舜以及於孟子。下及北宋初期，言儒學傳統，大率舉孔子、孟、荀以下及於董仲舒、揚雄、王通、韓愈。惟第二期宋學，即所謂理學諸儒，則頗已超越董、揚、王、韓，並於荀卿亦多不滿。朱子承之，始確然擺脫荀卿、董、揚以下，而以周、張、二程直接孟子。第二期宋學，即所謂理學者，

---

〔註 5〕　錢穆：《錢賓四先生全集》第 25 冊，臺北聯經出版事業公司，1967 年，第 96 頁。

〔註 6〕　錢穆：《錢賓四先生全集》第 25 冊，臺北聯經出版事業公司，1967 年，第 101 ～102 頁。

〔註 7〕　錢穆：《錢賓四先生全集》第 25 冊，臺北聯經出版事業公司，1967 年，第 97 ～98 頁。

亦始確然占得新儒學中之正統地位。此爲朱子之第一大貢獻。〔註8〕

蔡先生在文中對上段文字進行分析說明，最後得出「這時錢穆不僅持狹義的道統觀，而且對朱熹道統說持肯定態度」〔註9〕的結論。對於茲論，吾頗不以爲然。竊以爲，錢穆早期道統觀亦是從廣義上來講的。首先，錢穆此番對於朱子之述評純屬客觀的思想學術史評價，其主觀意向並不明顯，故不可憑此妄斷。其二，至於錢穆早期道統觀之歸屬問題，其作於1945年的《道統與治統》就以爲治統與道統之關係「即是『政治』與『學術』之緊密相融洽，」〔註10〕文中論及元、清兩代時說，「元、清兩代，皆不尊儒，元人不知尊，清人不欲尊，」「其時則道統政統各趨一端，不相關屬」。〔註11〕顯然，錢穆早期亦是以中國思想學術之傳統爲其道統觀的。

錢穆是以中國歷史文化大傳統作爲其儒家道統論之「道」的涵義，他認爲，「中國人之道統觀念，正亦與其歷史傳統有不可分解之因緣，故曰堯、舜、禹、湯、文、武、周公下及孔子、孟子，所謂『道統』，即是一切『歷史傳統』耳。以今日語說之，亦可謂即是一『文化傳統』。」〔註12〕在此，作爲現代新儒家道統論者，錢穆表現出強烈的續統意識。其所謂道統者，即中國歷史文化大傳統也。「若眞道統則須從歷史文化大傳統言，當知此一整個文化大傳統即是道統。」〔註13〕錢穆指出，歷史與文化不可分而論之。「此文化問題，實爲一極當深究之歷史問題。中國文化，表現在中國以往全部歷史過程中，除卻歷史，無從談文化。我們應從全部歷史之客觀方面來指陳中國文化之眞相。」〔註14〕民族的文化即是「民族整個的生命」，是「在這平面的、大的空間，各方面各種樣的生活，再經歷過時間的綿延性」〔註15〕而形成的。「故欲復興國

---

〔註8〕 錢穆：《錢賓四先生全集》第25冊，臺北聯經出版事業公司，1967年，第101～102頁。

〔註9〕 蔡方鹿：《中華道統思想發展史》，四川人民出版社，2003年，第465頁。

〔註10〕 錢穆：《錢賓四先生全集》第40冊，臺北聯經出版事業公司，1967年，第81頁。

〔註11〕 錢穆：《錢賓四先生全集》第40冊，臺北聯經出版事業公司，1967年，第90頁。

〔註12〕 錢穆：《錢賓四先生全集》第23冊，臺北聯經出版事業公司，1967年，第63頁。

〔註13〕 錢穆：《錢賓四先生全集》第25冊，臺北聯經出版事業公司，1967年，第97頁。

〔註14〕 錢穆：《中國文化史導論》，商務印書館，1994年，弁言6。

〔註15〕 錢穆：《中國文化史導論》，商務印書館，1994年，第231～232頁。

家，復興文化，首當復興學術。而新學術則仍當從舊學術中翻新復興。此始為中國學術文化將來光明一坦途。」〔註 16〕可知，錢穆的道統觀是從寬泛意義上來講的，他以「學術文化大傳統」為其道統之道的內涵。

### （三）統觀

在寬泛意義上言道，自然沒有嚴格的傳道譜系。錢穆對於唐宋以降儒家道統論之狹隘的排他性頗有微詞，有些地方甚者著意批評一番。他批評唐宋以降儒家道統論時說，「因凡屬別出之儒，則莫不以道統所歸自負。此一觀念，實由昌黎氏首先提出。原道云：『堯以是傳之舜，舜以是傳之禹湯文武周公，文武周公傳之孔子，孔子傳之孟子，孟子之死，而不得其傳』。韓氏則隱然以此道統自負」。〔註 17〕他說，「我們今天來講中國文化，也就不該只講一儒家。又況在儒家中，標舉出只此一家、別無分出的一項嚴肅的、充滿主觀意見的，又是孤立易斷的道統來。」〔註 18〕此種主觀的道統「是截斷眾流，甚為孤立的。又是甚為脆弱，極易中斷的。我們又可說它是一種易斷的道統。此種主觀的、單傳孤立的、易斷的道統觀，其實紕繆甚多。」〔註 19〕這種「紕繆甚多」的、「單傳孤立的、易斷的道統觀」是不為錢穆所推崇的。

錢穆所認定的真道統「則須從歷史文化大傳統言，當知此一整個文化大傳統即是道統。如此說來，則比較客觀，而且亦決不能只是一線單傳，亦不能說它老有中斷之虞。」這種客觀的道統是直承周、孔、孟之道統，此原始道統論自周公開端，「到西周開國的周公時，中國思想似乎開始逐漸走上一條新路」。〔註 20〕其後「自孔、孟以至今日，孔、孟之道其實則何嘗中斷！」〔註 21〕可見，錢公以「中國歷史文化精神」，即大傳統為其標杆，而對中國學術思想史進行臧否評判，而成其統觀。

---

〔註 16〕 錢穆：《錢賓四先生全集》第 25 冊，臺北聯經出版事業公司，1967 年，序。
〔註 17〕 錢穆：《錢賓四先生全集》第 25 冊，臺北聯經出版事業公司，1967 年，第 96 頁。
〔註 18〕 錢穆：《錢賓四先生全集》第 25 冊，臺北聯經出版事業公司，1967 年，第 99 頁。
〔註 19〕 錢穆：《錢賓四先生全集》第 25 冊，臺北聯經出版事業公司，1967 年，第 97 頁。
〔註 20〕 錢穆：《世界局勢與中國文化》，東大圖書公司，1979 年，第 90 頁。
〔註 21〕 錢穆：《錢賓四先生全集》第 25 冊，臺北聯經出版事業公司，1967 年，第 98 頁。

## （四）新外王說

在錢穆的眼裏，中國傳統政治卻是無一非處，他認為「中國政治，自秦漢以下，本有一種理性為之指導」。〔註 22〕專制、封建等在當時耳熟能詳的貶辭卻鮮見於錢穆的文章中。正如有學者所說，「在錢穆這裏，中國古代似乎一切都是美妙的，詩情畫意的，就連那些明顯的糟粕成分，他也要強詞奪理地辯護一番。這其中，著力最多的是為專制主義政治文化的辯護。」〔註 23〕在這種思想傾向的籠罩下，用「返本開新」概括其新外王說似乎已不合適宜了。錢穆認為，儒家「要求盡物之性是科學精神」〔註 24〕之所在，政治方面，「此種政治社會各方面合理的進展後面，顯然有一個合理的觀念與理想，即是民族歷史之光明性，即是民族文化推進的原動力」。〔註 25〕那麼，通過中國文化自身的活力即可以開新，「一民族政治制度之真革新，在能就其自有問題得新處決，闢新路徑。」〔註 26〕「國家民族內部自身一種新生命力之發抒與成長。而牖啓此種力量之發抒與成長者，自覺之精神，較之效法他人之誠摯為尤要」。〔註 27〕盲目仿傚西學無異於「假革命」，「不管自身問題，強效他人創制，冒昧推行，此乃一種假革命。以與自己歷史文化生命無關，終不可久。」〔註 28〕因此，錢穆力主「新中國之新文化則仍當從舊中國舊文化中翻新，此始得謂之是復興。若必待徹底毀滅了舊中國舊文化，赤地新建，異軍特起，此又烏得謂之中國與中國文化之復興。」〔註 29〕

雖然錢穆一再強調傳統文化是為新文化之根荄，但在以新科學、新工業為特徵的商業、工業文化浪潮的席卷下，吸納新科學、新工業亦為農業文化之中國的必要，「此下中國，必需急激的西方化。換言之，即是急激的科學化。而科學化了的中國，依然還要在中國傳統文化的大使命裏盡其責任」。此「急激的西方化」只能表達錢穆汲汲於新時代文化構建的迫切心態，是與當時「全盤西化」的主張風馬牛不相及的。可見，這種「主張以中國

〔註 22〕 錢穆：《國史大綱》，臺灣商務印書館，1940 年，第 280 頁。
〔註 23〕 啓良：《新儒學批判》，上海三聯書店，1995 年，第 221 頁。
〔註 24〕 錢穆：《中國文化史導論》，上海三聯書店，1988 年，第 176 頁。
〔註 25〕 錢穆：《國史大綱》，臺灣商務印書館，1940 年，第 293 頁。
〔註 26〕 錢穆：《國史大綱》，國立編譯館，1990 年，第 699 頁。
〔註 27〕 錢穆：《國史大綱》，臺灣商務印書館，1940 年，第 26 頁。
〔註 28〕 錢穆：《國史大綱》，國立編譯館，1990 年，第 699 頁。
〔註 29〕 錢穆：《錢賓四先生全集》第 25 冊，臺北聯經出版事業公司，1967 年，序。

文化爲主體或本位接納、兼融西學的思維模式，皆未突破『中體西用』思維方式的藩籬」。〔註 30〕

## 二、馮友蘭──極高明而道中庸

馮友蘭（1895～1990），字芝生，河南唐河縣人。1919 年，他留學美國，接受西方哲學教育，1924 年獲美國哥倫比亞大學哲學博士學位。回國後，先後於燕京大學、清華大學、西南聯合大學、美國賓夕法尼亞大學等校任教授。其早年即以復興中國文化爲職志，1939 年到 1946 年，馮友蘭連續出版了六本書，創立新理學思想體系，史稱「貞元六書」。其一生豐厚的哲學著述爲中國哲學史的學科建設做出了巨大貢獻。對於儒家道統，馮友蘭有著強烈的續統意識，他所承接的是孔孟先秦原始儒家、唐宋以降儒家道統論之「最好的傳統」，是從寬泛意義上承續中國學術思想之統。其「外王說」儼然「增強版的中體西用」說，他用黑格爾辯證邏輯之正、反、合形式提出其中國文化現代化建設理論。

### （一）續統意識

馮友蘭在其 1944 年所寫《論道統》中對儒家道統之源流進行追溯，他說：

> 照中國舊日的說法，在周代以前，君師不分，治統與道統不分。《論語・堯曰篇》說：「堯曰：『咨爾舜，天之歷數在爾躬，允執其中。……』舜亦以命禹。」堯告訴舜「天之歷數在爾躬」，這表示堯傳舜以治統；又告訴舜「允執其中」，這表示堯傳舜以道統。到孔子而治統與道統分開，孔子、孟子專傳道統，歷朝的皇帝專傳治統。

〔註 31〕

周代以前，就存在著與治統合一的道統，自孔子始，則「專傳道統」。俟韓愈出，則明揚道統之說，他「爲儒家製造了一個『道統』。……自以爲是孟子以後的『道統』的唯一繼承人。」〔註 32〕韓愈此舉旨在抗衡釋氏，這不僅以「道」相抗，且亦以「統」爲陣營，儒家道統說自此始昭然於世。馮友蘭於此追述先孔、先秦、宋儒之道統論，旨在說明道統「是代代相承」的，「其中一脈相

〔註 30〕 吳雁南：《中國近代社會思潮》第四卷，湖南教育出版社，1998 年，第 134 頁。
〔註 31〕 馮友蘭：《三松堂全集》第 11 卷，河南人民出版社，2001 年，第 552 頁。
〔註 32〕 馮友蘭：《三松堂全集》第 9 卷，河南人民出版社，2001 年，第 583 頁。

傳的線索是歷歷分明底」，儘管代有所更，但「它們的改變是一種演進。演進都必有因有革。因者因舊，革者維新」。〔註33〕「因」、「革」可理解爲承接其續、開創其新。時值抗戰之際，「這個時代又像孔子本人的時代，中國又面臨巨大而嚴重的經濟、社會變化。」〔註34〕當是時，需要一種凝聚民族力量的精神武器，因革之後的現代儒家道統可謂正當其時。馮友蘭如是說，「作爲道統底哲學，是一種社會底力量。只有中國哲學才足以鼓舞群倫，故只有中國哲學才足成爲一種社會的力量。」〔註35〕「抗戰以來的精神力量是舊日道統的力量，但民眾多由之而不知。闡明這種力量，繼承先聖，立一新中國的道統，是新中國的需要。」〔註36〕茲「闡明」、「繼承」、「立」正凸顯出馮友蘭作爲現代新儒家對於儒家道統之擔當精神以及「當今之世舍我其誰」〔註37〕的志士情懷。

### （二）道觀

馮友蘭道統之「道」頗具哲學意謂，是立足於「學」而言道統的，是指寬泛意義上的學術之統，而作爲儒學之根荄的「心性之學」只是其道統之「道」的一個部分。可以說，「心性之學在以新程朱自詡的馮友蘭哲學中實不佔地位。」〔註38〕在他看來，道統即是哲學之傳統。他說，「世界有許多的國家，都要立一種哲學，以爲『道統』，以『正人心，息邪說，距陂行，放淫辭』。我們在那一種社會裏，我們即在那一種『道統』裏，不過我們如同呼吸空氣一樣，久而不覺其有罷了。」〔註39〕道即是哲學，而且「必需是從古傳下來的」「中心哲學」〔註40〕，因爲「每一種政治社會制度，都需要一種理論上的根據。必須有了理論上的根據，那一種政治社會組織，才能『名正言順』。在歷史上看起來，每一種社會，都有他思想上的『太祖高皇帝』。」〔註41〕此「中心哲學」具有至尊的理論地位。

---

〔註33〕 馮友蘭：《三松堂全集》第11卷，河南人民出版社，2001年，第554頁。
〔註34〕 馮友蘭：《中國哲學簡史》，北京大學出版社，1985年，第60頁。
〔註35〕 馮友蘭：《三松堂全集》第11卷，河南人民出版社，2001年，第555頁。
〔註36〕 馮友蘭：《三松堂全集》第11卷，河南人民出版社，2001年，第555頁。
〔註37〕 《孟子・滕文公章上》。
〔註38〕 鄭家棟：《現代新儒學概論》，廣西人民出版社，1990年，第193頁。
〔註39〕 馮友蘭：《三松堂全集》第5卷，河南人民出版社，2001年，第319頁。
〔註40〕 馮友蘭：《三松堂全集》第11卷，河南人民出版社，2001年，第553頁。
〔註41〕 馮友蘭：《三松堂全集》第5卷，河南人民出版社，2001年，第319頁。

同時，他還區分了道統與政治化的道統之異。

> 　　大概隨某種社會之實際底有而有之新哲學，多是社會哲學，並
> 不是哲學。每一種社會組織，必有其理論底解釋，此即其社會哲學。
> 一種社會之社會哲學，亦常有一種哲學爲其理論底根據。如其如此，
> 則此種哲學，即爲此種社會之理論底靠山，亦即爲此種社會之道統。
> 我們舊日以孔子之道爲道統。站在以孔子之道，或如孔子之道，爲
> 道統之社會制度内，孔子之道，或如孔子之道，是惟一底道統。但
> 站在各種社會制度之上看，孔子之道，或如孔子之道，亦是一道統，
> 但不是惟一底道統。〔註42〕

他認爲，道統是「一種社會之社會哲學」之「理論底根據」。「社會哲學」是
「隨某種社會之實際底有而有之新哲學」，是道統的政治化、社會化、學術化
的成果。因爲「在一新社會内，人可有新經驗，自可有較新底哲學。」「但人
若沒有關於人生全部之全新底經驗，人對哲學之知識，大概是不能有全部底
改變，此是可以說底。」道統是薪火相傳的，「雖是代代相承，其内容並非不
改變。但雖改變，而其中一脈相傳的線索是歷歷分明底，因爲它們的改變是
一種演進。」〔註43〕這「歷歷分明底」即「人在他方面之經驗，例如佛家所
說生老病死等，關於人生全部者，仍不能有大改變」。〔註44〕而政治化的道統
可隨社會制度的變化而異。

　　馮友蘭承續儒家道統，亦旨在開創現代道統論。他以「極高明而道中庸」
的中國哲學精神爲準繩，來「接著中國哲學的各方面的最好底傳統，而又經
過現代的新邏輯學對於形上學的批評」而成立其新統──「新理學」。此「各
方面的最好底傳統」包括「先秦儒家」、「宋明道學中底理學」、「名家」、「道
家」、「玄學」以及「禪宗」。其新理學「雖是『接著』宋明道學中底理學講底，
但它是一個全新底形上學。至少說，它爲講形上學底人，開了一個全新底路。」
〔註45〕其權稱中國學術思想的準則是「極高明」和「道中庸」的統一，這是
「『内聖外王之道』的最精純底要素」，〔註46〕可見，馮友蘭是以中國學術思
想大傳統爲其對於儒家之道的理解的。

〔註42〕 馮友蘭：《三松堂全集》第 4 卷，河南人民出版社，2001 年，第 149 頁。
〔註43〕 馮友蘭：《三松堂全集》第 11 卷，河南人民出版社，2001 年，第 554 頁。
〔註44〕 馮友蘭：《三松堂全集》第 4 卷，河南人民出版社，2001 年，第 149 頁。
〔註45〕 馮友蘭：《三松堂全集》第 5 卷，河南人民出版社，2001 年，第 127 頁。
〔註46〕 馮友蘭：《三松堂全集》第 5 卷，河南人民出版社，2001 年，第 138 頁。

## （三）統觀

馮友蘭的「新理學」是接著程朱理學來講的，他對宋儒，尤程朱頗爲尊崇。但對於馮友蘭道統論之統觀，則是較爲寬泛的，總之，是更重於先秦孔孟之道的。且看其對於先秦道統論者與韓愈的論述的措辭，便知其於斯二者之好惡尊貶。提及孔孟，「堯告訴舜『天之歷數在爾躬』，這表示堯傳舜以治統；又告訴舜『允執其中』，這表示堯傳舜以道統。」「孔子、孟子專傳道統，歷朝的皇帝專傳治統。」〔註47〕顯然，馮友蘭將「孔子、孟子專傳道統」與「歷朝的皇帝專傳治統」相比論，有至尊之意味。且視「中國秦漢以後的孔子」爲「一種社會中的思想上的『太祖高皇帝』」，〔註48〕是「繼承古代文化並使之垂之永久的人」，「他的工作是以述爲作，這使得他的學派重新解釋了前代的文化。他堅持了古代中他認爲是最好的東西，又創立了一個有力的傳統，一直傳到最近的時代，」〔註49〕馮友蘭視孔子爲儒家道統創業垂統之「至聖先師」，從道統而言，他是上承孔子的。而說到韓愈，其語氣則驟變。「韓愈企圖用禪宗的辦法對抗佛教，他也爲儒家製造了一個『道統』。以及「他自以爲是孟子以後的『道統』的唯一繼承人。」〔註50〕尊意無從談起，其中「企圖」、「自以爲」已頗蘊貶抑之意了。可見，馮友蘭主承孔孟道統，並非一味推崇唐宋以降儒家道統論者，其統觀亦是從寬泛意義上來講的。

馮友蘭於判釋中國傳統學術的基礎上標立其新統——「極高明而道中庸」，是一種「即世間而出世間底」境界。從此判釋中，即可看出他對於先秦孔孟及宋明儒的態度。他認爲，孔孟早期儒家於實行中求高境界，但尚未達「經虛涉曠」的程度。道家、禪宗、玄學過於「高明」，而「中庸」不足，純以「空」論世量人，亦有其缺陷。宋明道學家所謂「孔顏樂處」已是統一了「高明」和「中庸」，但「宋明道學家的哲學，尚有禪宗所謂「拖泥帶水」的毛病。因此，由他們的哲學所得到底人生，尚不能完全地『經虛涉曠』。他們已統一了高明與中庸的對立。但他們所統一底高明，尚不是極高明。」〔註51〕唯有博採眾取，以最好的學術傳統構建現代學術思想。可見，馮公是尊孔孟而貶宋明的。

---

〔註47〕 馮友蘭：《三松堂全集》第11卷，河南人民出版社，2001年，第552頁。
〔註48〕 馮友蘭：《三松堂全集》第5卷，河南人民出版社，2001年，第319頁。
〔註49〕 馮友蘭：《中國哲學簡史》，北京大學出版社，1985年，第60頁。
〔註50〕 馮友蘭：《三松堂全集》第9卷，河南人民出版社，2001年，第583頁。
〔註51〕 馮友蘭：《三松堂全集》第5卷，河南人民出版社，2001年，第126頁。

## （四）新外王說

馮友蘭道統論之外王說可以「增強版的中體西用」說概括之。他是如此解釋「中體西用」的，「所謂中學爲體，西學爲用者，是說：組織社會的道德是中國人所本有底，現在所需添加者，是西洋的知識、技術、工業」。〔註52〕「如果清末人的見解，是『體用兩橛』；民初人的見解，可以說是『體用倒置』」。清末「中體西用」說不妥，但「他們可以得到他們所意想不到的結果」，而民初「全盤西化」的文化主張則爲馮公所不齒的，而斥其爲「無知」。〔註53〕

對於傳統文化，馮友蘭主張，「照中國傳統說法，有五常，即仁，義，禮，智，信。……此五常是無論什麼和底社會都需要底。這是不變的道德，無所謂新舊，無所謂古今，無所謂中外。『天不變，道亦不變』，對於『常』仍是可說底。」〔註54〕如此看來，馮友蘭對於傳統的態度幾近於晚清「士紳」，這正如啓良所言，「馮友蘭的人生境界說是本於中國儒家學說的，他所構想的『天地境界』也是歷代儒生所追求的境界，即『天人合一』的境界。而他稱之爲『功利境界』的第二層次上的境界，實則指本世紀初以來文化保守主義者心目中的西方文化所代表的人生境界。由此不難看出，馮友蘭維護傳統和抵禦西方文明的『士紳』心態。」〔註55〕

馮友蘭對於當時風行的「全盤西化」，「部分西化」，和「中國本位」等主張分別予以如下辯說。

> 先說「全盤西化」，此說看來是很有毛病的。如照「全盤西化」的邏輯推下去，則中國人應一律崇奉耶穌教，長袍馬褂也不能穿了，須改穿西裝；饅頭大餅也不能吃了，需改吃麵包。固然主張者原未必就如此主張，但如以此相問，他將何答？如果他說他並未如此主張，我們很可以說：「這樣一來，你不是主張部分西化了嗎？」他只能說「好！那就算我主張部分西化了吧！」但再去問「部分西化論者」，究竟哪些部分應該西化呢？依什麼作標準來作選擇呢？青年會的人應當信奉耶穌，國家主義者主張應當講國家主義，究竟哪些部分應該西化，標準是很難定的。〔註56〕

〔註52〕　馮友蘭：《三松堂全集》第4卷，河南人民出版社，2001年，第364頁。
〔註53〕　馮友蘭：《三松堂全集》第4卷，河南人民出版社，2001年，第248頁。
〔註54〕　馮友蘭：《三松堂全集》第4卷，河南人民出版社，2001年，第359頁。
〔註55〕　啓良：《新儒學批判》，上海三聯書店，1995年，第186頁。
〔註56〕　馮友蘭：《中國現代之民族運動之總動向》，《社會學界》，1936年第9卷。

再説主張「中國本位文化」的人，照他們説，我們對於中國舊有的東西，應該是「存所當存，去所當去」。這兩句話，看起來沒有一點錯，但其不錯，一如邏輯中之「甲是甲」，我們在這上邊得不到一點新知識。「存所當存」，當存的還不該保存嗎？「去所當去」，當去的還不應該去掉嗎？這真是對極了，但究竟什麼是「當存」，「當去」呢？……他們並沒説出。此數説都可謂搔不住癢處。〔註57〕

馮友蘭並不贊同包括「中國本位文化」在內的關乎中國未來文化走向的一些構想。他視中西文化之別為「古（中古）今（近現代）之異」，是「以家為本位」和「以社會為本位」之「生產方法」和「經濟制度」的區別，又是「鄉下」「城裏」之別。他「以辨析時代的『共相』與民族的『殊相』為基本思路，廓清古今中西文化之間的本質關係」，〔註58〕對此，他借用黑格爾辯證邏輯的三段式，即正題、反題、合題的形式來説明其中國文化現代化理論。

故我們的説法與清末似同，而實不同。若用近來大家常用的名詞來説，或即用黑格爾的歷史哲學來説：清末諸人的主張是「正」，「五四時代」是「反」。我們今日的主張是「合」。「合」雖然有點像「正」，然而他已包有了「反」在內。黑格爾説過小孩子能説出與大人同樣的話，但大人所説，是包有其一生之經驗在內，兩者是不同的。〔註59〕

馮友蘭之「合」已然涵蓋了晚清老調「中體西用」，此改變的文化「是中國本位底」，它保留了民族的「殊相」，而「照此方向以改變我們的文化，則此改變是全盤的」，〔註60〕即從「生產方法」和「經濟制度」上改變，如此則實現了時代的「共相」。但其在「中國本位底」民族的「殊相」的前提下的改變卻很難顛覆舊有的「中體西用」。

# 第二節　大傳統派基本特徵分析

二十世紀上半葉儒家道統論大傳統派的基本特徵可歸結為三點：整體道

---

〔註57〕馮友蘭：《中國現代之民族運動之總動向》，《社會學界》，1936年，第9卷。

〔註58〕何曉明：《返本開新——近代中國文化保守主義新》，商務印書館，2006年，第236頁。

〔註59〕馮友蘭：《中國現代之民族運動之總動向》，《社會學界》，1936年，第9卷。

〔註60〕馮友蘭：《三松堂全集》第4卷，河南人民出版社，2001年，第227頁。

觀「中學」知識化、學術化；兼收並蓄，博採眾家之優長；「中體西用」的老調子。「中學」知識化是將於日用、灑掃、應對之中踐行的儒學之道轉化爲課堂上、書本裏所授的知識、學科，從三合一體的道德形上學中分立客觀學統。立足於學談道統造就了其兼收並蓄的、客觀的統觀特色。「中體西用」的老調子只是大傳統派在其極力維護傳統文化心態隆重下的新外王說的一個特徵。

## 一、整體道觀「中學」知識化、學術化

　　「中學」知識化是指道觀有知識化、學術化的傾向。「中學」是相對於內聖即內之聖道、外王即外之王道而言的中之學道。學道知識化，顧名思義，即是將於日用、灑掃、應對之中踐行的儒學之道轉化爲課堂上、書本裏所授的知識、學科。「爲學日益，爲道日損」，〔註61〕爲學是指增加知識，「中學」知識化傾向則降低了內聖宗教化的蘊義。雖然，錢穆與馮友蘭之道觀是思想史與哲學史之異，但二公均是將形上、直覺、踐行的傳統儒學轉化爲形下、理性分析的知識、學科，是立足於中國歷史文化、思想學術之整體來分立客觀學統。

　　如果說錢穆的道統觀是思想史家的道統觀，那麼也可以說，馮友蘭的道統觀是哲學史家的道統觀。首先，馮友蘭的道統觀是異於所謂哲學家的道統觀的，即熊氏一系心性派的道統觀。兩公一是在學術的層面，從寬泛的意義上來說的。另一則是從教的層次上說，是較爲狹義的道統觀。學與教之異亦是「爲學」與「爲道」的區分，「『教』必歸宿於總持一切的最高眞理（道），異於『教』便成『異端』；『學』則是多元的、相對的、局部的。」〔註62〕這是基於「教」與基於「學」的區別。

　　其次，以大傳統派內部而言，錢穆與馮友蘭之道觀則是「思想史」與「哲學史」之異。錢穆在《中國儒學與文化傳統》中以先秦爲「創始期」，兩漢爲「奠定期」，此期所言即是經學。「擴大期」即魏晉南北朝，此期「已不專囿於經學一門，而又能擴及到史學方面來」。至唐代爲「轉進期」，則「把『儒學』與『文學』匯合，從此於經史之學之外，儒學範圍內又包進了『文學』一門。」〔註63〕第五期爲宋、元、明時代之「綜彙期與別出期」，言「北宋諸

---

〔註61〕　《老子》。
〔註62〕　余英時：《錢穆與現代中國學術》，廣西師範大學出版社，2006年，第66頁。
〔註63〕　錢穆：《中國學術通義》，臺灣學生書局，1975年，第76頁。

儒，大體全如此，他們都能在經、史、文學三方面兼通匯合。」〔註64〕茲「別出」之意專指「更注重思想義理方面」〔註65〕的「理學」，或今之所名的「義理之學」。可從錢穆對於道統與治統自古及今的關係之論說中看出，道統與治統之關係在錢先生心目中乃是學術與政治的關係，他把「道、咸以下，『今文經學』躍起」，「學術界」「凌駕政治界」稱爲「有符於中國歷史之大傳統」，有如漢學、宋學，亦是眞道統之所在，而「乾、嘉經學則僅屬一種逃避，不問治統，專言道統，終是一僞道統。」〔註66〕再者，錢穆推崇《詩》、《書》，「所謂《詩》、《書》孝悌，此即融歷史民族傳統文化與小我生命而爲一，自人心之孝悌推而有家族，自家族推而有國家民族之傳統，自國家民族之傳統推而有歷史文化之敬仰。」認爲此即是儒家道統之所存，「所謂《詩》、《書》者，此即一民族國家歷史文化傳統之所寄也。」〔註67〕因此，接續、發展儒家道統之關鍵在於「中國學術文化」之「復興」。「新中國之新文化則仍當從舊中國舊文化中翻新，此始得謂之是復興。若必持徹底毀滅了舊中國舊文化，赤地新建，此又烏得謂之中國與中國文化之復興。故欲復興國家，復興文化，首當復興學術。而新學術則仍當從舊學術中翻新復興。此始爲中國學術文化將來光明一坦途。」〔註68〕可見，錢穆立足史學、從思想文化史的角度來重建儒家道統，其道觀頗具知識化、學術化的傾向。

馮友蘭則是接續著中國哲學最好的傳統，即中國哲學史的角度來談道統的。其所謂「道」，「極高明而道中庸」而已，馮友蘭對於儒家道統之形上本體的構建就是基於其對傳統諸學以「釋古」〔註69〕的態度進行義理的判釋而成的。他說，「在中國哲學史中，先秦的道家，魏晉的玄學，唐代的禪宗，恰好造成了這一種傳統。新理學就是受這種傳統的啓示，利用現代新邏輯學對於形上學底批評，以成立一個完全『不著實際』底形上學。」〔註70〕此「歷史傳統」、「學術傳統」亦均是立足於「學」的角度而論的。在馮公這裏，儒

---

〔註64〕 錢穆：《中國學術通義》，臺灣學生書局，1975 年，第 84 頁。

〔註65〕 錢穆：《中國學術通義》，臺灣學生書局，1975 年，第 86 頁。

〔註66〕 錢穆：《治統與道統》，《中國學術思想史論叢》第 6 冊，《錢賓四先生全集》第 23 冊，臺北聯經出版事業公司，1967 年，第 60 頁。

〔註67〕 方克立、李錦全主編：《現代新儒家學案》（中），中國社會科學出版社，1995 年，第 637 頁。

〔註68〕 劉夢溪主編：《錢賓四卷》下卷，河北教育出版社，1999 年，第 914 頁。

〔註69〕 馮友蘭：《三松堂學術文集》，北京大學出版社，1984 年，第 331 頁。

〔註70〕 馮友蘭：《三松堂全集》第 5 卷，河南人民出版社，2001 年，第 126 頁。

學之爲教的內涵大爲遜色，而之爲學的意義則更爲凸顯。「新儒學的形上學到了馮先生這裏有一轉向：由實踐形態轉向主知形態，由動態的生命體驗轉向靜態的邏輯分析，亦可說是由道德的形上學轉向知性的形上學。此知性的形上學固然在很大的程度上背離了儒家哲學的傳統，」〔註71〕馮友蘭道統觀的知識化已不證自明，這正如有論者所說，「在比較完全的意義上把儒家思想知識化乃是自馮友蘭先生始」。〔註72〕

　　同時，對於作爲傳統儒學特質之一的、諸如玄覽、大清明、體物、明明德、頓悟之類的、即所謂「直覺」的體道方法，馮友蘭以知識化的邏輯、分析取代之。他認爲，「科學的方法是邏輯的，理智的」，而「直覺」的體道方法，即「凡所謂直覺、頓悟、神秘經驗等，雖有甚高的價值，但不必以之混入哲學方法之內。無論科學哲學，皆係寫出或說出之道理，皆必以嚴刻的理智態度表出之。」〔註73〕道的言說絕非「直覺、頓悟」所能及，明道必寄之於「理智態度」。而「直覺」方法只是「一種神秘的經驗」而已，「以直覺爲方法，吾人可得到一種神秘的經驗（此經驗果與「實在」符合否是另一問題）則可」，總之，「直覺能使吾人得到，一個經驗，而不能使吾人成立一個道理。一個經驗之本身，無所謂眞妄；一個道理，是一個判斷，判斷必合邏輯。各種學說之目的，皆不在敘述經驗，而在成立道理，故其方法，必爲邏輯的，科學的。」〔註74〕馮友蘭指出，道的言說「必合邏輯」。依憑邏輯的、分析的方法所得之道，則在此已有貶爲純粹知識之意味。這正如有學者所論，「在某種意義上可以說：馮友蘭恰如熊十力等人所反對的，是把形而上學描述成一個知性的邏輯結構」。〔註75〕通過邏輯、知性而非直覺、頓悟而上達形而上之本體，已儼然西方傳統的形而上學體系，即自然形上學或知識形上學。因此可以說，大傳統派整體道觀「中學」知識化傾向其實質是力圖構建一種知識形而上學體系。

　　大傳統派以中國思想學術爲其道觀，立足於中國歷史文化、思想學術之整體來分立客觀學統。他們試圖從合道德的、知識的、政治的形上學爲一體的傳統儒家道統中分立出知識的形上學，以西方自然形上學的架構爲範，加

〔註71〕鄭家棟：《當代新儒學史論》，廣西教育出版社，1997年，第131頁。
〔註72〕鄭家棟：《當代新儒學史論》，廣西教育出版社，1997年，第264頁。
〔註73〕馮友蘭：《三松堂全集》第2卷，河南人民出版社，2001年，第247頁。
〔註74〕馮友蘭：《三松堂全集》第2卷，河南人民出版社，2001年，第247頁。
〔註75〕鄭家棟：《現代新儒學概論》，廣西人民出版社，1990年，第76頁。

入邏輯分析，以達知識形而上之本體。這一特性的存在有其深刻的學術背景，這就是「五四」時期科學主義與實證主義的盛行以及胡適、顧頡剛等考據派所倡導的「整理國故」運動的興起。西方引進的科學、實證的治學方法與中國自有的清代乾嘉學派客觀的、理智的、實證的考據學方法似曾相識，而與傳統儒家主觀的、頓悟的、體驗的直覺方法大相牴牾。大傳統派二公承續宋明儒道統論，立足於學，以中國傳統學術思想、文化之精神爲其道觀，力圖構建一種知識形而上學體系，以分立學統。在此構建過程中，其恃中國儒家道統特有的直覺路徑、方法，以與科學、實證的治學方法相理論，既相反又相成，遂形成此派明顯的知識化傾向的基本特性。

## 二、誡立門戶、兼收並蓄、博採眾家之優長

大傳統派尊孔孟貶宋明是指作爲現代儒家道統論者對於傳統道統論的一種學理態度。在三派中，這是對於傳統儒學較爲客觀的一種態度，其對唐宋以降儒家道統論狹隘的排他性予以客觀批評或語存貶意。

錢穆借子貢之答以言「孔、孟之道」，「孔、孟之道未墜於地，在人，賢者識其大者，不賢者識其小者。莫不有孔、孟之道焉。」〔註76〕其意在「孔、孟之學」學無常師。以示其誡立門戶，兼收並蓄，博採眾家之優長的主張。對於唐宋以降儒家道統論狹隘的排他性，錢穆給予一定的批評。他指出，此種主觀的道統「是截斷眾流，甚爲孤立的。又是甚爲脆弱，極易中斷的。我們又可說它是一種易斷的道統。此種主觀的、單傳孤立的、易斷的道統觀，其實紕繆甚多。」〔註77〕

同樣，馮友蘭將孔子視爲「一種社會中的思想上的『太祖高皇帝』」，〔註78〕而對於宋明儒道統論者卻貶意頻顯，其尊孔貶宋之傾向在前述馮友蘭的統觀中已充分論證，茲不贅言。

對於孔孟、宋明儒以客觀的學術評價源自於大傳統派立足於學談道統，大傳統派二公分別從中國思想學術、中國歷代哲學中提煉中國歷史文化精神、即高明而道中庸的形上本體，並以此爲則，來考量歷代諸學，故有此兼收並蓄的、客觀的統觀特色。

---

〔註76〕《論語·子張》。

〔註77〕錢穆：《錢賓四先生全集》第 25 冊，臺北聯經出版事業公司，1967 年，第 97 頁。

〔註78〕馮友蘭：《三松堂全集》第 5 卷，河南人民出版社，2001 年，第 319 頁。

## 三、「中體西用」的老調子

　　現代新儒家在西學納入的問題上，已本質性地迥異於晚晴的「體用派」，諸公已意識到文化的整體性，提出體用一體的引進原則。此處所謂「中體西用」的老調子只是指大傳統派錢、馮二公具有一種對中國傳統文化極力維護，甚至辯護的心態，以致於未能客觀地、理性地處理中西文化的融合，大有晚清「體用派」之遺風，故稱爲「中體西用」的老調子。錢穆並不否定、排斥新文化，但醉心於中國傳統文化，對其熱愛之切，已幾近乎良莠不分之境。對於民主、科學的主張是以「清末諸人的主張」──「中體西用」爲其基礎的。

　　錢穆可謂是「中體」最有力、甚至過頭了的維護者。「在錢穆這裏，中國古代似乎一切都是美妙的，詩情畫意的，就連那些明顯的糟粕成分，他也要強詞奪理地辯護一番。這其中，著力最多的是爲專制主義政治文化的辯護。」〔註79〕錢穆並不否定、排斥新文化，他認爲，新文化當以舊文化爲其根本。「新中國之新文化則仍當從舊中國舊文化中翻新，此始得謂之是復興。若必待徹底毀滅了舊中國舊文化，赤地新建，異軍特起，此又烏得謂之中國與中國文化之復興」。〔註80〕對於民主、科學的「歐美西方文化」的汲取，他強調兩點：「第一是如何趕快學歐美西方文化的富強力量，好把自己國家和民族的地位支撐住。第二是如何學到了歐美西方文化的富強力量，而不把自己傳統文化以安足爲終極理想的農業文化精神斫喪或戕伐了。換言之，即是如何再吸取融和西方文化而使中國傳統文化更光大與更充實。若第一問題不解決，中國的國家民族將根本不存在，若第二問題不解決，則中國國家民族雖得存在，而中國傳統文化則仍將失其存在」。在這裏，錢穆「以安足爲終極理想的農業文化精神」即「中體」，那麼「西用」則是「歐美西方文化的富強力量」。

　　馮友蘭在對「全盤西化」、「部分西化」以及「中國本位」等主張進行抨擊時，其態度是有區別的。對於「全盤西化」，他用犀利的語言給予否定，「如照「全盤西化」的邏輯推下去，則中國人應一律崇奉耶穌教，長袍馬褂也不能穿了，須改穿西裝；饅頭大餅也不能吃了，需改吃麵包」。〔註81〕對於「部

---

〔註79〕　啓良：《新儒學批判》，上海三聯書店，1995 年，第 221 頁。

〔註80〕　錢穆：《錢賓四先生全集》第 25 冊，臺北聯經出版事業公司，1967 年，序。

〔註81〕　馮友蘭：《中國現代之民族運動之總動向》，《社會學界》，1936 年，第 9 卷。

分西化」以及「中國本位」之論，馮公以「標準是很難定的」〔註 82〕和「搔不住癢處」〔註 83〕相回應，是有商量的餘地的。其實，馮公的新外王說就是介於此二者之間。「用黑格爾的歷史哲學來說：清末諸人的主張是『正』，『五四時代』是『反』。我們今日的主張是『合』。『合』雖然有點像『正』，然而他已包有了『反』在內。」〔註 84〕也就是說，馮公對於民主、科學的主張是以「清末諸人的主張」——「中體西用」為其基礎的。引進西學當以中國「五常」道德為本體。他說，「照中國傳統說法，有五常，即仁，義，禮，智，信。……此五常是無論什麼和底社會都需要底。這是不變的道德，無所謂新舊，無所謂古今，無所謂中外。『天不變，道亦不變』，對於『常』仍是可說底。」〔註 85〕這正如有論者所說，馮友蘭「卻仍然是從『聖人最宜於作王』的角度說明『內聖』與『外王』的關係」。〔註 86〕因此可以說，馮友蘭是重談清末士人「中體西用」的老調子。啓良認為，馮友蘭對於傳統的態度幾近於晚清「維護傳統和抵禦西方文明的『士紳』心態。」〔註 87〕

　　大傳統派錢、馮二公道統論之功用觀或外王說一味維護中國傳統儒學，雖並不反對對於西方民主、科學的整體引進，但關於如何處理民主、科學與中國傳統儒學，尤其是與儒家道統的銜接問題以及如何對待中、西兩種文化的主次序列問題，大傳統派二公仍未有過精心、細微的設計。這主要緣於其中國思想、學術大傳統的道觀，其立足於學言道統，相對於傳統內聖外王的致思路線而取其「中學」，遂使道統之道流於知識，以致其功用不明。

---

〔註 82〕　馮友蘭：《中國現代之民族運動之總動向》，《社會學界》，1936 年，第 9 卷。
〔註 83〕　馮友蘭：《中國現代之民族運動之總動向》，《社會學界》，1936 年，第 9 卷。
〔註 84〕　馮友蘭：《中國現代之民族運動之總動向》，《社會學界》，1936 年，第 9 卷。
〔註 85〕　馮友蘭：《三松堂全集》第四卷，河南人民出版社，1986 年，第 359 頁。
〔註 86〕　鄭家棟：《當代新儒家的道統論》，《當代新儒學論衡》，臺北桂冠圖書公司，1995 年，第 76 頁。
〔註 87〕　啓良：《新儒學批判》，上海三聯書店，1995 年，第 186 頁。

# 第六章　禮樂派

何謂禮樂？「夫禮者，所以定親疏，決嫌疑，別同異，明是非也」。〔註1〕由此可知，禮是「判定社會成員一切言行是否適宜的統一尺度」，「又是治國經邦的基本法度」，是「倫理道德和社會政治的統一規範」。〔註2〕從荀子關乎「樂」的一段論述可知「樂」的社會功能。

> 夫樂者，樂也，人情之所必不免也，……故人不能不樂，樂則不能無形，形而不爲道，則不能無亂。先王惡其亂也，故制雅、頌之聲以道之，使其聲足以樂而不流，使其文足以辨而不諰，使其曲直、繁省、廉肉、節奏足以感動人之善心，使夫邪污之氣無由得接焉。……故樂者，審一以定和者也，比物以飾節者也，合奏以成文者也，足以率一道，足以治萬變。〔註3〕

周公制禮作樂，以禮節情，以樂和人也。禮樂是宰制國家、安定社會秩序、協調人際情感的一種典章制度和行爲規範，禮樂和諧則天下太平，禮崩樂壞便國無寧日。自孔子「從周」，以「仁」釋「禮」，遂開儒家內聖外王之端緒，後學各取一端，張大其說，而成內聖心性、禮樂外王之學。「禮樂」遂成外王事功之別稱，墨、荀、漢唐、葉、陳以及晚明「顧黃們」等均是秉承此周孔外王一脈力行事功的。

二十世紀上半葉現代道統論之禮樂派是指接續周孔外王一脈，以事功、

---

〔註1〕　《禮記·曲禮》。
〔註2〕　馮天瑜、何曉明、周積明：《中華文化史》，上海人民出版社，1990年，第450
　　　　～451頁。
〔註3〕　《荀子·樂論篇》。

力行為其對儒家道統之「道」的理解，著眼於道統論的社會功能，從政的層面立論，闡釋、創新儒家道統論，並通過歸復周孔外王一脈另起政統之爐竈的道統論者。此派學者梁漱溟歸復孔門「內」、「外」「雙路」精神，一生致力於「中國文化的復興」，也就是「禮樂復興」。張君勱上承「孔子之知其不可而為之」的「奮鬥進取的精神」以及「儒家入世與救民之心」以成其現代道統論。張東蓀更注重於「治國平天下」的「孔子的真正主張」，以「社會制度政治原則」為其對儒家道統之「道」的解悟。賀麟力秉「自堯舜禹湯文武成康周公孔子以來最古最舊的思想」大旗，上承周孔外王一脈、陽明「動的哲學」所凸顯的「力行精神」以為主體「儒家思想或民族精神」。徐復觀以「形成人文精神骨幹的禮、樂」為其道觀，力求對於三代、孔、孟、荀、董、晚明之「顧黃們」之「禮樂」精神「飛躍的伸長」。

# 第一節　禮樂派代表人物

## 一、梁漱溟——歸復「雙路」的「孔子精神」

梁漱溟（1893～1988）是五四之後中國文化保守主義陣營中的核心人物，亦是與熊十力齊名的現代儒家道統論大師。他一生「昌言歷史進化、主張『孔家生活』、力倡『踐形盡性』」。〔註4〕他始終恪守儒家「治國平天下」之信條，實踐新外王，將儒家理想與現代社會運動融合。梁漱溟早年投身辛亥革命，1927年，他在河南組建「村治學院」，研究鄉村自治問題，1931年至1937年，他主持山東鄉村建設研究院，在鄒平、菏澤等地區建立「鄉村建設實驗區」。「與現代新儒家諸大哲相比，梁漱溟的政治熱情和實踐精神都最為強烈」。〔註5〕可以說，「論『儒者的傳統與骨氣』，新儒家諸公大都承襲了先賢之風。倒是在『內聖』與『外王』的一體躬行方面，梁漱溟確是其中最為自覺一位」。他不僅以接續和光大「儒家孔門那種學問」，即「內」、「外」雙路的道脈者自認，致力於開發周、孔外王一脈之精神，以成其以「禮樂」為內涵的現代道統觀，並積極構建現代道統之新外王說

---

〔註4〕盛邦和：《解體與重構——現代中國史學與儒學的思想變遷》，華東師範大學出版社，2002年，第187頁。

〔註5〕何曉明：《返本開新——近代中國文化保守主義新》，商務印書館，2006年，第228頁。

——「從老根上發新芽」說。而且「眞正實踐這種『新外王』的奮鬥打拼，新儒家諸公中，唯梁漱溟一人而已」。〔註6〕

## （一）續統意識

梁漱溟雖未明言道統，但其接續儒家道統的自覺意識，以及對於傳統文化的時代擔當感不讓其同期儒家熊十力。梁漱溟所接續的是先秦周孔道統論。首先，作爲現代道統論者，他對於宋明儒亦是贊同和維護的。他說，「宋儒中，大程子（顥）被稱爲上繼孟子的一千四百年後之一人，我衷心欽服，不能有異詞。其它人不具論，亦不敢妄肆議論也。」〔註7〕對於孔子之學，他認爲，「中國古人在世界學術上最大的貢獻無疑地就是儒家孔門那種學問，」〔註8〕綿延二千餘年的孔門儒家傳統「植基深厚，故爾發揮出來的乃如此堅卓偉大；其間從本到末，從表到裏，正必有一種意義或精神在」。〔註9〕此種「意義或精神」是「祖宗的遺業，文化的成果」，〔註10〕更是「中國人的生存，及其民族生命之開拓」之憑籍，「這種精神，分析言之，約有兩點：一爲向上之心強，一爲相與之情厚。」然晚清民初，國事日非，儒家精神「浸浸漸滅，今已不易得見外，」〔註11〕梁漱溟則認定，接續和光大「儒家孔門那種學問」自然爲此輩儒學者之天職，歸復「孔子精神」而「讓後人食其福」〔註12〕不僅是解決中國當前危局之良方，而且更是人類文化之必然趨向。對此，梁漱溟自信地說：「世界未來，不遠的未來，我認爲將是中國文化的復興。」〔註13〕

## （二）道觀

梁漱溟對胡適「孔子不見得不言利」的說法亦頗有同感，對孔子的人生哲學概括爲「內」、「外」「雙條的路」，即仁與禮樂二者。他指出，「蓋孔子雖

〔註 6〕 何曉明：《返本開新——近代中國文化保守主義新》，商務印書館，2006 年，第 221 頁。

〔註 7〕 黃克劍、王新編：《梁漱溟集》，群言出版社，1993 年，第 490 頁。

〔註 8〕 梁漱溟：《中國文化要義》，上海人民出版社，2005 年，第 8 頁。

〔註 9〕 梁漱溟：《中國文化要義》，上海人民出版社，2005 年，第 8 頁。

〔註10〕 梁漱溟：《中國文化要義》，上海人民出版社，2005 年，第 9 頁。

〔註11〕 梁漱溟：《中國文化要義》，上海人民出版社，2005 年，第 118 頁。

〔註12〕 梁漱溟：《中國文化要義》，上海人民出版社，2005 年，第 9 頁。

〔註13〕 中國文化書院講演錄編委會編：《論中國傳統文化》，三聯書店，1988 年，第 138 頁。

一面有其根本態度而作起事來固無所不可，所謂中行是也。『不認定』和『道中庸』皆爲照看外邊時所持的態度，宋明大儒似均不分清此雙條的路，而尤忽於照看外邊，於是種種流弊毛病，遂由此生。」宋明儒重內聖心性之學，而忽略外王一脈的延續和發展。這顯然與孔子的「意思」相違。並且「中國人所適用之文化，就歷史上看來，數千年間，蓋鮮能採用孔子意思者。所謂禮樂不興，則孔子的人生固已無從安措，而況並出來提倡孔子人生者亦不數見乎！然即由其所遺的糟粕形式與呆板訓條以成之文化，維繫數千年以迄於今，加賜於吾人者，固已大矣。」鑒於此，梁漱溟以孔子「言利」、「照看外邊」之興「禮樂」的人生哲學──即「雙條的路」而「加賜於吾人」，以避宋明大儒「均不分清此雙條的路，而尤忽於照看外邊，」而由生的「種種流弊毛病」。〔註14〕可見，梁公更加關注於對「外邊」一路精神的拾取。也就是說，梁漱溟非宋明而是孔子，去「單的路」而趨「雙條」，此由「單」向「雙」的轉變，其意非「雙」，而在於所增之「外」，其接續孔子外王一脈──「禮樂」之志昭然若揭。至於中國以及世界文化的未來走向，梁漱溟信心滿懷地說，「世界未來，不遠的未來，我認爲將是中國文化的復興。或再申明一句：中國文化的復興就是禮樂之興，世界的未來將必然是禮樂的復興，禮樂復興就是中國文化的復興！」〔註15〕可見，梁漱溟有志於接續儒家道統禮樂一脈，並弘揚光大之。

## （三）統觀

梁漱溟對孔子之道的統緒有其獨特的見解，他對於儒家內聖一脈的傳承統緒頗有微詞。他說，六經「若用孔子之精神灌注起來便通是活的，否則都是死物。」有漢一代「傳經者實不得孔子精神」，「漢人治經只算研究古物，於孔子的人生生活並不著意」。迨魏晉南北朝，「孔子思想不但不實現，並且將其形式衝破了。」唐代，三教並行，「禪宗遍天下，」而「孔家思想，漸滅殆絕」。韓愈出而明道統，但只是「略事爭持，而自以爲可以上繼孔孟，其實直不算數的。」且對韓愈出言不敬，引用韓詩，大加撻伐，責其曰，「這那裏有點儒家的樣子！若稍能得力於儒家何至說這種話！」由此可見，梁漱溟是不承韓道的。至於宋儒，「宋人對於孔家的人生確是想法去尋的，」只此一點

〔註14〕梁漱溟：《東西文化及其哲學》，商務印書館，2005年，第149頁。
〔註15〕中國文化書院講演錄編委會編：《論中國傳統文化》，三聯書店，1988年，第138頁。

「已經是千年來未有的創舉了！」並且「還頗能尋得出幾分呢！」〔註16〕然其「雖慕孔家，卻是所走亦復入偏，於是竟使絕相反對之孔子釋迦於後來流裔上迷混難辨。」而致「徘徊儒釋者……紛紛也。」至明陽明出，「始祛窮理於外之弊，而歸本直覺」，即所謂「良知」。「然猶忽於照看外邊。」到清代，「實只有講經的一派，這未始於孔學無好處，然孔家的人生無人講究，則不能否認。」可以說，「自宋以來，種種偏激之思想，固執之教條，輾轉相傳而益厲，所加於社會人生的無理壓迫，蓋已多矣。」〔註17〕因此，梁漱溟「不能不求得一新人生路向」。此「新人生路向」當是歸復內、外雙條的「孔子精神」。

### （四）新外王說

　　梁漱溟對於民主、科學的新內容如何融入中國傳統文化的新生命裏來，即其現代儒家道統論之外王說，已能超越傳統儒家內聖開外王的舊格局。然而其超出不遠，提出「從老根上發新芽」說。梁漱溟指出，「對於西方文化是全盤承受，而根本改過，就是對其態度要改一改」。〔註18〕其所言態度就是指西方的人生態度。「全盤承受」已是異於晚清體用論者。對於中學，他認為，「中國問題，原來是渾整之一個問題，其曰三問題者，分別自三面看之耳，此問題中，苟其一面得通，其它皆通，不然，則一切皆不通」。亦可謂道統、政統、學統三者並非獨立並存、並列發展的，而是渾然一體的有機構成，牽一髮而動全身。他又說，「中國之政治問題、經濟問題，天然的不能外於其固有文化所演成之社會事實，所陶養之民族精神，而得解決，」〔註19〕其中「固有文化」乃是根本，「一個民族的復興，都要從老根上發新芽，所謂老根即指老的文化，老的社會而言。」這就是其「從老根上發新芽」說，似已有「返本開新」的影子閃爍其中。

　　　　中國亦要從一個老根上（老文化、老社會）發新芽。自一面說老的中國文化，中國社會已不能要了，一定要有「新芽」才能活。可是自另一面說，新芽之發還是要從老根上發，否則無從發起，所

---

〔註16〕梁漱溟：《東西文化及其哲學》，商務印書館，2005年，第152頁。

〔註17〕梁漱溟：《東西文化及其哲學》，商務印書館，2005年，第154頁。

〔註18〕梁漱溟：《東西文化及其哲學》，商務印書館，2005年，第204頁。

〔註19〕梁漱溟：《村治派批判》，鍾離蒙、楊鳳麟主編：《中國現代哲學史資料彙編》第二集第八冊，遼寧大學哲學系，1982年，第189頁。

　　以老根子已不能要，老根子又不能不要。中國老根子裏所蘊藏的力
　　量很深厚，從此一定可以發出新芽來。〔註20〕

這就是說，以儒家之道爲核心的中國傳統文化生機盎然，大有「返老還童之
可能」，〔註21〕民主、科學可由此而開出。

## 二、張君勱——知其不可而爲之的入世與救民之心

　　張君勱「一生徘徊於學術與政治之間」，〔註22〕「他坐言起行，從事文化
活動同時積極參加社會活動，與梁啓超、梁漱溟等人相類爲實踐、力行型學
問家。」〔註23〕在跟隨梁啓超遊歐之後，張君勱「接觸並信服了『一戰』前
後流行於歐美的『生命哲學』」，從而「促使張君勱捨『政治國』而進入『學
問國』」。〔註24〕「1922 年 1 月，張君勱學成回國。一年後，他在清華大學發
表了題爲『人生觀』的演講」，〔註25〕引發著名的「科玄論戰」。1958 年，張
君勱與唐君毅、牟宗三、徐復觀聯名發表《爲中國文化敬告世界人士書》，體
現其重光儒家道統的決心和信心。張君勱深感民族文化之「將亡也」，心懷強
烈的文化憂患意識，而爲其「復活之新生命」「呼號奔走」。他接續儒家道統
之外王一脈，立足於道統之社會、政治功用，在其道統觀中，「仁政表現」、
教化亦是其「道「之題中應有之義。他認爲宋儒雖以心性之學爲其「道」之
明旨，然教化、政治之精神是其不絕的伏流。並以爲民主、科學不可以返本
而求之，「復古」之舉旨在「闡發固有道德」，「喚醒國人，使其不至於忘本」
而已。

### （一）續統意識

　　張君勱有著強烈的對於儒家道統的續統意識。談及儒家道統，張君勱於

---

〔註20〕　梁漱溟：《村治派批判》，鍾離蒙、楊鳳麟主編：《中國現代哲學史資料彙編》
　　　　　第二集第八冊，遼寧大學哲學系，1982 年，第 207 頁。
〔註21〕　梁漱溟：《村治派批判》，鍾離蒙、楊鳳麟主編：《中國現代哲學史資料彙編》
　　　　　第二集第八冊，遼寧大學哲學系，1982 年，第 207 頁。
〔註22〕　馬振操：《張幼儀的長兄張君勱》，《20 世紀》，2000 年，第 3 期。
〔註23〕　盛邦和：《解體與重構——現代中國史學與儒學的思想變遷》，上海：華東師
　　　　　範大學出版社，2002 年，第 208 頁。
〔註24〕　何曉明：《返本開新——近代中國文化保守主義新》，商務印書館，2006 年，
　　　　　第 181 頁。
〔註25〕　何曉明：《返本開新——近代中國文化保守主義新》，商務印書館，2006 年，
　　　　　第 183 頁。

承繼、續接之外，更以創新爲念，他視宋儒之合四書爲「吾國哲學所以時在繼承傳統與自創新說雙軌並進之中也」，對於宋儒對道統之說的創獲，他念茲在茲，盛讚其功不可沒。他說，「陸象山曰：『堯舜曾讀何書？』此語最可見昔賢成說不足貴，貴乎自創。然宋代諸子知自己創造之不足，僅爲新說來源之一，乃別求所以承繼傳統之道。」他評價，「宋儒此段工作，實有不可磨沒之價值，」而今世吾輩學人「惟有繼其墜緒，發揮刷新，如西方近代思想之於希臘然。」〔註 26〕當汲取西方文藝復興之精神，復興儒家哲學。張君勱一生致力於儒家哲學之復興，他總結四點復興儒學的理由，此四者「足以增吾人復興儒家哲學之勇氣」。一者是孔孟與柏拉圖「其所論之題材之爲人事」並「無二致也」；二是「西方現代哲學雖以近代所發明之科學知識爲背景，然其基礎初不外乎儒家所謂『心之所同然』之義理」〔註 27〕；三者，西進之「機械主義進化論與辯證唯物主義」「既不能概括宇宙中之物、生、心三種現象，更不能爲社會一切問題謀解決之法」。〔註 28〕四者，「中國民族肯定人生之積極精神，在艱難困苦中保持而勿失」。此四點「迄於今日，乃令國人走到儒家傳統哲學萬不可放棄之一途。」〔註 29〕然時至今日，「所以繼承之者，獨有外形，獨有軀殼」，試問「孔孟之精神存於今日者幾何？」〔註 30〕他以西方柏拉圖之道統相比擬，並凸顯對周孔「人生之積極精神」的保持。可見，他對於民族文化存亡續絕之憂患意識尤爲熾烈。

同時，張君勱深感民族文化之「將亡也」，而爲其「復活之新生命」「呼號奔走」〔註 31〕，呼籲「今後之事業，在開發將來，不徒在保存既往；在實現活文化，不在陳列死文化。」〔註 32〕如何「復活」？當「增益其所本無」，「光輝其所固有」。〔註 33〕如此方可「內足以保持人民之生計，維繫人民精神上之慰安；外堪與外人一戰，保威信而固疆圉」。〔註 34〕光大所固有的傳統儒

---

〔註 26〕 張君勱：《義理學十講綱要》，中國人民大學出版社，2006 年，第 25 頁。
〔註 27〕 張君勱：《儒家哲學之復興》，中國人民大學出版社，2006 年，第 15 頁。
〔註 28〕 張君勱：《儒家哲學之復興》，中國人民大學出版社，2006 年，第 16 頁。
〔註 29〕 張君勱：《儒家哲學之復興》，中國人民大學出版社，2006 年，第 18 頁。
〔註 30〕 張君勱：《民族復興之學術基礎》，中國人民大學出版社，2009 年，第 5 頁。
〔註 31〕 張君勱：《民族復興之學術基礎》，中國人民大學出版社，2009 年，第 15 頁。
〔註 32〕 張君勱：《民族復興之學術基礎》，中國人民大學出版社，2009 年，第 15 頁。
〔註 33〕 張君勱：《民族復興之學術基礎》，中國人民大學出版社，2009 年，第 15 頁。
〔註 34〕 張君勱：《民族復興之學術基礎》，中國人民大學出版社，2009 年，第 3 頁。

家道統，並創發其所無的民主、科學，以重建現代道統論，亦是維繫民族存亡之利害所在。

### （二）道觀

張君勱以接續周孔外王一脈作爲其重建現代儒家道統的理論基石。他以引用清人江永注《近思錄》之自序來評宋儒：「道在天下，亙古長存，自孟子後一線弗墜，有宋諸大儒起而昌之，所謂爲天地立心，爲生民立道，爲去聖繼絕學，爲萬世開太平，其功偉矣。」此爲接續、凸顯宋儒張子之內聖、外王之統。進而他認爲，這「實有不可磨沒之價值，吾人惟有繼其墜緒，發揮刷新，如西方近代思想之於希臘然，豈可漫以『心性空談』四字抹殺之乎。」〔註35〕不能只糾纏於其內聖心性之利、弊，宜當關注其「爲萬世開太平」之功。張君勱雖對於宋儒評價甚高，然卻另有其說。他認爲，宋儒「慨然有求『道』之志」，並「惟其以『道』爲中心」。且宋儒嚴格傳道譜系，「於前後同宗旨而相繼之人嚴爲選擇，以明其立極、立命、立心之寄託所在」。然其非「獨」以心性內聖之學爲其「道」旨，較之漢儒「『信師承守章句』」，外王一脈「儒家傳統，賴有宋儒乃得重興」。何出此言？張君勱更注重的是思想之社會教化、政治功用，「新儒家〔註36〕之思想系統與其及於社會上之影響，如書院，如鄉約，如政治，以三代爲師法，有一種朝氣，一種勇往直前之精神伏乎其中，非漢儒之注疏講解所能與之等量齊觀」。〔註37〕宋儒雖以心性之學爲其「道」之明旨，然教化、政治之精神是潛伏其中的，甚至強於漢儒。張君勱再三於宋儒道統論之論中奢談宋儒之於「教化」、「政治」之功，其對於道統之「道」的理解傾向已不言自明。

張君勱以儒學爲當今之世「合乎現代潮流者」，其理由有三：第一，儒家「思想是以肯定人生爲出發點，孔子之知其不可而爲之，確是奮鬥進取的精神。」第二，「儒家入世與救民之心最切，故有以天下爲己任之說，換句話說，就是義務心重」。〔註38〕第三，「儒家向以求知勤學爲本孔子所謂學不厭，教不倦；荀子有《勸學篇》，即是西洋人之追求知識。這種精神，比之歐洲思想，也了無愧色。」張君勱直言孔子，以周孔之「奮鬥進取」、之「入世與救民」、

---

〔註35〕 張君勱：《義理學十講綱要》，中國人民大學出版社，2006年，第25頁。

〔註36〕 此處指宋儒。

〔註37〕 張君勱：《義理學十講綱要》，中國人民大學出版社，2006年，第20頁。

〔註38〕 張君勱：《民族復興之學術基礎》，中國人民大學出版社，2009年，第223頁。

之「學不厭，教不倦」的踐行精神爲儒家道統之傳，並表示「這種儒家好學與積極的精神，我們應當保存，我們應當發揚光大」。〔註39〕

### （三）統觀

張君勱在對宋明新儒家道統論的論說中，談及逸出孟子之標準者有二，即荀子和陳亮，荀子主張人本性惡，陳亮「不只讚揚堯舜，還讚揚漢唐諸帝」，「朱熹認爲他不應稱爲儒者」。他認爲，中國人對於建築道德價値的道德觀念，「除在哲學家著作中被討論以外，也在堯舜的仁政，孔子、孟子和朱熹等聖資的生活中具體地表現出來。每一個聖人，無論是賢君如堯舜或學者如孔子，都以其自己的方式闡明大道：堯舜以仁政表現大道，孔子以著述表明大道。」〔註40〕由茲可知：在張君勱的道統觀中，以「仁政表現」，即外王亦是其「道」之題中應有之義。因爲「道本身永遠像日月一樣的自存，」至於「道之明與不明，則在闡明大道的人。」那麼，荀子和陳亮應如孔、孟一般當屬其人。

同時，傳統儒家，尤原始儒家所注重「孟氏嘗追思三代庠序之教」、「呂大鈞的鄉約論」可與現代社會之「人民教育」、「義務教育」、「地方自治、鄉村自治」有異曲同工之妙。對歷史上人物價値的評定，張君勱強調「亦應憑時代的標準去估價，然後抑之揚之，叫人知道如何取法。」〔註41〕於此，張君勱所給出的系列可以人物譜系視之，茲且略舉一二，以窺張氏道統觀之一斑。

> 現在分類舉幾個代表人物如下：（甲）安內之政治家：管仲、郭子儀、裴度、王陽明、曾國藩。（乙）攘外之政治家：祖逖、陶侃、王導、謝安、岳飛、文天祥、史可法、唐景崧。（丙）變法維新之政治家：商鞅、王安石。（丁）立功異域之探險家與軍人：張騫、班超、馬援、鄭和。（戊）賢明之理財家：陸贄、劉晏、胡林翼。（己）鄉村自治之創始者：呂大鈞、王陽明、陸世儀。（庚）國外文化之輸入者：玄奘、法顯、徐光啓、嚴復。（辛）學生運動之創始者：陳東。（壬）發明家：馮道、蔡倫。以上許多人，爲現在國家所必需之人才典型，我們應當取法；……如用以上方法教人，青年自然容易接

---

〔註39〕　張君勱：《民族復興之學術基礎》，中國人民大學出版社，2009 年，第 224 頁。

〔註40〕　張君勱：《新儒家思想史》，中國人民大學出版社，2009 年，第 35～36 頁。

〔註41〕　張君勱：《民族復興之學術基礎》，中國人民大學出版社，2009 年，第 224 頁。

受，而中華民族性自然容易養成。嚴格地說，中國有土地，有風俗，有語言，所謂民族性早已養成，不過現在加以一番選擇功夫，使他們能自信，能知可以取法，而後另造成一種新時代的文化。〔註42〕

從張君勱所列各類功業代表人物譜系亦可以看出，此「抑之揚之」的「估價」、「取法」之「標準」即是外王事功。統觀源自道觀，亦可應證道觀。通過以上的爲「取法」所作的「選擇」，可見張君勱是以外王事功人物作爲其道的統緒序列的。

## （四）新外王說

心性派諸公毅然以「返本開新」爲其三統說立論之基，張君勱則不然，他一方面不贊成返本，另一方面又附會中西，表現了現代道統論者面對民主、科學而共有的、或多或少的矛盾心理。他在論及「復古與創新問題」時說，對於儒家，

> 有主宋學、有主漢學；漢學之中，或主古文、或主今文、或主鄭玄、或主王肅；宋學之中，或主程朱、或主陸王，其優劣得失可以不論，要其不能對於現代之政治、社會、學術爲之立其精神的基礎一也。若復古之說，但爲勸吾國人多讀古書，闡發固有道德，其宗旨在乎喚醒國人，使其不至於忘本，此自爲題中應有之義，與吾人之旨本不相背。若謂今後全部文化之基礎，可取之於古昔典籍之中，則吾人期期以爲不可。自孔孟以至宋明儒者之所提倡者，皆偏於道德論。言乎今日之政治，以民主爲精神，非可求之古代典籍中也；言乎學術，則有演繹歸納之法，非可取之於古代典籍中也。〔註43〕

這是張君勱對於新時代之道統、政統、學統三者關係的理論構建的大致看法，他認爲，政統之民主、科學之學統不可以返本，即求之於道統，三者可並列發展。但又言「復古」之舉旨在「闡發固有道德」，「喚醒國人，使其不至於忘本」而已。雖說民主、科學可引自西學，但此二者之精神基礎有共通之處，大可不必外求西方。1945 年，他在《張東蓀著〈思想與社會〉序》中這樣寫

---

〔註42〕 張君勱：《民族復興之學術基礎》，中國人民大學出版社，2009 年，第 224～225 頁。

〔註43〕 張君勱：《明日之中國文化──中印歐文化十講》，中國人民大學出版社，2009 年，第 92 頁。

道：「謂儒家之精神，同於民主政治，同於社會主義可也。此非吾人之故意附會，去儒家學說之塵垢，見其精義蘊藏，則知二者，自出於人心之同然，而非偶然。何也，二者同以理性爲出發點故也。」〔註 44〕這種返本與開新的矛盾心態由此可見。

## 三、張東蓀──社會制度政治原則

張東蓀（1886～1973），原別名萬田，字東蓀，曾用筆名「聖心」，晚年自號「獨宜老人」。他早年參加辛亥革命，一生「徘徊於政治與文化之間」，相繼扮演著學者，報人，政論家等多面角色。張汝倫先生評價其爲關心政治的眞正的讀書人。張東蓀晚年在其因「叛國案」賦閒家居期間，自作舊體詩對其一生作了如是寫照：「深感淸詩記我狂，夢回猶自對蒼茫；書生謀國直堪笑，總爲初心誤魯陽。」〔註 45〕

張東蓀是從儒家內聖外王之寬泛意義上來論述儒家道統的。他直尊孔教，對於孔子之道的兩大支柱：宋儒所承續、發展的心性之學和「治國平天下」的「孔子的眞正主張」都尊崇不已，而他更注重於後者──「道德標準社會制度政治原則」，並以此爲其對道統之「道」的解悟，以別於宋明儒道統之「道」。張東蓀道統論的獨到之處即是其新外王說之「返本而引新」的主張，他認可孔孟之道的一本性，並以爲其價值常新，「但必須縮小其統轄的範圍」，只作安頓個人心靈之用。而西方民主、科學則作爲「整個兒的理智性的文化」引進，而與孔教三者獨立並存，以構建「不可以合併爲一個」、「不可缺少任何其一」三個知識系統。

### （一）續統意識

張東蓀是「二十世紀上半葉儒家道統論者」之禮樂派諸公中唯一明言道統者，儘管他聲明「本書所用『道統』一語並不與中國歷史上固有的『道統』二字完全同其意義。」就是說，他所接續之此道統非彼唐宋以降儒家道統，因爲彼「中國固有的道統這個概念其中主要的成分有排他性在內。」〔註 46〕言下之意就是，張東蓀所言的道統是沒有「排他性」在內的、寬泛

---

〔註 44〕張東蓀：《思想與社會》，遼寧教育出版社，1998 年，序。
〔註 45〕王玉河：《張東蓀傳》，山東人民出版社，1998 年，第 441 頁。
〔註 46〕張東蓀：《思想與社會》，遼寧教育出版社，1998 年，第 108 頁。

意義上的道統。他認同中國文化的一本性。他說，中國文化之思想方面是在孔子以前就「從一個根上而開發出不同的枝葉來」。〔註47〕茲「根」是「一線相延」的，是「一個民族所以能維持其文化大部分」〔註48〕的憑籍和依恃，它對於國人影響深厚，以致於「其一舉一動之間，安身立命之所，在待人接物大體必暗合於儒家精神」。〔註49〕這是在數千年的歷史演進、因革中所形成的民族文化生命。「即文化之流愈長的，其表面上那一部分愈成為化石，變為硬殼而死去。但其內部必尚有一些餘留，沉澱下去，這沉留一部分變為無形的影響力依然在暗中支持著這個文化的生命。」〔註50〕此即所謂儒家道統。張東蓀指出，儒家道統就是儒家的文化傳統，「道統就是文化的延續」〔註51〕，「西方人有一個字很足以表示此方面就是『tradition』，此字向譯為『傳說』或『傳統』」，〔註52〕「傳統」亦可謂「是任何民族的文化中皆潛有一種通說」。對於中國而言，「則可說儒家的一套說法，在大體上則代表中國社會組織的通說。」〔註53〕然道統「一方面是一線相延，在他方面卻又有隨時適應的變化，現在又到了一個非常劇變的時代，此後中國的道統一方面如何保守其大流，他方面如何應付這個環境卻是個大問題。」〔註54〕張東蓀承續儒家道統，除了「於純粹的學術研究以外，還兼含有一個目的就是想藉此發現中國今後所應走的道路」。〔註55〕其旨在開創現代道統論，於新時代中「應付這個環境」。

## （二）道觀

至於張東蓀之道統論應歸於哪一派，盛邦和先生對此有一小段論述：「在張東蓀那裏，道統也就有總述中國優秀文化傳承的廣泛意味。他一方面沿用了傳統的道統的概念，說明自己對繼承中國文化傳統的決心與信心，另一方面又將道統論做自己的解釋，將所應繼承的文化從儒家一家，擴展到中國優

〔註47〕 張東蓀：《思想與社會》，遼寧教育出版社，1998年，第111頁。
〔註48〕 張東蓀：《思想與社會》，遼寧教育出版社，1998年，第162頁。
〔註49〕 張東蓀：《思想與社會》，遼寧教育出版社，1998年，第174頁。
〔註50〕 張東蓀：《思想與社會》，遼寧教育出版社，1998年，第175頁。
〔註51〕 張東蓀：《思想與社會》，遼寧教育出版社，1998年，第86頁。
〔註52〕 張東蓀：《思想與社會》，遼寧教育出版社，1998年，第86頁。
〔註53〕 張東蓀：《思想與社會》，遼寧教育出版社，1998年，第90頁。
〔註54〕 張東蓀：《思想與社會》，遼寧教育出版社，1998年，第162頁。
〔註55〕 張東蓀：《思想與社會》，遼寧教育出版社，1998年，第107頁。

秀文化的全部。」並得出結論：「如果說傳統的道統觀說的是儒家思想的千世一系，承接不斷，那麼張東蓀的道統說的是廣義中國文化的延續和光大。」〔註56〕其根據便是張東蓀在討論「中國的道統」時的幾點聲明：「第一點是本文雖以儒家思想爲中國道統中之正宗，但並非完全屏除道家思想與墨家思想在道統以外」。另一點則是「本書所用『道統』一語並不與中國歷史上固有的『道統』二字完全同其意義。中國固有的道統這個概念其中主要的成分有排他性在內。」張東蓀之道統觀「乃完全是文化的觀點來看，固然孔子是接續中國文化的正統，而其它各派亦未嘗不是由這個大統中分出。」因此，其「『道統』一辭與西文 tradition 相當的地方爲多，而與中國固有的意思反而較遠」〔註57〕此論自有其理，然深析之，則另有一說。對傳統尤其是宋明儒之道統論頗有微詞，這只是現代道統論者，尤其是其禮樂派異於宋明儒道統論之一顯著特徵。據此將張東蓀歸爲現代儒家道統論者是不容置疑的，但盛邦和在文中有明顯的將其歸屬於大傳統派的論點是頗爲籠統的。同樣，鄭家棟認爲，「張東蓀差不多是基於『文明』與『文化』的區分來講所謂『道統』」。「他實際上是以『道統』與『文化傳統』相等同，而作爲『文化傳統』的『道統』應當包括道德標準、社會制度、政治原則和形而上的玄理等不同的層面」。〔註58〕此亦是將其歸爲文化大傳統的道統觀。然作爲外王傾向道觀的禮樂派是上承周孔外王一脈的，必然是一種寬泛意義上的道統觀。因此，對於大傳統派和禮樂派之道統觀不可籠統言之，一概而論。

　　張東蓀在《中國的道統》一章開篇即言：「本書的目的在將形而上學的玄想知識與社會思想政治理論打成一片」。強調其所言中國的道統是與「社會思想政治理論」密切相關，但又異於社會學家之論。並對此作了明瞭的解釋：「社會學家所研究的範圍太廣泛了，而我則只注意於理論（玄理）之在社會上的作用，即在構成社會時理論所居的地位。」〔註59〕因此，「在社會上所以構成文化就是道統，所謂道統當然包括道德標準社會制度政治原則，而其中要必有形而上的玄理爲其骨幹。」張東蓀自稱上承周孔之道以爲今用，在他眼裏，

---

〔註56〕 盛邦和：《解體與重構——現代中國史學與儒學的思想變遷》，華東師範大學出版社，2002 年，第 292～293 頁。
〔註57〕 張東蓀：《思想與社會》，遼寧教育出版社，1998 年，第 108 頁。
〔註58〕 鄭家棟：《斷裂中的傳統：信念與理性之間》，中國社會科學出版社，2001 年，第 138 頁。
〔註59〕 張東蓀：《思想與社會》，遼寧教育出版社，1998 年，第 107 頁。

外王之道才是「孔子所賦予的使命」，〔註60〕才是「孔子的眞正主張」。「據我看來，孔子的眞正主張只是一個政治理論，他有一個理想的社會，並所以達到這個境界的步驟。」〔註61〕具體而言，這個「理想」就是「主張以自己爲出發點。人人都從自己出發。好像一個石子投子湖而上，先是一個小圈兒，後來變爲一個大圈兒，再後更發爲一個較大的圈兒，一個一個的『圈兒連續擴大，但都是從一個中心點推廣出來的。所謂正心誠意修身齊家治國平天下便是這些一層一層的圈兒。」〔註62〕這正是張東蓀對於《大學》外王致思路徑的生動闡釋。由此可見，在張東蓀的道統觀中，其對於道的「社會制度政治原則」的涵義取向可謂是苦心孤詣。

## （三）統觀

張東蓀沒有明顯的古代人物系列之論述，然他對於唐宋以降儒家道統論的傳道譜系則頗不以爲然。他說：

> 自從韓愈說：「斯道也……堯以是傳之舜，舜以是傳之禹，禹以是傳之湯，湯以是傳之文武周公，文武周公以剝專之孔子，孔子以是傳之孟軻，孟軻死不得其傳焉。」堯、舜、禹、湯、文、武、周公是他們的託辭，不必多講。以孟子來繼孔子，足見後世所謂『道學』（即理學）乃只是孟學。從此以後都順著這個趨向而走。其所注重的便是孟子所主張的「反身而誠」與「養浩然之氣」等等神秘的方面。至於他們以爲孟子得孔子之正傳，亦未嘗不由於孔子的話亦有這樣傾向。〔註63〕

可見，張東蓀之道統論的統觀與宋明儒夾雜著明顯的排他性的傳道譜系是不相契合的。他直尊孔子，維護中國文化的一本性，他說，「孔子是接續中國文化的正統」，〔註64〕而其它各派只能是由此分出的支流了。

## （四）新外王說

張東蓀的新外王之論可用「返本而引新」一言以蔽之。他肯定中國文化

---

〔註60〕張東蓀：《思想與社會》，遼寧教育出版社，1998 年，第 228 頁。
〔註61〕克柔編：《張東蓀學術文化隨筆》，中國青年出版社，2000 年，第 130 頁。
〔註62〕張耀南編：《知識與文化——張東蓀文化論著輯要》，中國廣播電視出版社，1995 年，第 406 頁。
〔註63〕克柔編：《張東蓀學術文化隨筆》，中國青年出版社，2000 年，第 383 頁。
〔註64〕張東蓀：《思想與社會》，遼寧教育出版社，1998 年，第 108 頁。

之一本性，認爲其於今日尙有獨到的價値，也就是作爲準宗教——「孔廟之教」以安定個人心靈之效能。而對於民主、科學則奉行拿來主義。張東蓀認爲，中國文化之思想方面是在孔子以前就「從一個根上而開發出不同的枝葉來」。〔註65〕只有「孔子是接續中國文化的正統，而其它各派亦未嘗不是由這個大統中分出。」〔註66〕如何構建現代儒家道統？他說，「此後中國的道統一方面如何保守其大流，他方面如何應付這個環境卻是個大問題。」〔註67〕「保守其大流」就是返本，他視孔孟之道爲準宗教，認爲在西方基督教「變爲純屬是個人的，亦不復再成爲制度，乃純變爲修養之方法」而「完全退縮爲個人內心之修養」之後，修養心性、安定心靈的中國「孔廟之教卻大有用處」。〔註68〕因爲「儒家之道是最好的心理衛生方法，最新的心理學亦未必能超過之。苟人人都能把自己弄得因盡性樂道而安安穩穩，則雖只係修身而已兼含有治術在內了。」〔註69〕這也就是說，「儒家既代表中國道統，則中國的道統便顯然是不可廢又不應棄了。」〔註70〕中國的道統〔註71〕雖是不會滅亡的，「但必須縮小其統轄的範圍。須知退縮了以後其性質必以因之變化。換言之，即儒家道理只可爲內心修養之用，至於治國平天下以及對社會的關係，對自然的研究則須完全依賴科學。」〔註72〕「完全依賴」就是他關於所言「應付這個環境」而引進西學的問題的立場。因此，張東蓀並不贊同由孔教之大本開出民主、科學新外王的「中體西用」式的構想，他認爲，「所謂西學爲用是把西學當作一套技術知識，我則仍把西方文化認爲是整個兒的理智性的文化。我們中國必須把這個理智的文化接收過來，只限於在個人心安理得的做人方面適用孔孟之道而已。」〔註73〕因爲民主主義是西方的道統，是被「當作整個兒文化的」，而這「西方的道統其價値要高出我們中國得道統之上」，儒家道統要吸納民主的因素，「只須取來其這一點即足了」。〔註74〕如此一來，「孔

〔註65〕 張東蓀：《思想與社會》，遼寧教育出版社，1998年，第111頁。
〔註66〕 張東蓀：《思想與社會》，遼寧教育出版社，1998年，第108頁。
〔註67〕 張東蓀：《思想與社會》，遼寧教育出版社，1998年，第162頁。
〔註68〕 張東蓀：《思想與社會》，遼寧教育出版社，1998年，第231頁。
〔註69〕 張東蓀：《思想與社會》，遼寧教育出版社，1998年，第242頁。
〔註70〕 張東蓀：《思想與社會》，遼寧教育出版社，1998年，第242頁。
〔註71〕 此道統非張東蓀所理解的道統，而是他所認爲的當時新儒家所通行的道統，是心性派的道統。
〔註72〕 張東蓀：《思想與社會》，瀋陽：遼寧教育出版社，1998年，第234頁。
〔註73〕 張東蓀：《思想與社會》，瀋陽：遼寧教育出版社，1998年，第231頁。
〔註74〕 張東蓀：《思想與社會》，瀋陽：遼寧教育出版社，1998年，第220頁。

孟之道」與民主、科學「這三個知識系統若論其爲系統上之架格是各自獨立的，不可以合併爲一個，但在人生上發生實用的效果則又不但是常相混合，且復相待相成，彼此互倚，不可缺少任何其一。」〔註75〕「孔孟之道」、民主、科學互不統屬，各領風騷。如此來構成現代儒家道統論之新外王說，也就是中國未來文化之核心部分。

## 四、賀麟──動的哲學與力行精神

賀麟（1902～1992），四川省金堂縣人。1919 年考入清華學堂，1926 年始先後赴美國、德國留學，學習西方古典哲學。1931 年回國，任教於北京大學，遂「成爲中國學者研究西方哲學、尤其是德國哲學的領軍人物」。〔註76〕1941 年，他發表《儒家思想的新開展》一文，被稱爲「20 世紀上半期現代新儒家的理論宣言」。〔註77〕文中飽含著熱切的對於儒家道統的續統意識，爲應對新的時代危局，賀麟力秉「自堯舜禹湯文武成康周公孔子以來最古最舊的思想」大旗，「以儒家思想或民族精神爲主體去儒化或華化西洋文化」。此主體「儒家思想或民族精神」即是上承周孔外王一脈、陽明「動的哲學」所凸顯的「力行精神」。賀麟力關對於宋明儒「空談心性」的指謫和抨擊，以其外王事功的一面爲證，肯定宋明儒對於周孔外王一脈的續接。對於民主、科學，賀麟主張科學可引進，與儒學各於「獨自領域」發展。至於民主，則可從儒家傳統之民本、民治主義開出西方民主精神。認爲「儒家的法治」幾近於西方民主，同樣，西方民主亦「契合儒家所謂王道」。

### （一）續統意識

賀麟於 1941 年所作的、刊登於《思想與時代》的《儒家思想的新開展》一文被視爲「現代新儒家的宣言書」〔註78〕，他在此文中表現出對於儒家道統強烈的續統意識。他說，「在思想和文化的範圍裏，現代決不可與古代脫節。任何一個現代的新思想，如果與過去的文化完全沒有關係，便有如無源之水、

---

〔註75〕 張東蓀：《思想與社會》，瀋陽：遼寧教育出版社，1998 年，第 234 頁。
〔註76〕 何曉明：《返本開新──近代中國文化保守主義新》，商務印書館，2006 年，第 247 頁。
〔註77〕 何曉明：《返本開新──近代中國文化保守主義新》，商務印書館，2006 年，第 246 頁。
〔註78〕 中國社會科學院哲學研究所西方哲學史研究室編著：《賀麟先生百年誕辰紀念文集》，中國社科學出版社，2009 年，第 21 頁。

無本之木，絕不能源遠流長、根深蒂固。文化或歷史雖然不免經外族的入侵和內部的分崩瓦解，但也總必有或應有其連續性。」他再三強調中國歷史文化的統緒傳承，「儒家思想，就其爲中國過去的傳統思想而言，乃是自堯舜禹湯文武成康周公孔子以來最古最舊的思想。」〔註79〕時值民族危亡，如果在「文化上有失調整」，不能創新現代儒家道統論，「就不能應付新的文化局勢」。〔註80〕那麼，儒家道統之現代更新「就其在現代及今後的新發展而言，就其在變遷中、發展中、改造中以適應新的精神需要與文化環境的有機體而言，也可以說是最新的新思想。」這即是賀麟所言的符合「中國現代的文化動向和思想趨勢」的「儒家思想的新開展」，此「廣義的新儒家思想的發展或儒家思想的新開展，就是中國現代思潮的主潮。」〔註81〕也就是說，引領時代潮流的必然是「源遠流長、根深蒂固」的、頗具「連續性」的、「自堯舜禹湯文武成康周公孔子以來最古最舊的思想」的「新開展」。

### （二）道觀

至於賀麟對道統之「道」的解悟，鄭家棟認爲，他「是在寬泛的意義上使用『道統』一詞，此所謂『道統』乃是指廣義的文化精神傳統，它被認爲是與『學統』（不是指『科學之統』，而是指典籍文化的學術傳統）密不可分的」。〔註82〕竊以爲，此論亦頗有籠統、抽象之嫌，（前述）作爲外王傾向道觀的禮樂派是上承周孔外王一脈，其道統觀必然是從寬泛意義上來講的。賀麟是以禮樂外王爲作爲其道觀的，他視陽明「動的哲學」之「力行精神」爲新時代中國當承之道統。

首先，賀麟指出，儒家思想的新開展之主旨在於解決現實問題。「只要能對儒家思想加以善意同情的理解，得其眞精神與眞意義所在，許多現代生活上，政治上，文化上的重要問題，均不難得合理合情合時的解答」。發揚儒家思想的「眞精神與眞意義」是當務之急。反之，「無論政治社會、文化學術上各項問題的解決，都能契合儒家精神，都能代表典型的中國人的眞意思眞態度」，〔註83〕「皆能本典型的中國人的態度，站在儒家的立場，予以合理、合

〔註79〕　賀麟：《文化與人生》，商務印書館，1988年，第4頁。
〔註80〕　賀麟：《文化與人生》，商務印書館，1988年，第5頁。
〔註81〕　賀麟：《文化與人生》，商務印書館，1988年，第4頁。
〔註82〕　鄭家棟：《斷裂中的傳統：信念與理性之間》，中國社會科學出版社，2001年，第137頁。
〔註83〕　賀麟：《文化與人生》，商務印書館，1988年，第17頁。

情、合時的新解答,而得其中道。」〔註84〕這就是說,「『儒家思想的新開展』,也就是民族文化復興的新機運。」〔註85〕現實問題——抗戰救國都賴以「儒家精神」得以解決,這正是「民族文化復興」。

其次,賀霖將「五四時代的新文化運動」看作是「促進儒家思想新發展的一個大轉機」。因爲它「破壞和掃除儒家的僵化部分的軀殼的形式末節,及束縛個性的傳統腐化部分。它並沒有打倒孔孟的眞精神、眞意思、眞學術,反而因其洗刷掃除的工夫,使得孔孟程朱的眞面目更是顯露出來。」〔註86〕這「孔孟的眞精神、眞意思、眞學術」即是陽明「動的哲學」,是其所凸顯的「力行精神」。他說:

> 我們融會貫通王陽明致良知的動的哲學和總理知難行易的學說,以成立一種新的民族精神或立國精神,足以勝過只竊儒家一片段王學,一部分的武士道或大和魂。所以蔣先生乃是從王陽明哲學之提倡,三民主義之實行,和新民族精神之發揚裏,爲對日抗戰奠定了最後勝利的基礎。而指示了民族復興的途徑,這可以是根據精神上文化上所謂知己知彼,再加上軍事上的知己知彼,以作對日抗戰的最高指揮原則。〔註87〕

賀霖將陽明「動的哲學」樹爲立國精神,以爲中國現代新文化,以爲抗戰文化,相信此種精神定然戰勝「武士道或大和魂」。他認爲,「蔣先生提出『行』或『力行』的思想,實足以發揮王學的眞精神」。「陽明致良知之教,其歸宿即在一個行字。」在積極方面,「就是使自家固有的良知,發爲行爲,使本心不受障蔽,立即實現出來。致良知即是使知行合一的工夫,力行即是使知行合一的努力」。〔註88〕此種精神就是陽明「動的哲學」所彰顯的「力行」精神。

再次,賀霖通過對宋儒的新評價,闡發其所承接的道統是儒家外王事功一脈——「禮樂」。宋儒空談心性素爲後來學者抨擊,賀霖亦認爲「須校正宋儒的偏蔽,發揚先秦漢唐的精神,尤爲我們所應努力。」〔註89〕「漢唐的精神」即是一種事功精神。但是,賀霖卻看到了宋儒建立外王功業的一面,

---

〔註84〕 賀麟:《文化與人生》,商務印書館,1988年,第13頁。
〔註85〕 賀麟:《文化與人生》,商務印書館,1988年,第17頁。
〔註86〕 賀麟:《文化與人生》,商務印書館,1988年,第5頁。
〔註87〕 賀麟:《知難行易說與知行合一說》,青年書店,1943年。
〔註88〕 賀麟:《知難行易說與知行合一說》,青年書店,1943年。
〔註89〕 賀麟:《文化與人生》,商務印書館,1988年,第197頁。

朱子曾先後任潭州及浙東提刑，頗有聲咸；辦社倉，亦惠及人民。陸象山曾作過「知荊門軍」，治績頗佳。他若不死在任內，在政治上當有更大的建樹。至於王陽明平邊患、定內亂，皆有軍功。所以，說宋儒虛玄空疏不切實用，從創學派這幾位大師的學行看來，就不甚切當。在我們用現代眼光看來，以專講格物窮理、身心性命之學的哲學家，而會有「政績」、有「軍功」，較之西洋哲人如柏拉圖、亞里士多德、康德、黑格爾之流，已經可稱有著驚人的實用了。〔註90〕

除了值得張揚的「政績」、「軍功」以外，宋儒在禮儀教化方面的成效亦值得關注。

宋儒影響所以會如此之大，因爲宋儒掌握了中國近千年的「教權」——包括禮教上的權威和教育上的權威兩方面。程朱哲學不僅是影響中國人思想的正統哲學，他們又成爲支配中國人信仰和道德禮儀生活的禮教上或宗教上的正統權威，其權威之大，只有西洋舊教的聖阿奎那可以相比。〔註91〕

另外，宋儒之「個人節操和民族正氣」更值得一提，這些都是周孔以迄漢唐的、陽明所傳之「力行」精神的眞切體現。

平心而論，這些宋明道學家當國家衰亡之時，他們並不似猶太學者，不顧祖國存亡，只知講學。他們尚在那裏提倡民族氣節，願意爲祖國而死，以保個人節操和民族正氣。且於他們思想學說裏，暗寓尊王攘夷的春秋大義，散佈恢復民族、復興文化的種子。試看宋以後義烈彪炳民族史上的大賢，如文天祥，方孝孺，史可法，皆是宋儒薰陶培植的人才（《宋元學案》列有文天祥的學案，《明儒學案》中有方正學的學案）。〔註92〕

再次，賀霖對傳統舊式功利主義進行辨析，並轉而發展成適應新時代需要，尤其是抗戰救國的新式功利主義。他將功利主義定義爲「把實際上可感到、可得到的事物認作有道德價值、并認其爲生活目的的學說」。〔註93〕舊式功利

---

〔註90〕賀麟：《文化與人生》，商務印書館，1988年，第195頁。
〔註91〕賀麟：《文化與人生》，商務印書館，1988年，第196頁。
〔註92〕賀麟：《文化與人生》，商務印書館，1988年，第194頁。
〔註93〕賀麟：《文化與人生》，商務印書館，1988年，第206頁。

主義又稱個人的功利主義，認爲以往學人對它的批評亦有其缺點：第一，「假如過分注意當下滿足，反對向外追逐，那就容易陷入有禪悅意味的名士風流式的當下滿足」。第二，「追求的過程，追求的精神，本身就有價値」。第三，「就在於把功利主義與非功利主義機械的對立起來。」〔註94〕他認爲，「非功利的高尚襟懷，無補於社會福利」。從而提出「過渡到近代新式的功利主義」，可稱爲「社會的理想主義，或社會福利主義」，〔註95〕這種思想「是從舊式的內心道德，純義務的道德思想進化過來的」，〔註96〕「義丐武訓的行乞辦學」和「被稱爲『傷兵之父』的段繩武先生犧牲一己，爲傷兵服務」〔註97〕都是深受新式的功利主義的影響的典型事例。

賀麟於此期力倡陽明哲學之「力行精神」，張揚宋儒事功的一面，爲舊式功利主義正名，並創造性地將其轉化爲近代新式功利主義，此等均是其承接儒家道統之外王一脈的道統觀的具體體現，亦是鑒於抗戰救國這一時代迫切需求的必然取向。

### （三）統觀

基於「禮樂」的道觀，賀麟自然以「功績和貢獻」作爲權衡歷史人物的標尺。他贊同「周、秦、漢、唐都是文武合一的文化，宋以後文武分離，且有重文輕武之弊」的看法，覺得「孔孟的生活態度淳厚樸茂，有棲遑救世熱忱，程朱的生活態度嚴酷冷峻，山林道氣很重，兩相比較，前者要康健而近於人情多了。又覺得先秦、漢、唐似都有春夏溫厚之氣。而宋儒的態度便帶有秋冬肅殺之氣。」〔註98〕宋儒之中亦多經世之士，他們於危難之際足顯民族大義。他指出：

> 平心而論，這些宋明道學家當國家衰亡之時，他們並不似猶太學者，不顧祖國存亡，只知講學。他們尚在那裏提倡民族氣節，願意爲祖國而死，以保個人節操和民族正氣。且於他們思想學說裏，暗寓尊王攘夷的春秋大義，散佈恢復民族、復興文化的種子。試看宋以後義烈彪炳民族史上的大賢，如文天祥，方孝孺，史可法，皆

---

〔註94〕賀麟：《文化與人生》，商務印書館，1988年，第208頁。
〔註95〕賀麟：《文化與人生》，商務印書館，1988年，第210頁。
〔註96〕賀麟：《文化與人生》，商務印書館，1988年，第211頁。
〔註97〕賀麟：《文化與人生》，商務印書館，1988年，第212頁。
〔註98〕賀麟：《文化與人生》，商務印書館，1988年，第192頁。

是宋儒薰陶培植的人才（《宋元學案》列有文天祥的學案，《明儒學案》中有方正學的學案）。〔註99〕

即使在「國運昌盛之時」，「亦是過的山林清簡的生活」。「但一遇專制君主或權奸在位」，則「處處受逼害、受貶謫。如韓侂胄之禁偽書，如魏忠賢之害東林。」他們「是唯一足以代表民意的呼聲，反抗姦邪的潛力」。他們「純全爲盡名分，爲實踐春秋大義，爲實現治國平天下的王道理想起見，他們決任有忘記過對民族的責任。他們對民族復興和民族文化復興有著很大的功績和貢獻。」〔註100〕對爲民請命、弘揚民族氣節、扶危救難的外王事功人物推崇備至，由此可見賀麟道統論之統觀。

### （四）新外王說

新外王說是賀麟現代道統論的理論弱項，他對此構建不多。儘管他首次提出「儒家思想新開展」的命題，旨在構建儒家思想的現代理論，標立儒家現代道統，以期宏濟國難。「欲求儒家思想的新開展，在於融會吸收西洋文化的精華與長處。」〔註101〕但是，賀麟主要是「從哲學、宗教、藝術各方面以發揮儒家思想，」儘管其旨在於「使儒家精神中包含有科學精神，使儒家思想足以培植、孕育科學思想，而不致與科學思想棍淆不清。」〔註102〕同時，對於科學的引進，賀麟堅持讓其獨立發展。他認爲，「西洋文化的特殊貢獻是科學，但我們既不必求儒化的科學，也無須科學化儒家思想。因科學以研究自然界的法則爲目的，有其獨立的領域。沒有基督教的科學，更不會有佛化或儒化的科學」。〔註103〕這樣，「儒家思想也有其指導人生、提高精神生活、發揚道德價值的特殊效準和獨立領域，亦無須求其科學化。換言之，即無須附會科學原則以發揮儒家思想。一個崇奉孔孟的人，盡可精通自然科學，他所瞭解的孔孟精神與科學精神，盡可毫不衝突，但他用不著附會科學原則以曲解孔孟的學說，把孔孟解釋成一個自然科學家。」〔註104〕科學、儒學在各自領域發展，不相衝突。

至於民主，賀麟認爲可從儒家傳統之民本、民治主義開出西方民主精神。

---

〔註99〕 賀麟：《文化與人生》，商務印書館，1988年，第194頁。
〔註100〕賀麟：《文化與人生》，商務印書館，1988年，第194頁。
〔註101〕賀麟：《文化與人生》，商務印書館，1988年，第7頁。
〔註102〕賀麟：《文化與人生》，商務印書館，1988年，第8頁。
〔註103〕賀麟：《文化與人生》，商務印書館，1988年，第7頁。
〔註104〕賀麟：《文化與人生》，商務印書館，1988年，第7頁。

在他看來，中國傳統「有所謂法家的法治，亦有所謂儒家的法治。前者即申韓式的法治」，「它是刻薄寡恩、急功好利、無情無義的。」「而儒家的法治，亦即我所謂諸葛亮式的法治，則與之不同。它是法治與禮治、法律與道德、法律與人情相輔而行、兼顧共包的。」他認為，「西洋古代如柏拉圖，近代如黑格爾所提倡的法治，以及現代民主政治中的法治，都可以說是與儒家精神相近，而與申韓式法家精神相遠的。」這就是儒家民治主義，即「『天視民視、天聽民聽』和『民貴君輕』等說的眞精神」。鑒於此，賀麟還指出，「美國羅斯福總統的許多言論，就代表我所謂儒家式的民主政治」，「美國的大政治家中如華盛頓、富蘭克林、林肯皆有儒者氣象，美國政治特別注重道德理想，比較最契合儒家所謂王道」。也就是說，「儒家的法治」幾近於西方民主，同樣，西方民主亦「契合儒家所謂王道」。〔註105〕

## 五、徐復觀——人文精神骨幹的禮、樂

徐復觀（1903～1982）原名秉常，字佛觀，後由其師熊十力更名為復觀，取義《老子》「萬物並作，吾以觀復」，湖北省浠水縣人。他一生游離於學術與政治之間，1928 年東渡日本留學，考入陸軍士官學校。後回國任職軍界，抗戰期間，曾任蔣介石侍從室機要秘書，授少將軍銜，是蔣介石十四位核心幕僚之一。1944 年於勉仁書院向熊十力執弟子禮，深悟熊師「亡國族者常先亡其文化」和「欲救中國中國，必須先救學術」之思想，乃潛心於中國學術文化。1958 年，徐復觀參與《爲中國文化敬告世界人士書》的聯名，作為現代新儒家道統論者，其新外王說頗有思想建樹。他承續儒家道統孔、孟、荀之「道」的外王一脈，即「形成人文精神骨幹的禮、樂」。對於開出科學、民主的構想，徐復觀沒有脫離現代新儒家典型的「返本開新」式外王說之巢臼，他認爲，民主政治亦可從傳統中「疏導出來」，知性當與人性「相攜並進」。總之，「要從自己民族生命中成長出科學民主」。

### （一）續統意識

徐復觀以儒家思想爲「民族的靈魂」〔註106〕，爲「凝成中國民族精神的主流」。〔註107〕至於種族之異則視爲「民族的軀殼」。即「軀殼是血統服朔，

〔註105〕賀麟：《文化與人生》，商務印書館，1988 年，第 13 頁。
〔註106〕徐復觀：《學術與政治之間》，華東師大出版社，2009 年，第 1 頁。
〔註107〕徐復觀：《學術與政治之間》，華東師大出版社，2009 年，第 8 頁。

靈魂是歷史文化」。其視湘軍「『衛道』之戰，也就是爲歷史文化而戰」。〔註
108〕他對待傳統文化的態度，「是要從具體的歷史條件後面，以發現貫穿於歷
史之流的普遍而永恒的常道。」認爲當務之急，應是「在新的具體的條件之
下」，對此「常道」作出「新的實踐」，「使其能有更完全更正確的顯現」。〔註
109〕顯然，徐復觀所論之「貫穿於歷史之流的普遍而永恒的常道」即是儒家道
統之「道」，這是從寬泛的意義上來講的。晚清以降，世道驟變，「中國文化
應由與西方文化的接觸而開一新局面，中國的歷史應由與西方文化的接觸而
得一新生命」。現代儒家者當「滌舊染之污，昭再生之望」，擔當此新時代使
命，承接先秦儒家孔、孟、荀之「道」，爲了「新的實踐」而開創「一新生命」。
茲「就我們固有的人文精神、人格主義而論，可說是一種飛躍的伸長」。〔註 110〕
這「飛躍的伸長」即可謂是儒家道統論在近現代的「一新局面」。

## （二）道觀

「形成人文精神骨幹的禮、樂」是徐復觀所承續的儒家之道。

首先，他肯定「中國文化所建立的道德性格是『內發』的、『自本自根』
的而無待於外的道德」，即是「孔子所說的『爲仁由己』、『我欲仁，斯仁至矣』
的這一精神」，至宋明儒則是「言心言性」，這亦然是現代新儒家道統論者之
一共同性。但「自本自根」之「仁」、之「心性」如何「根深蒂固」，如何下
貫社會各域以發揮其效用，「中國文化之深入社會，有待於政治上的『化民成
俗』」。〔註 111〕相對於「仁」、「心性」之於國人，尤士大夫之「自力」而言，
徐復觀更強調「他力」的重要性，他力述「作爲中國文化基石的『心』，沒有
辦法作客觀的規定，而只靠自驗於心之安不安」，以致大多數人遁入「純自私
自利的個人主義的世界」。此所謂「他力」即政治之「化民」作用。

徐復觀以爲，儒家道統唯「修己」、「治人」兩端，兩者缺一不可，「幾乎
可以說是儒家精神的全部構造」。〔註 112〕「因之儒家治人必本之修己，而修己
亦必歸結於治人」。〔註 113〕可見，他是以「治人」爲其鵠的。兩者標準不一，
治人之標準即是「在政治上所立的標準，」其以「承認德性的標準」爲前提，

〔註108〕 徐復觀：《學術與政治之間》，華東師大出版社，2009 年，第 1 頁。
〔註109〕 徐復觀：《學術與政治之間》，華東師大出版社，2009 年，第 8 頁。
〔註110〕 徐復觀：《學術與政治之間》，華東師大出版社，2009 年，第 78 頁。
〔註111〕 徐復觀：《學術與政治之間》，華東師大出版社，2009 年，第 69 頁。
〔註112〕 徐復觀：《學術與政治之間》，華東師大出版社，2009 年，第 101 頁。
〔註113〕 徐復觀：《學術與政治之間》，華東師大出版社，2009 年，第 8 頁。

「而必以人民的自然生命的要求居於第一的地位」，〔註114〕即以民生爲要。兩條標準不可混用，正如「議道自己」與「置法於民」〔註115〕兩者之謂。可見，徐復觀所承續的儒家道統乃先秦儒家孔、孟、荀之「道」，此「道」立足於政，在「孔子只提出一個端緒」，而荀子「承孟子之後，爲儒家開創期之殿軍，儒家的人文精神由他而得到一明確的形態，形成人文精神骨幹的禮、樂」〔註116〕。

### （三）統觀

現代道統論之統觀已非嚴格意義上之傳道譜系了，可以其對國史上一系列其所宗主、所推崇之相關人物、時期或朝代來定論。徐復觀極崇三代、漢政，認爲「漢代大一統的皇帝有一個平民風格的傳統，不肯把皇帝懸隔起來、神化起來」，並且漢代選舉制度「所表現的基本精神則確是趨向眞正民主的這一條路上」。他斷言：漢代是「中國文化成就最大的時代」。〔註117〕兩漢以下以至「今日」，以「在政治上所要求的標準作一對比，則其一代不如一代的下降趨勢，可說是十分清楚」，〔註118〕以其論述的角度觀之，其重在「政」。

在所宗人物系列〔註119〕上，三代因其「情形多含有想像的成分，多置不論」。〔註120〕那麼三代以下，則有孔、孟、荀、董。對於荀子，徐復觀以荀子爲禮、樂之明確形態的提出者。他說，荀子「承孟子之後，爲儒家開創期之殿軍；儒家的人文精神，由他而更得到一明確的形態；形成人文精神骨幹的禮、樂及由禮而來的『正名』，孔子只提出一個端緒，在他都有詳細的發揮。在這一點上，他似乎可以說是儒學的完成者」。〔註121〕加之「禮樂」，方可稱爲「儒學的完成者」。這裏，徐復觀以荀子之「禮樂」承孔、孟而來，其後，董仲舒「道之大原出於天，天不變，道亦不變」〔註122〕之論「把人類行爲的準則向客觀的普遍妥當性這一方面推進了一大步」。「這便從陰陽家的手中把

〔註114〕徐復觀：《學術與政治之間》，華東師大出版社，2009年，第97頁。
〔註115〕《禮記・表記》。
〔註116〕徐復觀：《學術與政治之間》，華東師大出版社，2009年，第83頁。
〔註117〕徐復觀：《學術與政治之間》，華東師大出版社，2009年，第72頁。
〔註118〕徐復觀：《學術與政治之間》，華東師大出版社，2009年，第81頁。
〔註119〕這裏不以人物譜系來稱謂，是爲了與嚴格意義上的傳道譜系相區別。這亦是現代道統論之一特色。
〔註120〕徐復觀：《學術與政治之間》，華東師大出版社，2009年，第78頁。
〔註121〕徐復觀：《學術與政治之間》，華東師大出版社，2009年，第83頁。
〔註122〕《漢書・董仲舒傳》。

政治問題還原到儒家人文精神之上」。〔註123〕他肯定了董仲舒對先秦原始儒家人文精神的接續與回歸。晚明顧亭林、黃梨洲、王船山、顏習齋等實學人物亦爲徐所崇尚，他總結「顧黃們」在政治上的有爲之處，即「伸張地方、社會以培養民力，制衡朝廷；恢復讀書人的人格與自信心以培養人才，制衡專制」。〔註124〕他認爲，「他們的精神是偉大的，他們所祈向的方向是正確的」。「顧黃們」接續三代、兩漢之精神，於科學、民主之途大有進展，「由科學所擴大的社會生活，與知識分子以向社會發展的廣大可能性，這裏不再有非當舉業秀才即無立足之地的問題。民主倒轉了政府與人民的形勢，把州舉里選擴大到政治最高權力之所在，清議擴大爲推動一國政治的原動力，不再像東漢士人，一旦把清議推及於朝廷時，即有殺身之禍。」果能如此，則「就我們固有的人文精神，人格主義而論。可說是一種飛躍的伸長。」〔註125〕此所言之「伸長」當是對三代、兩漢外王一脈之道統的接續或延伸。由此可以看出徐復觀道統論中的人物譜系之大致排列：三代人物、孔、孟、荀、董、晚明之「顧黃們」。

### （四）新外王說

徐復觀對傳統之弊的認識在某些方面，如專制、非科學等，幾同於陳獨秀等激進主義者。他說，「中國文化，畢竟走的是人與自然，過分親和的方向，征服自然以爲己用的意識不強，於是以自然爲對象的科學知識，未能得到順利的發展生。所以中國在『前科學』上的成就，只有歷史地意義，沒有現代地意義。」〔註126〕這是中國傳統文化的非科學論調。在政治上，他指出，「中國的知識分子，……把整個人生都束縛於政治的一條窄路之中；而政治的努力，不僅在緩和專制之毒，未能發現近代的民主政治，以致人生不能從政治中解放出來，以從事於多方面的發展；這是中國文化的一大漏洞，也是中國文化的一大悲劇」。〔註127〕

儘管如此，但他對儒家之「道」的認同卻又不亞於其同門大儒牟宗三、

---

〔註123〕徐復觀：《學術與政治之間》，華東師大出版社，2009年，第169頁。

〔註124〕徐復觀：《學術與政治之間》，華東師大出版社，2009年，第77頁。

〔註125〕徐復觀：《學術與政治之間》，華東師大出版社，2009年，第78頁。

〔註126〕黃克劍、林少敏：《當代新儒學八大家集——徐復觀集》，群言出版社，1993年，第86頁。

〔註127〕徐復觀：《學術與政治之間》，華東師大出版社，2009年，第41頁。

唐君毅等。他把傳統分爲兩個層次，即「高次元傳統」、「低次元傳統」。後者則是屬於民間風俗習慣之小傳統，前者就是有著精英文化之大傳統的意味。他認爲，「高次元傳統的自覺，是把過去、現在、未來連在一起的。是把個人和社會連在一起的。是把一個民族和世界，連在一起的」，這是褒義上的傳統，「其中符合於人類兩種兩反相成需要的東西，都在高次元傳統的精神、理想提撕統攝之下，各得到應存的地位，以形成新的秩序，亦即形成新的傳統。……由高次元傳統之力所形成的傳統，對過去的承傳，同時即是對過去的超越。」〔註 128〕傳統是指儒家傳統，亦即其所接續的孔、孟、荀之道。可見徐復觀是贊同中國文化之一本性的。

對於開出科學、民主的構想，徐復觀沒有脫離現代新儒家典型的「返本開新」式外王說之窠臼。他說，「我們需要科學民主，並要從自己民族生命中成長出科學民主」。〔註 129〕「一面講我們的歷史文化，一面講我們的科學民主。科學民主是我們歷史文化自身向前伸展的要求，而歷史文化則是培養科學民主的土壤。」〔註 130〕如何開出科學、民主？徐復觀作了具體闡釋。

他認爲，道德和科學必須整體發展，而道德則是根源。「今後的儒家之需要科學，不僅係補其人性在中國文化發展過程中所缺的一面，並且也可輔助我們文化已經發展了的一面，即仁性的一面。仁性和知性，道德和科學，不僅看不出不能相攝並進的理由，而且是合之雙美，離之兩傷的人性的整體。」〔註 131〕徐復觀於此將知性歸之於仁性，也即人性。認爲立定心、性方顯中國文化的歷史意義和現代意義。「在人的具體生命的心、性中，發掘出道德的恨源、人生價值的根源；不假藉神活、迷信的力量，使每一個人，能在自己一念自覺之間，即可於現實世界中生穩恨、站穩腳；並憑人類自覺之力，可以解決人類自身的矛盾，及由此矛盾所產生的危機」。〔註 132〕

〔註 128〕黃克劍、林少敏：《當代新儒學八大家集——徐復觀集》，群言出版社，1993年，代編序第 21 頁。

〔註 129〕徐復觀：《一個中國人在文化上的反抗》，《徐復觀雜文——記所思》，臺北：臺灣時報文化出版事業有限公司，1980 年，第 73 頁。

〔註 130〕徐復觀：《歷史文化與自由民主》，《學術與政治之間》，臺北：臺灣學生書局，1985 年，第 538 頁。

〔註 131〕黃克劍、林少敏：《當代新儒學八大家集——徐復觀集》，群言出版社，1993年，代編序第 19 頁。

〔註 132〕黃克劍、林少敏：《當代新儒學八大家集——徐復觀集》，群言出版社，1993年，第 86 頁。

至於民主政治，亦是可從傳統中「疏導出來」的。他說，「要把中國文化中原有的民主精神重新顯豁疏導出來，這是『為往聖繼絕學』；使這部分精神來支持民主政治。這是『為萬世開太平』」。〔註133〕其具體構想如下：

> 把儒家的政治思想，重新倒轉過來，站在被治者的立場來再作一番體認。首先把政治的主體，從統治者的錯覺中移歸人民，人民能有力量防止統治者的不德，人民由統治者口中的「民本」一轉而為自己站起來的民主。知識分子，一變向朝廷鑽出路，向君王上奏疏的可憐心理，轉而向社會大眾找出路，向社會大眾明是非的氣概。對於現實政治人物的衡斷，再不應當著眼於個人的才能，而應首先著眼於他對建立真正的政治主體，即對民主所發生的作用。所以今後的政治，先要有合理的爭，才歸於合理的不爭；先要有個體的獨立，再歸於超個體的共立；先要有基於權利觀念的限定，再歸於超權利的禮的陶冶。總之，要將儒家的政治思想，由以統治者為起點的迎接到下面來，變為以被治者為起點，並補進我國歷史中所略去的個體之自覺的階段，則民主政治，可因儒家精神的復活而得其更高的依據；而儒家思想，亦可因民主政治的建立而得完成其真正客觀的構造。這不僅可以斬斷現實政治上許多不必要的葛藤，且可在反極權主義的鬥爭上，為中國為人類的政治前途，開一新的運會。

〔註134〕

更換主體，從而變民本為民主。由儒家「民本」、「德治」傳統「一轉而為自己站起來的民主」，這只是對儒家政治理想主義的裨補闕漏，卻未能現實地實現民主、科學。

## 第二節　禮樂派基本特徵分析

二十世紀上半葉儒家道統論禮樂派的基本特徵可歸結為四點：道觀政治化傾向；直尊周孔道脈、漢唐精神、宋明事業、彰顯外王事功取向；現實踐履；「不返本而開新」的新外王學說。道觀外王社會化、政治化傾向是指此派

---

〔註133〕 林鎮國等：《擎起這把香火──當代思想的俯視》，《徐復觀雜文續集》，臺北：時報文化出版有限公司，1986年，第413頁。
〔註134〕 徐復觀：《學術與政治之間》，華東師大出版社，2009年，第16頁。

道統論者立足於社會、政治言道統。直承周孔道脈，標立漢唐精神，辯析宋明而對宋明狹弊和宋明事業分別抑揚，以此作爲統觀而彰顯其外王事功取向。先秦儒學現實踐履的特質在此派諸公那裏體現得尤爲突出，他們秉承周孔現實踐履之遺風，在社會教化、民主政治的舞臺上均有所爲。「不返本而開新」則是說民主、科學這一新外王並非從儒家「心性」之「道」的道德本體中開出，民主、科學、儒家心性「靈根」均各行一域，獨立不悖。

## 一、道觀社會化、政治化傾向

道觀社會化、政治化傾向就是現代道統論者接續周孔外王之道，以爲現代道統。這是立足於社會、政治來言道統。原始儒家道統論以內聖外王「雙條的路」開其端緒，荀子發展周孔之「禮樂」，以成儒家外王之道。有學者曾說，「除孔孟程朱陸王這條『修心養性』的『內聖』脈絡外，儒學還有孔、荀、董仲舒、王通、陳、葉、顧、黃等『通經致用』的『外王』之路」。〔註 135〕如果「沒有荀子，便沒有漢儒，沒有漢儒·就很難想像中國文化會是什麼樣子」。〔註 136〕在此，且將禮樂派的基本特性歸納爲：依據對儒家道統之「道」的解悟來整合自己的社會、歷史、人生觀，並籍此作爲其實踐原則，力行人倫日用、倫理教化。梁漱溟恪守傳統儒家「治平」信念，力求踐行外王，將儒家思想與社會、政治運動融匯合一。張君勱站在政治的角度來論述儒家精神——「孔孟之精神」，以此爲關乎儒家文化存亡絕續的道統。賀麟則指出，當今之計，在於發揮陽明精神、力行哲學，以建設新儒家思想。徐復觀是站在「安人」、「安百姓」的「行」的層次言儒家道統的，進而從政的角度疏導出民主精神。

梁漱溟恪守傳統儒家「治平」信念，力求踐行外王，將儒家思想與社會、政治運動融匯合一。他強調歸復孔子內、外「雙條的路」，如果「禮樂不興，則孔子的人生固已無從安措」，〔註 137〕此「禮樂」就是傳統儒學「修齊治平」外王理念的現實體現。「梁先生之倡導儒學，與其說是出於一種宗教的熱情和

〔註 135〕鄭家棟：《當代新儒家的道統論》，《當代新儒學論衡》，臺北：臺北桂冠圖書公司，1995 年，序第 3 頁。

〔註 136〕李澤厚，《荀易庸紀要》，《中國古代思想史論》，天津社會科學院出版社，2004年。

〔註 137〕梁漱溟：《東西文化及其哲學》，商務印書館，2005 年，第 149 頁。

信念，不如說是出於一種理性的思考和抉擇，而此種思考和抉擇的原動力和出發點，則正是傳統儒學的『家國天下』意識」。〔註138〕這「儒學的『家國天下』意識」就是傳統儒學的外王事功，即修、齊、治、平。「禮樂」是孔家外王一脈之精髓，梁公以此言道統，並自信儒家「禮樂」精神的美好前景。他說，「世界未來，不遠的未來，我認爲將是中國文化的復興。或再申明一句：中國文化的復興就是禮樂之興，世界的未來將必然是禮樂的復興，禮樂復興就是中國文化的復興！」〔註139〕正是基於「禮樂」的道觀，梁公論道講學均不從超越的層面來講。有論者說，梁漱溟「講宗教、講道德、講『理性』，但基本上不是從超越的層面講，而是從現實的層面講。講宗教自然很難完全排除超越層面的問題，但梁先生主要是著眼於宗教的社會功能和中國文化『以道德代宗教』所產生的影響。」〔註140〕著眼於現實，依據儒家外王之道的精神指導以重建新時代之中國社會倫理、政治秩序是梁漱溟畢生所踐行的信條。

張君勱認爲中國文化、儒家道統延續至今，其主要原因是文化之活力在，此活力即「孔孟之精神」。他指出：

> 以我觀之，文化之存亡生死，非徒文字之有無焉，衣冠之有無焉，視其有無活力。活力之所在，莫顯於社會之信仰，莫顯於執行文化之人。……吾國文化，所以免爲希臘、羅馬之續者，以民族未亡，三四千年前之古籍與學說，至今猶有子孫爲之繼承耳。然所以繼承之者，獨有外形，獨有軀殼，吾人雖讀孔孟書，而孔孟之精神存於今日者幾何？雖讀馬鄭程朱之書，而遵馬鄭程朱之遺規者，究有何人？今日大地之上，雖有人焉，衣中國之衣，言中國之言，或舉聖賢之言論以與西方相較，此則書本上之跡象，而非生活之實際，猶之子孫雖衣先人之衣，面目雖似，而事業精神迥非昔比矣。〔註141〕

張君勱感歎今之國人於儒家精神方面遠遜於古人，雖古今時代迥異，但他仍希冀儒家精神這棵老樹能開出民主政治的新花。1945 年，張君勱在《張東蓀著〈思想與社會〉序》中這樣寫道：「謂儒家之精神，同於民主政治，同於社會主義可也。此非吾人之故意附會，去儒家學說之塵垢，見其精義蘊藏，則

---

〔註138〕 鄭家棟：《當代新儒學史論》，廣西教育出版社，1997 年，第 108 頁。

〔註139〕 中國文化書院講演錄編委會編：《論中國傳統文化》，三聯書店，1988 年，第 138 頁。

〔註140〕 鄭家棟：《當代新儒學史論》，廣西教育出版社，1997 年，第 111 頁。

〔註141〕 張君勱：《民族復興之學術基礎》，中國人民大學出版社，2009 年，第 5 頁。

知二者，自出於人心之同然，而非偶然。何也，二者同以理性爲出發點故也。」
〔註142〕他是站在政治的角度來論述儒家精神——「孔孟之精神」，以此爲身繫
儒家文化存亡絕續之道統。

以「禮樂」外王作爲現代儒家道統之「道」，並籍此力行人倫日用、社會
教化，此點正是張東蓀論述其道統觀所堅持的「一貫的方針」，首先，他「從
概念講起，就是要把那些名詞如『天』『道』『德』『仁』『義』『理』『性』『禮』
等等都從系統上與發展上講出來，以明這樣的一組概念足以代表中國文化上
思想的基型，」其目的「不僅要想從社會背境上講這些概念之發展，並且想
從這些概念之發展的情形上推知社會方面政治方面所受的影響是怎樣一回
事。」也就是「從理論與社會雙方互相關係上著眼。」〔註143〕其旨歸仍在於
社會與政治的時代發展。

賀麟分析，「中國近百年來的危機，根本上是一個文化的危機。文化上有
失調整，就不能應付新的文化局勢。」〔註144〕以致於現在國人於政治、社會
方面的努力「都在那裏爭取建設新儒家思想，爭取發揮新儒家思想。」〔註145〕
此處「建設新儒家思想」即是重建儒家道統，他認爲，蔣介石提出「力行哲
學」「實足以發揮王學的眞精神」。〔註146〕陽明致良知之學「就是使自家固有
的良知，發爲行爲，使本心不受障蔽，立即實現出來。致良知即是使知行合
一的工夫，力行即是使知行合一的努力。黃梨洲發揮王學宗旨云：……『致
字即是行字』，『聖人教人只是一個行字，如博學審問愼思明辨皆行也。』（見
《明儒學案》卷首《師說》及卷十《姚江學案》）足見陽明致良知之教，其歸
宿即在一個行字。」〔註147〕可見，賀麟接續傳統道統、重建現代道統是志在
「發揚先秦漢唐的精神」〔註148〕，於國家、於民族大有一番作爲的。這是立
足於政治言道統。

從徐復觀對孔子之道的解悟中可見他是站在「安人」、「安百姓」的「行」
的層次言儒家道統的。他指出：

---

〔註142〕張東蓀：《思想與社會》，瀋陽：遼寧教育出版社，1998 年，序。
〔註143〕張東蓀：《思想與社會》，瀋陽：遼寧教育出版社，1998 年，第 109 頁。
〔註144〕賀麟：《文化與人生》，商務印書館，1988 年，第 5 頁。
〔註145〕賀麟：《文化與人生》，商務印書館，1988 年，第 4 頁。
〔註146〕賀麟：《知難行易說與知行合一說》，青年書店，1943 年。
〔註147〕賀麟：《知難行易說與知行合一說》，青年書店，1943 年。
〔註148〕賀麟：《文化與人生》，商務印書館，1988 年，第 197 頁。

孔子追求的道，不論如何推擴，必然是解決人自身問題的人道，
而人道必然在「行」中實現。行是動進的，向前的，所以道也必是
在行中開闢。《論語》中所涉及的問題，都有上下淺深的層次，但這
不是邏輯上的層次，而是行在開闢中的層次；因此，這是生命的層
次，是生命表現在生活中的層次。「下學而上達」《憲問》，應從這種
方向去瞭解，否則沒有意義。〔註149〕

為今之計，當秉持此「道」以濟時需，「一面講我們的歷史文化，一面講我們
的科學民主。科學民主是我們歷史文化自身向前伸展的要求，而歷史文化則
是培養科學民主的土壤。」〔註150〕這就是說，「我們需要科學民主，並要從自
己民族生命中成長出科學民主」。〔註151〕繼承傳統儒家絕學，旨在民主政治的
實現。這正是徐公對儒家道統承續與發展的點睛之筆，「要把中國文化中原有
的民主精神重新顯豁疏導出來，這是『為往聖繼絕學』；使這部分精神來支持
民主政治。這是『為萬世開太平』」。〔註152〕要在中國實現民主政治，只有「把
儒家的政治思想，重新倒轉過來，站在被治者的立場來再作一番體認」。

要將儒家的政治思想，由以統治者為起點的迎接到下面來，變
為以被治者為起點，並補進我國歷史中所略去的個體之自覺的階
段，則民主政治，可因儒家精神的復活而得其更高的依據；而儒家
思想，亦可因民主政治的建立而得完成其真正客觀的構造。這不僅
可以斬斷現實政治上許多不必要的葛藤，且可在反極權主義的鬥爭
上，為中國為人類的政治前途，開一新的運會。〔註153〕

具體來說，這是將主體更換，由儒家民本主體一轉而為民主主體。

將道觀外王社會化、政治化是禮樂派的基本特性，究其原理可為：第一，
周公德政布施，孔子安人、安百姓，以德政、仁政治國。禮樂派接續周孔外
王一脈言道統，其道觀政治化則自不待言；第二，中國儒家傳統形而上學體

---

〔註149〕黃克劍、林少敏：《當代新儒學八大家集——徐復觀集》，群言出版社，1993
　　　　年，第224頁。
〔註150〕徐復觀：《歷史文化與自由民主》，《學術與政治之間》，臺北：臺灣學生書局，
　　　　1985年，第538頁。
〔註151〕徐復觀：《一個中國人在文化上的反抗》，《徐復觀雜文——記所思》，臺灣時
　　　　報文化出版事業有限公司，1980年，第73頁。
〔註152〕林鎮國等：《擎起這把香火——當代思想的俯視》，《徐復觀雜文續集》，臺北：
　　　　時報文化出版有限公司，1986年，第413頁。
〔註153〕徐復觀：《學術與政治之間》，華東師大出版社，2009年，第16頁。

系從某種意義上說，是道德形而上學和政治形而上學的統一體。道德形而上學以「聖道」爲本體，由形下道德學說上陞至此本體。政治形而上學亦然，以「王道」爲本體，由形下政治學說上達至此本體，由此構成由內聖統攝的內聖外王的致思路線。時至十九、二十世紀，皇權崩潰，傳統的外王構想已成昨日黃花，幾無新生氣息。現代道統論之禮樂派試圖從內聖外王的統一體中分立政治形而上學，傳統政治形而上學以「王道」爲本體，那麼分立出來的現代政治形而上學當以「民主精神」爲本體，由現代政治學說上達此本體。

## 二、周孔道脈、漢唐精神、宋明事業、彰顯外王事功取向

直尊周孔、辯析宋明作爲二十世紀儒家道統論者禮樂派所共有的統觀，是指禮樂派諸公直承周孔道脈，標立漢唐精神，辯析宋明而對宋明狹弊和宋明事業分別抑揚，從此統觀而其彰顯外王事功取向。其中辯析宋明則並非僅以貶斥宋明狹隘的排他性爲能事，而是在此基礎上辯析出宋明儒之另一面——外王踐行來進行分別評價。梁漱溟指出宋明儒亦領悟孔子「內」、「外」「雙條的路」。張君勱認爲宋儒之「鄉約」、「政治」、「氣節」皆有可法之處。賀麟標榜漢唐精神，認爲其「成就最大」是其頗具民主政治的雛形。

梁漱溟對於宋明儒並非一味批評，而是對其在外王事業上的努力是有所肯定的。他雖認爲宋儒「雖慕孔家，卻是所走亦復入偏，於是竟使絕相反對之孔子釋迦於後來流裔上迷混難辨。」陽明亦雖「始祛窮理於外之弊，而歸本直覺」，均「猶忽於照看外邊。」〔註154〕但「宋人對於孔家的人生確是想法去尋的，」只此一點「已經是千年來未有的創舉了！」並且「還頗能尋得出幾分呢！」〔註155〕他認爲，宋明儒亦領悟孔子「內」、「外」「雙條的路」，是人類「踐形盡性」之學，儘管所爲不如人意。

張君勱亦從事功的角度評價宋明儒，認爲宋儒的「思想系統與其及於社會上之影響，如書院，如鄉約，如政治，以三代爲師法，有一種朝氣，一種勇往直前之精神伏乎其中，非漢儒之注疏講解所能與之等量齊觀」。〔註156〕對於孟子「嘗追思三代庠序之教」〔註157〕亦冠以「義務教育」、「鄉村自治」

---

〔註154〕梁漱溟：《東西文化及其哲學》，商務印書館，2005年，第154頁。
〔註155〕梁漱溟：《東西文化及其哲學》，商務印書館，2005年，第152頁。
〔註156〕張君勱：《義理學十講綱要》，中國人民大學出版社，2006年，第20頁。
〔註157〕張君勱：《民族復興之學術基礎》，中國人民大學出版社，2009年，第224頁。

之功。張君勱以氣節爲「中華民族精神」，〔註 158〕孟子養浩然之氣就是此精神之濫觴。「至於孟子浩氣之語，所以振作吾國人心，拔之於深淵之中，免其墜落於廉恥道喪者，其功愈爲偉大，文文山之正氣，東林之血淵，非皆得力於孟子之教者乎？嗚呼，孔子、孟子，吾國文化傳統之柱石，定二千年來是非、邪正標準之人也。」〔註 159〕

賀麟標榜漢唐精神，認爲「周、秦、漢、唐都是文武合一的文化，宋以後文武分離，且有重文輕武之弊」。〔註 160〕他指出，歷史人物中「實踐春秋大義」者、「實現治國平天下的王道理想」者是履行「對民族的責任」，〔註 161〕是功不可沒的。

徐復觀推崇三代、漢政，認爲漢代是「中國文化成就最大的時代」。〔註 162〕這裏所說「成就最大」是指其頗具民主政治的雛形。前已盡述徐公道統論中的人物譜系之大致排列：三代人物、孔、孟、荀、董、晚明之「顧黃們」。這足以彰顯其外王事功取向。

## 三、現實踐履

現實踐履是先秦儒學主要特質之一。「弟子入則孝，出則弟，謹而信，泛愛眾而親仁，行有餘力則以學文」。〔註 163〕「先行其言而後從之」。〔註 164〕行之於未言之前，言之於既行之後。「君子欲訥於言而敏於行」〔註 165〕「始吾於人也，聽其言而信其行；今吾於人也，聽其言而觀其行。」〔註 166〕「三思而後行」。〔註 167〕「君子名之必可言也，言之必可行也，君子於其言無所苟而已矣」。〔註 168〕從某種意義上說，儒家哲學就是一種指導現實踐履的工夫論或實踐學說。「儒家哲學在本質上乃是一種聖學，它是扣緊人的生命的整體存在

---

〔註 158〕張君勱：《儒家哲學之復興》，中國人民大學出版社，2006 年，第 168 頁。
〔註 159〕張君勱：《義理學十講綱要》，中國人民大學出版社，2006 年，第 19 頁。
〔註 160〕賀麟：《文化與人生》，商務印書館，1988 年，第 192 頁。
〔註 161〕賀麟：《文化與人生》，商務印書館，1988 年，第 194 頁。
〔註 162〕徐復觀：《學術與政治之間》，華東師大出版社，2009 年，第 72 頁。
〔註 163〕《論語·學而》。
〔註 164〕《論語·爲政》。
〔註 165〕《論語·里仁》。
〔註 166〕《論語·公冶長》。
〔註 167〕《論語·公冶長》。
〔註 168〕《論語·子路》。

和生命的自我實現來說，扣緊實踐工夫來說。實踐體證才是儒家哲學的眞正基礎和出發點，理論並不是刻意追求的東西，而只是在實踐方面『深造自得』的體會。儒家哲學不是要依靠論理的周密和邏輯的謹嚴讓人信服，而是指點『實踐之下手處』讓人去躬行踐履。」〔註169〕

先秦儒學的這種實踐特質在二十世紀上半葉儒家道統論禮樂派諸公那裏，體現得尤爲突出，他們接續周孔「禮樂」一幟，自然銘記聖訓，秉承周孔現實踐履之遺風，在社會教化、民主政治的舞臺上均有所爲。梁漱溟坐言起行，致力於社會改造運動，將其鄉村建設的理論和構想付諸實踐。張君勱一生徘徊於學術與政治之間，用一生的行動詮釋著自己的儒家道觀。張東蓀一生也沒離開過民主政治的實踐，爲實現其「理想的社會」〔註170〕而活躍在學術與政治的舞臺上。徐復觀注重於儒學「具體生命、行爲」上的踐行，對民主政治汲汲以求。

梁漱溟坐言起行，是照著儒家「內」、「外」「雙條的路」來走的。在現實踐履方面，梁漱溟表現得尤爲突出。有學者說，「論『儒者的傳統與骨氣』，新儒家諸公大都承襲了先賢之風；倒是在『內聖』與『外王』的一體躬行方面，梁漱溟確是其中最爲自覺一位」。〔註171〕梁漱溟一生孳孳汲汲於中國文化、經濟、政治出路的理論追求和實踐探索，可以說，「如果說在傳統道德精神的導引之下探究民主、科學的『新外王』之理確是新儒家的共性追求，那麼論眞正實踐這種『新外王』的奮鬥打拼，新儒家諸公中，唯梁漱溟一人而已」。〔註172〕梁漱溟曾如此自評：「他是一個有思想，又且本著他的思想而行動的人」。「他是一個思想家，同時又是一社會改造運動者」。〔註173〕

梁漱溟早在1924年即赴山東曹州辦學，並爲曹州中學親擬《辦學意見述略》，希冀將其把人生觀的教育置於首要地位、教育平民化等教育思想付諸實踐。北伐以後，他在《村治》月刊上發表了《中國民族自救運動之最後覺悟》一文，轉而尋求社會改造之路，即鄉村建設。認爲「鄉治」乃中國立國之道，

---

〔註169〕鄭家棟：《當代新儒家的道統論》，《當代新儒學論衡》，臺北桂冠圖書公司，1995年，代序論第5頁。

〔註170〕克柔編：《張東蓀學術文化隨筆》，中國青年出版社，2000年，第130頁。

〔註171〕何曉明：《返本開新──近代中國文化保守主義新》，商務印書館，2006年，第221頁。

〔註172〕何曉明：《返本開新──近代中國文化保守主義新》，商務印書館，2006年，第221頁。

〔註173〕梁漱溟：《中國文化要義》，上海人民出版社，2005年，第4頁。

是救國良方。1928 年，作爲國民黨廣州政治分會建設委員會代理主席的梁漱溟，向中央遞交開辦鄉治講習所的建議及大綱，並在廣州舉辦一期鄉治講習班。兩年後，他應邀主辦《村治》月刊，並同時主講於河南輝縣百泉鎮的河南村治學院，開設「鄉村自治組織」等課程。1932 年，梁公應韓復榘之邀在山東繼續其村治活動。次年，山東鄉村建設研究院將鄒平和菏澤兩縣劃定爲實驗縣。到 1936 年至，實驗區的範圍擴大到 27 個縣。梁漱溟的鄉村建設理論和構想遂有了一個付諸行動的實驗基地。梁公本人也由此而成爲 30 年代最具影響力的鄉村建設理論家和活動者。有學者說，「梁漱溟的鄉村建設理論和實踐，可以說是依據儒家思想在社會政治層面所作的最後一次認眞的嘗試。」〔註 174〕

　　張君勱「一生興趣，徘徊於學術與政治之間」，〔註 175〕他自稱「不因哲學忘政治，不因政治忘哲學」。胡秋原評價他是「論政之士中最有學問之一人」。〔註 176〕其摯友唐君毅贊道：「中國現代思想界中，首將西方理想主義哲學，介紹至中國，而立身則志在儒行，論政則期於民主，數十年來，未嘗一日失所信者，當推張君勱先生。」〔註 177〕張君勱以中國政治民主化爲其畢生追求，如其自述：「我自青年時代即有志於制憲事業」。

　　從 1922 年起即負責起草八團體「國是會議」的《國憲大綱》，1945 年，他出席聯合國成立會議，被推爲聯合國憲章小組常務委員。1946 年，張君勱以「以五權憲法之名行英美式憲法之實的方案」〔註 178〕，解決國共雙方在「1946 年《中華民國憲法》」上的立憲爭端。其踐行政治的另一方面，就是組建民主政黨，爲他所信奉的民主政治與社會主義付諸現實的努力。1932 年，張君勱在北平參與創建中國國家社會黨，組建再生社，並發行《再生》月刊。1941 年國家社會黨與其它多黨聯合成立中國民主政團同盟，即民盟，張君勱任中央常務委員。1947 年，他當選爲中國民主社會黨（活動於海外的民社黨）主

---

〔註 174〕鄭家棟：《當代新儒學史論》，廣西教育出版社，1997 年，第 74 頁。
〔註 175〕李山、張重崗、王來寧：《現代新儒家傳》，山東人民出版社，2002 年，第 239 頁。
〔註 176〕胡秋原：《張君勱先生之思想》，見羅義俊編著：《評新儒家》，上海人民出版社，1989 年。
〔註 177〕唐君毅：《經濟意識與道德理性》，見沈雲龍主編：《張君勱先生七十壽慶紀念論文集》。
〔註 178〕李山、張重崗、王來寧：《現代新儒家傳》，山東人民出版社，2002 年，第 227 頁。

席。有人這樣總結其政治生涯：「他曾是蔣介石的座上客，又被國民黨綁架並被軟禁三年；周恩來曾在其六十一歲壽辰時贈以『民主之壽』的匾額，毛澤東卻說他是『最後一名頭等戰犯』；他曾是民盟的創始人和主要領導者，卻最終被勒令退盟」。〔註179〕這正如張君勱自己所說，「中國哲學與西方哲學不同的第四個特色是重視自己所學的身體力行，甚至爲了道可以犧牲性命。人若有志於道並願獻身於道的話，首先要做的便是將自己所信的原則付諸實行；——自己身體力行，在自己的家庭生活以及對國家所盡的義務中具體地表現出來。」〔註180〕張君勱用一生的行動詮釋著其以「禮樂」爲道的儒家道觀。

作爲學者的張東蓀，其一生也沒離開過民主政治的實踐。1911 年，張東蓀從日本東京帝國大學回國。辛亥革命以後，他參加進步黨。五四時期，他成爲研究系重要成員之一，並擔任其機關報《時事新報》的主編。1912 年他出任南京臨時政府大總統府秘書。次年又曾參加過上海共產主義小組會議。1927 年後，他參與組織國家社會黨，出版《再生》雜誌，宣傳國家社會主義思想。抗戰時期，他堅持調和國共、共禦外侮的「中間性的政治路線」，並憑此積極向國民政府獻策。在北平淪陷期間，他不屈於日寇利誘、威逼、監禁，誓死不與汪僞政權合污，體現其民族大義和氣節。1941 年中國民主政團同盟成立，即後來的中國民主同盟，張東蓀先後任華北支部委員、中國民主同盟中央執行委員等要職。1946 年，他作爲民盟代表之一，出席重慶政治協商會議。隨後，他擔任合併組建的中國民主社會黨的主要領導人。在此期間，他強調已有的「中間性的政治路線」，發表題爲《一個中間性的政治路線》的講演，認爲既不同於歐美、又異於蘇聯的「第三條道路」應是當時中國的最佳選擇。新中國成立以後，他曾擔任中央人民政府委員、全國政協委員、政務院文化教育委員、民盟常務委員等職。正如他所秉持的「孔子的眞正主張」——修齊治平那樣，張東蓀一生都在爲實現其「理想的社會」〔註181〕而活躍在學術與政治的舞臺上。

徐復觀於 1928 年東渡日本，考入陸軍士官學校，1931 年回國後，先後擔任國民黨政府軍隊任團長、軍參謀長、師管區司令等要職。抗日戰爭期間，曾任國民黨駐延安高級聯絡參謀，與中共主要領導人有過交往，隨後返回重

---

〔註179〕張熙惟：《中華名門才俊·張氏名門》，泰山出版社，2005 年，第 270 頁。
〔註180〕黃克劍、吳小龍：《當代新儒學八大家集——張君勱集》，群言出版社，1993年，第 391 頁。
〔註181〕克柔編：《張東蓀學術文化隨筆》，中國青年出版社，2000 年，第 130 頁。

慶，擔任蔣介石侍從室機要祕書，授少將軍銜。1944 年他在勉仁書院向熊十力執弟子禮，遂潛心於中國學術。1949 年以後，徐復觀與牟宗三、唐君毅等學者在臺灣、香港兩地從事學術、教育活動，忠誠守護中華文化的根基。徐復觀一生徘徊在學術與政治之間，雖在二十世紀四、五十年代從軍政轉入中國學術領域，然「他在政治上的銳氣，在探究學問時絲毫未減」。[註182] 對於奢談心性的儒家形而上學，他有自己的看法，認為作為中國文化核心的「心的文化，心的哲學，只能稱為『形而中學』，而不應講成形而上學。」以「形而中者謂之心」來區別「形而上學」[註183] 同樣，對於恩師熊十力及同門師友牟宗三、唐君毅也頗有微詞。

　　　　講中國哲學的先生們，……即使非常愛護中國文化，對中國文化用功很勤、所得很精的哲學家，有如熊師十力，以及唐君毅先生，卻是反其道而行，要從具體生命、行為，層層向上推，推到形而上的天命天道處立足，以為不如此，便立足不穩。沒有想到，形而上的東西，一套一套的有如走馬燈，在思想史上，從來沒有穩過。熊、唐兩先生對中國文化都有貢獻，尤其是唐先生有的地方更為深切。但他們因為把中國文化發展的方向弄顛倒了，對孔子畢竟隔了一層。[註184]

可以看出，徐復觀對於儒學，尤孔子之學的理解是更注重於「具體生命、行為」方面。他認為，「一切民族的文化，都從宗教開始，都從天道天命開始；但中國文化的特色，是從天道天命一步一步的向下落，落在具體的人的生命、行為之上。」[註185] 這「具體生命、行為」即是「應在功夫、體驗、實踐方面下手」。[註186]

## 四、「不返本而開新」的新外王說

　　「返本開新」即「內聖」「曲折」地開出「新外王」。這是指一些現代道

〔註182〕李山、張重崗、王來寧：《現代新儒家傳》，山東人民出版社，2002 年，第 765 頁。

〔註183〕李維武編：《文化與人生》，《徐復觀文集》第一卷，湖北人民出版社，2002 年，第 33 頁。

〔註184〕李維武編：《徐復觀文集》第二卷，湖北人民出版社，2002 年，第 103 頁。

〔註185〕李維武編：《徐復觀文集》第二卷，湖北人民出版社，2002 年，第 102 頁。

〔註186〕徐復觀：《心的文化》，原載《中國思想史論集》，臺灣學生書局，1988 年。

統論者，尤心性派「承續宋明儒學的『靈根』，又吸納近代西學的民主、科學思想，……力圖從儒家『道統』中發掘中華民族現代化事業的文化源泉和精神動力。」〔註187〕那麼，「不返本而開新」則是指民主、科學這一新外王並非從儒家「心性」之「道」的道德本體中開出，而是道統、政統、學統三者並列發展，互不統攝，民主、科學、儒家心性「靈根」均各行一域，獨立不悖。然兩者並非是非此即彼的關係，而是「不返本而開新」仍從屬於「返本開新」這一大特徵下，二者只是程度之別。

　　二十世紀上半葉新儒家道統論者禮樂派諸公，如張君勱、張東蓀、賀麟三公的新外王學說就有「不返本而開新」的明顯特徵。張君勱認為政統（民主）、學統（科學）不可返本求之，即政統、學統皆不統攝於道統，三者當並列、獨立發展；張東蓀不贊同「返本開新」的構想，提出「孔孟之道」、民主、科學互不統攝，各領風騷；賀麟堅持科學、儒學在各自獨立的領域謀求發展，不相衝突，也無須附會迎合。

　　對於道統、政統、學統三者之關係於新時代之理論構建，張君勱認為政統（民主）、學統（科學）不可返本求之，即政統、學統皆不統攝於道統，三者當並列、獨立發展。對於傳統儒學，他強調：

> 有主宋學、有主漢學；漢學之中，或主古文、或主今文、或主鄭玄、或主王肅；宋學之中，或主程朱、或主陸王，其優劣得失可以不論，要其不能對於現代之政治、社會、學術為之立其精神的基礎一也。若復古之說，但為勸吾國人多讀古書，闡發固有道德，其宗旨在乎喚醒國人，使其不至於忘本，此自為題中應有之義，與吾人之旨本不相背。若謂今後全部文化之基礎，可取之於古昔典籍之中，則吾人期期以為不可。自孔孟以至宋明儒者之所提倡者，皆偏於道德論。言乎今日之政治，以民主為精神，非可求之古代典籍中也；言乎學術，則有演繹歸納之法，非可取之於古代典籍中也。
> 〔註188〕

「復古」之舉旨僅在「闡發固有道德」，「喚醒國人，使其不至於忘本」而已，

---

〔註187〕何曉明：《返本開新——近代中國文化保守主義新》，商務印書館，2006年，第277頁。

〔註188〕張君勱：《明日之中國文化——中印歐文化十講》，中國人民大學出版社，2009年，第92頁。

而民主、科學「非可求之古代典籍中也」。傳統儒家之學自然亦「不能對於現代之政治、社會、學術爲之立其精神的基礎一也」。

張東蓀不甚贊同「返本開新」的構想。他的「主張並不同於中學爲體西學爲用。所謂西學爲用是把西學當作一套技術知識，我則仍把西方文化認爲是整個兒的理智性的文化。我們中國必須把這個理智的文化接收過來，只限於在個人心安理得的做人方面適用孔孟之道而已。」〔註189〕民主、科學、「孔孟之道」各適其用，「孔孟之道」或者是「孔廟之教」當退縮到「個人心安理得的做人方面」，「今後必定不復是社會的，而變爲純屬是個人的，亦不復再成爲制度，乃純變爲修養之方法」。〔註190〕而把民主與科學當作「整個兒的理智性的文化」整體「接收過來」。他說：

> 中國的道統是不會滅亡的；但必須縮小其統轄的範圍。須知退縮了以後其性質必以因之變化。換言之，即儒家道理只可爲內心修養之用，至於治國平天下以及對社會的關係，對自然的研究則須完全依賴科學。……我以爲中國關於內心修養一方面已經有了，只須去其流弊而發揮光大之就行了。而向外的方面卻須大爲推進。
> 〔註191〕

如此一來，「孔孟之道」與民主、科學「這三個知識系統若論其爲系統上之架格是各自獨立的，不可以合併爲一個，但在人生上發生實用的效果則又不但是常相混合，且復相待相成，彼此互倚，不可缺少任何其一。」〔註192〕「孔孟之道」、民主、科學互不統攝，各領風騷。

賀麟堅持引進科學，並主張讓其獨立發展。他指出：

> 西洋文化的特殊貢獻是科學，但我們既不必求儒化的科學，也無須科學化儒家思想。因科學以研究自然界的法則爲目的，有其獨立的領域。沒有基督教的科學，更不會有佛化或儒化的科學。一個科學家在精神生活方面，也許信仰基督教，也許皈依佛法，也許尊崇孔孟，但他所發明的科學，乃屬於獨立的公共的科學範圍，無所謂基督教化的科學，或儒化、佛化的科學。反之，儒家思想也有其

---

〔註189〕 張東蓀：《思想與社會》，瀋陽：遼寧教育出版社，1998 年，第 231 頁。
〔註190〕 張東蓀：《思想與社會》，瀋陽：遼寧教育出版社，1998 年，第 231 頁。
〔註191〕 張東蓀：《思想與社會》，瀋陽：遼寧教育出版社，1998 年，第 231 頁。
〔註192〕 張東蓀：《思想與社會》，瀋陽：遼寧教育出版社，1998 年，第 234 頁。

> 指導人生、提高精神生活、發揚道德價值的特殊效準和獨立領域，
> 亦無須求其科學化。換言之，即無須附會科學原則以發揮儒家思想。
> 一個崇奉孔孟的人，盡可精通自然科學，他所瞭解的孔孟精神與科
> 學精神，盡可毫不衝突，但他用不著附會科學原則以曲解孔孟的學
> 說，把孔孟解釋成一個自然科學家。〔註193〕

這樣，科學、儒學在各自獨立的領域謀求發展，不相衝突，不相統攝，也無須附會迎合。

礼樂派承接周孔外王一脈，立足於社會、政治言道統，有一種試圖從傳統儒家之內聖外王，即集道德、政治於一體的形而上學體系中分立出政治形而上學，以構建現代政治形而上學體系的努力。立足於政治言道統，也就是立足於其功用而言道統，其對於民主、科學的引進和發展的構想較之另兩派則更顯得獨立不依。

---

〔註193〕賀麟：《文化與人生》，商務印書館，1988年，第7頁。

# 第七章　二十世紀上半葉儒家道統論的演進歷程

　　儒家道統論在二十世紀上半葉的重構並非是一蹴而就的，而是通過晚清體用派的道統復興、現代新儒家在「五四」前後的接續異構和抗戰期間的分立融構以及四五十年代的大成同構而在理論上逐步建構起來的，體現了一定的理論發展的邏輯必然性。同時，現代新儒家道統論身處雙重的「衝擊」和「動力」，在二十世紀上半葉這一長時段裏，其思想變幻多樣，精彩紛呈。這是在各個不同的歷史階段，經過不同的歷史事件的觸發而演進過來的。然而，二十世紀上半葉儒家道統論的這一歷史理論演進過程和邏輯脈絡是怎樣的呢？其具體每一階段之階段內容或理論環節又是如何？且具有怎樣的階段理論特色？因此，僅以橫向分派別類的方法進行研究是不夠的，縱向分階段性研究勢趨必然。本章將二十世紀上半葉現代新儒家道統論作爲研究對象〔註

〔註 1〕　這裏從方法論的層面對此章的寫法予以說明。將此期現代道統論作爲研究對象而進行階段性研究，從中探析出其理論發展軌跡，這有別於解構其現實社會意義上的建構過程，即將此期現代道統論置於當時特殊的政治、經濟、社會、文化環境中，對於其形成、演進的詳盡歷史過程進行解析研究。後者可稱爲現實社會意義上的解構，如此研究可以得到此期道統論在社會政治、經濟、文化各個領域的互動、衝突、演變、推進的現實狀況，其所得出的歷史演進脈絡則可視爲關於二十世紀上半葉中華道統論的社會史。如田浩所著《朱熹的思維世界》中的那樣，「可以説是思想史與社會史交互爲用的研究」，這「把思想的發展放在當時的文化、學術、社會、政治等情景中求得瞭解」。（引自本書余英時先生序）因此可以説，該書是對宋明儒包括理學道統論在内的理學思想於現實社會中的建構過程的解構，可視爲關於宋代理學思想的社會史研究。理學思想原創於宋代，具有頗爲明顯的建構性，這包括思想體系之

1），而進行階段性的研究，從中探析出其理論發展軌跡以及其形成的邏輯脈
絡，從而回答此期道統論在理論上（非現實社會中）是如何演進為二十世紀
五十年代集大成的儒家道統論的這一問題，即展示其理論意義上的建構歷史
過程，或者說是對其從理論上逐期解構。同時，提煉出每一階段之理論意義
上的階段性特色。每一時期的背景分析則揭示出此期道統論每一建構環節的
被觸發的現實狀況，可以說是對其在現實社會意義上的宏觀性的解構。

　　二十世紀上半葉現代新儒家道統論的理論發展共分為四個階段，即道統
復興、接續異構、分立融構、大成同構。道統復興階段指的是自嘉道以迄清
末這一階段。在此階段，吏治腐敗，財政困窘，經濟凋敝，軍備廢弛，土地
兼併嚴重，貧富不均日甚，社會危機四伏。且學風務虛，瑣碎、空洞。在階
段內容上，曾國藩、張之洞舉唐代韓愈之功，曾國藩承傳統儒家「內聖外王
之業」，以仁、禮兼重之道觀開局，啓二十世紀上半葉現代新儒家道統論多元
道觀之端緒；張之洞則首創「中體西用」功用觀，以其首具的現代意義定立
儒家道統論現代功用觀即新外王說之基調，而成「返本開新」說之濫觴。此
階段曾、張二公道統論雖有明顯的傳統儒家道統論之陳跡，卻具有寬泛化道
觀、傾心於功用觀的承接與現代建設兩方面理論特色；接續異構階段指「五
四」前後，即二十世紀一二十年代這一時期。對於致使皇權政統瓦崩的辛亥
革命的失望，激發了俾傳統儒家道統崩潰之新文化運動的興起，然一戰後西
方人文主義思潮的高漲以及梁啓超一行歐遊之旅的所見和所感迎來了國內思
想界人文主義之回歸。熊十力、梁漱溟等諸公通過反省傳統儒學，以宋明儒
道統論為其理論淵源，通過中、印、西比較而進行批判，分明壁壘，吸納佛
學的思辨體系或西學某些概念，以中西比較的方式凸顯儒學特質之優長及其
於現代社會的現實價值，試圖以此重構現代新儒家道統論體系。此期儒家道
統論體現出濃鬱的復古特色；分立融構階段是指二十世紀三、四十年代，即
抗戰期間。在此階段，民族文化復興思潮之高漲，俾避難西南一隅的現代新
儒家道統論者諸公籍此而揭櫫「文化抗戰」之幟，均致力於其現代道統論之

---

內的理論建構過程或脈絡（以理學思想為研究對象）以及思想體系之外的置
於當時文化、學術、社會、政治等情景中的建構歷史（以其背後的來龍去脈
作為研究對象）二者，作為原創性的思想體系，對於其後者的研究價值亦不
讓於其前者。然二十世紀上半葉儒家道統論乃現代新儒家應時勢而重構，其
體系外的建構性之強、之詳遠遜於宋明儒道統論，故而本章多對於其體系內
的理論建構進程予以解構，或廓清其理論邏輯脈絡。

接續與重構一業。諸公上承周孔、外取西學，分立學統、政統，融構現代道統論體系。此階段體現出內聖弱而外王強的理論特色；大成同構階段是指以二十世紀五十年代為主體的前後十餘年。在此階段，現代新儒家大多飄零海外，苦志自守。為了向世人展現中國文化之於世界的重要性，亦即力挽儒家道統的現代命運。此期道統論者皆致力於前期所論之泛化大成以及其超越的理論追求，即宗教化、形而上學本體化、體系化的理論建設。此階段具有多元的道的本體構建的階段理論特色。

# 第一節　道統復興階段

道統復興是指儒家學者鑒於儒家之道之不明已久矣，為躂伐異端，收拾人心計而拾墜先聖所創傳之儒家道統，猶韓愈之於道統然。茲所言道統復興則是指清道、咸以降，明末以來的儒家道統之不繼、不振已久矣，西風東漸日甚，人心不古，大有天下危亡之勢，承繼、復明先秦、宋明之儒家道統已正當其時。道統復興階段涵蓋自嘉道以迄清末這一時期。值此國運衰敗，世風日下，士氣不作之時，曾國藩、張之洞率先而起，秉復興儒家道統之幟，力倡文以載道，道以致用。其道統論以仁、禮兼重開局，啓二十世紀上半葉現代新儒家道統論多元道觀之端緒；以頗具現代意義的「中體西用」說為功用觀，立儒家道統論現代功用觀即新外王說之基準，而為「返本開新」說之濫觴。同時，亦頗具寬泛化道觀以及重在外王說的現代建設之理論特色。

## 一、階段背景——「關竅不靈，運動皆滯」

嘉道以降，國是日非。吏治腐敗，賄賂公行，難以收拾。官吏士民，狼艱狽蹶。財政困窘，經濟凋敝。軍備廢弛，暮氣沉重。土地兼併嚴重，貧富不均日甚，以致社會危機四伏。朝野上下呈現出一番「日之將夕，悲風驟至，人思燈燭，慘慘目光，吸飲暮氣，與夢為鄰」〔註2〕的衰世景象，而康乾之時「百寶萬貨，人功精英」、「府於京師」之盛況不再。正如時人所言，「方今良法美意，事事有名無實。譬之於人，五官猶是，手足猶是，而關竅不靈，運動皆滯。」〔註3〕且士人專以考據詞章、八股帖括為業，學風務虛，瑣碎、空洞。

---

〔註 2〕 龔自珍：《尊隱》，《龔自珍全集》，上海人民出版社，1975 年版，第 87 頁。
〔註 3〕 張穆：《海疆善後宜重守令論》，《鴉片戰爭時期思想史資料選輯》，中華書局，1963 年，第 9 頁。

　　在政治上，專制帝王柔、剛兩用，「天下無鉅細，一束之於不可破之例。則雖以總督之尊，而實不能以行一謀、專一事。」〔註4〕遂成其「一夫爲剛，萬夫爲柔」〔註5〕的專制集權統治政局。高壓政策亦俾世風、士氣平庸、腐敗，賄賂盛行。和珅一案，貪污白銀達四億兩之巨，幾逾國家財政八年之入。三公六卿以及士大夫皆醉心於利祿，僅以搞裙帶關係，或獻媚邀寵，或粉飾太平爲其能事，卻無人用心於朝政、民生。「近世以來，士大夫相與爲縣遁之言。縣遁者，設與之論東方，則泛稱西事以應之，又變而之北，或變而之南。將東矣，則詭辭以遁之，虛懸其語而四無所薄，終不使其機牙一相牴觸。友朋會合，咨寒而問暄，同唯而共諾，漠然不能相仁。臣下入告，則擇其進無所拂，退無所傷者言之。一有不安，終不敢言。一時率爲孤縣善遁之習。背怨向利，所從來深已。」〔註6〕可見士風日下。遇事高高掛起，但求無過。一團和氣，苟安於士林。道義、責任全無，浮於事而虛於言。整個官僚政治體制已瀕崩潰，各省局面岌岌可危。同時，土地兼併而導致的貧富不均日益嚴重，「豪強兼併……無田者半天下」〔註7〕。「自京師始，概乎四方，太抵富戶變貧戶，貧戶變餓者」，然「開捐例，加賦、加鹽價」〔註8〕仍不止。社會矛盾日趨激化，秘密結社遍及各地，各省起義時有發生，其中猶以白蓮教起義、天理會起義爲最。軍事上，軍備廢弛，暮氣沉重。軍官貪污挪用軍餉，嗜占缺額、空餉，不理營務。士兵不事操練，專務玩樂。「八旗」、「綠營」皆已廢棄，不堪征戰。鑑於此，龔自珍大聲疾呼：「一祖之法無不敝，千夫之議無不靡，與其贈來者以勁改革，孰若自改革？」〔註9〕若不奮起於「自改革」，則有「來者」「勁改革」之憂危。

　　在社會經濟方面，儘管自明代始，中國社會就已孕育著資本主義生產關係之萌芽，資本主義性質的手工工場出現在很多部門和地方。然整個社會經

---

〔註4〕龔自珍：《明良論》四，《龔自珍全集》，上海人民出版社，1975年。

〔註5〕龔自珍：《古史鈎沉論一》，《龔自珍全集》，上海人民出版社，1975年，第20頁。

〔註6〕曾國藩：《黎越喬之兄六十壽序》，《曾國藩全集·詩文》，嶽麓書社，1986年，第188頁。

〔註7〕吳艇：《因時論十·田制》，《中國近代經濟思想資料選輯》上冊，中華書局，1982年版，第57頁。

〔註8〕龔自珍：《西域置行省議》，《龔自珍全集》，上海人民出版社，1975年，第106頁。

〔註9〕龔自珍：《乙丙之際著議第七》，《龔自珍全集》，上海人民出版社，1975年。

濟仍以小農業和家庭手工業相結合爲特徵的自給自足的自然經濟爲主導。十八世紀以來，興起於經歷了資產階級革命的英國之中部地區的工業革命席卷歐洲大陸，影響至深。「歐洲大陸的遠西端，新興的資本主義呼喚來工業革命，瓦特發明的雙向運動蒸汽機，使歐洲人獲得一盞『阿拉丁神燈』。工業革命在幾十年中創造的財富，抵得上人類幾千年的共同積纍，……進入工業化跑道的歐洲，迅速強大。」〔註10〕在此期間，英國因其紡織業、交通運輸業等隨著蒸汽機之應用而得到迅猛發展而成爲世界上頭號資本主義國家。其後，法國、美國紛紛步其後塵，其生產力獲得飛速發展。英國工業的迅猛發展，必然要求開闢世界商品市場，尋找作爲其龐大的商品傾銷地、投資場所和原材料出產地的殖民地。逐步將目光盯向中國，使中國即將被迫捲入世界資本主義市場。「與外界隔絕曾是保存舊中國的首要條件，而當這種隔絕狀態通過英國而爲暴力所打破的時候，接踵而來的必然是解體的過程，正如小心保存在密閉棺材裏的木乃伊一接觸新鮮空氣便必然要解體一樣。」〔註11〕以英國東印度公司爲主體的殖民機構之棉花、棉毛紡織品乃至鴉片等商品的傾銷對於解體中國以農業和手工業相結合的自然經濟起到了關鍵作用。鴉片的豐厚利潤以及多年來中英貿易上的逆差或對華貿易之入超使得英國將鴉片貿易擴大化以至泛濫，給中國經濟、政治、軍事等各方面均帶來災難性的破壞。

清初以來，空談性理之宋學屢遭棄置，繁瑣考據之漢學漸興。「程朱二子之學，今之宗之罕矣，其宗之者率七八十年以前之人，近則目爲迂疏空滯而薄之，人心風俗之患不可不察也……而七八十年來，學者崇漢唐之解經與百家之雜說，轉視二子不足道，無怪其制行之日，趨於功利邪辟，而不自知也。」〔註12〕至乾嘉以降，學人大多潛心於訓詁、考據、文字、音韻之業，或醉心於八股帖括之文，而於義理之學則鮮有涉及，「今未之見也」。對此，沈垚在《與丁子香書》中感喟於懷。

> 近日風氣，於進取──無可望，……里中故人皆講求讀書，不講求作字，今世不工胥吏書，即一領青衿恐亦不可得。……今日自

---

〔註10〕 馮天瑜、何曉明、周積明：《中華文化史》，上海人民出版社，1990年，第911頁。

〔註11〕 馮天瑜、何曉明、周積明：《中華文化史》，上海人民出版社，1990年，第915頁。

〔註12〕 《任東潤先生集序》，《養一齋集》卷十八，《叢書集成初偏本》。

爲計，當讀書明義理，求可對於古人；爲子弟計，當急學入時小楷，以求免於餓死；非厚自待而薄待子弟，必如此，庶可偷生於今之世耳。公卿議論，皆以能小楷爲天下奇才，今日即有韓昌黎、歐陽文忠之文章、政績，亦不能希館選。人無羽毛以避寒，無爪牙以爭食，必古之好而時之違，安得不相率而入於溝壑也？是故爲子弟計，不特經史不必讀，即文義亦不必甚通，以今世原無通文義之人也。不特拙書之習不可仍，即古書家法帖亦不可學，以學法帖而不工胥吏之書，猶之不工書也。垚及諸故人皆老矣，勢不能再習此，子弟慎毋蹈此覆轍可也。〔註13〕

學子們畢其一生於八股文，千篇一律，空洞無物。以至於學人「日治帖括，雖不慊之，然不知天地間於帖括之外，更有所謂學」。〔註14〕時日一久，則「士子以腐爛時文互相弋取科名以去，此人才所以日下也」〔註15〕。潘德輿在其《與魯通甫書》中說，「今天下之人，所讀者雖聖人之書，而自少至老，聖人之微言大義未嘗一究心焉。上所校而取者爲八股之文，其文非聖人欲言者也。下之捨科第而傑然以文學自命者，爲考據、爲詞章，今考據雖託名經學，實皆泛引細故陳說，用相誇耀，不問經之垂訓何意也。其詞章英儁，益泛益誇耀，去聖訓彌遠。綜而論之，能以考據、詞章發僞聖人之心者，前數十年或有之，今未之見也。夫合四海之眾，數十年之久，爭爲考據、詞章與八股文之皆異乎聖人之心者，士大夫夷然視之，不以爲怪，以如此之學術而求其心之必惡利必嗜義，是猶射魚而指天也。」〔註16〕漢學支離、瑣碎之弊至此期已顯露無遺，有志學者則多「惡夫飣餖爲漢，空腐爲宋」，〔註17〕其疾呼：「欲救人事，恃人才；欲救人才，恃人心；欲救人心，則必恃學術。」而揭櫫「經世致用」之幟，開晚清以「道」匡世之先聲。

〔註13〕 沈垚：《與丁子香書》，載自鑫圭編：《中國近代教育史資料彙編‧鴉片戰爭時期教育》，上海教育出版社，1990年，第95頁。
〔註14〕 梁啓超：《飲冰室文集》之十一，第16頁。
〔註15〕 林昌彝：《射鷹樓詩話》卷12，轉引自：馮天瑜、何曉明、周積明：《中華文化史》，上海人民出版社，1990年，第933頁。
〔註16〕 潘德輿：《與魯通甫書》，載自鑫圭編：《中國近代教育史資料彙編‧鴉片戰爭時期教育》，上海教育出版社，1990年，第95頁。
〔註17〕 魏源：《武進李申耆先生傳》，《魏源集》上冊，北京：中華書局，1976年，第361頁。

## 二、階段內容——「內聖外王之業」與「中體西用」

　　曾國藩作爲晚清重臣、理學大家，近世學人之研究著述、撰文甚巨，亦多有探析其衛道精神、經世實學者。然吾人於此以現代新儒家道統論的韓愈論之，從儒家道統論之理論架構對其一一解析。張之洞作爲晚清體用派之代表人物亦被學界定爲現代新儒家道統論之早期接續者，至於此說，何曉明先生在《返本開新》一書中已早有定論，他認爲馮桂芬之《校邠廬抗議》、張之洞之《勸學篇》蘊含強烈的道統意識。其後，有吉林大學石文玉的博士論文《儒學道統與晚清社會制度變革——張之洞〈勸學篇〉研究》、任曉蘭專著《張之洞與晚清文化保守主義思潮》。石文玉認爲張之洞作《勸學篇》意在捍衛儒學道統，以應對康有爲之「新學僞經」說、「孔子改制」說對儒學道統數千年根基的動搖。任曉蘭亦是肯定張之洞對儒家道統論的續接，認爲其經世致用思想則是對儒家道統的固守。茲借前述學人之光芒繼續探索，對現代新儒家道統論早期接續者之道統論從理論架構的角度予以分疏析理，以期進一步對曾、張二公現代新儒家道統論之早期接續者的歷史定位予以論證。

　　如果說唐鑒所著之《國朝學案小識》是與阮元之《儒林傳稿》相與爭鋒，其所凸顯的儒家道統論是儒學內部以道統爲其理學爭奪儒學正統所恃誅伐之具，那麼曾國藩之《討粵匪檄》、張之洞之《勸學篇》則是爲應對道咸之際，太平軍之拜上帝教興以及康有爲之「新學僞經」說、「孔子改制」說起，所致儒家道統數千年根基的搖撼和顛覆而出的衛道（捍衛儒家道統）之作。曾、張二公期此對於儒家道統的接續、擔當和重建以肅清異端邪說，強化儒學之正統地位，以振興低靡之朝政、凋敝之民生。從儒家道統論發展史之意義上說，晚清曾、張二公復興儒家道統之舉，其功堪比韓愈。曾國藩之道統論以仁、禮雙重道觀開局，啓二十世紀上半葉現代新儒家道統論多元道觀之端緒；張之洞之道統論以頗具現代意義的功用觀——「中體西用」，定立儒家道統論現代功用觀即新外王說之基調，而成「返本開新」說之濫觴。〔註18〕

---

〔註18〕對於「中體西用」與「返本開新」，茲略作辨析，以明二者之關聯。作爲儒家道統論的功用觀，「經世致用」、「中體西用」、「返本開新」三者存在著必然聯繫。有學者說，「一定意義上說，『中體西用』是『通經致用』的發展和結果。」（張昭軍：傳統的張力——儒學思想與近代文化變革，吉林人民出版社，.2004.91.）「經世致用」是傳統功用觀，即傳統外王說之要義。迄張之洞們，則深知學習西方之勢趨必然，道的功用必然涵蓋著對西學的引進。二十世紀上半葉現代新儒家道統論諸公雖然已在道的本體構建、體系完善方面

　　曾國藩在其著、文、書箚中表現出強烈的儒家道統接續意識。乾嘉以降，正值樸學中興，諸儒務於浩博、支離之業之際，曾國藩承桐城派大師姚鼐所倡「義理、考據、詞章」三者合一之後而加一「經濟」，主張「文以載道」，道以致用。他指出「乾嘉以來，士大夫爲訓詁之學者，薄宋儒爲空疏；爲性理之學者，又薄漢儒爲支離。鄙意由博乃能返約，格物乃能正心。」〔註19〕義理爲考據之旨，考據爲義理之徑，不可偏廢。並進一步指出，「近代乾嘉之間，諸儒務多爲浩博，惠定宇、戴東原之流，鈎研詁訓，本河間獻王實事求是之旨，薄宋賢爲空疏，夫所謂事者，非物乎？是者，非理乎？實事求是，非即朱子所稱即物窮理者乎？」〔註20〕「實事求是」即是「即物窮理」，道在體行中見，「苟於道有所見，不特見之，必實體行之；不特身行之，必求以文字傳之後世，」〔註21〕由此，曾國藩「既從數君子後，與聞未論，而淺鄙之資，兼嗜華藻，篤好司馬遷、班固、杜甫、韓愈、王安石之文章，日夜以誦之不厭也。」〔註22〕憂道不憂貧賤，樂道不樂名利，對於儒家之道孳孳以求乃曾國藩畢生之志。他說，「古之君子，蓋無日不憂，無日不樂。道之不明，己之不免爲鄉人，一息之或懈，憂也；居易以俟命，下學而上達，仰不愧而俯不怍，樂也。自文王、周、孔三聖人以下，至於王氏，莫不憂以終身，樂以終身。無所於祈，何所爲報？己則自晦，何有於名？」〔註23〕「以不如舜不如周公爲憂也，以德不修學不講爲憂也。……此君子之所憂也。若夫一身之屈伸，一家之饑飽，世俗之榮辱得失、貴賤毀譽，君子固不暇憂及此也。」〔註24〕

吸納西學之優長，但只是以康德、維也納學派等邏輯、架構來重建現代道統論，儒家道統論其「本」尚在。「開新」則圍繞著如何整套地引進科學、民主所作設計，這與體用派「體用兩橛」之弊已不可同日而語，然作爲同樣以引進西學爲其功用之圭臬的兩種學說，「返本開新」無疑是對「中體西用」的承接與發展。所以說，「中體西用」是連接儒家道統論新、舊功用說或外王說的過渡、樞紐理論。

〔註19〕曾國藩：《復夏弢甫》，《曾國藩全集·書信》，嶽麓書社，1990年，第1576頁。

〔註20〕曾國藩：《書學案小識後》，《曾國藩全集·詩文》，嶽麓書社，1986年，第166頁。

〔註21〕曾國藩：《致劉蓉》，《曾國藩全集·書信》，嶽麓書社，1990年，第7頁。

〔註22〕曾國藩：《道光二十五年覆劉蓉書》，載自陳大政輯錄：《曾國藩全書·生平卷》第一卷，內蒙古大學出版社，2001年，第85頁。

〔註23〕曾國藩：《聖哲畫像記》，《曾國藩全集·詩文》，嶽麓書社，1986年。

〔註24〕曾國藩：《致澄弟溫弟沅弟季弟十月二十六日》，《曾國藩全集·家書》（一），嶽麓書社，1985年，第39頁。

不特於此，道咸之際，太平軍興，毀儒棄道，「咸豐三年，粵賊洪秀全等盜據金陵，竊泰西諸國緒餘，燔燒諸廟，群祀在典與不在典，一切毀棄，獨有事於其所謂天者，每食必祝；道士及浮屠弟子並見摧滅。金陵文物之邦，淪為豺豕窟宅。三綱九法，掃地盡矣。」〔註25〕他歷數史上諸賊亂世，均未敢褻瀆儒教正統權威，「自古生有功德，沒則為神，王道治明，神道治幽，雖亂臣賊子窮凶極醜亦往往敬畏神祇。李自成至曲阜不犯聖廟，張獻忠至梓潼亦祭文昌。粵匪焚郴州之學官，毀宣聖之木主，十哲兩廡，狼藉滿地。……以至佛寺、道院、城隍、社壇，無朝不焚，無像不滅。斯又鬼神所共憤怒，欲一雪此憾於冥冥之中者也。」並截取「耶穌之說」、「《新約》之書」而成其拜上帝教，曾國藩對此疾首蹙額，痛徹肺腑，「自唐虞三代以來，歷世聖人扶持名教，敦敘人倫，君臣、父子、上下、尊卑，秩然如冠履之不可倒置。粵匪竊外夷之緒，崇天主之教。……士不能誦孔子之經，而別有所謂耶穌之說、《新約》之書，舉中國數千年禮、義人倫詩書典則，一旦掃地蕩盡。」對此，他大聲疾呼：「此豈獨我大清之變，乃開闢以來名教之奇變，我孔子孟子之所痛哭於九原，凡讀書識字者，又烏可袖手安坐，不思一為之所也。」〔註26〕當其奉命「統師二萬，水陸並進，誓將臥薪嘗膽，殄此凶逆」之時，他鄭重申明，「不特紓君父宵旰之勤勞，而且慰孔孟人倫之隱痛。不特為百萬生靈報枉殺之仇，而且為上下神祇雪被辱之憾。」〔註27〕在《討粵匪檄》文中，曾國藩以捍衛儒家道統相號召，以孔孟人倫、禮義名教之擔當者自任。

曾國藩以仁、禮為其所接續的儒家之道，儼然直承孔子內仁外禮之複合型道觀，「昔仲尼好語求仁，而雅言執禮；孟子亦仁、禮並稱。蓋聖王平物我之情而息天下之爭，內之莫大於仁，外之莫大於禮。」〔註28〕「孟子曰：君子以仁存心，以禮存心，』守此二者，雖蠻貊之邦可行，又何兵勇之不治哉！」〔註29〕然細究其微，則知其實乃是以周、孔之禮濟宋明儒理學道統論「內聖

---

〔註25〕梧桐整理：《曾國藩文集》，海潮出版社，1998年，第55頁。
〔註26〕　清　李翰章編纂、李鴻章校勘、寧波等校注：《曾文正公全集・文集・討粵匪檄》，吉林人民出版社，第1579頁。
〔註27〕　清　李翰章編纂、李鴻章校勘、寧波等校注：《曾文正公全集・文集・討粵匪檄》，吉林人民出版社，第1579頁。
〔註28〕曾國藩：《王船山遺書序》，《曾國藩全集・詩文》，嶽麓書社，1986年，第278頁。
〔註29〕胡林翼著、蔡鍔編：《曾胡治兵語錄》，中國民族攝影藝術出版社，2002年，第132頁。

強而外王弱」之流弊。同時，曾國藩賦予周、孔之禮以新的涵義，即以「經濟之學」、「治世之術」釋禮。「先王之道，所謂修已治人，經緯萬彙者何歸乎？亦日禮而已矣。」〔註30〕「古之學者無所謂經世之術也，學禮焉而已。」〔註31〕「嘗謂古人無所云經濟之學、治世之術，一衷於禮而已。」〔註32〕「古之君子之所以盡其心、養其性者，不可得而見，其修身、齊家、治國、平天下，則一秉乎禮。……荀卿、張載兢兢以禮爲務，可謂知本好古，不逐平流俗。」〔註33〕「將欲黜邪慝而反經，果操何道哉？夫亦日：隆禮而已矣。……人無不出於學，學無不衷於禮也。」〔註34〕由此可見他對於儒家之道的解悟。

曾國藩於學調和漢宋，與其仁禮並重的道觀相爲表裏，這從其所宗亦可見證。「自唐虞三代以來，歷世聖人扶持名教，敦敘人倫」。〔註35〕「荀卿、張載兢兢以禮爲務，可謂知本好古，不逐平流俗。」〔註36〕「堯、舜、禹、湯、文、武、周公、孔子之學豈有他與？即物求道而已。」〔註37〕「自朱子表章周子、二程子、張子，以爲上接孔孟之傳。」〔註38〕可見，曾國藩道統論之統觀是綜合宋明儒理學、事功派道統論的。

道以致用乃曾國藩畢生之志，其功用觀體現著傳統外王特色，於政主張德治、愛民、廉政，於軍則強調恩威兼施。可以說，曾國藩道統論之功用觀是儒家道統論傳統外王說之終結。「凡僕之所志，其大者蓋欲行仁義於天下，使凡物各得其分；其小者則欲寡於身，行道於妻子，立不悖之言以垂教於宗族鄉黨。」〔註39〕其所行之道，仁義也，施之於身、於政，則有所成。曾國藩將其內仁外

〔註30〕 曾國藩：《聖哲畫像記》，《曾國藩全集·詩文》，嶽麓書社，1986年，第250頁。

〔註31〕 曾國藩：《孫芝房侍講芻論序》，《曾國藩全集·詩文》，嶽麓書社，1986年，第256頁。

〔註32〕 黎庶昌：《曾國藩年譜》，嶽麓書社，1986年，第12頁。

〔註33〕 胡林翼著、蔡鍔編：《曾胡治兵語錄》，中國民族攝影藝術出版社，2002年，第50頁。

〔註34〕 梧桐整理：《曾國藩文集》，海潮出版社，1998年，第55頁。

〔註35〕　清 李翰章編纂、李鴻章校勘、寧波等校注：《曾文正公全集·文集·討粵匪檄》，長春：吉林人民出版社，第1579頁。

〔註36〕 胡林翼著、蔡鍔編：《曾胡治兵語錄》，中國民族攝影藝術出版社，2002年，第50頁。

〔註37〕 曾國藩：《道光二十五年覆劉蓉書》，載自陳大政輯錄：《曾國藩全書·生平卷》第一卷，內蒙古大學出版社，2001年，第85頁。

〔註38〕 曾國藩：《聖哲畫像記》，《曾國藩全集·詩文》，嶽麓書社，1986年。

〔註39〕 曾國藩：《答劉蓉》，《曾國藩全集·書信》，嶽麓書社，1990年，第22頁。

禮之道以身體行之，於帶兵、為政皆有所得。他認為，「帶兵之道，用恩莫如用威莫如用禮。仁者，所謂欲立立人，欲達達人是也。待弁兵如待子弟之心，常望其發達，望其成立，則人知恩矣。禮者，所謂無眾寡，無大小，無敢慢，泰而不驕也。……守斯二者，雖蠻陌之邦行矣，何兵之不可治哉。」〔註40〕對於百姓，當以仁心愛之，「大抵與兵勇及百姓交際，只要此心真實愛之，即可見諒於下。余之所以頗得民心勇心者，此也。」〔註41〕值此戰亂，殺戮難免，但亦時存仁心。「吾輩不幸生當亂世，又不幸而帶兵，日以殺人為事，可為寒心，惟時時存一愛民之念，庶幾留心田以飯子孫耳。」〔註42〕他注重社會教化，將求以德化人。「治世之道，專以致賢養民為本。其風氣之正與否，則絲毫皆推本於一己之身與心，一舉一動，一語一默，人皆化之，以成風氣。故為人上者，專重修養，以下之傚之者速而且廣也。」〔註43〕在對於太平軍之起因的分析中，可見得他對民間疾苦的體察。「推本尋源，何嘗不以有司虐用其民，魚肉日久，激而不復反顧！蓋大吏之泄泄於上，而一切廢置不問，非一朝一夕之故矣！」〔註44〕因而，他在戰後上呈的《應詔陳言疏》、《備陳民間疾苦疏》、《敬陳聖德三端預防流弊疏》等奏稿中，明確主張整頓吏治，以挽回民心，提出「以吏治人心為第一義」，「務須從吏治上痛下功夫，斯民庶可少蘇」，否則「若不從吏治人心痛下功夫，滌腸蕩胃，斷無挽回之理」。〔註45〕

張之洞值清末內外交困之時，人心思變之際，對於徹底顛覆傳統，一味求新的變革之舉洞若觀火，他深刻指出，「新者不知本。……不知本則有非薄名教之心。夫如是，……新者愈厭舊，」如此新舊相持，禍起蕭牆。「交相為痛，而恢詭傾危亂名改作之流，遂雜出其說以蕩眾心。學者搖搖，中無所主，邪說暴行，植流天下。……吾恐中國之禍，不在四海之外，而在九州之內矣！」〔註46〕鑒於此，張之洞再三強調：通經以致用。「苟有其本，以為一切學術，

〔註40〕　胡林翼著、蔡鍔編：《曾胡治兵語錄》，中國民族攝影藝術出版社，2002 年，第 133 頁。
〔註41〕　曾國藩：《曾國藩全集・家書》（一），嶽麓書社，1985 年，第 369 頁。
〔註42〕　曾國藩著、李瀚章編：《曾國藩家書家訓》，中國民族攝影藝術出版社，2002 年，第 249 頁。
〔註43〕　曾國藩：《曾國藩全集・日記》，嶽麓書社，1987 年，第 681 頁。
〔註44〕　曾國藩：《復胡蓮方》，《曾國藩全集・書信》（一），嶽麓書社，1990 年，第 77 頁。
〔註45〕　曾國藩：《備陳民間疾苦疏》，《曾文正公全集・奏稿》卷一，1915 年鉛印本。
〔註46〕　張之洞：《勸學篇・守約》，載自宛書義、孫華峰、李秉新主編：《張之洞全集》第十二冊，河北人民出版社，1998 年。

沛然誰能禦之，要其終也，歸於有用。」〔註47〕通經固然重要，然終歸是切於功用。如何通經？「讀書期於明理，明理歸於致用」。「通經貴知大義，方能致用」。這「理」、「大義」即其所承續的儒家之道。

　　承自曾國藩仁、禮雙重道觀，張之洞所承儒家之道亦是內聖與外王兼顧，其對於道統的接續已不止於周孔、孔孟、程朱、陸王、事功等一派一系之論。首先，他心懷強烈的憂道意識，他說，「滄海橫流，外侮薦至，不講新學則勢不行，兼講舊學則力不給，再歷數年，苦其難而不知其益，則儒益為人所賤，聖教儒書浸微浸滅，雖無嬴秦坑焚之禍，亦必有梁元文武道盡之憂，此可為大懼者矣。尤可患者，今日無志之士本不悅學，離經畔道者尤不悅中學，因倡為中學繁難無用之說，設淫辭而助之攻，於是樂其便而和之者益眾，殆欲立廢中學而後快，是惟設一易簡之策以救之，庶可以間執讎中學者之口，而解畏難不學者之惑。」〔註48〕進而，他指出，「我聖教行於中土，數千年而無改者。五帝三王，明道垂法，以君兼師，漢、唐及明，宗尚儒術，以教為政。我朝列聖，尤尊孔、孟、程、朱，屏黜異端，纂述經義，以躬行實踐者教天下。故凡有血氣，咸知尊親。蓋政教相維者，古今之常經，中西之通義。」〔註49〕茲道是「五帝三王」所開創，「孔、孟、程、朱」所闡發、傳承，「漢、唐及明」以及「我朝」所「躬行實踐」的，即「五倫之要，百行之原，相傳數千年更無異義，聖人所以為聖人，中國所以為中國，實在於此。」〔註50〕「政教相維」乃其宗旨，即道之功用。立足「政教」，則可「治身心、治天下」。此道載於六經，「經學貴通大義，切於治身心、治天下者，謂之大義。凡大義必明白平易，若荒唐險怪者乃異端，非大義也。《易》之大義，陰陽消長；《書》之大義，知人安民；《詩》之大義，將順其美，匡救其惡。《春秋》大義，明王道，誅亂賊；《禮》之大義，親親，尊尊，賢賢；《周禮》大義，治國，治官，治民。三事相維。」〔註51〕「大義」即道，以約見博，「守約通博」。

---

〔註47〕　張之洞：《創建尊經書院記》，《張文襄公全集》卷二百十三，中國書店，1990年影印本。

〔註48〕　張之洞：《勸學篇‧守約》，載自宛書義、孫華峰、李秉新主編：《張之洞全集》第十二冊，河北人民出版社，1998年。

〔註49〕　張之洞：《勸學篇‧同心》，載自宛書義、孫華峰、李秉新主編：《張之洞全集》第十二冊，河北人民出版社，1998年。

〔註50〕　張之洞：《勸學篇‧明綱，載自宛書義、孫華峰、李秉新主編：《張之洞全集》第十二冊，河北人民出版社，1998年。

〔註51〕　張之洞：《勸學篇‧守約》，載自宛書義、孫華峰、李秉新主編：《張之洞全集》第十二冊，河北人民出版社，1998年。

「滄海橫流，外侮洊至，不講新學則勢不行。」迫於時勢〔註52〕，張之洞將引進西學作爲其所傳接、堅守之道的功用，從而突破傳統外王說之藩籬。從某種意義上說，張之洞以其「中體西用」說勇當絕非「只販古時丹」的「醫國手」。「中體西用」說所涉「西用」於提出之時只是限指堅船利炮之器、巫醫百工之術，但其中蘊含有科學精神在，張之洞在對其系統闡釋之際，已關涉益智而去迷昧、遊學外國（「明時勢，長志氣，擴見聞，增才智」）、「廣立學堂，儲爲時用」、「師有定程，弟有適從，授方任能」之西方學制、譯西書、閱西報、「變科舉」、「養民在教，教農工商」、設「兵學」、設「礦學」以及修「鐵路」等等，雖看似僅於教育、經濟體制爲主，然已由器進入學、制之域。科學精神的培養，教育、經濟體制的草創，這爲國人由單一的道德主體向認知主體、政治主體的轉出和自覺兼立，並以之爲引進西方科學、民主的內在根據準備了思想和制度的前提。可以說，張之洞道統論之功用觀即是以「中體西用」爲準則來引進西學，其旨即在以西學之強助襄晚清朝政，再以皇權之盛保儒家之道不墜於中華。此舉乃是其仁禮兼重道觀立足於學、政的現實功用，這相對於曾國藩道統論之傳統經世致用路線的功用觀或外王說來講，「中體西用」足可稱爲現代或新外王說。儒家道統論體系與「中體西用」說皆各歸屬於中國傳統體用範疇之一義。〔註53〕而相對於二十世紀上半葉現代

〔註52〕茲時勢之迫可說是，傳道即保教爲上，富強次之。「雖然文襄之效西法，非慕歐化也；文襄之圖富強，志不在富強也。蓋欲借富強以保中國，保中國即所以保名教。吾謂文襄爲儒臣者以此。」（辜鴻銘：《清流黨》，《辜鴻銘文集》，海南出版社，1996年，第418～419頁。）辜鴻銘以「儒臣」概稱張之洞，可謂至當！這正說明張之洞一生是以儒家之道的接續、傳承、捍衛爲其不移矢志。

〔註53〕對於體用說與儒家道統論體系的關係，茲略作解析，以明其旨。所謂體用之義，茲借用相關學者的論述。「體與用，不僅有本體與現象的含義，還有本體與其作用、功能、屬性的意蘊，作爲通常用語，又有主與輔、本與末的意思。」（馮天瑜、何曉明：《張之洞評傳》，南京大學出版社，1991年，第395頁。）由此可知其義有三：一曰本體與現象，或本質與現象。如：「統之於心曰體，踐而行之曰履」（《禮序》），「物物者非物，物出不得先物也。」（《莊子·知北遊》）「凡有貌相聲色者皆物也。」（《莊子·達生》）；二曰本體與功用，或實體與功用。如：「萬物同宇而異體，無宜而有用。」（《荀子·富國》）「禮之用，和爲貴。」（《論語·學而》）；三曰主與輔、本與末。如：「中學爲體，西學爲用」、「灑掃、應對、進退則可矣，抑末也。本之則無，如之何？」（《論語·子張》）「林放問禮之本。子曰：大哉問！禮，與其奢也，寧儉；喪，與其易也，寧戚。」（《論語·八佾》）。具體而言，本體與現象說，即物物與物一說中國古已有之，但二者絕非相離或對立之二物，而是統一的、一體的，所謂

新儒家道統論熊十力以迄牟宗三之新外王說而言，「中體西用」又足可傲居現代道統論之新外王說開基立業之功。因此，「中體西用」說即是現代新儒家「內聖開出新外王」，即「返本開新」說之濫觴。

## 三、理論特色──寬泛化道觀與傾心於功用觀

從以上關於階段內容的論述可知，此期曾、張二公道統論具有寬泛化、傾心於功用觀的承接與建設兩方面理論特色。

### （一）寬泛化道觀──「有內聖外王之業」

自孔子始儒家道統論就有明確的道觀，孔子有內仁外禮複合型道觀，孟子以仁義為道，荀子則以禮義為道。迄韓愈尊承孔孟仁義之道，經二程發展，以天理為道，朱子集其大成，創理學道統論，陳亮、葉適徑承周孔，以外王事功為道，陸、王承二程餘緒，成其心學道統論。曾、張二公感於時勢，效韓愈「文以載道」，竟現代新儒家道統論開局之功。然其所承之道不似前聖諸賢般，狹其一義之道觀以成其論，曾國藩仁、禮兼重，略歸於禮。張之洞亦是內聖與外王之道二者兼顧。

---

「體用一原，顯微無間」。(《程氏易傳序》) 以及對於「中體西用」之「體用兩橛」、「體用不二」的責難正是其義。這迥異於西方哲學之本體與現象對立的兩個世界之說法。對此一義，可用源與流、根與枝為喻；本體與功用說則是論述道與其於百姓日用間、天地萬物中所生發之功用的關係，即「道，體乎物之中以生天下之用者也」。(王夫之：《周易外傳》卷一，中華書局，1977年，第 1 頁。) 對於儒家之道及其功用，宋儒道統論者有言，「聖人之道，有體、有用、有文。君臣父子，仁義禮樂，歷世不可變者，其體也。詩書史傳子集，垂法後世者，其文也；舉而措之天下，能潤澤斯民，歸於皇極者，其用也。」(《宋元學案・安定學案》，中華書局，1986 年，第 25 頁) 「措之天下，能潤澤斯民」即是指「聖人之道」的社會、政治功用。對此，王夫之強調「體用相函」，「無車何乘？無器何貯？故曰體以致用；不貯非器，不乘非車，故曰用以備體。」(王夫之：《周易外傳》卷五，中華書局，1977 年，第 198 頁。) 儒家道統論體系的道觀與功用觀或外王說即是「體以致用、用以備體」的關係；主與輔、本與末之說更著意於次序、輕重，如「灑掃、應對、進退」只屬農圃醫卜之類的小道，「必有可觀者焉，」但無本，「致遠恐泥，是以君子不為也。」(《論語・子張》) 不可因末失本，亦猶「繪事後素」之喻。「中體西用」的提法就是「從『主』與『輔』、『本』與『末』這種約定俗成的日常用法上發揮。」(馮天瑜、何曉明：《張之洞評傳》，南京大學出版社，1991 年，第 396 頁。) 可以看出，「中體西用」與儒家道統論皆各為中國傳統體用範疇之一義。

曾國藩強調，「君子之立志也，有民胞物與之量，有內聖外王之業，而後不忝於父母之生，不愧爲天地之完人。」〔註54〕內聖、外王不可偏廢，修身正心、外王事功皆是儒家所傳之道。他指出，「昔仲尼好語求仁，而雅言執禮；孟子亦仁、禮並稱。蓋聖王平物我之情而息天下之爭，內之莫大於仁，外之莫大於禮。」〔註55〕仁禮並存，世事可治。他說，「孟子曰：『君子以仁存心，以禮存心，』守此二者，雖蠻貊之邦可行，又何兵勇之不治哉！」〔註56〕守此仁、禮之道，其功用方有可爲。張之洞道觀亦是內聖與外王之道二者皆顧。他提出，「切於治身心、治天下者，謂之大義。」〔註57〕此「大義」即是「五帝、三王」、「孔、孟、程、朱」所傳之道，是「漢唐及明」「以教爲政」，「我朝」「躬行實踐」之道。

儒家道統論迄曾、張二公，道觀泛化而呈多元化趨向。深究其理，可得者二：第一，晚清曾、張二公接續儒家道統旨在應對道統、學統、政統均瀕臨崩塌之困局，不若韓愈之時，面對釋、老二氏從教、學的層面襲來，只須固本即可，遂吸納二氏之長，還治其人之身，操其戈入其室則可已。此期正如李鴻章所言，「中國遇到了數千年未有之強敵，中國處在三千年未有之大變局」，即使江山易主「以孝悌忠信爲德，以尊主庇民爲政」〔註58〕之局仍在，而「我聖教行於中土，數千年而無改者」〔註59〕之時代一去不返，接續儒家道統論內聖、外王各派之道以濟時危已勢在必行。張之洞有言，「吾聞欲救今日之世變者，其說有三：一曰保國家，一曰保聖教，一曰保華種，夫三事一貫而已矣。」〔註60〕換言之，面對西方基督教的侵襲，著意建構自己的宗教性道統，尋找人之爲人的合理的內在依據。西學東漸讓張之洞們深感中國人

〔註54〕曾國藩：《致澄弟溫弟沅弟季弟十月二十六日》，《曾國藩全集·家書》（一），嶽麓書社，1985年，第39頁。
〔註55〕曾國藩：《王船山遺書序》，《曾國藩全集·詩文》，嶽麓書社，1986年，第278頁。
〔註56〕胡林翼著、蔡鍔編：《曾胡治兵語錄》，中國民族攝影藝術出版社，2002年，第132頁。
〔註57〕張之洞：《勸學篇·守約》，載自苑書義、孫華峰、李秉新主編：《張之洞全集》第十二冊，河北人民出版社，1998年。
〔註58〕張之洞：《勸學篇·會同》，載自苑書義、孫華峰、李秉新主編：《張之洞全集》第十二冊，河北人民出版社，1998年。
〔註59〕張之洞：《勸學篇·同心》，載自苑書義、孫華峰、李秉新主編：《張之洞全集》第十二冊，河北人民出版社，1998年。
〔註60〕張之洞：《勸學篇·同心》，載自苑書義、孫華峰、李秉新主編：《張之洞全集》第十二冊，河北人民出版社，1998年。

之所以爲中國人的重要性，文化、學術性道統亦勢在必建。數千年未遇之大變局讓張之洞們憂思於大清之難保，經世致用、變革圖強，以扶政統於將傾，爲朝廷勇建外王功勳的精神亦需要道統的支撐和凝聚。所以說，現代新儒家道統論自晚清曾、張二公接續之時即已隱顯著多元並存、分立之機；第二，宋明儒道統論狹隘的排他性亦是其論止於明末之一重要因素，此期重興儒家道統論當有矯枉之訓。兼重外王，注重儒家道統論之功用觀的建設足可補此流弊。時值漢宋相爭已久，分久必合，曾、張二公之學已大有調和漢宋之勢，「近代學人大率兩途：好讀書者宗漢學，講治心者宗宋學，逐末忘源，遂相詬病，大爲惡習。夫聖人之道，讀書治心，宜無偏廢，理取相資。詆諆求勝，未爲通儒」。〔註 61〕作爲「通儒」，其所承儒家道統之義兼顧內外，而具「有內聖外王之業」是不難理解的。

## （二）傾心於功用觀的承接與現代建設——「經濟之學」與「中體西用」

功用觀是儒家道統論之一重要理論部分，它與作爲本體的道形成體用關係，是道施之於萬物、人生、社會、政治所成之功用，「道，體乎物之中以生天下之用者也。」〔註 62〕「聖人之道，有體、有用、有文。君臣父子，仁義禮樂，歷世不可變者，其體也。詩書史傳子集，垂法後世者，其文也；舉而措之天下，能潤澤斯民，歸於皇極者，其用也。」〔註 63〕文以載道，道以致用。孔子「爲政以德」，孟子以仁政、王道爲其功用觀，荀子崇尚王霸雜用。晚清重臣曾國藩、張之洞接續儒家道統，先後以經世致用、「中體西用」構建其功用觀。

曾國藩強調，明道而不致用，讀書何用！唯以身踐行其道，成其功用，方不負《大學》之旨。「蓋人不讀書則已，亦即自名曰讀書人，則必從事於《大學》。《大學》之綱領有三：明德、新民、止至善，皆我分內事也。若讀書不能體貼到身上去，謂此三項與我身了不相涉，則讀書何用？雖使能文能詩，博雅白詡，亦只算得識字之牧豬奴耳！」〔註 64〕雖不能如周公、孔子持道以

〔註 61〕宛書義、孫華峰、李秉新主編：《輶軒語》，《張之洞全集》第十二冊，河北人民出版社，1998 年，第 9797 頁。
〔註 62〕王夫之：《周易外傳》卷一，中華書局，1977 年，第 1 頁。
〔註 63〕黃宗羲、全祖望等：《宋元學案‧安定學案》，中華書局，1986 年，第 25 頁。
〔註 64〕曾國藩：《致澄弟溫弟沅弟季弟十月二十六日》，《曾國藩全集‧家書》（一），嶽麓書社，1985 年，第 39 頁。

致用之效，然孳孳踐行而不輟是可以做到的。「周公之林藝，孔子之多能，吾不如彼，非吾疚也。若其踐形盡性，彼之所稟，吾亦稟焉。一息尚存，不敢不勉」。〔註65〕爲此，在前賢對孔孟之學以義理、考據、詞章三科相概括的基礎上，曾國藩增經濟一科闡發之。「有義理之學，有詞章之學，有經濟之學，有考據之學。義理之學即《宋史》所謂道學也，在孔門爲德行之科；詞章之學，在孔門爲言語之科；經濟之學，在孔門爲政事之科；考據之學，即今世所謂漢學也，在孔門爲文學之科。此四者缺一不可。」〔註66〕程朱理學以言義理性命見長，而忽於考據、詞章，於經世致用之學猶略。曾國藩承其道，明其體，而暢其用，專設一「經濟之學」以概之，足見其對儒家之道功用觀建設的苦心孤詣。

張之洞秉承龔、魏、曾公經世致用之精髓，以「中體西用」成其功用觀。「中體西用」雖說是已衝破傳統外王說的底線，而開現代道統論新外王說之先聲，然不可否認，其與被稱爲傳統外王說之終結的曾國藩「經濟之學」存在著某種本質上的關聯與承接。在《勸學篇》中，張之洞指出，「蓋政教相維者，古今之常經，中西之通義。」〔註67〕道統與政統緊密相維相繫，功用觀的精心構建以保國祚之不輟，政統延綿方俾道統之光大。其篇中「內篇務本，以正人心，外篇務通，以開風氣。」〔註68〕其於外篇中列舉西方文化、科技、風俗等等，所涉工業、農業、商業、林業、化學、工藝、礦業、鐵路、兵制、學制、報業、留學等各領域，並提出「遊歷外國」、「廣立學堂」、「強以學校」、「譯西書」、「閱報」、「變科舉」、「教農工商」、「教兵易練」、「礦學」、「鐵路」舉措。

曾、張二公傾心於功用觀的承接與建設，其原因不外前述。首先是形勢使然。晚清之際，內外交困，國事日非，異族環踞。二公深懷「亡國」、「亡天下」〔註69〕之憂危，認爲「國家」不保，則「聖教」難繼。張之洞說，「吾

---

〔註65〕 曾國藩：《答馮樹懷》，《曾國藩全集・書信》，嶽麓書社，1990 年，第 67 頁。
〔註66〕 曾國藩：《問學》，《曾文正公全集・求闕齋日記類鈔》卷上，1915 年鉛印本。
〔註67〕 張之洞：《勸學篇・同心》，載自宛書義、孫華峰、李秉新主編：《張之洞全集》第十二冊，河北人民出版社，1998 年。
〔註68〕 張之洞：《勸學篇・序》，載自宛書義、孫華峰、李秉新主編：《張之洞全集》第十二冊，河北人民出版社，1998 年。
〔註69〕 茲語引自顧亭林所言：「有亡國，有亡天下。亡國與亡天下奚辨？曰：易姓改號，謂之亡國。仁義充塞，而至於率獸食人，人將相食，謂之亡天下。」（《正始》，《日知錄》卷十三。）晚清之際，有政統、道統崩塌之危。此期情狀更有甚於明末清初之時。

聞欲救今日之世變者，其說有三：一曰保國家，一曰保聖教，一曰保華種，夫三事一貫而已矣。」〔註70〕經世致用，變法圖強方為上策；另外，宋明儒道統論「內聖強而外王弱」之弊已為儒家道統論者深知，數百年後重光道統，當揚長避短，兼收並蓄，以期發揮其最大之效用。

## 第二節　接續異構階段

接續是指對於儒家道統在承繼之上予以新時期之創發，是接與續的統一。這是指現代新儒家道統論者對先秦儒家道統論、宋明儒道統論的承繼，並吸納新鮮元素而充實之，以重構現代儒家道統論。異構則是現代新儒家道統論者接續傳統儒家道統，構建現代道統論的一種方式。即通過對佛學、西學的批判、比較以求其異，來彰顯、重構儒家道統。接續異構階段指「五四」前後，即二十世紀一二十年代這一時期。對於致使皇權政統瓦崩的辛亥革命的失望，激發了致使傳統儒家道統崩潰的新文化運動的興起，然一戰後西方人文主義思潮的高漲，以及梁啟超一行歐遊之旅的所見和所感，迎來了國內思想界人文主義的回歸。熊十力、梁漱溟、張君勱、馮友蘭諸公通過反省傳統儒學，以宋明儒道統論為理論基礎、淵源，在中、印、西比較中相互批判，分明壁壘，吸納佛學的思辨體系或西學某些概念，以中西比較的方式凸顯儒學特質之優長及其對於現代社會的現實價值，試圖以此重構現代儒家道統論體系。此期儒家道統論體現出濃鬱的復古特色。

### 一、階段背景——人文主義的回歸

這一時期的背景可概括為人文主義的回歸。辛亥革命之後，民眾對於革命的失望激發了新文化運動的興起，以「倫理的覺悟，為吾人最後之覺悟之最後覺悟」。皇權政統瓦崩於革命，無皮之毛的道統的坍塌亦已在劫難逃。然而隨著第一次世界大戰的爆發，現代科學、文明之惡的一面暴露無遺，讓人痛感於心。同時，西方現代兩大哲學、文化思潮——科學主義與人文主義思潮的分立與角逐深刻影響著國內思想界，一戰後西方人文主義思潮的高漲以及梁啟超一行歐遊之旅的所見和所感迎來了國內思想界人文主義之回歸。

〔註70〕 張之洞：《勸學篇・同心》，載自宛書義、孫華峰、李秉新主編：《張之洞全集》第十二冊，河北人民出版社，1998年。

　　甲午一役，大清政局幡然為之大變：執掌中樞近三十年的疆臣之首、淮軍領袖李鴻章及其政治集團被迫遠離京畿重地、權力中心。此時，晚清的中國猶如一艘飽經風雨滄桑的破船，因沒有了擅長把握航向、補苴罅漏的老舺公而嚴重偏離航線，在風雨中飄搖難定。可以說，清末十年之局由此役而開；武昌一役，中國政局煥然為之一變：自始皇以來的中央集權君主之位被代之以中華民國共和政府大總統之職。延續兩千年之久的皇權政統就此瓦崩，中國從此踏上了重建現代政統的漫長而艱難的民主共和之旅；護國一役，民國政局猝然為之小變：基本維持中國大一統中央集權政局的北洋新軍領袖袁世凱的敗亡，使得北洋各軍閥割據時代猝然到來。武夫當國，群雄逐鹿。這種割據紛亂局面基本止於北伐一役的告捷。

　　為讓中國走向現代民主共和的武昌、護國之役，並未能打出一個趨於理想的新國家、新秩序，梁啓超所作的一段沉痛反思則代表了當時大多數學人的心聲。「革命成功將近十年，所有希望件件都落空，漸漸有點廢然思返，覺得社會文化是整套的，要拿舊心理運用新制度，決計不可能，漸漸要求全人格的覺醒」〔註71〕然儒家道統與皇權政統休戚與共，同命相連。陳寅恪對此洞若觀火，亦痛心疾首。「夫綱紀本理想抽象之物，然不能不有所依託，以為具體表現之用。其所依託以表現者，實為有形之社會制度，而經濟制度尤其重要者。故所依託者不變易，則依託者亦得因以保存。吾國古來亦曾有悖三綱違六紀，無父無君之說，為釋迦外來之教者矣，然佛教流傳播衍盛昌於中土，而中土歷世遺留綱紀之說曾不因之以動搖者，其說所依託之社會經濟制度未曾根本變遷，故猶能藉之以為寄命之地也。近數十年來，自道光之季迄今日，社會經濟制度，以外族之侵迫，致劇疾之變遷；綱紀之說無所憑依，不待外來學說之撞擊而已銷沉淪喪於不知不覺之間，雖有人焉，強聒而力持，亦終歸於不可救療之局。」〔註72〕皮之不存，毛將焉附？然皮、毛盡去，社會規範、道德秩序何以為繼？現代政統、道統之構建豈是朝夕之間、一日之寒所能成就！陳寅恪之悲絕即在於此。希望、理想和現實之間「形成一種巨大落差，巨大落差產生了巨大的波潮，」〔註73〕皮毛相隨和這「巨大落差」推動著新文化運動的興起。

〔註71〕梁啓超：《五十年中國進化概論》，上海大學出版社，2003年。
〔註72〕陳寅恪：《王觀堂先生挽詞・序》，《學衡》，第64期。
〔註73〕陳旭麓：《近代中國社會的新陳代謝》，上海社會科學出版，2006年，第389頁。

　　鑒於時人「倫理的覺悟，爲吾人最後之覺悟之最後覺悟」〔註74〕的覺悟，以及以袁世凱爲首的北洋軍閥政府妄圖籍播揚張大道統之力，以恢復傳統皇權政統而興起之尊孔復古的倒行逆施，以北京大學爲基地，《新青年》爲中心陣地，陳獨秀、李大釗、魯迅等發動一場揭櫫「民主」、「科學」旗幟的、旨在徹底批判傳統思想文化的新文化運動。傳統文化、民族性成爲一種被批判的概念，成了極其迂闊、極不入時的東西，無皮之毛的道統坍塌的命運已在劫難逃。「五四」之後，宣傳馬克思主義則成爲新文化運動之主流。

　　自十九世紀中葉以來，西方哲學流派層出，精彩紛呈。思潮迭起，此起彼伏。相與爭鋒，角逐激烈。然自其內容和立足點觀之，大致可以劃分爲兩大思想陣營，即科學主義思潮和人本主義思潮。科學主義又言實證主義，其成型於十九世紀三十年代之法國的孔德實證主義，之後有英國之穆勒和斯賓塞承之。實證主義強調知識的實證性和爲學的實證精神，認爲唯有經歷實證的知識或經驗、現象的知識才是確實可靠的。而對於經驗或者現象背後之本體的研究則擱置一旁，認爲這是神學或形而上學所能解決的。迄十九世紀末二十世紀初，有德國、奧地利之馬赫主義、美國之實用主義出。馬赫主義又名經驗批判主義，它基於實證主義而將世界盡數歸結爲感性的、經驗的，認爲經驗、現象之外不存在任何本質、實在。實用主義基於實證主義和馬赫主義而視經驗爲世界存在之基礎，認爲經驗之外無物也。同時，受叔本華之意志主義和柏格森之生命哲學的影響，它將把實證主義功利化，強調「行動」及其「效果，把「經驗」、「現象」、「實在」歸結爲「行動的效果」，「知識」則被視爲「行動的工具」，而「眞理」被降格爲「效用」，從而宣揚有用即是眞理的主張。杜威是美國最有影響的實用主義大家，他將實用主義運用於社會、政治、道德、教育等各個領域。強調經驗方法的應用。並認爲一切知識均是人們爲應付環境而創造的工具，眞理就是人造的工具，從而肯定人的思維即是工具性的；與之相對應，人本主義思潮，即非理性主義思潮，其發端於十九世紀中葉德國之叔本華之意志主義，後尼采的權利意志主義承之，他們認爲，人的生存意志，即生存的情感和欲望是本體，是世界之本源和動力，即世界源於這種非理性的自我生存意志。尼采則將此本體提高爲權利意志。柏格森之生命哲學則總結前學，以包涵生存意志和權利意志以及無意志在內

---

〔註74〕陳獨秀：《吾人最後之覺悟》，《獨秀文存》，安徽人民出版社，1987年，第41頁。

的生命衝動或生命之流爲世界之本原。他強調，經驗和理性不能認識生命衝動，唯乞之於非理性的本能、直覺來領悟之。

國內倡導實證哲學、馬赫主義、實用主義之哲學思想，提倡科學方法，注重實驗科學及其邏輯、方法論，而拒絕經驗現象之外的、即形而上學的研究和討論，斥形而上學爲「玄學鬼」的思想文化思潮就是受到西方現代哲學的科學主義思潮或反形而上學之主流思想的影響而產生的。自嚴復系統地引進孔德、穆勒之實證主義思想以來，以「實測內籀」之學爲主的近代科學方法廣爲國內學人所接受和推崇。王國維亦表現出一定程度的實證主義傾向，與嚴復一樣，他並未堅持西方實證主義堅定的反形而上學之思想立場。對此，他還頗爲困惑地指出，

> 哲學上之說，大都可愛者不可信，可信者不可愛。余知真理，
> 而余又愛其謬誤。偉大之形而上學，高嚴之倫理學，與純粹之美學，
> 此吾人所酷嗜也，然求其可信者，則寧在知識論上之實證論、倫理
> 學上之快樂論與美學上之經驗論。知其可信而不能愛，覺其可愛而
> 不能信，此近二三年中最大之煩悶。〔註75〕

隨著西方實證主義之一分支——實用主義的出現，並在「五四」前後傳入中國，作爲傳入者和中國實用主義之代表人物的胡適則連同其反形而上學傾向一同引進，而對傳統形而上學問題擱置不理。他一方面指出，人之認識僅限於現象和經驗的領域，另一方面則將清代樸學等傳統方法論與近代科學方法相溝通，遂提出「大膽的假設，小心的求證」的著名方法論。與此同時，丁文江、王星拱將以反形而上學爲特徵的馬赫主義引入中國，並在「五四」時期的人生觀論戰中發揮其思想效用。

1920 年 3 月，梁啓超、張君勱師徒一行七人結束其爲期一年有餘的歐洲之旅。第一次世界大戰所展現出來的現代科學、文明之惡的一面讓其心有餘悸，幡然有感。「此次遊歐，爲時短而歷地多，故觀察亦不甚清切。所帶來之土產，因不甚多，惟有一件可使精神受大影響者，即將悲觀之觀念完全掃清是已。因此精神得以振作，換言之，即將暮氣一掃而空。」〔註76〕對此，來自西方的飽西學之士辜鴻銘亦有此先明，他說，「西方現在雖十分發達，然而已趨於末路，積重難返，不能挽救。」〔註77〕遊歐歸國的梁啓

---

〔註75〕　王國維：《自序二》，《靜安文集續編》，上海古籍書店，1983 年。
〔註76〕　梁啓超：《在中國公學演說》，《申報》，1920 年 3 月 10 日。
〔註77〕　包恒新：《辜鴻銘與〈怪味嬉皮士〉》，中共福建省委黨校學報，1999 年，第 5 期。

超不無感歎地宣佈：「鄙人自作此遊，對於中國，甚爲樂觀，興會亦濃。且覺由消極變積極之動機，現已發端，諸君當知，中國前途絕對無悲觀，中國固有之基礎亦最合世界新潮。」〔註78〕因此，「吾人當將固有國民性發揮光大之，即當以消極變爲積極是已。」〔註79〕他還鼓勵青年並作如下要求，「我希望我們可愛的青年，第一步，要人人存一個尊重愛護本國文化的誠意。第二步，要用那西洋人研究學問的方法去研究他，得他的眞相。第三步，把自己的文化綜合起來，還拿別人的補助他，叫他起一種化合作用，成了一個新文化系統。第四步，把這新系統往外擴充，叫人類全體都得著他好處。」〔註80〕他要求，以中國傳統文化爲基礎，融彙他國文化新鮮、優長之因素，以成充滿活力之中國現代文化，以服務於全人類。換言之，頗具人文主義特質的傳統文化在中國應發揚光大，並走向世界。世界的未來就是中國文化的復興。

## 二、邏輯環節──理智抉擇，接續道統

此期現代新儒家道統論者之理論作爲，一言以蔽之：理智抉擇，接續道統。這是指以宋明儒道統論爲理論基準，吸納佛學或西學，進行中西比較而求其異，一較高下，以凸顯、重光道統。也就是說，熊十力、梁漱溟、張君勱、馮友蘭諸公有感於梁啓超等人遊歐親歷，有感於國內激烈的反傳統思潮，他們通過反省傳統儒學，以傳統道統論爲淵源，吸納佛學的思辨體系或西學某些概念，抑西揚中，在中、印、西比較中相互批判，分明壁壘，以期對中西文化系地把握。即通過中西比較的方式凸顯儒學特質之優長及其於現代社會的現實價值，表現出強烈的儒家道統接續意識，進而希冀以此重構現代儒家道統論體系。

二十世紀初風靡中國的佛學復興思潮給予法相唯識學以復興和光大的契機，法相唯識學建立在因明的基礎上，其「長於名相分析且注重因明邏輯」，〔註81〕是頗具縝密的、豐富的邏輯性和理論性的理性思辨體系。章太炎提出：「今之立教，惟以自識爲宗。」〔註82〕其理由即是「蓋近代學術，漸趨實事

---

〔註78〕 梁啓超：《在中國公學演說》，《申報》，1920 年 3 月 10 日。
〔註79〕 梁啓超：《在中國公學演說》，《申報》，1920 年 3 月 10 日。
〔註80〕 梁啓超：《歐遊心影錄》，《飲冰室合集·文集》之二十三，中華書局，1989 年。
〔註81〕 鄭家棟：《現代新儒學概論》，廣西人民出版社，1990 年，第 215 頁。
〔註82〕 章太炎：《建立宗教論》，《章太炎全集》（四），上海人民出版社，1985 年，第
　　　　 414 頁。

求是之途，自漢學諸公分條析理，遠非明儒所能企及。逮科學萌芽，而用心益復縝密矣。是故法相之學，於明代則不宜，於近代則甚適，由學術所趣然也。」〔註83〕熊十力吸納法相唯識學縝密的思辨體系，旨在一改宋明儒道統論隨處點說、語錄式的表現形式，以成系統之現代儒家道統論。他承接宋明儒心學道統論，「集全力於建設純粹的哲學。這個哲學是以『內聖』──『求心』為方向的」。〔註84〕其所構建的新唯識論體系「將體證的知識和嚴格的客觀分析方法結合起來」，〔註85〕這得力於熊十力所就學的南京內學院歐陽院長〔註86〕的教導，其以邏輯性、理論性、體系化而見長於宋明儒之學，這從其「體用不二」說、「翕闢成變」說就可看出。

　　熊十力是從批判佛學、西方哲學入手來凸顯儒家道統。他「以體用不二立宗」，內批印度佛學之「分別性相」，外伐西方哲學之本體與現象的割裂，其意在於維護傳統儒家之道的一以貫之。其「體用不二」說廓清黑格爾等西方哲學之本體與現象的割裂、佛學之「體用兩橛」、宋明儒理學之「靜體動用」之弊，構建立足於具有強健功能的「翕闢成變」說，揭示出「闢主翕從」即「心主物從」之道，強調心對物的主宰，藉此賦予此宇宙之道以社會倫理的意義。此二說即本體論、宇宙論均服務於其對於宋明儒心學道統論的接續與改造之思想成果──「本心」、「性智」。這是熊十力對於傳統儒家思孟一派心性道統論的接續和光大的理論方式。「它既承接發揚了宋明理學的『內聖』心性理論，又在現代條件下，完成了康、譚、章的哲學事業，即再次融會儒、佛以對付西學的挑戰，強調西學（科學、認識、『量智』）雖可輔助中學（『性智』、本體），但低於中學。在表面上，他是在批判佛學，實質上卻是針對西學的。所以它才是現代條件下發展了的宋明理學。」〔註87〕從某種意義上說，熊十力批佛、伐西並非意在持傳統儒學與印度佛學、西方哲學一爭高下，而是立足於現代，以宋明儒道統論為精神實質和理論基礎，通過對佛學、道家

〔註83〕章太炎：《答鐵錚》，《章太炎全集》（四），上海人民出版社，1985年，第369～375頁。

〔註84〕李澤厚：《中國現代思想史論》，生活‧讀書‧新知三聯書店，2004年，第266頁。

〔註85〕鄭家棟：《現代新儒學概論》，廣西人民出版社，1990年，第216頁。

〔註86〕指民國時期居士佛學的先師歐陽漸，師從楊文會，並接續其師經營金陵刻經處，與北京法相研究會韓德清居士被時人合稱「南歐北韓」。

〔註87〕李澤厚：《中國現代思想史論》，生活‧讀書‧新知三聯書店，2004年，第266頁。

以及西學，甚至是傳統儒學的汲取（其優長）與吸取（其不足之訓），以重建現代新儒家道統論體系。有論者說，「熊十力批判佛學的意義在於；在新的歷史條件下要堅持儒學傳統，就必須從整體上肯定儒家價值系統和人生態度的基本點，肯定儒家思想在中國文化發展史上的主導地位和積極作用」。〔註88〕對此，賀麟如是評價熊十力對於心學道統論的現代重構，「得朱、陸精意融會儒釋，自造新唯識論。對陸、王本心之學，發揮為絕對的本體，且本翕辟之說，而發展設施為宇宙論，用性智實證以發揮陸之反省本心，王之致良知。……茲僅擬就其哲學為陸、王心學之精微化系統化最獨創之集大成者」。〔註89〕可以說，熊十力的思想努力和成果是對陸王心學道統論的現代改造和發展。

梁漱溟棄佛從儒，接續和歸復傳統儒家道統，旨在為中國尋出一條現代的路。他借鑒西方人本主義思想的概念，以「意欲」定論文化，通過對中、印、西文化的比較，凸顯傳統儒家道統之優長。梁漱溟畢生追尋著兩個問題的解答，他曾回憶說，「我自十四歲進入中學之後，便有一股向上之心驅使我在兩個問題上追求不已：一是人生問題，即人活著為了什麼，二是社會問題亦即是中國問題，中國向何處去。這兩個問題是互相關聯，不能截然分開。」〔註90〕這亦為此一時期學人所共同面對的而且至為困擾的兩個問題，此期儒家道統論者諸公均將此一時代難題的解決訴諸於對於傳統儒家道統的接續和重建。懷揣著對佛學的鍾愛，卻為被時人所不齒的孔子鳴不平，他說：「今天的中國，西學有人提倡，佛學有人提倡，只有談到孔子羞澀不能出口，也是一樣無從為人曉得孔子之眞。若非我出頭倡導，可有哪個出頭？這是迫得我自己，來做孔家生活的緣故。」〔註91〕這豈非「如欲平治天下，當今之世，舍我其誰！」的儒者氣概！他還說，「孔子的態度是最平正實在的。這種態度在當時動亂的中國是需要的，佛家的態度則於國家於社會無補。因此，雖然我自己內心傾向佛家，卻不願意社會上流行這種念佛的風氣」。〔註92〕立定「以儒家精神濟世，以佛家精神安身」的立世處事原則，「我轉向儒家，是因為佛家是出世的宗教，與人世間的需要不相合。其實我內心仍然是持佛家精神，

〔註88〕 鄭家棟：《現代新儒學概論》，廣西人民出版社，1990 年，第 181 頁。
〔註89〕 賀麟：《五十年來的中國哲學》，商務印書館，2002 年，第 12 頁。
〔註90〕 汪東林：《梁漱溟問答錄》增訂本，湖南出版社，1988 年，第 15 頁。
〔註91〕 梁漱溟：《東西文化及其哲學》，商務印書館，2005 年，自序。
〔註92〕 王宗昱：《是儒家，還是佛家？——訪梁漱溟先生》，載自深圳大學國學研究所，《中國文化與中國哲學》，東方出版社，1986 年，第 563 頁。

並沒有變。變的是我的生活。」〔註93〕梁漱溟認爲，對於孔子之道的接續和歸復是在爲中國尋出一條現代的路。也就是說，儒家道統論之外王事功一脈的承接與闡發亦是其道統論之根本所在，接續和歸復傳統儒家道統，尤孔子之道的眞義才是當務之急。在此期的代表作《東西文化及其哲學》中，梁漱溟提出「三路向」說而「以一種世界主義的形式肯定了民族文化的獨特價值」。〔註94〕他借鑒柏格森之生命意志，創發「意欲」範疇以定論民族文化，通過對中、印、西文化之比較，凸顯傳統儒家道統。他提出，「西方化是以意欲向前要求爲根本精神的，」「中國文化是以意欲自爲調和、持中爲其根本精神的。印度文化是以意欲反身向後要求爲其根本精神的」。〔註95〕認爲「意欲向前」而引導出民主、科學來，注重物質。「意欲反身向後」是要擺脫現實生活，體現了宗教性質。而中國文化之「意欲自爲調和、持中」，是融合天人，自求滿足，是一種倫理文化。鑒於物質、精神二者的綜合考慮，強調、突出符合「生命本性」的中國文化是完全有必要的。同時，梁漱溟在此將孔子學說作爲形而上學體系來理解。「孔子這派的人生哲學完全是從這種形而上學產生出來的。孔子的話沒有一句不是說這個的。始終只是這一個意思，並無別的好多意思。大概凡是一個有系統思想的人都只有一個意思，若不只一個，必是他的思想尚無系統，尚未到家。孔子說的『一以貫之』恐怕即在此形而上學的一點意思。」〔註96〕這「一以貫之」的即是孔子之道，其與孔子之道德倫理學說、社會政治學說是渾然整合於此以道爲本體的形而上學體系之中。可以說，孔子之道統論體系是與內仁外禮爲本體的道德形而上學與政治形而上學之複合體系。

張君勱在二十年代初就意識到道德對於中國的重要性，中國問題歸根結底是文化問題，中國文化的出路在於對於宋明儒學的提倡和更新。他指出，「自理論實際兩方觀之，宋明理學有昌明之必要」，〔註97〕自「理論」而觀之，張君勱所論之所以被稱爲「新宋學」，實乃其抨擊漢學甚烈之故耳！對於爲陳獨

〔註93〕王宗昱：《是儒家，還是佛家？——訪梁漱溟先生》，載自深圳大學國學研究所，《中國文化與中國哲學》，東方出版社，1986年，第562頁。

〔註94〕鄭家棟：《現代新儒學概論》，廣西人民出版社，1990年，第140頁。

〔註95〕梁漱溟：《東西文化及其哲學》，商務印書館，2005年，第62～63頁。

〔註96〕梁漱溟：《東西文化及其哲學》，商務印書館，2005年，第116～117頁。

〔註97〕張君勱：《再論人生觀與科學並答丁在君》，《科學與人生觀》（1），遼寧教育出版社，1998年。

秀、胡適等西化派學者所標榜爲體現「科學精神」之漢學，即清代樸學，他斥爲支離破碎的餖飣之學。認爲義理之學並非一味空疏，而是「皆有至理存乎其中」，〔註98〕求其嚴格的「修省功夫」亦是實踐之學。因此他總結說：「吾國思想界中孔孟之垂訓，宋明之理學，自爲吾國文化之至寶，以其指示吾人以行己立身與待人接物之方。伸言之，指示吾人以人生之意義與價值也。」〔註99〕自「實際論」而觀之，「當此人欲橫流之際，號爲服國民之公職者，不復知有主義，不復知有廉恥，不復知有出處進退之準則。其以事務爲生者，相率於放棄責任；其以政治爲生者，朝秦暮楚，苟圖飽暖，甚且爲一己之私，犧牲國家之命脈而不惜。若此人心風俗，又豈碎義逃難之漢學家所得而矯正之乎？誠欲求發聾振聵之藥，唯在新宋學之復活。」〔註100〕毫無信仰，不知責任，世道人心如此，國家危矣！以國計民生言之，當是「知禮節」而後「衣食足」，道的倡揚對於經濟、政治的作用是不可否認的。他說，「昔之儒家有學禪之實，而不欲居禪之名。吾則以爲柏氏倭氏言有與理學足資發明者，此正東西人心之冥合，不必以地理之隔絕而擯棄之。……試以美國煤油大王之資財，畀之今之軍閥與政府，則財政能整理乎？盡人而知其不能矣。何也？今之當局者，不知禮節，不知榮辱故也。又試傾英倫、法蘭西、日本三國家銀行之資財以畀之今之軍閥與政府，政治其清明乎？亦盡人而知其不能矣。何也？今之當局者，不知禮節，不知榮辱故也。……若夫國事鼎沸綱紀凌夷之日，則治亂之眞理，應將管子之言而顛倒之，曰：知禮節而後衣食足，知榮辱而后倉廩實。吾之所以欲提倡宋學者，其微意在此。」〔註101〕西人有類於宋明儒之道的「柏氏倭氏言」而「知禮節」且「知榮辱」，故「衣食足」且「倉廩實」，中國之「財政」之「整理」與「政治」之「清明」特有賴於此矣。

二十年代出版的《人生哲學》一書是馮友蘭比較中西文化之代表作，其書原名爲《人生理想之比較研究》。雖然沒有象梁漱溟那樣，將中、西、印三種文化歸結爲三種不同的「文化路向」，但是他在書中把東、西方有關人生哲學的思想以「天」、「人」、「損」、「益」來概論之，遂歸納爲「損道」、「中道」、「益道」。他認爲儒家、亞里斯多德、黑格爾的人生哲學爲天人和諧、損益適

〔註98〕 張君勱：《再論人生觀與科學並答丁在君》，《科學與人生觀》（1），遼寧教育出版社，1998年。
〔註99〕 張君勱：《民族復興之學術基礎》，中國人民大學出版社，2006年，第283頁。
〔註100〕 張君勱：《科學與人生觀》，黃山書社，2008年，第5頁。
〔註101〕 張君勱：《科學與人生觀》，黃山書社，2008年，第5頁。

當的「中道」，雖此說已無中西對立之比較，但其中彰顯儒家之道，接續儒家道統的意識是顯而易見的。

## 三、理論特色——濃鬱的復古特色

復古是相對於創新而言的。此期儒家道統論者於求異中凸顯儒家道統，通過反省傳統，甚至批判傳統道統論來接續儒家道統。這有別於「五四」以前康有爲、陳煥章等發起的旨在建樹孔學宗教〔註102〕之尊孔、祭孔復古思潮，又與抗戰時期和五十年代現代新儒家道統論者在傳統道統論基礎上融構、同構現代儒家道統論不同。前者是一味崇古，甚至泥古、滯古乃至倒退，而未能科學、客觀看待傳統。後者基於傳統而融彙中西、發明新義，其復古特色較之「五四」時期現代儒家道統論者而尤顯不明。因此此期儒家道統論的理論特徵以濃鬱的復古特色稱之。

其具體表現可從兩方面來看：第一，此期儒家道統論者之功用觀雖與晚清體用派之論已大相意趣，不再體用相分式的對待西學，然認爲西學之體用皆可出自儒學傳統，此論亦未跳出「中體西用」的窠臼。此期熊十力則認爲，「六經廣大，無所不包通。科學思想，民治思想，六經皆已啓其端緒。如符號推理，及辯證法，《大易》發明最早。樹其宏規。六經言德治或禮治，實超過西洋民治思想甚遠。……如《周官》法度，亦含有民治之法制，但精神迴別。科學方法，六經雖未及詳，而孔子已注重實測術，則不容否認」。〔註103〕這就是說，科學、民主，「六經皆已啓其端緒」。梁漱溟認爲，「對於西方文化是全盤承受，而根本改過，就是對其態度要改一改」。〔註104〕科學、民主可以整套接受，但西方實用主義、理智主義的態度要「根本改過」。有學者說，在論述中，「梁漱溟認爲，較之西方文化，中國文化代表著人類文化發展的更高階段，那麼它自然能夠包容西方文化的發展成果於自身之中，儘管他對於這一問題的論證是矛盾百出的。熊十力試圖把中國文化詮釋爲一個無所不包的

---

〔註102〕茲孔學宗教是著力於將孔學比附於宗教，構建孔教教主、儀式、教義等內容，進而定爲國教，將孔學人道之教發展爲神道之教。企圖以建立孔教來恢復政統瓦崩、道統崩塌之前的、「政教相維」的傳統政治、社會秩序。這與現代新儒家道統論者的道觀宗教化並非一事，此道觀宗教化是闡發儒家心性之學爲道德宗教，即內在即超越，這是對儒學特質的凸顯與強化。其旨在於爲國人或人類心靈一域提供安生立命之資。

〔註103〕熊十力著：讀經示要，中國人民大學出版社，2009年，第140頁。

〔註104〕梁漱溟：《東西文化及其哲學》，商務印書館，2005年，第204頁。

彈性結構，以證明它足可作為『吸收外化之基礎』」。〔註 105〕因此，賀麟如此評價梁漱溟：「不用諱言，他隱約地暗示著東方的人生態度比西方向前爭逐的態度要深刻要完善。他一面重新提出儒家的態度，而一面主張全盤接受西方的科學和民主，亦未完全逃出『中學為體，西學為用』的圈套。然而他卻巧妙地避免了東方文化優於西方文化的偏狹復古的見解。他也沒有呆板地明白贊成中體西用或舊瓶裝新酒的機械拼合。這不能不說是他立論圓融高明的地方」。〔註 106〕同樣，在錢穆眼裏，中國傳統政治是美好的，是瑜可遮瑕的。「中國政治，自秦漢以下，本有一種理性為之指導。法度紀綱粗建，無豪強之兼併，無世胄僧侶之專政，教育選舉考試與統治權常有密切之聯繫，不斷吸收社會俊秀分子，公開參政，使其新陳代謝，政府與民眾即以此為連鎖」。〔註 107〕他只言傳統政治之優長，對於中國歷史上「專制」、「封建」之說亦不予認同。由此他得出結論：「此種政治社會各方面合理的進展後面，顯然有一個合理的觀念與理想，即是民族歷史之光明性，即是民族文化推進的原動力。」〔註 108〕馮友蘭否定「全盤西化」，他指出，「如照「全盤西化」的邏輯推下去，則中國人應一律崇奉耶穌教，長袍馬褂也不能穿了，須改穿西裝；饅頭大餅也不能吃了，需改吃麵包」。〔註 109〕其對於民主、科學的主張是基於「清末諸人的主張」——「中體西用」的。「用黑格爾的歷史哲學來說：清末諸人的主張是『正』，『五四時代』是『反』。我們今日的主張是『合』。『合』雖然有點像『正』，然而他已包有了『反』在內。」〔註 110〕他認為，引進西學當以中國「五常」道德為本體。「照中國傳統說法，有五常，即仁，義，禮，智，信。……此五常是無論什麼和底社會都需要底。這是不變的道德，無所謂新舊，無所謂古今，無所謂中外。『天不變，道亦不變』，對於『常』仍是可說底。」〔註 111〕五常是體，是道。顯然，馮友蘭「仍然是從『聖人最宜於作王』的角度說明『內聖』與『外王』的關係」。〔註 112〕因此可以說，馮友蘭是重談清末「中

〔註 105〕鄭家棟：《現代新儒學概論》，廣西人民出版社，1990 年，第 213 頁。
〔註 106〕賀麟：《當代中國哲學》，勝利出版公司，1945 年，第 14 頁。
〔註 107〕錢穆：《國史大綱》，商務印書館.1996 年，引論。
〔註 108〕錢穆：《國史大綱》，商務印書館.1996 年，引論。
〔註 109〕馮友蘭：《中國現代之民族運動之總動向》，《社會學界》，1936 年，第 9 卷。
〔註 110〕馮友蘭：《中國現代之民族運動之總動向》，《社會學界》，1936 年，第 9 卷。
〔註 111〕馮友蘭：《三松堂全集》第四卷，河南人民出版社，1986 年，第 359 頁。
〔註 112〕鄭家棟：《當代新儒家的道統論》，《當代新儒學論衡》，臺北桂冠圖書公司，1995 年，第 76 頁。

體西用」的老調子，其於傳統的態度幾近於晚清「維護傳統和抵禦西方文明的『士紳』心態。」〔註113〕第二，此期熊、梁二公無論在論述架構形式上，或是在對於道之本體的重構上，均沒有吸納西學之架構、邏輯、知性及概念以補傳統道統論之不足，即以現代哲學體系架構、概念來重構現代道統論。正如有學者所說，「熊、梁屬於前現代，道德人格與學問知識仍是混而未分，要求同一。」〔註114〕換言之，此期諸公對於傳統儒家道統論可謂是繼承有餘而闡發不足。此階段具有濃鬱的復古特色主要是由於熊、梁等公乃中學飽學之士，他們在此階段對於西學的生疏或曲解，即缺少深厚的、嚴格的西學教育背景所致於此。因此，諸公以求異的方式重構現代儒家道統，於比較、批判中凸顯儒家道統，藉此而表現出濃鬱的復古特色亦是自然之理。

## 第三節　分立融構階段

　　分立是指一改傳統道統論體系道、學、政三爲一體，並統攝於道統的理論模式，而分立學統、政統，並使之相對於道統而獨立並行。融構則是指融彙西學之優長而重構現代道統體系，相對於異構而言，是一定程度上的求同，但在程度上低於後節之同構。融彙中西是重建現代儒家道統論的重要理論環節。「爲了使中國文化在現代及將來能面對強大的西方文化而能有健康的發展，吸納西方文化以壯大自己是應走的方向，這也是今日言復興『道統』的必有步驟。」〔註115〕分立融構階段是指二十世紀三、四十年代這一時期，即抗戰期間。在此階段，國、共兩黨開展的國民精神總動員運動激起文化領域民族文化復興思潮的高漲，避難西南一隅的現代新儒家道統論者諸公，籍此民族文化復興之「東風」，揭櫫「文化抗戰」之幟，均致力於其現代道統論之接續與重構一業。諸公上承周孔、外取西學，分立學統、政統，融構現代道統論體系。並在分立融構階段體現著內聖弱而外王強的理論特色。

## 一、階段背景——「復興我們中華民族的精神」

　　二十世紀三、四十年代的中國，作爲第二次世界大戰之一主戰場，全國

---

〔註113〕啓良：《新儒學批判》，上海三聯書店，1995 年，第 186 頁。
〔註114〕李澤厚：《中國古代思想史論》，天津社會科學院出版社，2004 年，第 298 頁。
〔註115〕鄧立光：《中國哲學與文化復興詮論》，上海古籍出版社，2008 年，第 102 頁。

人民在國、共兩黨的領導下，奮起與日本侵略軍浴血鏖戰，並最後取得抗戰的全面勝利。同時，在國、共兩黨開展國民精神總動員運動的號召下，抗戰時期的民族文化復興思潮不斷高漲，「復興我們中華民族的精神」成為此期思想發展的主流。

在大陸政策〔註116〕的指引下，日本軍國主義者踏著《馬關條約》創榛闢莽所開先路，以「七七事變」拉開了全面侵華的戰幕。隨後，日軍迅速攻陷平、津，並於 1937 年 8 月 13 日進攻上海，次日，國民黨政府發表《自衛抗戰申明書》，開宗明義地公告：「中國為日本無止境之侵略所逼迫，茲已不得不實行自衛，抵抗暴力。……乃自九一八以來，日本侵奪我東四省，松滬之役，中國東南重要商鎮，淪於兵燹；繼以熱河失守；繼以長城各口之役，屠殺焚毀之禍，轉而及於河北；又繼之以冀東偽組織之設立，察北匪軍之養成；中國領土主權，橫被侵削。」進而鄭重聲明：「中國之領土主權，已橫受日本之侵略；國聯盟約，九國公約，非戰公約，已為日本所破壞無餘。……中國以責任所在，自應盡其能力，以維護其領土主權，及維護上述各種條約之尊嚴。中國決不放棄領土之任何部分，遇有侵略，惟有實行天賦之自衛權以應之。」〔註117〕中國守軍七十三個師與日軍十二個師團浴血上海，直至 11 月 12 日，上海淪陷。1938 年 4 月 1 日，在武漢召開的國民黨臨時全代會通過《抗戰建國綱領》以及大會宣言，制定了戰時軍事、政治、經濟、外交、文化教育等各方面政策，提出「抗戰建國」的總口號，宣言指出：「此次抗戰，為國家民族存亡所繫，人人皆當獻其生命，以爭取國家民族之生命。」號召全民「以一致之團結，為共同之負荷，使此捍禦外侮復興民族之使命，得以完全達到。」〔註118〕國民黨政府之全民抗戰、「復興民族」的總動員，以及國民黨中央通訊社《中共中央為公佈國共合作宣言》的發表，即抗日民族統一戰線

〔註116〕日本大陸政策，也稱為大陸經略政策。其緣起於德川幕府時期所提出的「海外雄飛論」，此論是當時日本儒學家、國學家和洋學家所提出的向朝鮮和中國進行軍事擴張的主張，可視為大陸政策之思想基礎。明治維新以後，處於島國之境的日本為向大陸開疆拓土，特制定用侵略戰爭之手段來達到吞併中國、朝鮮等周邊大陸國家的對外擴張政策。此政策成熟於 19 世紀 80 年代，中日甲午戰爭即是其有力實施的體現。在此政策的指引下，近代日本逐步走上軍國主義的道路。

〔註117〕俞祖華主編：《國民政府自衛抗戰聲明書（一九三七年八月十四日）》，見《中國通史教程教學參考——現代卷》，山東大學出版社，2001 年，第 252 頁。

〔註118〕榮孟原主編：《中國國民黨歷次代表大會及中央全會資料》下冊，光明日報出版社，1985 年，第 461～515 頁。

的形成，標誌著抗戰時期全民族之覺醒。與之相應，思想、學術領域亦風起雲湧，抗戰時期民族文化復興思潮應時而興。

民族文化復興思潮與民族危亡局勢、救亡圖存運動總是如影隨形，密切相連。「九一八」之後，民族危亡在即，「中華民族同日本帝國主義的矛盾已上陞爲主要矛盾。民族團結、共赴國難局面的形成，進一步推動文化復興思潮的發展。……就文化復興思潮發展總體而言，更可說是抗日救亡運動把它推向了高潮。」〔註119〕有識之士奮起疾呼：「中國今日，內則政治窳敗，財盡民窮；外則國防空虛，喪師失地；國勢岌岌，危如壘卵。憂時之士，深慮神明華胄，將陷於萬劫不復；於是大聲疾呼，曰『復興』！『復興』！絞腦瀝血，各本其所學，發抒復興國族之偉論」。〔註120〕全面抗戰爆發以後，在武漢召開的國民黨全國臨時代表大會通過了《確定文化政策案》，茲案強調要加強全國民眾的精神國防，並規定以中國傳統之倫理哲學「爲國民精神教育之總綱」。1939年3月，國防最高委員會頒佈《國民精神總動員綱領及實施辦法》，提出中心口號：「國家至上，民族至上」、「軍事第一，勝利第一」、「意志集中，力量集中」。蔣介石要求「集結全國國民之精神於簡單共同之目標，使全國國民對自身皆確立同一的救國道德，對國家皆堅定同一的建國信仰，而國民每一分子皆能根據同一的道德觀念爲同一的信仰而奮鬥犧牲」。「當今國家危急之時，全國同胞務必竭忠盡孝，對國家盡其至忠，對民族行其大孝」。〔註121〕對此《綱領》，中共中央「基本擁護」〔註122〕，並隨即發佈《中共中央爲開展國民精神總動員運動告全黨同志書》，指出：「『對國家盡其至忠，對民族行其大孝』，必須號召全國同胞實行這種最高的民族道德，這就是對於古代的封建道德給了改造和擴充。共產黨員必須成爲實行這些道德的模範，爲國民之表率。」在國、共雙方的共同推動下，抗戰時期的民族文化復興思潮不斷高漲，「復興我們中華民族的精神」〔註123〕之呼聲、「中國文化復興論」的思想主張、

〔註119〕吳雁南：《中國近代社會思潮》第四卷，湖南教育出版社，1998年，第124頁。

〔註120〕吳劍：《復興之基點》，《復興月刊》第2卷第1期，1933年9月1日。

〔註121〕《國民精神總動員綱領及實施辦法》，載自彭明編：《中國現代史資料選輯》第5冊（下），中國人民大學出版社，1987年，第115～117頁。

〔註122〕《中共中央關於精神總動員的指示》，載自彭明編：《中國現代史資料選輯》第5冊補編，中國人民大學出版社，1987年，第45～46頁。

〔註123〕郭抹若：《復興民族的眞諦》，《中國現代思想史資料簡編》，第4卷，第11頁。

「國民文化運動、民眾教育運動」的提議此起彼伏,不絕於耳。可以說,在此期文化陣營中,激進主義、自由主義以及保守主義對於傳統文化的復興之要求是一致的。

隨著日本全面侵華戰爭的爆發,中國高等教育學校及部分中學的內遷已刻不容緩。1937 至 1939 年,日軍處於戰略進攻階段,東南地區各高校開始遷往西南或西北地區。雲南昆明的西南聯大即是由內遷的北京大學、清華大學以及南開大學聯合組成。太平洋戰爭爆發以後,原來滯留在上海租界、北平以及內遷雲南的部分高校繼續內遷重慶、成都等四川各地。

現代物理學之新理論之層出亦推動西方哲學之發展,以維也納學派為主要代表的邏輯實證主義上承馬赫經驗實證主義,而風行於二十世紀三十年代的西方思想界。它提出經驗證實的根本原則,認為科學知識不能超出經驗之範圍,捨經驗而無知識,以能否被經驗證實或證偽來判定任何一個經驗科學命題之是否有意義。在人本主義陣營,海德格爾、薩特接著意志主義、生命哲學之思想,提出從解釋人出發來解釋世界的主張,以成其存在主義思想。存在乃是孤立的個人之「自我意識」或「主觀性」的存在,認為個人的存在是通向其它一切存在的出發點,是具有絕對的優先地位,即所謂「存在先於本質」。兩大思潮的向前推進亦影響著國內思想界,尤此期儒家道統論者對於現代道統的分立融構。

## 二、邏輯環節——三統分立,融構現代道統體系

此期正值「抗戰軍興」,在全民抗戰的總動員下,地不分南北,人不逾老少,皆有固我禦敵之職分。現代新儒家道統論諸公雖已避走西南一隅,然亦不移其守國抗敵之志。諸公憑藉其文化、學術陣地,藉此民族文化復興之「東風」,揭櫫「文化抗戰」之幟,彰顯傳統文化的民族精神,茲志猶體現於其對傳統儒家道統論之現代接續與重構一業。救亡圖存壓倒一切,構建民族文化、學術體系以務抗戰已勢在必行,諸公上承周孔,外取西學,分立三統﹝註124﹞,

﹝註124﹞三統分立,作為現代儒家道統論理論體系的三統關係模式,其實質是,傳統模式下學統與政統被統攝於道統之下,而道統與現實的政統坍塌後,三統一體的理論形式已再不能適應儒家道統論的理論發展,從而作出的變革。這是在以儒家內聖、外王之道的基準下,融彙西方相關思想理論重構而成的現代新儒家道統論體系。道統、學統、政統各踞一域,自成體系,並行不悖。在理論構建上,經營道統的融構者,諸如熊十力、唐君毅、牟宗三三公先是融

融構現代道統體系。有學者指出：「相比較而言，『五四』時期的學者注重中西文化之『異』，三、四十年代的學者則注重中西文化之『同』。注重中西文化之『同』，旨在尋求中西文化相互融合的基礎和媒介」〔註125〕「注重中西文化之『同』」而致力於「中西文化相互融合」，其旨在於予傳統儒家道統論以現代闡發。熊十力在上一階段融佛入儒，梁漱溟中、印、西之比較亦是此意。此思路亦是儒家道統論的傳統構建路線，先秦儒家道統論集諸子之優長，宋明儒道統論融彙佛、道，即充分體現著儒家道統論的開放性的理論特質。然時值現代，此中西風雲際會之時，僅囿於儒、釋、道東方文化的融彙已是昨日黃花，兼採西學之長，融構現代儒家道統論體系，尤分立學統、政統，以成現代獨立的新儒家的學術、科學思想體系以及現代民主政治理論體系的理論工作，已應抗戰救亡之需而迫在當下。籍於此，錢穆、馮友蘭分立學統。張東蓀、張君勱等分立政統。牟宗三則「瞻望國家之艱難，時風之邪僻，怵目驚心，悲感益增，」〔註126〕構想著現代道統論之三統說。

## （一）分立學統的思想努力

中國之學，爲學、術二者，學者，泛指儒學，又爲「德性之學」。其統始於「司徒之官」，「儒家者流，蓋出於司徒之官。助人君，順陰陽，明教化者也。遊文於六經之中，留意於仁義之際。祖述堯舜，憲章文武，宗師仲尼以重其言。於道最爲高。」〔註127〕然茲學統統攝於道統之下，而終未獨立。迄

佛家法相唯識宗的概念、思辨體繫於宋明儒心學道統論之中，以期再創現代道統論而抗衡西學。後是兼採康德哲學的概念、架構，融構道德的形而上學。茲道統論體系以牟宗三之三統說爲其新外王說：致力於學統的分立者，諸如錢穆、馮友蘭二公，分別於中國傳統的學、術二途，引柏拉圖之本體與現象之分、維也納學派的邏輯分析以爲用，重振河山，另立其本體，於史學、哲學（「道問學」之科學哲學）之一域獨立發展；傾心於政統的分立者，諸如張君勱、徐復觀、張東蓀等諸公，立足於儒家的外王道統而言現代民主政統的分立，茲民主立國之道是基於傳統儒家的德政、王道、性善論、大同理想而融彙西方自由、民主政治理論所構建或構想而成的，藉此而有別於新儒家之外的現代民主政治理論構建的學者們。與熊十力、牟宗三等著力於道德的形而上學的融構，將政統、學統的建設置於道德本體之下的功用觀，即新外王說之中的努力亦有別，另立學統、政統的構建者們是試圖樹立本體而自成體系。即致力於學統、政統之道觀、體系的構建，其於功用觀則忽於設計。

〔註125〕鄭家棟：《現代新儒學概論》，廣西人民出版社，1990年，第223頁。
〔註126〕牟宗三：《道德的理想主義》，吉林出版集團，2010年，修訂版序。
〔註127〕《前漢書‧儒家言》。

「六經皆史」之語出，始有學統之意在。術者，指「知識之學」，泛指天文、曆法、農事等等。其統始於羲和之官。「陰陽家者流，蓋出於羲和之官。敬順昊天，歷數日月星辰，敬授民時，此其所長也。」〔註128〕羲和乃學在王官、官師合一之時一主掌天文之官員，後世遂稱天文官為羲和。茲學統亦在道統統攝之下而始終未趨於邏輯、知性之自然宇宙科學一途發展。朱子理學之「格物」、「致知」即有此客觀、科學考察之意，然亦附於對倫理之理的認識，而以直覺為徑，仍未能獨立發展。迄現代新儒家道統論之分立融構階段，道統業已崩塌，學統則當另起爐竈，錢穆指出：「治國史的第一任務，在能於國家民族之內部自身，求得其獨特精神之所在」。他立足於歷代前輩經營良久的史學來分立學統，他將「中國近世史學」分為三派：傳統派（「記誦派」）、科學派（「考訂派」）、革新派（「宣傳派」），俾其優劣所得，從中「求出國家民族永久生命之泉源」。馮友蘭強調融彙中西，以程朱理學為基礎，融彙西方邏輯、知性、概念之優長，以成科學之「新理學」。賀麟則認為，儒家思想的新開展即是「吸收、轉化、利用、陶熔西洋文化以形成新的儒家思想、新的民族文化。」

　　錢穆在其三、四十年代的著作，諸如《中國近三百年學術史》、《國史大綱》等著作中倡導「民族之精神」，他將「中國近世史學」分為三派：傳統派（「記誦派」）、科學派（「考訂派」）、革新派（「宣傳派」）。

　　　傳統派」主於記誦，熟諳典章制度，多識前言往行，亦間為校勘輯補。……其次曰「革新派」，則起於清之季世，為有志功業、急於革新之士所提倡。最後「科學派」，乃承「以科學方法整理國故」之潮流而起。此派與傳統派，同偏於歷史材料方面，路徑較近；博洽有所不逮，而精密時或過之。二派之治史，同於缺乏系統，無意義，乃純為一種書本文字之學，與當身現實無預。「記誦」一派，……博洽史實，稍近人事；縱若無補於世，亦將有益於己。至「考訂派」則震於「科學方法」之美名，往往割裂史實，為局部窄狹之追究。以活的人事，換為死的材料。治史譬如治岩礦，治電力，既無以見前人整段之活動，亦於先民文化精神，漠然無所用其情。彼惟尚實證，誇創獲，號客觀，既無意於成體之全史，亦不論自己民族國家之文化成績也。惟「革新」一派，其治史為有意義，能具系統，能

〔註128〕《前漢書・右陰陽》。

努力使史學與當身現實相綰合,能求把握全史,能時時注意及於自
己民族國家已往文化成績之評價。故革新派之治史,其言論意見,
多能不脛而走,風靡全國。……其於史,既不能如「記誦派」所知
之廣,亦不能如「考訂派」所獲之精。彼於史實,往往一無所知。
彼之所謂系統,不啻爲空中之樓閣。彼治史之意義,轉成無意義。
彼之把握全史,特把握其胸中所臆測之全史。彼對於國家民族已往
文化之評價,特激發於其一時之熱情,而非有外在之根據。其綰合
歷史於現實也,特借歷史口號爲其宣傳改革現實之工具。彼非能眞
切沉浸於已往之歷史智識中,而透露出改革現實之方案。彼等乃爭
於事功而僞造智識者,智識既不眞,事功亦有限。今我國人乃惟乞
靈於此派史學之口吻,以獲得對於國史之認識,故今日國人對於國
史,乃最爲無識也。〔註129〕

鑒於以上分析,錢穆提出「以記誦考訂派之功夫,而達宣傳革命派之目的」〔註
130〕,而爲史學研究之則、之旨。以其考據之眞而求義理之實,此實在、「有
識」之義理即是對我民族精神的提煉,即「治國史的第一任務,在能於國家
民族之內部自身,求得其獨特精神之所在」〔註131〕。錢穆認爲,此期的歷史
研究應具備兩條件:「一者必能將我國家民族已往文化演進之眞相,明白示
人,爲一般有志認識中國已往政治、社會、文化、思想種種演變者所必要之
知識;二者應能於舊史統貫中映照出現中國種種複雜難解之問題,爲一般有
志革新現實者所必備之參考。前者在積極的求出國家民族永久生命之源泉,
爲全部歷史所由推動之精神所寄;後者在消極的指出國家民族最近病痛之症
侯,爲改進當前之方案所本。」〔註132〕對於國家、民族之憂思,使其以提煉
民族精神爲己任,並藉此而「求出國家民族永久生命之泉源」,以爲國家民族
救亡之動力。正如有學者所說,錢穆「有意對中國歷史做重新梳理,以得新
證,以爲當時抗戰救亡服務」。他「以經世史學爲當世急務服務。他是將考據
與實務,將書齋的學問與國家的命運結合得比較好的一位學人」。〔註133〕

---

〔註129〕 錢穆:《國史大綱》,商務印書館.1996年,第3～4頁。
〔註130〕 錢穆:《國史大綱》,商務印書館.1996年,第8頁。
〔註131〕 錢穆:《國史大綱》,商務印書館.1996年,第11頁。
〔註132〕 錢穆:《國史大綱》,商務印書館,1996年,第8頁。
〔註133〕 盛邦和:《解體與重構——現代中國史學與儒學的思想變遷》,華東師範大學
出版社,2002年,第392頁。

　　五四以來，現代新儒家道統論諸公均面臨著同一個課題：如何重建儒家道統，重構新時期的儒家道統論體系。在傳統儒家道統論的基礎上融彙中西，吸納西方哲學的思想營養是建構新體系的必經之路。在這一意義上，馮友蘭做得更好，亦走得更遠。做得好是就其所建構的體系而言，走得遠則是說其與中國哲學的特質的距離。

　　馮友蘭汲取維也納學派的邏輯分析方法來重建儒家的形而上學。他在《新理學》中吸收西方新實在論共相與殊相的關係的理論，即「天」，而形成其探析社會、人生即群、「人」的方法論，以究天人之際。在其究社會文化的《新事論》中，他提出要關注蘊含於民族文化之殊相之中的共相，強調融彙中西。他指出，「西方哲學對中國哲學的永久性貢獻在於他的邏輯分析方法」。「邏輯分析方法就是西方哲學家（點石成金）的手指頭，中國人要的是手指頭」。〔註134〕西方所長之邏輯分析正是中國哲學所缺少的，對於這一認識，前一階段的梁漱溟、熊十力已抽象性、總體性地提出，但汲取、利用而付諸實踐者則是馮友蘭。引進邏輯分析的知性環節，分析中國傳統儒學的概念，重建儒家之道的形而上學體系。他的這種融彙是對西方自然、宇宙即傳統形而上學架構的參考和運用，是二十世紀上半葉現代新儒家道統論之知識形而上學體系的建構，是其對傳統儒家道統論現代化的努力和改造，然這種努力的結果卻因偏離了傳統儒學「天人合一」的特質而走得更遠。其所創建的「新理學」即是「受這種傳統的啓示，利用現代邏輯學對於形上學底批評，以成立一個完全『不著實際』底形上學」。〔註135〕在《新理學》中，馮友蘭用邏輯分析方法，對宋明程朱理學的理、氣、道、道體、無極、太極等提煉和驗證於百姓日用之間的概念、術語，予以推理、論證，並對其四組命題：「有物必有則」、「有理必有氣」、「無極而太極」、「一即一切，一切即一」進行辨析、改造，使感性、零散的程朱理學具有理性的、思辨的、整體的形而上學的體系和架構。馮友蘭在三、四十年代陸續寫作出版的「貞元六書」「大體上是承接宋明道學中之理學一派」的，這種「承接」「是『接著』宋明以來底理學講底，而不是『照著』宋明以來底理學講底。」〔註136〕「不是『照著』」即意味著「新」成

〔註134〕馮友蘭：《中國哲學簡史》，北京大學出版社，1985 年，第 287 頁。

〔註135〕馮友蘭：《三松堂全集》第 5 卷，河南人民出版社，1986 年，第 147 頁。

〔註136〕馮友蘭：《新理學緒論》，《馮友蘭文集》第四卷，長春出版社，2008 年，第 4 頁。

分的加入，這是「馮友蘭運用中國哲學的材料和西方新實在論哲學的方法，創立了自己的哲學體系」。〔註137〕這體系就是馮友蘭試圖另立的現代學統，也即知識的形而上學體系，是「用現代西方邏輯哲學為武器，構成了理智主義的『新理學』體系，從形式（推理論證方式）與內容迥然不同於熊、梁」。〔註138〕這亦是馮之融構與熊、梁之異構的區別所在。

賀麟的「儒家思想的新開展」是關於值此政統瓦崩、道統崩潰之際，依附於傳統道統之傳統學、術是如何自立的問題，這亦是為各派學者所共同關注的時代新問題。他說：

> 新文化運動的最大貢獻在於破壞和掃除儒家的僵化部分的軀殼的形式末節，及束縛個性的傳統腐化部分。它並沒有打倒孔孟的真精神、真意思、真學術，反而因其洗刷掃除的工夫，使得孔孟程朱的真面目更是顯露出來。新文化運動的領袖人物。以打倒孔家店相號召的胡適先生，他打倒孔家店的戰略，據他英文本《先秦名學史》的宣言，約有兩要點：第一，解除傳統道德的束縛；第二，提倡一切非儒家的思想，亦即提倡諸子之學。但推翻傳統的舊道德，實為建設新儒家的新道德做預備工夫。提倡諸子哲學，正是改造儒家哲學的先驅。用諸子來發揮孔孟，發揮孔孟以吸取諸子的長處，因而形成新的儒家思想。假如儒家思想經不起諸子百家的攻擊、競爭、比賽，那也就不成其為儒家思想了。愈反對儒家思想，儒家思想愈是大放光明。〔註139〕

賀麟指出，「五四」所致道統坍塌是指傳統道、學、政一體之「儒家的僵化部分的軀殼的形式末節，及束縛個性的傳統腐化部分」的被「破壞和掃除」，而「孔孟程朱」學、術之真精髓尚在，如何另起爐竈，自立門戶？胡適就曾操「諸子」之戈而入儒學之室，然此著並非為賀麟所認同。二十世紀二、三十年代留美、留德期間，賀麟學習和研究了新黑格爾主義，尋求將新黑格爾主義與宋明理學、心學結合起來的治學道路。他自述其解決文化問題、倫理問題、人生問題的途徑，「真正認識了西洋文化便能超越西洋文化。能夠理解西洋文化，自能吸收、轉化、利用、陶熔西洋文化以形成新的儒家思想、新的

---

〔註137〕鄭家棟：《現代新儒學概論》，廣西人民出版社，1990年，第245頁。
〔註138〕李澤厚：《中國古代思想史論》，天津社會科學院出版社，2004年，第306頁。
〔註139〕賀麟：《文化與人生》，商務印書館，1988年，第4～17頁。

民族文化。儒家思想的新開展，不是建立在排斥西洋文化上面，而是建立在徹底把握西洋文化上面。」〔註140〕其「儒家思想的新開展」就是融彙中西以重構現代儒家道統，即「自覺地謀求使重視邏輯認知和理性思辨的西方哲學與重視道德評價和直覺體悟的中國哲學相結合」。〔註141〕對於儒學而言，融彙中西既是發展的動力，又是關乎存亡的考驗。「西洋文化學術大規模的無選擇的輸入，又是使儒家思想得到新發展的一大動力。……在歷史上曾展開了一個新儒家運動一樣，西洋文化的輸入，無疑亦將大大地促進儒家思想的新開展。西洋文化的輸入，給了儒家思想一個考驗，一個生死存亡的大考驗、大關頭。假如儒家思想能夠把握、吸收、融會、轉化西洋文化，以充實自身、發展自身，儒家思想則生存、復活而有新的發展。如不能經過此考驗，度過此關頭，它就會消亡、沉淪而永不能翻身。」〔註142〕賀麟強調，中西文化各有短長，亦有其共通之處，同構道統之時代意義在此得以體現。「今後中國哲學的新發展，有賴於對於西洋哲學的吸收與融會，同時中國哲學家也有復興中國文化、發揚中國哲學，以貢獻於全世界人類的責任自不待言。並且我們要認識哲學只有一個，無論中國哲學西洋哲學都同是人性的最高表現，人類理性發揮其光輝以理解宇宙人生，提高人類精神生活的努力。……我們都應該以同樣虛心客觀的態度去承受，去理會，去擷英咀華，去融會貫通，去發揚光大。」〔註143〕中西之道體現人性、弘揚理性、提升精神的共同點正是中西學融彙的基點。

## （二）分立政統的理論嘗試

政統者，政體之統緒也。封建制時代，即狹指周代，以「立嫡以長」的封建制王位為政之正統歷代相承。秦代以迄民國，行中央君主集權專制之郡縣制，則以君主之帝位垂統相遞。晚清以降，中國傳統政體之統緒已難以維繫，而瓦崩於「辛亥」，遂仿傚西方民主政制，以共和制立國。然作為以政、治為主要功用的儒家道統論自秦漢以來，以其所構建的三綱五常之道與君主中央集權之政統如影隨形，相得益彰。民國伊始，傳統政統崩塌於頃刻，統攝於道統之下「政教相維」的傳統儒家道統論體系的改弦更張正當其時，則

---

〔註140〕賀麟：《文化與人生》，商務印書館，1988年，第7頁。
〔註141〕鄭家棟：《現代新儒學概論》，廣西人民出版社，1990年，第232頁。
〔註142〕賀麟：《文化與人生》，商務印書館，1988年，第6頁。
〔註143〕賀麟：《近代唯心論簡釋》，上海人民出版社，2009年，第264頁。

體系中政統之獨立、分立已勢趨必然，頗具開放性特徵的儒家道統論融彙西
學以重構其現代體系，已爲二十世紀上半葉道統論者諸公所共識。張君勱崇
尙西方「天賦人權」說，以英美民主政治爲典範，儒西相通，苦心經營，精
心構建其「國家社會主義下的計劃經濟」的設想，以爲垂諸後世的立國之道。
徐復觀從中國傳統文化的性善論和德政理論中探尋自由民主之源，融彙「傳
統主義」與「自由主義」，殫精竭慮，致力於對儒家政治理論的修正。

　　1940 年 10 月，張君勱在雲南大理創建民族文化書院，以張載四句箴言：
「爲天地立心，爲生民立命，爲往聖繼絕學，爲萬世開太平」爲其書院的辦
學宗旨。他以「負起四千年重擔，辨明全世界向力」〔註 144〕自任，致力於中
國現代「立國之道」的融構。1938 年張君勱著《立國之道》以其所推崇的英
美民主政治爲典範，開創其民主社會主義的新外王構想。首先，他對於中西
融彙，以西學之優長充實、補正儒家道統論之現代不足，持以開放豁達之態
度，他認爲「吾國學術自漢代後，專以求之書本爲事，忘自然界爲人類智識
之源，宋明儒者雖長於運思，然對於邏輯、義理分析與自然界聯繫，不如西
方遠甚。今後應擴大胸襟，採人之長、補己之短，同時勿昧於他人之短，勿
忘自己之長。……大道並行，萬物並育。……唯有擴大自己見解以容納眾
流……以求會通歸宿之所，合中外古今一爐而冶之。」〔註 145〕他以民主自由
爲理論基礎，對傑弗遜起草的《獨立宣言》所倡導的「天賦人權」說推崇備
至。他主張以英、美政治爲範，構建中國的民主社會主義之道。「政治，我喜
歡英國的。……民主社會主義，卻與儒家哲學，完全相通。」〔註 146〕民主社
會主義是風行於二十世紀西歐之一政治思潮，其與馬克思暴力的、革命的社
會主義相比較而言，乃是一種演進的、民主的社會主義思潮。基於此，他提
出「國家社會主義下的計劃經濟」之構想：「我個人認爲今後我國之經濟建設，
唯有國家社會主義而已。一方求國家之自足自給，或民族自活；他方求社會
公道之實現，而獎勵個人之自發自動的精神。合此二方面以成其總計劃。」
對此，他還制定幾項原則：「（一）爲謀個人生存之安全，並改進其智慧與境
況計，確認私有財產。（二）爲社會謀公共幸福並發展民族經濟與調劑私人經
濟計，確立公有財產。（三）不論公有私有，全國經濟須在國家制定之統一計

〔註 144〕張君勱：《義理學十講綱要》，中國人民大學出版社，2006 年，第 54 頁。
〔註 145〕張君勱：《義理學十講綱要》，中國人民大學出版社，2006 年，第 53 頁。
〔註 146〕張君勱：《社會主義思想運動概觀》，臺北：稻香出版社，1988 年，第 6 頁。

劃下，由國家與私人分別擔任而貫徹之。（四）依國家計劃，使私有財產漸趨於平均與普遍，俾得人人有產，而無貧富懸殊之象。」〔註147〕他認為，此種設計「自理智上言，可以放諸四海而準；自感情上言，含有改善大多數人民生活之意義。」〔註148〕此種構想得以實現的必要條件，即是個人應擁有自由發展之權利。「自由學說之最大價值，在其能養成獨立人格與健全公民。這一點不可磨滅之價值，可以垂諸千百年而不變。」〔註149〕對於自由人權的尊重源自歐洲天賦人權之說，張君勱以之與儒家「天下為公」之大同理想相比擬，引之以為其分立政統之現代道統論之道。同時，張君勱認為，「奠定西方民主政治制度根基的天賦人權說源自儒學，是『吾家舊物』，中國應該迎其還鄉，以奠定民主政治制度的基礎。……其說之由來，得之於孟子告子上篇之語：『詩曰：『天生蒸民，有物有則，民之秉彝，好是懿德。』孔子曰，為此詩者其知道乎。故有物必有則，民之秉彝也，故好是懿德。』西方人讀此文者解之為世間萬事萬物，既有定則，而此定則出於人之秉賦，此為首先，此為理性。由是而推廣之，乃有理性宗教論。乃有理性政治論，即天賦人權。乃有學術中之自然定律論。而傑弗遜留法時，知有此文，乃其歸也，乃著之於《獨立宣言》之中。可知天賦人權，自為吾家舊物，遺留於海外二三百年之久，今可如遊子之還鄉矣。彼西方既採儒家言以建立其民主，吾何為不可以西方民主還之於儒家乎？」〔註150〕將西方自由理論於儒家大同理想比附，或西學中源的考證均體現張君勱通過尋求中西共通的思想平臺來融構現代儒家道統之意。

韋政通用「以傳統主義衛道，以自由主義論政」一語來概括徐復觀的「志業」〔註151〕，「傳統主義」與「自由主義」在他這裏融彙一通。自由主義是西方民主政治理論之根基，徐復觀引以為其另立政統之資，並藉此從中國傳統文化之性善論和德政理論中探尋自由民主的根源，進而「將中

〔註147〕黃克劍：《張君勱集・立國之道》，北京群言出版社，1993 年，第 187～188 頁。（此書又名《國家社會主義》，1938年初版於桂林。）

〔註148〕黃克劍：《張君勱集》，北京群言出版社，1993 年，第 246 頁。

〔註149〕黃克劍：《張君勱集・立國之道・修正的民主政治之方案》，北京群言出版社，1993 年。

〔註150〕張君勱：《中西印哲學文集》，臺灣學生書局，1981 年，540 頁。

〔註151〕韋政通：《以傳統主義衛道，以自由主義論政——徐復觀先生的志業》，載自中國論壇編委會：《知識分子與臺灣發展》，臺北：聯經，1989 年。

國文化精神中可以與民主政治相通的疏導出來，推動中國的民主政治」。〔註152〕「中國文化係立基於性善思想之上，這便真正把握了人類尊嚴、人類平等及人類和平相處的根源，當然也是政治上自由民主的根源。」〔註153〕基於性善論之德治理論是徐復觀闡發的重點，他認為，「孔子的德治的思想，在中國爾後兩千多年的歷史中，盡到了『思想』所能盡的影響；因而在專制政治的歷史中，也盡到了補偏救弊的責任。」〔註154〕然由專制政治轉為民主政治，在於「這種二重的主體性」的改變。「中國的政治思想，除法家外，都可說是民本主義，即認定民是政治的主體。但中國幾千年的實際政治，卻是專制政治。政治權力的根源，係來自君而非來自人民；於是在事實上，君才是真正的政治主體。……可是，政治的理念，民才是主體；而政治的現實，則君又是主體。這種二重的主體性，便是無可調和的對立。……於是中國的政治思想，總是想解消人君在政治中的主體性，以凸顯出天下的主體性。……並因此而凸顯出天下的才智與好惡，以天下的才智來滿足天下的好惡，……人君無為，人臣乃能有為，亦即天下乃能有為。這才是真正的治道」。〔註155〕這種主體的現代轉換正是對儒家政治理論的修正。「中國歷史上的聖賢，是要從『君心』方面去解除這一矛盾，從道德上去解除這一矛盾；而近代的民主政治，則是從制度上，從法制上解除這一矛盾。首先把權力的根源，從君的手上移到民的手上，以『民意』代替了『君心』。政治人物在制度上是人民的雇員，它即是居於中國歷史上臣道的地位，人民則處於君道的地位。」〔註156〕將具有君主主體和人民主體即雙重主體的儒家道統予以現代轉換，以另立與現代民主制度相契合的儒家政統，而從根本上「解除這一矛盾」是徐復觀的融構設想。

　　相對於試圖分立學統、政統，以期自成體系而言，牟宗三則於此期「瞻望國家之艱難，時風之邪僻，怵目驚心，悲感益增」而「蘊蓄」著現代儒家

〔註152〕張君勱：《新儒家思想史》，中國人民大學出版社，2009 年，附：《為中國文化敬告世界人士宣言》。
〔註153〕徐復觀：《孔子德治思想發微》，《中國思想史論集》，上海書店，2004 年，第181 頁。
〔註154〕徐復觀：《儒家政治思想與民主自由人權》，臺灣學生書局，1988 年，第119頁。
〔註155〕李維武：《徐復觀文集》第 2 卷，湖北人民出版社，2002 年，第 270 頁。
〔註156〕黃克劍、林少敏：《當代新儒學八大家集——徐復觀集》，群言出版社，1993年，第 129 頁。

道統論之功用觀——三統說〔註157〕，即現代新儒家道統論之新外王說的構想。這三統說「蘊蓄」於抗戰時期，成書於五十年代，亦體現著此期牟宗三思想之一特色。其三統說爲「轉出『知性主體』」，以「開出學術之獨立性」，以及「創造出『民主政體』」而精心構想了「曲通」、「大開大合」、「理性的架構表現」以及「良知自我坎陷」說等新概念，其以至爲縝密的邏輯聯接爲一體。

## 三、理論特色——內聖弱而外王強

內聖強而外王弱是宋明儒道統論的理論特色，這是指儒家道統論發展至宋、明時期，其內聖心性之學則詳盡闡發，得以長足發展。理學道統論以及心學道統論，皆是心性本體化、主體化之精心構建的理論成果。而事功派之外王一脈則退居伏流，並無更長於周、孔、荀外王道統論的理論推進和發展。同樣，內聖強而外王弱之一特色亦適用於二十世紀上半葉現代新儒家道統論，自晚清儒臣曾國藩、張之洞接續仁、禮兼重之寬泛儒家道觀，並揭櫫「經

---

〔註157〕關於牟宗三三統說思想的萌發、形成、成型時期的定論，茲略作說明。牟宗三自述，其《道德的理想主義》「與《歷史哲學》及《政道與治道》合爲一組，大抵皆是自民國三十八年至四十八年間所寫成者。此十年間乃是吾之文化意識及時代悲感最爲昂揚之時。此之蘊蓄由來久矣。溯自抗戰軍興即漸有此蘊蓄。當時吾與熊先生同住重慶北碚金剛碑，朝夕惕厲，啓悟良多。……瞻望國家之艱難，時風之邪僻，怵目驚心，悲感益增，所蘊蓄者固有超出有形正作之外者矣。此種蘊蓄不能求之於西方純邏輯思考之哲學，乃必求之於能開闢價值之源之孔孟之教。深入於孔孟之成德之教，始可暢通吾人之文化意識。有正面正大之文化意識，始能發理想以對治邪僻，立大信以貞定浮動，而不落於憤世嫉俗，或玩世不恭，或激情反動，或淺薄的理智主義。此種蘊蓄至三十八年抵臺乃全部發出，直發至十年之久。」（牟宗三：《道德的理想主義》，吉林出版集團，2010年，修訂版序。）這段話說明：其三統說的思想萌發、形成是在抗戰時期，是其有感於「國家之艱難，時風之邪僻」而興之作。茲「蘊蓄」而成書稿或出版物的現實條件是待抗戰之後即「至三十八年抵臺」後方初備，遂歷十年而成文、面世。然「皆是自民國三十八年至四十八年間所寫成者」一語表明：外王三書成書於五十年代。正如他在《修訂版序》中還說，「唐先生書多重在正面疏通中國文化之精神與價值，使人對於中國文化有恰當之理解，糾正五四以來之否定主義；而我此期間之三書則重在批抉中國文化之瘤結，以期蕩滌腥穢，開出中國文化健康發展之途徑。此兩方面相配合，遂有《中國文化宣言》（爲中國文化敬告世界人士）之作。」也就是說，牟宗三三統說是萌發、形成於抗戰時期，成型於五十年代。因此可以說，牟宗三的三統說是其抗戰時期、五十年代兩個時期的思想成果。

世致用」與「中體西用」之過渡性道統論之功用觀之幟，其歸旨重在外王、功用。俟「五四」前後現代新儒家熊十力、梁漱溟、馮友蘭諸公出，接續異構儒家道統論，至牟宗三以寬泛道觀與三統說集二十世紀上半葉現代新儒家道統論之大成，皆一方面異構、融構、同構儒家道統體系，另一方面辛勤不輟地耕耘於另立學統、政統以及新外王學說之事功一域的思想勞作。至三統說集其成，新儒家外王理論仍未能完全解脫於道統之統攝，未能發展成真正現代意義之儒家道統論體系，更未能現實地實現著民主與科學。然在二十世紀上半葉現代新儒家道統論在分立融構階段卻有著內聖弱而外王強之理論特色。

　　通過此節的論述可知：現代新儒家諸公於此期皆致力於學統、政統的再建工作。從另立學統言，錢穆立足於傳統學術之學的層面另立學統，試圖構建「中國歷史文化大傳統」道統論體系。他指出：「治國史的第一任務，在能於國家民族之內部自身，求得其獨特精神之所在」，從中「求出國家民族永久生命之泉源」。馮友蘭強調融彙中西，以程朱理學為基礎，融彙、吸納西學之邏輯、知性、概念，以成其「新理學」體系，即從傳統學術之術的層面另立學統。賀麟則以「吸收、轉化、利用、陶熔西洋文化以形成新的儒家思想、新的民族文化，」這是從廣義的層面構建儒家新學統；從另立政統言，張君勱以英美民主政治為典範，精心構建其「國家社會主義下的計劃經濟」之設想，以為垂諸後世的立國之道。徐復觀則以儒家傳統之性善論和德政、德治理論融彙西方「自由主義」思想，試圖通過對儒家政治理論的修正來重建現代政統。從三統言，牟宗三對新外王說之構想是「自抗戰軍興即漸有此蘊蓄」，他深感傳統外王說難以應對「國家之艱難，時風之邪僻」〔註158〕時代之需求，儒家道統論「外王學」之「重新講」已時不可待。基於傳統「內聖開出外王」之聖王直通致思路線，牟宗三設計「曲通」論，並構想「大開大合」、「理性的架構表現」以及「良知自我坎陷」說等一系列理論架構，以達到其「轉出『知性主體』」和「創造出『民主政體』」的現實訴求。茲構想更為確切地體現出抗戰一時期現代新儒家道統論之「內聖弱而外王強」的理論特色。

　　分立融構階段「內聖弱而外王強」之理論特色的成因可作如下解析：以縱向維度而言，該特色於此期的形成乃是現代儒家道統論之理論發展的邏輯必然。晚清曾、張二公接續傳統儒家道統，雖以仁、禮之寬泛道觀立論，卻

〔註158〕牟宗三：《道德的理想主義》，吉林出版集團，2010年，修訂版序。

旨在其「經世致用」與「中體西用」的外王功用觀的重構，然其說不期而成為儒家道統論新、舊外王學說之過渡理論，亦為二十世紀上半葉儒家道統論奏響了新外王說建設的序曲。「五四」前後，即接續異構階段，熊十力通過批判佛學、西學，以求儒、佛、西之異的途徑來凸顯、接續儒家道統，並納佛入儒，以法相唯識宗的思辨體系和概念改造宋明心學，以期造就現代道統論。梁漱溟比較中、印、西，彰顯「一以貫之」的孔子之道。馮友蘭則以論東、西人生觀之優劣來接續儒家道統。對於傳統道統之接續工作基本就緒之後，融彙西學以重構現代儒家道統論之務當緊隨其後；以橫向維度觀之，日軍全面侵華戰爭的爆發與持續是現代儒家道統論諸公以唯外王構建是務的救亡心態產生的主要因素。倭寇踐華，民族存亡在即，救亡成了壓倒一切的歷史任務。現代新儒家道統論者身逢離難，顛沛流離，深感唯有以民族傳統文化為基礎，集西學之優長，方可重建儒家道統，復興民族文化，以為全民抗戰之精神原動力。建樹新型民族文化以應抗戰是當時各派學者之共識，此期對民族文化的提倡和建設較之「五四」時期學人諱言傳統文化已大相異趣。抗戰前夕，熊十力就曾疾呼：「若乃明聖挺生，獨知民族思想之可貴，而以哀號於族類者，其唯衡陽王子，鄭所南、呂晚　亦其亞也。今外侮日迫，吾族類益危，吾人必須激發民族思想。念茲在茲：凡吾固有之學術思想、禮俗、信條、苟行之而無敝者、必不可棄。凡有利於吾身吾家、而有害於國家民族者、必不可為。凡有益於公、而有損於私者、必不可不為。日常服用、除藥品外、有可不需外貨者、寧崇儉素、而誓不買外貨：以此誓於皇天后土、慎守終身、是則吾平生持奉麟經之志也。」〔註159〕並強調論學要有「中國味」，因為「哪怕只是一點中國味，也許是對抗戰有利的」。〔註160〕「文化救亡」成為這一時期的主題曲。現代新儒家道統論者頗具外王特色的理論成果正是這一認識的具體體現。

## 第四節　大成同構階段

　　大成即道觀寬泛化、三統說構建。這是指此期諸公歸納前說，形成寬泛

〔註159〕 胡曉明編：《大海與眾漚──熊十力集》，上海文藝出版社，1998 年，第 17頁。
〔註160〕 馮友蘭：《懷念金岳霖》，《哲學研究》，1986 年第 1 期。

涵義的道觀，以及將學統道統的現代化建設歸一爲新外王說的構想。同構則是相對於「五四」時期中西比較而求異，以接續重構儒家道統的異構，以及抗戰時期中西融彙而求同，以分立學統、政統的融構而言的。同構可理解爲「反向格義」，是與傳統「格義」反其道而行的方法。傳統「格義」是指以自己本民族文化的思維模式、概念、術語去理解、詮釋外來文化的陌生的體系、概念、術語。「反向格義」即是同構，是一種旨在求同的重構，一種將自己熟悉的本民族文化的核心經典以西方的體系、概念、術語來重新建構，以求在同一文化平臺上實現對話和交流。也就是說，操他戈入己室，改換門庭，以嶄新的面貌和氣象走出去、迎進來。同構與融構是量的區別，而非質的分殊。同構是更高意義上的求同，它構建儒家人文宗教以與西方基督教同一宗教平臺，改建宋明儒道德形而上學爲「道德的形而上學」以與康德的道德形而上學體系同一哲學層面，道觀的寬泛化彰顯中國文化的時代性以與西方文化同一交流對話平臺。大成同構階段是指以二十世紀五十年代爲主體的前後十餘年，且以港、臺現代新儒家道統論者之理論發展爲研究對象。在此階段，現代新儒家大多飄零海外，苦志自守。爲了向世人展現中國文化之世界的重要性，亦即力挽儒家道統的現代命運，此期道統論者皆致力於前期所論的泛化大成以及其超越的理論追求，即宗教化、形而上學本體化、體系化的理論建設。此期具有多元的道的本體構建的階段理論特色。

## 一、階段背景——飄零自守與融匯合一

　　國民黨敗退臺灣，馬克思主義作爲社會意識形態統領大陸思想界，流散海外的大多數現代新儒家身處西方文明的「圍困萬千重」，苦志忍守，卻「我自巋然不動」，「自植靈根」以重光儒家道統。同時，此期西方科學主義思潮和人本主義思潮兩大思想陣營開始呈現融匯合一之勢態。

　　抗戰結束以後，國內兩大政治、軍事集團，即國、共兩黨關係逐步交惡，逐於 1946 年 7 月展開全面的軍事、政治角逐，經過一年的內線作戰〔註161〕，雙方軍事力量之對比發生急劇改變。國民黨軍隊的絕對軍力優勢已不存在，

---

〔註161〕內線作戰即是指人民解放軍在解放區與來犯的國民黨軍隊交戰，旨在收復失地，鞏固解放區。這屬於戰略防禦性質的作戰。與之相對應，外線作戰則是指人民解放軍的主力部隊從解放區向國民黨統治區進攻，旨在擴大解放區，把戰火引向國統區，擊垮國民黨反動統治。這屬於戰略進攻性質的作戰。

共產黨所領導的人民解放軍不斷壯大，中共中央制定了由戰略防禦轉為全國性的戰略進攻的作戰任務，內線作戰轉向外線作戰。至 1948 年夏秋，國、共雙方軍事力量對比發生決定性的變化，人民解放軍之軍力、人員之軍政素質已大為改觀，國民黨在軍事、政治上已趨於明顯的衰勢。為奪取全國性的勝利計，9 月 8 日，中共中央在西柏坡召開會議，提出與國民黨進行戰略決戰的總任務。決定發動具有戰略決戰性的三大戰役。遼瀋、淮海、平津戰役，歷時四月，基本消滅國民黨精銳主力軍隊。1949 年 4 月，人民解放軍攻克南京，國民黨政府敗退臺灣。10 月 1 日，中華人民共和國中央人民政府在北京成立。「新中國的建立，是革命的勝利，激進主義的勝利。此後代表以往文化保守主義最高水準的現代新儒家，在大陸失去了存在的條件，轉而在港臺地區謀求發展。」〔註 162〕共產黨所領導的中國革命所取得的成功，亦可以說是中國近現代文化領域中的「激進主義的勝利」，自由主義偃旗息鼓，退避三舍。保守主義之主力軍則飄零海外。「40 年代末 50 年代初，由於革命戰爭的勝利，馬克思主義成為中國大陸的指導思想和意識形態，西化派失去市場，新儒家只能在海外發展。」〔註 163〕此後，馬克思主義的思想原理和意識形態異常強勢地佔據著中國大陸之思想界，流散海外的大多數現代新儒家身處西方文明的「圍困萬千重」，苦志忍守，滿懷「中國社會政治、中國文化與中國人之人心，已失去一凝攝自固的力量，如一園中大樹之崩倒，而花果飄零，遂隨風吹散；只有在他人園林之下，託蔭避日，以求苟全；或牆角之旁，沾泥分潤，冀得滋生」之悲愴，卻「我自巋然不動」，皆致力於儒家道統的重構，即「自植靈根」以重光中華道統之業。

二十世紀五十年代，西方科學主義思潮和人本主義思潮兩大思想陣營開始呈現融匯合一之勢態。即科學主義思潮陣營中出現汲取人本主義思想來充實科學主義的思想流派，而人本主義思潮陣營亦存在有以科學主義論證人本主義的觀點和主張。現代學人研究二十世紀以來西方兩大思潮的分裂與融合時指出：

> 自啟蒙運動以後，兩種文化之間就開始出現了斷裂，這種斷裂

---

〔註 162〕何曉明：《返本開新──近代中國文化保守主義新》，商務印書館，2006 年，第 254 頁。

〔註 163〕張文儒、郭建寧：《中國現代哲學》，北京大學出版社，2001 年，緒論第 23頁。

到 20 世紀中葉以前達到頂峰。隨著 20 世紀中後期由於科技帶來的各種負面效應顯現，引起人們開始反思以科學主義為代表的科學文化；另一方面，這一時期也是世界範圍內社會動蕩不已的年代，人們普遍失去了信仰，精神空虛，這一切都要求人們反思產生這種情況的深層原因。對於科學主義試圖用科學的進化論「取代傳統的倫理學」、以及「用科學主義對道德進行解釋」（Mikael Stenmark. Scientism; Science, ethics, religion M. Published by Ashgate Publishing, Limited, 2001.）的企圖，可以說都以失敗告終，但是造成的後果卻是嚴重的，引起了社會大範圍失範現象的發生。基於這種認識，我們認為整合的基礎就是兩種文化所面對的目標是一致的：即人類面臨的風險與危險，構成了兩種文化整合的實踐層面；而整合的形而上基礎就是價值（理論層面），因為任何一種文化都是人類自身價值的體現，基於此，兩種文化的整合才有了現實的可能性。〔註164〕

兩種文化就是指科學文化與人文文化。五十年代以來，西方資本主義社會的一些新情況促使人本主義思潮更為人們所關注，出現融合理性主義和非理性主義的思想流派，當時所流行的存在主義和弗洛伊德主義就具有此種特色和傾向。

## 二、邏輯環節——收拾舊山河與超越的理論追求

### （一）滌蕩塵埃，收拾舊山河

二十世紀五十年代，現代新儒家道統論者經歷了兩代兩期之苦心經營，已初備規模，小有所成。此期道統論者總結前說，滌蕩塵埃，收拾舊山河，即泛化大成已是其理論發展之必然趨向。同時，在西方科學主義思潮和人本主義思潮兩大思想陣營融匯合一的背景下，泛化大成前論，將道觀寬泛化，並構建三統說，以整體的道統論體系展現於世人，尋求在西方強勢文化衝擊下的民族自我。「我們之所以要把我們對自己國家文化之過去現在與將來前途的看法，向世界宣告，是因為我們真切相信：中國文化問題，有其世界的重要性。」〔註165〕泛化大成之意義正在於此。

---

〔註164〕李俠：《試論人文主義與科學主義的斷裂與整合》，《齊魯學刊》，2004 年，第 5 期。

〔註165〕張君勱：《新儒家思想史》，中國人民大學出版社，2009 年，附：《為中國文化敬告世界人士宣言》。

牟宗三此期在有關道統的論述中就表現出明顯的道觀寬泛化的傾向。

> 道統必須繼續。此爲立國之本，日常生話軌道所由出，亦爲文化創
> 造之原。此相應上列三套「道德宗教」一套而言。中國以往四千餘
> 年的歷史中，惟是彰著此一套，一切聖賢用心惟是直接扣緊此方面
> 而立言。此即爲以仁教爲中心的道德政治的教化系統，亦即禮樂型
> 的教化系統。以前在此系統下，道統，政統，學統是一事。道統指
> 內聖言，政統指外王言，學統則即是此內聖外王之學，而內聖外王
> 是一事，其爲一事，亦猶仁義之與禮樂爲一事。在吾人今日觀之，
> 此三者爲一事之一套，實應只名爲「道統」。〔註166〕

此段論述中「相應上列三套」即指「民主」、「科學」、「道德宗教」三者，分別對應著政統、學統和道統。他認爲，古者三統一體，但各有所指。他以「道德宗教」爲傳統儒家道統，「禮樂型的教化系統」、「內聖外王之學」均以此心性道統爲中心。牟宗三在此期則認爲：「三者爲一事之一套，實應只名爲『道統』」。茲儒家「道統」顯然涵括了「仁義」與「禮樂」二者，即涵括「道」、「學」、「政」三者。

在彰顯儒家道統之「五八年宣言」中，在批評國內尤其是西方一些學者僅以中國歷史文物爲中國歷史文化的研究對象時，現代新儒家道統論諸公深刻地指出，「研究中國之歷史文化學術，要把它視作中國民族之客觀的精神生命之表現來看。但這個精神生命之核心在那裏？我們可說，它在中國人思想或哲學之中。這並不是說，中國之思想或哲學，決定中國之文化歷史。而是說，只有從中國之思想或哲學下手，才能照明中國文化歷史中之精神生命。」這裏所言「中國之思想或哲學」當以閃耀著「思想或哲學」光輝的儒家之道來解釋。諸公於此以「用樹木之根干與枝葉之關係，來比喻中國歷史文物之各方面與中國之哲學思想」，認爲儒家之道具有文化「一本性」，「此一本性乃謂中國文化在本原上是一個文化體系。此一本並不否認其多根。此乃比喻在古代中國，亦有不同之文化地區。但此並不妨礙中國古代文化之有一脈相承之統緒。殷革夏命而承夏之文化，周革殷命而承殷之文化，即成三代文化之一統相承。此後秦繼周，漢繼秦，以至唐、宋、元、明、清，中國在政治上有分有合，但總以大一統爲常道。且政治的分合，從未影響到文化學術思想

---

〔註166〕黃克劍、鍾小霖：《當代新儒學八大家集──牟宗三集》，群言出版社，1993
　　　　年，第176頁。

的大歸趨，此即所謂道統之相傳。」儒家之道自三代以迄明清，雖數歷江山易主，朝代更替，然其道「一統相承」，成「一脈相承之統緒」，「此即所謂道統之相傳」。〔註167〕可以說，諸公此期向中外人士所標榜的道統乃是從寬泛意義上來講得。

　　牟宗三自述，其《道德的理想主義》「與《歷史哲學》及《政道與治道》合為一組，大抵皆是自民國三十八年至四十八年間所寫成者。此十年間乃是吾之文化意識及時代悲感最為昂揚之時。」〔註168〕那麼，將其外王三書歸於五十年代的思想成果亦應是合理的。牟宗三於此期所構想的現代儒家道統論之功用觀——三統說，即現代新儒家道統論之新外王說被稱之為二十世紀上半葉現代新儒家道統論新外王努力之理論大成，主要因為他提出對於儒家「外王學」「重新講」的歷史使命。其所精心構想的三統說中蘊涵著「轉出『知性主體』」，以「開出學術之獨立性」，以及「認識政體之發展而肯定民主政治為必然，」進而「創造出『民主政體』」，即開出獨立的現代學統、政統之意味和內容。

　　牟宗三的新外王說是現代新儒家道統論中至為完備的三統說。他首先指出，傳統儒家道統論之周孔外王一脈經宋明儒事功派道統論者之接續，其後又有「明末顧、黃、王……豁醒其外王之一面」，迄晚清，中西交通日繁，傳統外王說已難以應世事，「則又須對之作進一步之豁醒與建立。」〔註169〕即重建現代新儒家道統論之新外王說。他認為：

　　　　我們現在的人文主義必須含有近代化的國家政治法律之建立這一義，即必須含有外王之重新講這一義，這就構成今日儒家學術之第三期的發展這一使命。近代化的國家政治法律不能建立起來，儒家所意想的社會幸福的「外王」（王道）即不能真正實現；……我們若真知道道德理性必須要廣被出來，必須要客觀化，則即可知民主政治即可從儒家學術的發展中一根而轉出。〔註170〕

牟宗三明確表示，「外王之重新講」乃吾輩新儒家之「使命」，遂提出三統之說。

〔註167〕張君勱：《新儒家思想史》，中國人民大學出版社，2009 年，附：《為中國文化敬告世界人士宣言》。
〔註168〕牟宗三：《道德的理想主義》，吉林出版集團，2010 年，修訂版序。
〔註169〕牟宗三：《牟宗三集》，群言出版社，1993 年，第 164 頁。
〔註170〕牟宗三：《牟宗三集》，群言出版社，1993 年，第 166 頁。

　　一、道統之肯定，此即道德宗教之價值，護住孔孟所開闢之人
生宇宙之本源。二、學統之開出，此即轉出『知性主體』以融納希
臘傳統，開出學術之獨立性。三、政統之繼續，此即由認識政體之
發展而肯定民主政治爲必然。〔註171〕

他認爲「轉出『知性主體』」補足「知性」這一環，融彙西方邏輯、科學。在
客觀實踐方面，則建立「政道」之一環，肯定民主政治與法律。具體如何而
爲？牟宗三提出「曲通」一說，此說是相對於傳統內聖直接開出外王，即「直
通」而言的。如何「曲通」？

　　牟公認爲需要一個「在向下方面撐開再轉出一個大開大合」，這是對於傳
統的「只在向上透一面大開大合」的一種反正。他指出，『『知性』與『政道』
這兩面的曲折即是向下方面的大開大合」。那麼，何謂「大開大合」？「大開
是撐開那以往的「構造的綜合」與「曲折的持續」而提煉凝聚那根源的文化
生命，此即「道統」之所在」。然後，「在大開中立大信。由此根源的文化生
命來孳生出『知識之學』，來創造出『民主政體』，此之謂『大合』；在大合中
與大用」。〔註172〕由於「知性方面的邏輯數學科學與客觀實踐方面的國家政治
法律（近代化的）」「是中間架構性的東西，」「在人間實踐過程中實現價值上，
實現道德理性上，這中間架構性的東西卻是不可少的。而中國文化生命在以
往的發展卻正少了這中間一層。」〔註173〕這「中間架構性的東西」就是體現
著「分解的盡理之精神」的「理性的架構表現」，而這不同於體現中國傳統文
化「綜合的盡理之精神」的「理性的運用表現。」〔註174〕而成就科學與民主
的『『理性之架構表現』其本性卻又與德性之道德意義與作用表現相違反，即
觀解理性與實踐理性相背離。即在此違反上遂顯出一個『逆』的意義。它要
求一個與其本性相違反的東西」。這就形成一種矛盾，即「它所要求的東西必
須由其自己之否定轉而爲逆其自性之反對物（即成爲觀解理性）始成立」。爲
消融這一矛盾，「必須先曲一下。此即爲由逆而成的轉折上的突變。」〔註175〕

---

〔註171〕牟宗三：《道德的理想主義》，臺北學生書局，1985年，序。

〔註172〕牟宗三：《生命的學問》，廣西師大出版社，2005年，第55～56頁。

〔註173〕黃克劍、鍾小霖：《當代新儒學八大家集——牟宗三集》，群言出版社，1993
　　　　年，第216～217頁。

〔註174〕鄭家棟：《牟宗三新儒學論著輯要——道德理想主義的重建》，中國廣播電視
　　　　出版社，1992年，第155頁。

〔註175〕鄭家棟：《牟宗三新儒學論著輯要——道德理想主義的重建》，中國廣播電視
　　　　出版社，1992年，第167頁。

對此，车公又提出了以求將知識融攝進良知中，實現良知——道德理性的一種自我否定的「良知自我坎陷」說。他指出：

> 此融攝之真實義，須如此說：吾心之良知決定此行為之當否，在實現此行為中，固須一面致此良知，但即在致字上，吾心之良知亦須決定自己轉而為了別。此種轉化是良知自己決定坎陷其自己，此亦是其天理中之一環。坎陷其自己而為了別以從物。從物始能知物，知物始能宰物。及其可以宰也，它復自坎陷中湧出其自己而復會物以歸已，成為自己之所統與所攝。如是它無不自足，它自足而欣悅其自己。此入虎穴得虎子之本領也。〔註176〕

通過「良知自我坎陷」而「曲通」的新外王說仍是將學統、政統置於道統之統攝下，是不可能開出新時代所需求的民主、科學。然车宗三之精微龐雜的、其實際可操作性不強的且並未完全擺脫傳統外王說套路之束縛的三統說可以說是二十世紀上半葉現代新儒家道統論者對於現代學統、政統構建之努力的收官之論，與分立融構階段之現代道統論諸公為另立現代學統、政統而對儒、西理論的生拉硬拽相比，车宗三從「外王之重新講」到「曲通」、「大開大合」、「理性的架構表現」直至「良知自我坎陷」，以期「轉出『知性主體』」，以「開出學術之獨立性」，「創造出『民主政體』」，其層層剝筍，銜接自然，渾然一體。因此可以說，车宗三之三統說即「返本開新」是現代道統論自張之洞之「中體西用」以來新外王說，即現代新儒家道統論功用觀的集大成之作。

### （二）二化建設，同構現代儒家道統

二化是指宗教化、形上本體化。宗教和形而上學雖非一事，但其共同點均是人類尋求超越現實世界、經驗世界之外的一種神秘力量或實體，也可以說是人類對於「終極關懷」和經驗背後之終極探求一種理論體系。可以說，重建道德的形而上學其實質亦是對儒家道德宗教的構建。然二者終非一事，是宗教與哲學之區分，或乃神性與人性之別。前者是通過所構建的神實現超越，後者則以思辯、知性或理性上達超越之境。

道觀宗教化是指此期儒家道統論者著意凸顯儒家道統之宗教性，以期構建儒家人文教。鑒於與西方曾經有過的「超現實世界之宗教信仰中之上帝」之統有著共同的交通平臺，而免存「中國歷史文化中道統之說，皆非中國現

---

〔註176〕车宗三：《從陸象山到劉蕺山》，吉林出版集團有限責任公司，2010年，第160頁。

代人與西方人所樂聞」、「中國文化是注重人與人之間倫理道德,而不重人對神之宗教信仰」等說法之虞,且「西方文化之統,則因現實上來原之眾多,難於建立,於是乃以超現實世界之宗教信仰中之上帝為其統,由希伯來宗教與希臘思想羅馬文化精神之結合,乃有中古時代短時存在的神聖羅馬帝國之統。」〔註177〕而「中國文化精神中之宗教性之成份」以及「中國之倫理道德之內在的精神生活上的根據」有待疏解與闡發,因此,對儒家道統論之道觀的宗教化建設已勢在必行。

首先,此期儒家道統論諸公著意於開發中國傳統儒家道統的宗教精神,即凸顯儒家道統的宗教性。他們強調:不能說「中國民族先天的缺乏宗教性的超越感情及宗教精神,而只知重現實的倫理道德」,因為儒家道統即兼蘊含著「宗教性的超越感情及宗教精神」與「倫理道德之精神」。諸如「中國詩書中之原重上帝或天之信仰」、「祭天地社稷之禮」、「祭天地祖宗之禮」、「天地君親師之神位」,莫不有超越性之宗教感情存含其中。即使「從中國人之人生道德倫理之實踐方面說,則此中亦明涵有宗教性之超越感情」,如「天人合德,天人合一,天人不二,天人同體之觀念」即是明證。同樣,國人對於儒家之道無不存「有一宗教性之信仰」。孟子所言,「天下有道,以道殉身;天下無道,以身殉道。」〔註178〕「志士不忘在溝壑,勇士不忘喪其元。」〔註179〕而且,他們還說,「此中人心之所安之道之所在,即天地正氣之所在,即使人可置死生於度外,則此心之所安之道,一方內在於此心,一方亦即超越個人之現實生命之道,而人對此道之信仰,豈非即宗教性之超越信仰?」〔註180〕

唐君毅於此期致力於建樹中國人文教或人倫教的思想努力,其所立之人文教「即由道德以轉出宗教,而人建立神,人造神」。〔註181〕牟宗三則直接將儒學與佛教、道教並列為「三教」,稱基督教為離教,即神人相隔離之意,而儒教則為神人融合之圓教。

---

〔註177〕 張君勱:《新儒家思想史》,中國人民大學出版社,2009 年,附:《為中國文化敬告世界人士宣言》。

〔註178〕 《孟子·盡心章上》。

〔註179〕 《孟子·滕文公章下》。

〔註180〕 張君勱:《新儒家思想史》,中國人民大學出版社,2009 年,附:《為中國文化敬告世界人士宣言》。

〔註181〕 黃克劍、鍾小霖:《當代新儒學八大家集——唐君毅集》,群言出版社,1993 年,第 325 頁。

　　唐君毅自小有感於草木繁衰、天地風雲，即傾心於宗教。然他常思「究竟在我內心，希望成立什麼一種哲學宗教信仰，以安頓我自己的生命。」〔註182〕他希冀於人文的世界裏，「建立一神靈之世界，即可以使我們不致只以物的世界，自然的世界爲託命之所，即可以平衡我們之精神之物化自然化，而背離人文之趨向。」如此一來，「有一神靈世界之信仰，亦可提升其精神，以自覺的瞭解人文之價值意義。」〔註183〕在他看來，中國心性之學之「自性本心」、之「最高之人格」、之「盡心知性則知天」、之「聖而不可知」、之「至誠」〔註184〕均具有超越性和人倫形上意義，蘊含豐富的宗教精神。鑒於此，唐君毅試圖從中國儒家之道中闡發宗教意義，進而建設中國人文教或人倫教。他指出：

> 吾人之宗教精神，可謂爲至剛健，極高明，而眞廣大的，此即謂吾人宗教精神，乃對神全無希慕欲望，而純由吾人道德精神文化自身所建立，以表現吾人心性之高明，與文化精神之廣大者，故吾人之建立此神與宗教精神，吾人唯是自覺的依理性之必然與當然上或純「義」上言，當有此建立。西方之道德精神，唯依附宗教精神。及近世人謗神，而視神爲人造。孔子融宗教於道德，神即人。宋明即道德以爲宗教，而人即神。吾人今即由道德以轉出宗教，而人建立神，人造神。〔註185〕

茲人文宗教是由人造神，雖較之佛教、基督教其宗教色彩淡薄一些，但其宗教精神是強烈的，「儒學精神亦有與一切人類高級宗教共同之點，此共同點即其宗教性」。「此儒者之教與一切宗教之共同點，即他是重視人生存在自己之求得一確定的安身立命之地的。」〔註186〕此人文宗教即「儒者之教」，當有別於儒者之學，根本在於「哲學科學理論本身不能使人安身立命」。〔註187〕因爲「理論只爲知之所對，理論有各種可能形式，因而是搖

〔註182〕唐君毅：《人文精神之重建》(2)，廣西師範大學出版社，2005年，第483頁。
〔註183〕黃克劍、鍾小霖：《當代新儒學八大家集——唐君毅集》，群言出版社，1993年，第340～341頁。
〔註184〕黃克劍、鍾小霖：《當代新儒學八大家集——唐君毅集》，群言出版社，1993年，第340～341頁。
〔註185〕黃克劍、鍾小霖：《當代新儒學八大家集——唐君毅集》，群言出版社，1993年，第325頁。
〔註186〕唐君毅：《中國人文精神之發展》，廣西師範大學出版社，2005年，第309頁。
〔註187〕唐君毅：《中國人文精神之發展》，廣西師範大學出版社，2005年，第309頁。

擺不定的」。〔註 188〕唐君毅還列舉了「藝術文學」、「政治經濟之事業」等均不能使人「安身立命於苦惱中」，而「此外個人之貨利財富、名譽、權力地位、一時的愛情與個人所具之各種知識技能，無一可使人安身立命」。〔註 189〕只因這一切「都是一方變化得失無常，一方無最後的滿足之標準的」，「其現實存在性，都是有限的」，這與「人心則以無限性爲其本質」〔註 190〕相違。這就要求「能有一表現其心靈之無限性、超越性之宗教的精神要求與宗教信仰，及宗教性之道德與實踐」。〔註 191〕從此意義上說，「儒者之教」即可當此大任。其於現實存在，可使「人心皆能超冒於這些東西之上，而不能長自限自陷於其中」，從而置身於安身立命之境。因此，作爲現代儒家道統論者，其道觀之宗教化傾向已不容置疑了。正如有學者所說，「唐先生是新儒家陣營中較富宗教情懷的一位，他對於各種宗教的瞭解和肯定都不只是在學理上，更是在生命的體驗上。」〔註 192〕

　　牟宗三將儒學與佛教、道教並列爲「三教」而論，認爲「此三教本質上皆是從自己之心性上，根據修養之工夫，以求個人人格之完成，即自我之圓滿實現，從此得解脫，或得安身立命」，「皆是最內在性的事，皆必通過最內在之主體以求人生之基本態度、信念與立場」。〔註 193〕這是儒家之學得以被稱爲儒教的學理根據，但亦是與西方基督教相區別之處。牟公稱基督教爲離教，即神人相隔離之意，而儒教則爲神人融合之圓教。他指出：

　　　　耶穌在其宗教精神上，亦沒有開主體之門，沒有從人方面樹立
　　　起主體來，沒有通過人的主體之樹立而上徹於神。他樹立了神這個
　　　主體，而沒有樹立起人的主體。在人這方面是個空虛。所以人文主
　　　義之門在基督教裏並沒有開出來。順基督教下來是神本，順希臘傳
　　　統下來，從客體方面說話，停於理智一層上，是物本。這兩個本，
　　　在西方的文化精神下，學術傳統裏，特別彰著。而在這兩個本的夾
　　　逼下，把人本悶住了。所以人文主義在西方始終抬不起頭來。〔註 194〕

〔註 188〕唐君毅：《中國人文精神之發展》，廣西師範大學出版社，2005 年，第 310 頁。
〔註 189〕唐君毅：《中國人文精神之發展》，廣西師範大學出版社，2005 年，第 310 頁。
〔註 190〕唐君毅：《中國人文精神之發展》，廣西師範大學出版社，2005 年，第 310 頁。
〔註 191〕唐君毅：《中國人文精神之發展》，廣西師範大學出版社，2005 年，第 310 頁。
〔註 192〕鄭家棟：《當代新儒學史論》，廣西教育出版社，1997 年，第 82 頁。
〔註 193〕牟宗三：《生命的學問》，廣西師大出版社，2005 年，第 84 頁。
〔註 194〕黃克劍、鍾小霖：《當代新儒學八大家集——牟宗三集》，群言出版社，1993
　　　　年，第 170 頁。

宗教，如中文所示，有宗有教。宗是其歸宿，教是其軌道，（方
法理論皆含於軌道中。）依宗起教，以教定宗。故中國以前只言教，
而不合言宗教。言宗教則彰顯「依他之信」，只言教，則歸於自信自
肯，而惟是依教以如何成聖、成仙、成佛。從內在主體性方面說，
耶教因歧出而爲依他之信，故不如儒釋道，若從基本態度、決斷、
肯定對於人生宇宙學術文化之關係言，則釋道又不如儒教與耶教。
依此而言，儒教爲大中至正之大成圓教。其它皆不免歧出與偏曲。
〔註 195〕

儒教被牟宗三釋爲諸教之中一「大中至正之大成圓教」，其盡性踐仁即是實踐
與本體的「圓融」與「綜合」。與釋、道二教相比，儒教獨具特色，「察業識
莫若佛，觀事變莫若道，而知性盡性，開價值之源，樹立價值之主體，莫若
儒。此即是中國儒家學術之特色，足以善化一切消融一切之學也。故爲人間
之大本。」〔註 196〕「知性盡性」則知「天」，「其所透徹而肯定之超越而普遍
之道德精神實體，則正代表提撕精神，啓發靈感之文化生命一面。而中國文
化生命所凝結成之倫常禮文與其超越而普遍之道德精神實體尤具圓滿之諧和
性與親和性，不似西方之隔離」，「儒家教養即依據此兩面之圓滿諧和形態而
得成爲人文教」。〔註 197〕此人文教雖不具備宗教的儀式，唯有日用人倫之禮
樂，但以「理」視之，「它有高度的宗教性，而且是極圓成的宗教精神。它是
全部以道德意識道德實踐貫注於其中的宗教意識宗教精神」。〔註 198〕具體而
言，「人文教之所以爲教，落下來爲日常生活之軌道，提上去肯定一超越而普
遍之道德精神實體。此實體通過祭天、祭祖、祭聖賢而成爲一有宗教意義之
『神性之實』，『價值之源』。基督教中之上帝，因耶穌一項而成爲一崇拜之對
象，故與人文世界爲隔；而人文教中之實體，則因天、祖、聖賢三項所成之
整個系統而成爲一有宗教意義之崇敬對象，故與人文世界不隔：此其所以爲
人文教也，如何不可成一高級圓滿之宗教？唯此所謂宗教不是西方傳統中所
意謂之宗教（Religion）而已。豈必一言宗教即爲西方傳統中之形態耶？中國
傳統中固已有其對於宗教之意謂。」〔註 199〕宗教性在於存有一體現「有宗教

〔註 195〕牟宗三：《生命的學問》，廣西師大出版社，2005 年，第 84 頁。
〔註 196〕牟宗三：《中西哲學之會通十四講》，上海古籍出版社，2007 年，第 216 頁。
〔註 197〕牟宗三：《生命的學問》，廣西師大出版社，2005 年，第 64 頁。
〔註 198〕牟宗三：《中國哲學的特質》，吉林出版集團，2010 年，第 109 頁。
〔註 199〕牟宗三：《生命的學問》，廣西師大出版社，2005 年，第 65 頁。

意義之『神性之實』,『價值之源』」的「超越而普遍」的精神實體,在於存有一「有宗教意義之崇敬對象」,從相異處求其同,以證實儒家人文教之合理性。所以說,牟宗三是通過對於「儒家思想本身之宗教性意義的闡釋」〔註200〕來同構儒家人文教。

此期儒家道統論諸公從探求和證實儒家之道的宗教性入手,力圖構建現代儒家人文教。進而在宗教的層面尋求與西方的契合點,或者搭建交通東、西方文化的精神平臺,向西方人士展示儒家文化,或儒家道統。同時,這種求同之意義更在於汲取基督教之優長,為重構現代儒家道統論、充分發揮儒家之道的超越性及宗教精神以作用於現代人類之價值領域而服務。正如有學者所說,儒家道統論諸公對於儒家之道的宗教化努力「所表現的就不只是對民族文化之存亡絕續的憂患,而且是對人本身、人存在的意義、價值及其自我完善問題以及人類文化的前途、命運的苦苦思索。這是一種意義的追求、形上的探索、超越層面的體驗、終極層面的反思,其用意則在於在終極關懷的層面(形上學和宗教的層面)重建人的意義世界和精神家園」。〔註201〕

儒家道統論之道的形上本體化建設由來已久,非此期之徒然所為。先孔聖哲即賦予道以形上之意義。「天生蒸民,有物有則,民之秉彝,好是懿德」。〔註202〕此言道源於天,天道下行為物則,為民德。自孔子「克己復禮」立道以來,即有予道以形上本體化之意。「夫子之文章,可得而聞也。夫子之言性與天道,不可得而聞也。」〔註203〕孔子時就有不可言說的天人之論。其後子思以「天命之謂性,率性之謂道」溝通天人,並設計出「盡性」以至於「與天地參」的上達致思路徑,「唯天下至誠,為能盡其性;能盡其性,則能盡人之性;能盡人之性,則能盡物之性;能盡物之性,則可以贊天地之化育;可以贊天地之化育,則可以與天地參矣。」〔註204〕孟子以天道授人,為誠善之性,「誠者,天之道也;思誠者,人之道也。」〔註205〕率此性而行,則為人道也。孟子並進一步深入人之主體之心,「盡其心者,知其性也,知其性則知天

〔註200〕鄭家棟:《當代新儒學史論》,廣西教育出版社,1997年,第231頁。
〔註201〕鄭家棟:《當代新儒學史論》,廣西教育出版社,1997年,第69頁。
〔註202〕《孟子·告子章上》。
〔註203〕《論語·公冶長》。
〔註204〕《四書中庸集注》。
〔註205〕《孟子·離婁章上》。

矣。存其心，養其性，所以事天也」。〔註206〕如此一來，形上本體之道漸有內在於主體之人心之趨。俟宋明儒出，揭櫫「性即理」、「心即性即理」之大義，分別構建有類於康德之理論理性和實踐理性爲核心之形而上學體系的、以天理爲道爲本體和以心、性、理爲本體之道統論體系，爲馮友蘭、熊十力及牟宗三各自接續並進而構建知識形而上學、道德的形而上學提供博大的理論淵源。

現代新儒家道統論者接續儒家道統，重構儒家道統論體系，道之本體建構則身繫其重構一業之成敗。熊十力立足於陸王之心學道統論，融彙法相唯識宗之概念、邏輯以構建宇宙論、本體論體系，給予傳統道統論以趨於概念化、邏輯化、體系化之改造。抗戰結束之後的四、五十年代，現代新儒家道統論諸公從應救亡之迫的外王建構中緩解過來，始有餘力繼續著「五四」時期前輩之道的本體建構之務，且得以站在世界的高度，以平和的、客觀的心態反思、審視中國傳統文化，並在諸公前期思想創建的基礎上，繼續著重構儒家道統，構建道德的形而上學的思想努力。五八年《宣言》名爲澄清晚清以來，或出於傳教，或出於政治等諸多因素所致西方學人對於中國文化之種種誤解，實則向世界展示近代以來數期道統論者苦心經營、所致力於重建的儒家道統之理論成果。唐君毅力圖宗教化道觀以建樹中國人文教，牟宗三則批判地接續著熊十力之業而前行。

牟宗三道統論是指其所同構的道德的形而上學體系，也可以說，「復活『道統』是牟先生重建中國哲學的重要內容」。〔註207〕他此項工作是接著熊十力吸納法相唯識論之架構而「建構龐大的宇宙論」來做的，「在牟這裏，也就不必再像熊十力那樣去建構龐大的宇宙論，而是單刀直入、乾淨利落的認心性爲本體」。〔註208〕與熊十力所構建的宇宙論、本體論體系不同，牟宗三會通康德學說樹立其心體、性體，構建大異於馮友蘭的、被視爲知識形而上學的「新理學」體系的道德的形而上學。以此言之，牟宗三所爲是「以康德學說充實『道統』。」〔註209〕他用西方哲學的方法重建現代儒家道統體系，將以宋明儒之心學道統論作爲其所構建的「道德的形上學」的理論基礎。

〔註206〕《孟子·盡心章上》。
〔註207〕鄧立光：《中國哲學與文化復興詮論》，上海古籍出版社，2008 年，第 90 頁。
〔註208〕李澤厚：《中國古代思想史論》，天津社會科學院出版社，2004 年，第 306 頁。
〔註209〕鄧立光：《中國哲學與文化復興詮論》，上海古籍出版社，2008 年，第 102 頁。

　　康德針對傳統思辨理性而提出的以人爲對象的純粹理性，即實踐理性被牟宗三引以爲同調之論，其所具有的先驗性、普遍性與宋明儒家之理有異曲同工之妙趣，其間所異即前者不雜感性、經驗成分，後者則源於百姓日用間。在此構建中，牟宗三以康德的道德形而上學爲參照。對於道德的形而上學的建設步驟，牟宗三如是說：「依明道、象山等所代表之一大系爲根據來融攝康德，並藉康德之辯解以顯自律道德之實義，並進而展示其所函之全部理境，即道德的形上學之究極完成」。〔註210〕首先因其「對先秦儒家之本質言則爲歧出」而判定「伊川、朱子之以《大學》爲主則是宋明儒之旁枝」，而因其「較合先秦儒家之本質」則「大體以《論》、《孟》、《中庸》、《易傳》爲主者是宋明儒之大宗，」〔註211〕即申明其理論宗主爲宋明儒陸王之心學道統論。接下來，牟宗三打出性體一義，這是針對康德的善良意志所發佈的、符合純粹實踐理性原則的、具有先驗性、普遍性的絕對命令，雖是爲自己立法，即自律卻未能如性體般且自主，「性即理」或言理下行或下貫爲性，即「性體之一德」，〔註212〕天人下行上達，而非康德行理論公設這一無奈之舉。然後，純粹實踐理性如何實踐道德行爲？先驗之德性如何一致於感性、經驗之幸福而使人實行不輟？對此，康德付之於理論公設這一空虛、神秘之概念與架構。牟宗三則以心體來實現之，且「心體性體合一」，〔註213〕即良知「在實踐中眞實的、必然的呈現」，以人之「盡心」、「盡性」而親歷體證天理之普遍、必然性，以及嚴整、純正，從而「知天」、「事天」。「道德良知不是一種理智的假定而是眞實的呈現，此所謂呈現是指一種與道德實踐融爲一體的體認，體證性體心體乃至意志自由就是這樣在體證中，在眞實比、充實化中而成爲眞實生命之系統裏得到其本身的絕對必然性。」〔註214〕以此而達「道德的形上學之究極完成」。可以說，牟宗三基於宋明儒心學道統論來吸取「西方哲學的概念分析及康德的哲學框架」，而重構現代儒家道統論。「牟先生以康德學說會通東西方的文化精神，『道統』的現代形態即由西方哲學的概念分析及康德的哲學框架而重新樹立，『道統』也籍此而光大。用概念分析及康德的哲學的架構表詮義理，以之對顯西方哲學的形態，猶宋儒籍佛家義理建構孔孟之道以照見佛

---

〔註210〕牟宗三：《心體與性體》第一冊，臺灣：正中書局，1973年，第113頁。
〔註211〕牟宗三：《心體與性體》第一冊，臺灣：正中書局，1973年，第19頁。
〔註212〕牟宗三：《心體與性體》第一冊，臺灣：正中書局，1973年，第137頁。
〔註213〕牟宗三：《心體與性體》第一冊，臺灣：正中書局，1973年，第163頁。
〔註214〕牟宗三：《心體與性體》第一冊，臺灣：正中書局，1973年，第171頁。

學的形態及其不足。牟先生以其接通了民族慧明的生命來重建中國哲學，由疏通康德來光大心性之學，爲道統的復興奠定基礎，這就是盛德大業」。〔註215〕他的「會通東西方的文化精神」亦可理解爲搭建東西方文化的交通平臺，康德的純粹實踐理性之主體性、符合純粹實踐理性原則之道德律的必然性和普遍性、發佈絕對命令的善良自由意志之先驗性和純粹性與陸王之心、理、良知一定程度的相通性，奠立了康德實踐理性批判與宋明儒道統論之心學相互會通的堅實基礎。基於此，溝通心與理、可下行或上達之「性」成爲陸王學優勝康德道德學說的法寶，亦解決康德學說將善良意志之下行可能僅依賴於公設、善良意志之上達則乞靈於上帝之存在這一理論困境，即心體、性體、良知的渾然一體則解決了康德以神的存在爲純粹實踐理性的公設的理論虛空性，良知的呈現指明了道德實踐的眞切道路。

## 三、理論特色──多元的道的本體構建

　　春華秋實，二十世紀上半葉現代新儒家道統論走到五十年代，現代儒家道統論這棵理論大樹已是累累碩果，墜滿枝頭。此期道統論之特徵可用「多元的道的本體構建」一語概之。此語蘊意爲二：第一，道的本體構建，即同構現代儒家道統是此期理論建設之主題；第二，值此現代新儒家道統論「收官」之期，牟宗三之置於道的本體統攝下的三統說，即功用觀的構想，可以說是二十世紀上半葉現代新儒家道統論諸公對於外王道統之分立的思想努力的鳴金收兵。經歷抗戰時期對於抗戰文化建設的倡導，五十年代現代新儒家道統論諸公在致力於學統、政統的另立與融構之後，儒家道統論之道觀或道之本體繼「五四」前後接續融構階段之後，而進行構建的理論任務的全面而深刻的開展已刻不容緩。1949 年以後，現代新儒家諸公大多飄零港臺或海外，身處西方文化的氛圍和環境之中，對於與其同命相連的儒家思想文化更有一種存亡絕續的憂痛。因此，現代儒家道統論對於信仰層面或超越層面，即儒家道統論之根基建設──道之本體構建在此期就顯得尤爲重要。

　　此期對道觀的本體建設主要體現在道觀之寬泛化、宗教化趨向以及道德的形而上學之建構方面，這是對於道觀理論的多元構建。鑒於世界人士對於中國文化的錯誤看法，「即以中國文化是注重人與人之間倫理道德，而不重人

---

〔註215〕鄧立光：《中國哲學與文化復興詮論》，上海古籍出版社，2008 年，第 105 頁。

對神之宗教信仰的。」〔註216〕唐君毅等諸公認爲:「這種看法,在原則上並不錯。但在一般人的觀念中,同時以中國文化所重的倫理道德,只是求現實的人與人關係的調整,以維持社會政治之秩序;同時以爲中國文化中莫有宗教性的超越感情,中國之倫理道德思想,都是一些外表的行爲規範的條文,缺乏內心之精神生活上的根據。這種看法,卻犯了莫大的錯誤。」〔註217〕他們致力於開掘傳統儒家道統之宗教性,試圖建樹儒家人文教。牟宗三從形而上學的層面同構現代儒家道統,亦是對於儒家「道德宗教」的建樹。同時,牟宗三的三統說亦可說是道之本體建設的「配套工程」,更是對於另立政統、學統之思想努力的反正。對於宗尙程朱理學並藉此融彙西學之邏輯、知性以及架構而構建知識形而上學體系,牟宗三並不認可、不贊同,他認爲,有如經驗的、夾雜感性的理論理性總是不及先驗、普遍必然的實踐理性純粹,程朱之客觀的、靜態的、自然的「理」是低於陸王自主自律的、飽含道德主體性的、能動的「心」。馮友蘭即知識即道德的形而上學體系在牟宗三看來是有違於傳統儒學之本義的。因此,在道統統攝下的知性主體、政治主體的開出這一構想是以維護和鞏固道統爲其前提的。可以說,三統說與道之本體建設兩者相得益彰,實則一也。正如牟宗三在其《道德的理想主義》之「修訂版序」中寫到的,「唐先生書多重在正面疏通中國文化之精神與價值,使人對於中國文化有恰當之理解,糾正五四以來之否定主義;而我此期間之三書則重在批抉中國文化之癥結,以期蕩滌腥穢,開出中國文化健康發展之途徑。此兩方面相配合,遂有〈中國文化宣言〉(爲中國文化敬告世界人士)之作。」〔註218〕其外王三書的寫就旨在從他途如唐君毅般「疏通中國文化之精神與價值」,以期「開出中國文化健康發展之途徑」。

---

〔註216〕張君勱:《新儒家思想史》,中國人民大學出版社,2009 年,附:《爲中國文化敬告世界人士宣言》。

〔註217〕張君勱:《新儒家思想史》,中國人民大學出版社,2009 年,附:《爲中國文化敬告世界人士宣言》。

〔註218〕牟宗三:《道德的理想主義》,臺北學生書局,1985 年,修訂版序。

# 結 語

　　二十世紀上半葉現代新儒家道統論者存在著三種對於傳統儒家之道的解悟傾向或認同，即以心性爲道、以中國思想學術或歷史文化大傳統爲道、以禮樂外王爲道。依據道統論者對於其所接續的傳統儒家之道的認同傾向即道觀，可將此期道統論者劃分爲心性派、大傳統派和禮樂派三派。每一派別道統論均有其不同的基本特性，在此基礎上，現代新儒家道統論具有異於傳統道統論，尤其是異於宋明儒道統論的總特徵。依照道統論的發展狀況，可將二十世紀上半葉現代新儒家道統論時期分爲四個階段，每一階段的理論內容皆是二十世紀上半葉現代新儒家道統論時期不可或缺的一個環節，並具有顯明的階段理論特色，此期道統論的理論演進變化之「道」由此可見。從對於二十世紀上半葉現代新儒家道統論者的分派和分階段研究中，可以看出：現代新儒家道統論者重構道統的實質乃是吸收西方哲學和理論的語言、框架、某些內容以及方法，而予傳統儒家形上之道以現代論證。以此來恢復先秦儒家的形上智慧，維護傳統儒學的精神價值，重建儒家（實踐）理性的理想主義。儒家道統論發展至二十世紀上半葉，已呈「花開三朵，各表一枝」的多元趨勢。這是在橫向「衝擊」和縱向「動力」雙重歷史條件下，繼近代傳統政統、道統瓦崩之後的三統重組。同時，派別分析和階段性研究兩種途徑的努力，不僅爲科學地把握此期道統論的思想精髓，而且爲客觀地回顧、評價二十世紀上半葉現代新儒家道統論在中國學術史、思想文化史上的歷史地位提供有力的理論依據，亦爲把握儒家道統論、儒學乃至中國哲學的未來理論走向的研究提供些許參考或啟示。

# 一、三統重組與橫向「衝擊」和縱向「動力」

## （一）三統重組

儒家道統論發展至二十世紀上半葉，已呈現出「花開三朵，各表一枝」的多彩景象，三支勁流並行不悖。心性派、大傳統派、禮樂派各恃其道觀，自成體系，以爲現代新儒家道統論的思想舞臺上不可或缺的理論角色。這是宋明儒道統論理論發展的邏輯歸宿，是現代新儒家道統論攝取西學的理論結果，也是現代新儒家道統論者面臨西方道統全方位的整體挑戰的本能應對，更是近代傳統政統、道統瓦崩之後三統重組。

心性派熊十力、唐君毅、牟宗三公均以承接傳統儒家心性之學爲矢志，以「心性」爲其對於儒家道統之「道」的解悟，基於「道」或「教」的層面闡釋、創發儒家道統論。其著眼於道統思想的宗教功用，從教的層面立論，是在宋明儒的基礎上對儒家道統之內聖心性本體的精心維護和構建，致力於現代儒家宗教體系的創建；大傳統派則錢穆、馮友蘭二公以中國歷史文化或者中國學術思想作爲其對儒家道統之「道」的理解。錢穆以中國歷史文化大傳統爲其所接續的儒家道統之「道」，馮友蘭則以中國學術思想之精髓──「極高明而道中庸」作爲其對儒家道統之「道」的解悟。二人均是著眼於道統論之學術、思想、文化功用，從學的層面立論，是在整個中國歷史文化、學術思想的基礎上提煉民族文化精神，接續、闡釋、創發儒家道統論，是立足於中國歷史文化之整體來分立客觀學統；禮樂派諸公則接續周孔外王一脈，以事功、力行爲其對儒家道統之「道」的理解，著眼於道統論的社會功能，從政的層面立論，闡釋、創新儒家道統論，並通過歸復周孔外王一脈另起政統之爐竈。其承接周孔外王一脈，立足於社會、政治言道統，有一種試圖從傳統儒家之內聖外王，即集道德、政治於一體的形而上學體系中分立出政治形而上學，以構建現代政治形而上學體系的努力。

鞭闢入微，深究其理。三派多元並存的原因可從四個方面來說明：

第一、這是宋明儒道統論理論發展的邏輯歸宿。宋明儒間承先秦孔、孟、荀之道，程、朱以天理爲道，將倫理道德、宇宙自然與形而上本體之道合而爲一，即構建以理爲本體的形而上學體系。其講求以客觀的格物，即知識探求爲上達本體之徑。茲體系亦可理解爲道德形而上學與知識或宇宙、自然形而上學的統一體。陸、王以心論道，講求心性合一，構建以心性爲本體的形而上學體系。他們認爲憑籍主觀的直覺領悟即可上達本體。其創造性地完善

了思孟學派經程、朱所致力構建的心性之學，因其理論下落點是道德倫理，故可以傳統的、道德的形而上學稱之。陳亮、葉適等事功派承先秦周、孔、荀之道，「尊荀卿以爲大儒，而繼孟子者吾不信矣」。〔註1〕以禮、法爲其道觀，崇尚功利，注重現實踐履，即力行。構建以禮、法爲本體的形而上學體系。他們強調當以身行道，建功立業，其理論落腳點則是社會倫理、國計民生，該體系則可視爲道德本體統攝下的政治形而上學體系。余英時曾說，宋明「道學涉及儒家理論中互相關聯的三個層次：（1）哲學思辨，（2）文化價值，（3）現實政論。……宋代『形而上學』——即第一個層次——的研究。」〔註2〕余英時所說三個層次在傳統儒學中是第一個層次統攝後兩者，至現代新儒家道統論者的構想中，三者分立，並行不悖。因此，宋明儒道統論的理論發展狀況，可以說，是以道德倫理爲主導的、三種複合型體系的、不平衡的發展格局；俟二十世紀上半葉現代新儒家道統論出，心性派宗陸王，致力於重建道德的形而上學體系。大傳統派尚程朱，引進西方知性、邏輯方法和理念，力圖分立學統，構建以知性上達本體的知識形而上學體系。禮樂派接續周、孔、荀、事功之道脈，著力於再立現代民主政統，構建其政治形而上學體系。

　　第二、這是攝取西學的理論結果。大傳統派馮友蘭汲取維也納學派的邏輯分析法而重建形而上學。他說，「新理學的工作，是要經過維也納學派的經驗主義，而重建形而上學」。〔註3〕維也納學派產生於二十世紀20年代的奧地利，是邏輯實證主義或邏輯經驗主義的核心，因其以維也納大學爲活動中心而得名。「維也納學派所用的方法，是邏輯分析法，是分析法的很高底發展。」〔註4〕因此馮友蘭認爲，「新理學的形上學，是用這種方法建立底，所以也是合乎眞正底形上學的標準底」。〔註5〕西方源自亞里斯多德的自然形而上學體系，即是自然宇宙論通過邏輯分析或是知性爲途徑，上達宇宙自然之形上本體。這種西方哲學的思維模式給現代新儒家道統論者一個啓示：即是獲得形而上學體系主客對立的架構，康德的道德形而上學亦是以實踐理性爲中介，由感性的、形而下的道德倫理學說上達其道德本體。那麼，用之於政治領域則亦可如法構建體系，儘管心性派所重建的道德形而上學體系是以主客對立

〔註1〕　《唐宋八大家文鈔・臨川文鈔・周公論》。
〔註2〕　田浩：《朱熹的思維世界》，陝西師大出版社，2002年，余英時先生序。
〔註3〕　馮友蘭：《三松堂全集》第五卷，河南人民出版社，1986年，第223頁。
〔註4〕　馮友蘭：《三松堂全集》第五卷，河南人民出版社，1986年，第221頁。
〔註5〕　馮友蘭：《三松堂全集》第五卷，河南人民出版社，1986年，第223頁。

為由來批判康德的。同時，兩個世界的思維模式對於三派道統論者各自於道德、知識、政治領域分立，而重構體系不無影響。心性派重建道德的形而上學則表現出對於價值世界肯定，此亦是其與傳統心性之學相異趣之處。熊十力借用佛學之「俗諦」和「真諦」概念來表達其對兩個世界模式的認同。牟宗三對此亦有論述。唐君毅致力於孔教的建設，使道觀宗教化，無非是想重振儒家心性之學，著力於價值、意義的追求，以使精神迷失的世人的心靈一域得以安寧。

第三、這是面臨西方道統全方位整體挑戰的本能應對。宋明儒道統論時期，為應對釋、道在教、學層面的挑戰，中國佛教、道教均有道統之說，其與儒家道統雖實相異卻名相同。朱子借鑒釋、道而首創「道統」一詞，〔註6〕並構建理學道統論。至二十世紀上半葉，如何處理中西文化的關係，是現代新儒家道統論者必須面對的重大課題，作為傳統文化的核心理論——儒家道統論如何似宋明儒道統論那般融彙釋、道，是重建現代道統論的必要步驟。如此一來，對於西學道統的確認則勢在必為，儘管西方並無道統之名。如張東蓀曾寫過《西洋的道統》，牟宗三亦認為，「西方道統在基督教」。〔註7〕綜合來看，現代新儒家道統論者對於西方道統的基本認定為：基督教、民主主義、科學三者。三派道統論者構建各自道觀，分立道統、政統、學統的思想努力是受此影響或啟示的，應該是毋庸置疑的。

第四、這是近代傳統政統、道統瓦崩之後的三統重組。西周以前，官師合一，政、教、學統一，道統、學統、政統皆出於政。至春秋戰國時期，道統相對獨立，作為義和之官或德性之學的學統依附於道統或政統。秦漢以降，則政統主導，統馭道統、學統。在理論構造方面，則為道統統攝政統、學統。晚清、民國之際，廢科舉、清帝遜位，可謂是「『道窮政息』的『斷統』之變」。〔註8〕值此「斷統」之際，現代新儒家道統論者自任以道統之重，自覺擔負起接續和重建儒家道統的歷史使命：心性派在宋明儒心學道統論的基礎上精心構建儒家道統的主觀心性本體，大傳統派則是立足於中國歷史文化、學術思想而分立客觀學統，禮樂派則是通過歸復周孔外王道脈另起政統之爐竈。

---

〔註6〕 在此借用陳榮捷先生和蔡方鹿先生的考證：「道統」概念出於南宋李元綱《聖門事業圖》之《傳道正統》圖。自此道統概念從字面賦予。其後，朱子在《中庸章句序》中將道與統連用，首次提出「道統」一詞。

〔註7〕 牟宗三：《生命的學問》，廣西師大出版社，2005年，第51頁。

〔註8〕 王鴻生：《歷史的瀑布與峽谷》，中國人民大學出版社，2007年，導言第5頁。

　　綜而言之，二十世紀上半葉現代新儒家道統論以多元道觀接續、重構儒家道統論，其成因在於宋明儒道統論、先秦儒家道統論博大深厚的思想淵源，在於對西方哲學思想的有效汲取，亦是道統論面臨西方道統全方位挑戰的本能應對，更是近代「斷統」之後的三統重組。

### （二）橫向「衝擊」和縱向「動力」

　　王爾敏在論及中國近代思想史的研究方法時曾說，中國「近代思想史的另一重大特色，是時代段落分明，即是承受重大史事衝擊而創生，」「近代思想變化是橫向衝擊，動力來自重大歷史事件。」〔註9〕作爲現代儒家道統論，除此「橫向衝擊」之外，對傳統儒家道統論的傳承與接續亦是其「創生」和演進不可或缺的一個因素。可以說，二十世紀上半葉現代新儒家道統論就是在「承受重大史事衝擊」和「古今上下傳承」〔註10〕，即橫向「衝擊」和縱向「動力」的雙重歷史條件下「創生」和演進的，由於「時代段落分明」以及其理論發展的內在邏輯必然性，儒家道統論在二十世紀上半葉的發展和演進被分爲以上三個「段落分明」的階段，〔註11〕通過以上三節的論述、總結和分析，現代新儒家道統論者諸公在三個時段對於儒家道統的理智抉擇和接續、三統分立和融構、神化、形上化和大成的思想努力和成果以及其於各個歷史階段所表現出來的特色已漸趨明朗。然對於三個階段的思想發展還缺少一個有機的銜接和整體的把握，這裏對於三階段的儒家道統論發展、演進狀況予以串接和全面闡釋，以期有機地、整體地展現二十世紀上半葉現代新儒家道統論的理論發展脈絡。

　　「五四」前後爲二十世紀上半葉現代新儒家道統論的理論發展的接續異構階段。此期熊十力、梁漱溟、張君勱、馮友蘭等現代新儒家道統論者以傳統道統論，尤其是宋明儒道統論爲其理論淵源，吸納佛學，尤法相唯識宗的思辨體系或西學某些概念，在中、印、西比較中相互批判，分明壁壘，進行中西比較而求其異，試圖一較高下，進而凸顯和重構現代新儒家道統論體系。

---

〔註 9〕　王爾敏：《中國近代思想史論續集》，社會科學文獻出版社，2005 年，自序。
〔註10〕　王爾敏：《中國近代思想史論續集》，社會科學文獻出版社，2005 年，自序。
〔註11〕　這裏沒有將晚清復興道統階段列入「階段分明」的理論發展階段進行論述，主要是考慮到：曾國藩、張之洞等早期現代道統論接續者雖居現代儒家道統論開基立業之功，然其仁禮並重的寬泛道觀和「中體西用」的現代功用觀只有類於唐代韓愈的開局的理論地位，而並非現代新儒家道統論發展進程中一個主要的理論環節。

理智抉擇，接續道統是此階段儒家道統論發展的主題詞。決定此期儒家道統論發展主題的因素主要有兩個：一是從理論發展的必然性來看。晚清曾、張二公應時勢而復興傳統儒家道統，倡導文以載道，道以致用。以「內聖外王之業」的寬泛道觀以及傳統經世致用和合乎新時代需求的、頗具現代意義的功用觀──「中體西用」開創現代新儒家道統論的新局面。歷此倡導、復興階段的蘊釀和積蓄，接續道統之舉方由此而興，其中「續」已蘊含有闡發、創新之意在，雖創發尺度遠遜於後二階段，然已非復興階段純粹傳統的意味；二則是受到歷史事件的觸發所致。辛亥革命之後期望與現實的落差、「五四」時期對傳統儒家道統的徹底否定、一戰後國內外人本主義思想的回潮均讓熊十力、梁漱溟等諸公深感儒家道統重建並構建其現代形態的緊迫，從而進行儒、佛、印、西之比較以凸顯儒家道統，並吸納西學、佛學概念、構架，以闡發、構建其現代意義和形態。

抗戰時期爲二十世紀上半葉現代新儒家道統論的理論發展的分立融構階段。在此階段，避難西南一隅的現代新儒家道統論者諸公揭櫫「文化抗戰」之幟，均致力於其現代新儒家道統論的接續與融構一業。諸公上承周孔、外取西學，分立學統、政統，融構現代道統論體系。決定此期分立融構的理論任務的因素有二：第一、抗戰軍興，全民勇赴國難。國、共兩黨共同發起國民精神總動員，掀起抗戰時期民族文化復興思潮，「復興我們中華民族的精神」成爲文化領域最爲迫切的任務。在學和政的層面苦心經營，提煉「中華民族的精神」，另起爐竈，構建獨立的現代政統、學統是此期現代新儒家道統論者所應努力的方向；第二、從現代儒家道統論的理論發展的角度來講，重建現代新儒家道統論體系，或致力於道的本體建設，或另立現代政統、學統，或構建現代功用觀，均是對此任務的努力和嘗試。在接續異構階段，熊十力、梁漱溟等就是對現代道觀的構建的努力，但囿於西方理論的發展狀況及對其理解程度以及傳統思維模式的制約，而未能在道觀建設上更深一步發展，亦未能轉戰於政統、學統，或現代功用觀等領域。因此可以說，分立融構階段的思想作爲是有其理論發展的必要性的。

二十世紀五十年代是二十世紀上半葉現代新儒家道統論的理論發展的大成同構階段。在此階段，現代新儒家大多飄零海外，苦志自守，致力於前期所論的泛化大成以及其超越的理論追求，即宗教化、形而上學本體化、體系化的理論建設。這一理論環節的成就可從兩方面分析：一方面，從理論發展

的邏輯脈絡來看，現代儒家道統論經歷自「五四」以來的理論發展，已在各域均有建樹，諸如基於宋明儒道的本體的現代建設、另立現代學統、政統之努力、三統說的初步構想等等，可謂春華秋實，累累碩果。因此，對其大成、彙集應是接下來的工作。同時，西方兩種文化思潮的合流亦使此期道統論者以融彙眾論的心態對待前說；另一方面，從歷史場景視之，流亡海外的部分現代新儒家道統論者身處異域，其基於世界文化的共通性而重建現代儒家道統的感悟更為深刻和迫切，正如《五八年宣言》中所言，「在此宣言中，我們所要說的，是我們對中國文化之過去與現在之基本認識及對其前途之展望，與今日中國及世界人士研究中國學術文化及中國問題應取的方向，並附及我們對世界文化的期望。對於這些問題，雖然為我們數十年來所注意，亦為中國及世界無數專家學者政治家們所注意；但是若非八年前中國遭遇此空前的大變局，迫使我們流亡海外，在四顧蒼茫，一無憑藉的心境情調之下，撫今追昔，從根本上反覆用心，則我們亦不會對這些問題能認得如此清楚」。〔註12〕對於道觀的宗教化、形而上學化即是在此情勢的驅動下所獲得的思想作為。

## 二、評價與啓示

對二十世紀上半葉現代新儒家道統論從分派別和分階段兩個視角進行研究，這為評價其在中國學術史、思想文化史上的歷史地位提供有力的理論依據，亦為把握儒家道統論、儒學乃至中國哲學的未來理論走向提供一些參考或啓示。

二十世紀上半葉現代新儒家道統論是儒學現代化即知識化、體系化、邏輯化的理論努力和優秀成果，亦是對於傳統學術理路的「義理」一路的現代繼承與倡揚。

首先，現代新儒家道統論是對傳統儒學的承續，其於保留傳統的同時又飽含著的現代文化因素，引領著傳統儒學的現代走向，是儒學現代化理論建設不可或缺的一環。它將隨意點說式的、語錄性的傳統儒學知識化、體系化、邏輯化，這為儒學的現代學院式教育和傳承創造了條件，亦為後學者應對新時代問題、處理儒學與西學、儒學傳統與現代文化的關係問題提供了一些理論前提和準備。

〔註12〕張君勱：《新儒家思想史》，中國人民大學出版社，2009年，《附：為中國文化敬告世界人士宣言》。

傳統儒學講求知行合一。儒學經典如《論語》、《孟子》以及《近思錄》、《傳習錄》和《思問錄》等等，皆是一種語錄性的隨意點說，後人對於經典的注釋、疏解也是無系統的結構可言。俟二十世紀上半葉現代新儒家道統論者出，大傳統派借鑒西方傳統形而上學的架構和方法，創造性地新建其知識形而上學。馮友蘭在構建現代新儒家道統論的過程中，吸納西方維也納學派的經驗主義，即邏輯分析的新方法，以重建儒家的知識形而上學。他用邏輯分析的新方法來分析、推理儒學概念，從而重新闡釋自先秦以來各個時期儒、釋、道之道。並以西方哲學的架構建構其涉及自然、社會、人生的新理學理論體系；心性派牟宗三的道德的形而上學體系是對於傳統心性之學的體系化構建，可以說是傳統儒家心性之學的現代歸宿。道德的形而上學其實是吸收西方哲學方法，而加以改造和重構的陸王學。正如有學者所論，牟宗三的道德的形而上學體系「除所用概念外，問題亦然是儒家哲學的老問題，但在傳統儒家那裏，此問題只是以一種啓示的、結論的、隨處點撥的方式說出，而讓人自去體會。牟先生則是以一種清晰明白的邏輯的、理性思辨的方式，層層展開地說明之，論述之。」〔註13〕

再者，現代新儒家道統論諸公以開發「民族文化生命」、「歷史文化精神」以及「中華民族精神」爲矢志，於儒家先聖處闡發儒家之道的微言大義，是對於學術理路的「義理」一路的現代繼承與倡揚。

對於學術理路之定義，茲借用學者的說法以明其義，學術理路是指學者們「所遵循的治學邏輯、路徑，所認同的治學重心、目標定位、價值標準，所依本的思維方式和操作方式。」〔註14〕歷年以來，學術史上今文經學與古文經學、宋學與漢學以及「史觀派」與「史料派」的爭議與對抗，實則乃是兩種學術理路矛盾式的演進與延續。

具體而言，今文經學、宋學與「史觀派」是「義理」一路，這講求於闡釋之中發揮微言大義，即六經注我。而古文經學、漢學與「史料派」則是「考據」一路，這注重用史料實證，即我注六經。這是根據其路徑、重心的不同取向，而存在著「『述』與『作』、記錄與闡釋、記注與撰述、考據與義理、事實與價值、客現與主觀、微觀與宏觀、個案與規律、專論與通識、歸納與演繹、分析與綜合、收斂與發散、『方以智』與『圓而神』」〔註15〕等等相互

〔註13〕 鄭家棟：《當代新儒學史論》，廣西教育出版社，1997年，第142頁。
〔註14〕 何曉明：《學術理路與史學生態》，《.學術月刊》，2008年，第5期。
〔註15〕 何曉明：《學術理路與史學生態》，《.學術月刊》，2008年，第5期。

對立的一對關係。在這對彼此矛盾的、對立的關係中，任何一路治學理路，也就是對於任何一方的強調和側重，都存在著一定的缺憾和弊端，同時，亦存在著相對的科學性及合理性。從而形成鮮明迥異的兩種學術理路。

　　先秦儒家道統論時期的孔孟、宋明儒道統論時期的韓愈、現代新儒家道統論時期的曾、張二公，均開創各個時期的儒家道統論，以明道、致用相號召。各期儒家道統論者則皆在對儒家先聖之道的闡釋中發揮新意，以回應新時代的理論需求。堯、舜、禹口耳相授的是被稱爲儒家之道的微言大義。「堯曰：『咨！爾舜！天之歷數在爾躬。允執其中。四海困窮，天祿永終。』舜亦以命禹。」〔註16〕孟子「盡其心者，知其性也；知其性，則知天矣」。〔註17〕其盡心、知性的進路亦是對道的體悟、引申。宋明儒道統論者則更是將「六經注我」運用至極，朱子強調，「且更著實用功，不可只於文字上作活計也。」〔註18〕俟現代新儒家道統論時期的晚清復興道統階段，正值漢宋相爭已久，分久必合，曾、張二公之學已大有調和漢宋之勢，「近代學人大率兩途：好讀書者宗漢學，講治心者宗宋學，逐末忘源，遂相詬病，大爲惡習。夫聖人之道，讀書治心，宜無偏廢，理取相資。詆諆求勝，未爲通儒」。〔註19〕曾國藩之道觀仁禮並重，於學則調和漢宋，這從其所宗即可見證。「自唐虞三代以來，歷世聖人扶持名教，敦敍人倫」。〔註20〕「荀卿、張載兢兢以禮爲務，可謂知本好古，不逐平流俗。」〔註21〕「堯、舜、禹、湯、文、武、周公、孔子之學豈有他與？即物求道而已。」〔註22〕「自朱子表章周子、二程子、張子，以爲上接孔孟之傳。」〔註23〕可見，現代新儒家道統論者的學術理路自以曾、張爲代表的晚清道統復興階段始便有調和漢、宋之勢。

　　至二十世紀上半葉，現代新儒家道統論者諸公以開發「民族文化生命」、

---

〔註16〕 《論語·堯曰》。

〔註17〕 《孟子·盡心章上》。

〔註18〕 《朱子語類》，卷二。

〔註19〕 《輶軒語》，《張文襄公全集》，中國書店，1990 年，影印本。

〔註20〕 　清　李翰章編纂、李鴻章校勘、寧波等校注：《曾文正公全集·文集·討粵匪檄》，吉林人民出版社，第 1579 頁。

〔註21〕 胡林翼、蔡鍔：《曾胡治兵語錄》，中國民族攝影藝術出版社，2002 年，第 50 頁。

〔註22〕 曾國藩：《道光二十五年覆劉蓉書》，《曾國藩全書·生平卷》，第一卷，内蒙古大學出版社，2001 年，第 85 頁。

〔註23〕 曾國藩：《聖哲畫像記》，《曾國藩全集·詩文》，嶽麓書社，1986 年。

「歷史文化精神」以及「中華民族精神」為矢志，於儒家先聖處闡發儒家之道的微言大義，是對於學術理路的「義理」一路的繼承與倡揚。這對於自明末清初以來學術理路的持久逆轉頗具矯枉之功。牟宗三對於乃師一生治學就有如是評述：

　　熊師之生命實即一有光輝之慧命。當今之世，唯彼一人能直通黃帝堯舜以來之大生命而不隔。此大生命是民族生命與文化生命之合一。他是直頂著民族文化生命之觀念方向所開闢的人生宇宙之本源而抒發其義理與情感。他的學問直下是人生的，同時也是宇宙的。這兩者原是一下子衝破而不分。只有他那大才與生命之原始，始能如此透頂。〔註 24〕

　　無論是在史學方面，抑或哲學方面，現代新儒家道統論者總是站在實證、考據一路的對立面。有學者曾如此評價，「如果說在哲學方面他們是以反對科學主義和實證主義相倡導，那麼在史學方面他們則力反乾嘉學派的考據方法，特別是反對『五四』以後以胡適、顧頡剛等人為主要代表的新考據派，反對由他們所倡導的『整理國故』運動。」〔註 25〕換言之，二十世紀上半葉現代新儒家道統論如果說以哲學的角度視之，是力主人文主義在中國的歸復與高揚。如果從史學的學術理路言之，則是倡導「義理」一派的治學理路。錢穆以歷史文化大傳統為其所闡揚的儒家之道，從其對於乾嘉樸學的指謫便可見其學術取向，「乾嘉時代自稱其經學為漢學，其實漢儒經學，用心在治平實事上，乾嘉經學用心在訓詁考據上，遠不相俟。所以論儒學，當以清代乾嘉以下為最衰。因其既不講心性，又不講治平，而只在故紙堆中做考據工夫。又抱很深的門戶見解，貢獻少過了損傷。」〔註 26〕他進一步指出，「漢學派的精神在『通經致用』，宋學派的精神在『明體達用』，兩派學者均注重在『用』字……這就是『儒學』的精神，即是『經學』的家法。至於書本子的訓釋與考據，亦學者所應有的工作，惟非學者主要之急務。」〔註 27〕因此他強調，「求深切體會中國民族精神與其文化傳統，非治中國史學無以悟入。」〔註 28〕「文化與歷史之特徵，曰連綿，曰

---

〔註 24〕　牟宗三：《五十自述》，臺北鵝湖出版社，1989 年，第 102 頁。
〔註 25〕　鄭家棟：《現代新儒學概論》，廣西人民出版社，1990 年，第 108 頁。
〔註 26〕　錢穆：《中國史學名著》，三聯書店，2005 年版，第 325 頁。
〔註 27〕　錢穆：《中國學術思想史論叢》（8），《錢賓四先生全集》第 22 冊，臺北聯經出版事業公司，1967 年，第 578～579 頁。
〔註 28〕　錢穆：《現代中國學術論衡》，嶽麓書社，1988 年，第 103 頁。

持續。惟其連綿與持續，故以形成個性而見爲不可移易。惟其有個性而不可移易，故亦謂之有生命有精神。」〔註29〕錢穆在其三、四十年代的著作，諸如《中國近三百年學術史》、《國史大綱》等著作中倡導「民族之精神」，他將「中國近世史學」分爲三派：傳統派（「記誦派」）、科學派（「考訂派」）、革新派（「宣傳派」）。他提出「以記誦考訂派之功夫，而達宣傳革命派之目的」〔註30〕的史學研究之則、之旨。以其考據之眞而求義理之實，此實在、「有識」之義理即是對於我民族精神之提煉，即「治國史的第一任務，在能於國家民族之內部自身，求得其獨特精神之所在」〔註31〕。

　　二十世紀上半葉現代新儒家道統論的構建爲中國現代文化主體乃至現代核心價值觀念的建樹和創造提供了一些傳統的理論依據。其以傳統儒家之道爲核心吸納現代民主、科學的理論發展方向與中國現代文化的發展方向相一致，其知識化、宗教化的理論努力爲中國文化大傳統的現代確立和弘揚作出了新貢獻。

　　二十世紀上半葉現代新儒家道統論的構建爲中國現代文化主體乃至現代核心價值觀念的建樹和創造提供了傳統理論依據。現代新儒家道統論者致力於儒家之道的宗教化建設以及道德的形而上學的構建，爲中國現代文化的超越層面，即宗教精神、道德理想等定下基調，其於文化核心層面現代化建設的理論作用是不可否定的。

　　此期儒家道統論諸公著意於開發中國傳統儒家道統的宗教精神，即凸顯儒家道統的宗教性，致力於建樹中國人文教或人倫教的思想努力。唐君毅試圖從中國儒家之道中闡發宗教意義，進而建設中國人文教或人倫教。其人文宗教是由人造神，雖較之佛教、基督教其宗教色彩淡薄一些，但其宗教精神是強烈的。牟宗三將儒學與佛教、道教並列爲「三教」而論，認爲「三教」在本質上都是基於心性，而求個人人格的完成，以達到自我的圓滿實現，從而超越，進而得以安身立命。他稱基督教爲離教，即神人相隔離之意，而稱儒教則爲神人融合之圓教。

　　二十世紀上半葉，現代新儒家道統論者諸公以傳統心性之學爲基準，吸納它學，以成現代新儒家形而上學體系。熊十力立足於陸王之心學道統

---

〔註29〕　錢穆：《國史大綱》，國立編譯館，1990 年，第 699 頁。
〔註30〕　錢穆：《國史大綱》，商務印書館，1996 年，引論第 8 頁。
〔註31〕　錢穆：《國史大綱》，商務印書館，1996 年，引論第 11 頁。

論，融彙法相唯識宗之概念、邏輯以構建宇宙論、本體論體系，給予傳統道統論以趨於概念化、邏輯化、體系化的現代理論改造。接著熊十力吸納法相唯識論之架構而建構龐大的宇宙論，牟宗三以心性爲本體，會通康德學說樹立其心體、性體，以宋明儒心學道統論爲其所構建的「道德的形上學」的理論基礎，來構建其道德的形而上學，這是用西方哲學的方法重建現代儒家道統體系。馮友蘭則汲取維也納學派的邏輯分析法而重建其知識的形而上學。

二十世紀上半葉現代新儒家道統論以傳統儒家之道爲核心吸納現代民主、科學的努力方向與中國現代文化的發展方向相一致。現代新儒家道統論對於科學、民主功用觀的精心構想，順應了自「五四」以來國人所熱切期盼的對於科學、民主理論構建的時代潮流。現代新儒家道統論諸公均致力於對於西方民主、科學的吸納，紛紛設計其新外王構想。熊十力以六經爲本，民主、科學爲其枝葉，以此引進民主、科學。唐君毅則以「返本」爲基，倡「以全套而取之」，以與晚清「中體西用」相區分。牟宗三構想「良知坎陷」之說，而「曲通」新外王。

作爲二十世紀上半葉現代新儒家諸公所極力構建的道統論，其在中國儒學史以及思想文化史上具有一定的理論意義。然而，從傳統儒家道統論與現代西學榫接的角度來看，現代儒家道統論又頗顯鑿枘不合。

此期儒家道統論諸公致力於建樹中國人文教或人倫教，在此構建工作中，其將基督教作爲其主要參照點。如稱基督教爲神人相離之離教，則儒教即爲神人融合的圓教，此說關涉內在超越與外在超越之論。正如「『超越』與『內在』不可並存」〔註 32〕一般，宗教與神人融合亦難以相聯。宗教是人對於自身之外的、超越的、能統攝萬物的神的崇拜，神人相離是其特性之一，心、性、天合一的傳統儒家道統論是不符合西方所謂宗教的特質的。中西理論的不相契合還不止於此，此期功用觀從張之洞的「中體西用」說到牟宗三的「返本開新」說都體現了中西學的難以契合。正如有學者所言，「這種儒家傳統的道德主義與現代西方的科學、民主以及個體主義究竟有何關聯，它應如何對待它們，現代新儒家未能作出深刻的交代。這種道德至上的倫理主義如不改弦更張，只在原地踏步，看來是已到窮途了。」〔註 33〕這種滋生於家

〔註 32〕 鄭家棟：《當代新儒學論衡》，廣西教育出版社，1997 年，序。
〔註 33〕 李澤厚：《中國古代思想史論》，天津社會科學院出版社，2004 年，第 307 頁。

族群體主義之上的道德主義統攝下的科學、民主，其踐行性不強，它最終將
成爲流於空談的理論泡沫。

　　進入二十世紀以來，伴隨著科學的發展和理性的弘揚，人的異化、物化、
工具化的現象日趨嚴重，人的科技理性、實用理性、工具理性膨脹發展，人
們「物於物」而非「物物」，忽略了對於人的根源性的思考，喪失對於理想、
超越的精神追求，以致「心爲形役」，從而使得一部分人失去自我，倍感空虛、
無聊而迷失正確的生活、工作方向。二十世紀上半葉現代新儒家道統論諸公
分別構建道德的形而上學、知識的形而上學以及政治的形而上學，並致力於
儒家之道宗教化建設，這都是一種寬泛意義上的、超越性的精神和理想層面
的追求，是對於生命的人文關懷，更是一種對於人類主體性、能動性的回歸，
進而使人的目的理性、價值理性得以有效擴展。這種使人安生立命的、超越
的人文追求對於物欲橫流、異化嚴重的現、當代社會而言，無疑是具有一些
啓示意義的。

# 參考文獻

（以首字拼音的首位字母爲序）

## 一、資料

### （一）典籍

1.《春秋左傳注疏》。

2.《慈湖遺書》。

3.《東雅堂昌黎集注・論佛骨表》。

4.《范文正集》。

5.《管子》。

6.《古微書》。

7.《韓非子》。

8.《晦庵集・雜著》。

9.《黃氏日抄・陸象山語錄》。

10.《韓昌黎集・原道》。

11.《漢書・董仲舒傳》。

12.《孔子家語》。

13.《老子》。

14.《禮儀集編》。

15.《論語》。

16.《禮記集說》。

17.《臨川文集・論議・三聖人》。

18.《龍川集》。

19. 《毛詩注疏》。《明儒學案》。

20. 《前漢書》。

21. 《二程文集》。

22. 《四書章句集注》。

23. 《李太白集注・古風》。

24. 《清史稿・兵志》。

25. 《詩經集傳》。

26. 《尚書注疏》。

27. 《宋史・道學傳》。

28. 《宋名臣言行錄・後集》。

29. 《四書大全》。

30. 《宋元學案・安定學案》。

31. 《唐宋八大家文鈔・臨川文鈔・周公論》。

32. 《文公易說》。

33. 《五百家注昌黎文集》。

34. 《王文成全書》。

35. 《新語・道基》。

36. 《荀子》。

37. 《盱江集》。

38. 《性理大全書・通書》。

39. 《象山集》。

40. 《禹貢錐指》。

41. 《伊洛淵源錄》。

42. 《莊子》。

43. 《正蒙・太和篇》。

44. 《正統論》。

45. 《周易口義》。

46. 《周禮翼傳・天王會通》。

47. 《周易經傳集解》。

48. 《周易傳注》卷五。

49. 《朱文公文集》。

50. 《周易外傳》卷一。

## （二）近、現代資料

1. 陳獨秀：《陳獨秀著作》第 1 卷，上海人民出版社，1993 年。

2. 陳獨秀：《獨秀文存》，安徽人民出版社，1987 年。

3. 蔡尚思主編：《中國現代思想史資料簡編》第 2 卷，浙江人民出版社，1982 年。

4. 《道統辨》，張枬、王忍之編：《辛亥革命前十年間時論選集》第一卷下冊，三聯書店，1960 年。

5. 丁文江：《丁文江集》，花城出版社，2010 年。

6. 丁文江等：《梁啓超年譜長編》，上海人民出版社，1983 年。

7. 馮友蘭：《三松堂全集》，河南人民出版社，2001 年。

8. 樊錐：《開誠篇》，載於《湘報》，1898 年（光緒二十四年）3 月 7 日。

9. 方克立、李錦全主編：《現代新儒家學案》，中國社會科學出版社，1995 年。

10. 龔自珍：《龔自珍全集》，上海古籍出版社，1999 年。

11. 管同：《因寄軒文初集》，清道光 13 年（1833）刻本。

12. 郭齊勇編：《現代新儒學的根基——熊十力新儒學論著輯要》，中國廣播電視出版社，1996 年。

13. 高瑞泉編選：《返本本新：熊十力文選》，上海遠東出版社，1997 年。

14. 黃克劍、王新編：《梁漱溟集》，群言出版社，1993 年。

15. 黃克劍、林少敏：《徐復觀集》，群言出版社，1993 年。

16. 黃克劍、鍾小霖：《牟宗三集》，群言出版社，1993 年。

17. 黃克劍、吳小龍：《張君勱集》，群言出版社，1993 年。

18. 黃克劍、鍾小霖：《唐君毅集》，群言出版社，1993 年。

19. 黃克劍、王欣、萬承厚：《熊十力集》，群言出版社，1993 年。

20. 黃克劍、周勤：《寂寞中的復興——論當代新儒家》，江西人民出版社，1993 年。

21. 黃琳：《中國宜除去守舊根性說》，《留美學生季報》1915 年秋季第 3 號。

22. 黃珅：《梁啓超詩文選》，華東師範大學出版社，1990 年。

23. 賀麟：《文化與人生》，商務印書館，1988 年。

24. 賀麟：《知難行易說與知行合一說》，青年書店，1943 年。

25. 賀麟：《五十年來的中國哲學》，商務印書館，2002 年。

26. 賀辚：《當代中國哲學》，勝利出版公司，1945 年。

27. 胡曉明編：《大海與眾漚——熊十力集》，上海文藝出版社，1998 年。

28. 胡適：《胡適文集》，北京大學出版社，1998 年。

29.《湖南時務學堂緣起》，光緒 23 年 9 月初 1 日，《知新報》第 32 冊。

30. 梁漱溟：《禮記大學篇伍嚴兩家解說》，《伍庸伯先生傳略》。

31. 梁漱溟：《中國文化要義》，上海人民出版社，2005 年。

32. 梁漱溟：《東西文化及其哲學》，商務印書館，2005 年。

33. 梁啓超：《飲冰室合集》，中華書局，1989 年。

34. 梁啓超：《五十年中國進化概論》，上海大學出版社，2003 年。

35. 梁啓超：《梁啓超選集》，上海人民出版社，1984 年。

36. 李維武編：《徐復觀文集》第一卷，湖北人民出版社，2002 年。

37. 清　李翰章編纂、李鴻章校勘、寧波等校注：《曾文正公全集》，吉林人民出版社。

38. 李大釗：《李大釗文集》，人民出版社，1999 年。

39. 李培林、渠敬東、楊雅彬主編：《中國社會學經典導讀》上，社會科學文獻出版社，2009 年。

40. 李承貴：《德性源流——中國傳統道德轉型研究》，江西教育出版社，2004 年。

41. 羅榮渠主編：《從西化到現代化》，北京大學出版社，1990 年。

42. 黎庶昌：《曾國藩年譜》，嶽麓書社，1986 年。

43. 克柔編：《張東蓀學術文化隨筆》，中國青年出版社，2000 年。

44. 牟宗三：《心體與性體》，臺北正中書局，1981 年。

45. 牟宗三：《道德的理想主義——序》，臺北學生書局。

46. 牟宗三：《生命的學問》，廣西師大出版社，2005 年。

47. 牟宗三：《道德的理想主義》，吉林出版集團，2010 年。

48. 牟宗三：《從陸象山到劉蕺山》，吉林出版集團有限責任公司，2010 年。

49. 牟宗三：《中西哲學之會通十四講》，上海古籍出版社，2007 年。

50. 牟宗三：《中國哲學的特質》，吉林出版集團，2010 年。

51. 牟宗三：《中國文化的省察》，聯合報社。

52. 牟宗三：《才性與玄理——初版序》，臺灣學生書局，1985 年。

53. 牟宗三：《政道與治道——新版序》，臺灣學生書局，1991 年。

54. 牟宗三：《五十自述》，臺北鵝湖出版社，1989 年。

55. 牟宗三：《歷史哲學》，廣西師大出版社，2007 年。

56. 彭明編：《中國現代史資料選輯》第 5 冊，中國人民大學出版社，1987 年。

57. 錢穆：《錢賓四先生全集》，臺北聯經出版事業公司，1967 年。

58. 錢穆：《世界局勢與中國文化》，東大圖書公司，1979 年。

59. 《勸同鄉父老遣子弟航洋留學書》，《遊學譯編》第六期，1903 年 4 月。

60. 邱志華編：《陳序經學術論著》，浙江人民出版社，1998 年。

61. 《任東潤先生集序》，《養一齋集》卷十八，《叢書集成初偏本》。

62. 榮孟原主編：《中國國民黨歷次代表大會及中央全會資料》下冊，光明日報出版社，1985 年。

63. 唐君毅：《人文精神之重建》，中國社會科學出版社，2005 年。

64. 唐君毅：《文化意識與道德理性》，臺灣學生書局，1986 年。

65. 唐君毅：《中國文化之精神價值》，臺灣正中書局，1984 年。

66. 唐君毅著：《中國人文精神之發展》，廣西師範大學出版社，2005 年。

67. 唐君毅：《中國哲學原論——導論篇》，中國社會科學出版社，2005 年。

68. 唐君毅：《文化意識與道德理性》，臺灣學生書局，1986 年。

69. 譚嗣同：《譚嗣同全集》（增訂本），中華書局，1981 年。

70. 王文濡：《龔定庵全集》，世界書局，1935 年。

71. 王國維：《自序二》，《靜安文集續編》，上海古籍書店，1983 年。

72. 王國維：《宋元戲曲史》，鳳凰出版社，2010 年。

73. 魏源：《魏源集》，中華書局，1976 年。

74. 吳虞：《吳虞集》，四川人民出版社，1985 年。

75. 韋政通：《以傳統主義衛道，以自由主義論政——徐復觀先生的志業》，載自中國論壇編委會：《知識分子與臺灣發展》，臺北聯經出版事業公司，1989 年。

76. 汪東林：《梁漱溟問答錄》增訂本，湖南出版社，1988 年。

77. 徐復觀：《學術與政治之間》，華東師大出版社，2009 年。

78. 徐復觀：《中國思想史論集》，上海書店，2004 年。

79. 徐復觀：《中國思想史論集續篇》，上海書店，2004 年。

80. 徐復觀：《儒家政治思想與民主自由人權》，臺灣學生書局，1988 年。

81. 徐復觀：《徐復觀雜文——記所思》，臺灣時報文化出版事業有限公司，1980 年。

82. 熊十力：《熊十力全集》，湖北教育出版社，2001 年。

83. 熊十力：《文化與哲學》，見《中國本位文化建設討論集》，臺北帕米爾書店，1980 年。

84. 鑫圭編：《中國近代教育史資料彙編·鴉片戰爭時期教育》，上海教育出版社，1990 年。

85. 夏東元編：《鄭觀應集》，上海人民出版社，1982 年。

86. 《1793 年清乾隆皇帝給英王喬治三世敕書》，《高宗純皇帝實錄》卷一四三五，中華書局，1987 年。

87. 《1808 年嘉慶皇帝論及中英地位諭》，《仁宗睿皇帝實錄》卷二０二，中華書局，1987 年。

88. 佚名：《日本國粹主義與歐化主義之消長》，《譯書彙編》，東京，第 2 年第五期，1902 年 7 月 25 日。

89. 易鼐：《中國宜以弱為強說》，載於《湘報》，1898 年（光緒二十四年）3 月 7 日。

90. 俞樾：《詁經精舍課藝》，1897 年，序言。

91. 俞祖華主編：《國民政府自衛抗戰聲明書（一九三七年八月十四日）》，見《中國通史教程教學參考——現代卷》，山東大學出版社，2001 年。

92. 張東蓀：《思想與社會》，遼寧教育出版社，1998 年。

93. 張君勱：《新儒家思想史》，中國人民大學出版社，2009 年。

94. 張君勱：《新儒家思想史》，中國人民大學出版社，2009 年。

95. 張君勱：《義理學十講綱要》，中國人民大學出版社，2006 年。

96. 張君勱：《儒家哲學之復興》，中國人民大學出版社，2006 年。

97. 張君勱：《民族復興之學術基礎》，中國人民大學出版社，2009 年。

98. 張君勱：《明日之中國文化——中印歐文化十講》，中國人民大學出版社，2009 年。

99. 張君勱：《明日之中國文化——中印歐文化十講》，中國人民大學出版社，2009 年。

100. 張君勱：《再論人生觀與科學並答丁在君》，《科學與人生觀》（1），遼寧教育出版社，1998 年。

101. 張君勱：《中西印哲學文集》，臺灣學生書局，1981 年。

102. 張耀南編：《知識與文化——張東蓀文化論著輯要》，中國廣播電視出版社，1995 年。

103. 鍾離蒙、楊鳳麟主編：《中國現代哲學史資料彙編》，遼寧大學哲學系，1982 年。

104. 鄭家棟：《牟宗三新儒學論著輯要——道德理想主義的重建》，中國廣播電視出版社，1992 年。

105. 中國社會科學院哲學研究所西方哲學史研究室編著：《賀麟先生百年誕辰紀念文集》，中國社科學出版社，2009 年。

106. 中國科學院近代史研究所資料組編：《鴉片戰爭時期思想史資料選輯》，中華書局，1963 年。

107. 中國孔子基金會編：《中國儒學百科全書》，中國大百科全書出版社，1997年。

108. 鍾離蒙、楊鳳麟主編：《中國現代哲學史資料彙編》第八冊，遼寧大學哲學系，1982年。

109. 曾國藩：《曾國藩全集》，嶽麓書社，1986年。

110. 趙靖、易夢虹主編：《中國近代經濟思想資料選輯》上冊，中華書局，1982年。

112. 張枬、王忍之編：《辛亥革命前十年間時論選集》，三聯書店，1960年。

113. 章太炎：《章太炎全集》（四），上海人民出版社，1985年。

## 二、論著

1. 蔡方鹿：《中華道統思想發展史》，四川人民出版社，2003年。

2. 蔡仁厚：《新儒家的精神方向》，臺北：臺灣學生書局，1982年。

3. 陳旭麓：《近代中國社會的新陳代謝》，上海人民出版社，1991年。

4. 陳來：《古代宗教與倫理》，生活・讀書・新知三聯書店，2009年。

5. 陳潮：《儒家內聖外王之道通論》，湖南人民出版社，2005年。

6. 陳弱水、王泛森：《思想與學術》，中國大百科全書出版社，2005年。

7. 鄧立光：《中國哲學與文化復興詮論》，上海古籍出版社，2008年。

8. 鄧曉芒、趙林：《西方哲學史》，高等教育出版社，2005年。

9. 鄧曦澤：《文化復興論——公共儒學的進路》，人民出版社，2009年。

10. 馮天瑜、何曉明、周積明：《中華文化史》，上海人民出版社，1990年。

11. 馮達文、郭齊勇：《新編中國哲學史》，人民出版社，2004年。

12. 郭沂：《道與道統——儒家對人間秩序的探求》，《人類文明中的秩序、公平公正與社會發展》，北京大學出版社，2009年。

13. 郭齊勇：《文化學概論》，湖北人民出版社，1990年。

14. 何曉明：《返本開新——近代中國文化保守主義新論》，商務印書館，2006年。

15. 何曉明：《亞聖思辨錄——〈孟子〉與中國文化》，河南大學出版社，1995年。

16. 黃克劍：《當代新儒學八大家論略：百年新儒林》，中國青年出版社，2000年。

17. 姜義華：《「理性缺位」的啟蒙》，三聯書店，2000年。

18. 景海峰：《劉述先新儒學論著輯要——儒家思想與現代化》，中國廣播電視出版社，1992年。

19. 李澤厚：《中國古代思想史論》，天津社會科學院出版社，2004年。

20. 李澤厚：《中國現代思想史論》，天津社會科學院出版社，2004年。

21. 李山、張重崗、王來寧：《現代新儒家傳》，山東人民出版社，2002年。

22. 李明輝：《當代儒學的自我轉化》，中國社會科學出版社，2001年。

23. 李亦園：《人類的視野》，上海文藝出版社，1996年。

24. 李承貴：《德性源流——中國傳統道德轉型研究》，江西教育出版社，2004年。

25. 羅義俊編著：《評新儒家》，上海人民出版社，1989年。

26. 羅志田：《再造文明的嘗試：胡適傳（1891～1929)》，中華書局，2006年。

27. 梁啟超：《先秦政治思想史》，天津古籍出版社，2003年。

28. 梁啟超：《論中國學術思想變遷之大勢》，中國人民大學出版社，2004年。

29. 柳一微：《中國文化史》，東方出版社，1988年。

30. 劉放桐：《現代西方哲學》修訂本，人民出版社，1981年。

31. 劉夢溪主編：《錢賓四卷》下卷，河北教育出版社，1999年。

32. 劉澤華、張分田等：《思想的門徑：中國政治思想史研究方法論》，天津古籍出版社，2006年。

33. 劉黎紅：《五四文化保守主義思潮研究》，中國社會科學出版社，2006年。

34. 林毓生著、穆善培譯：《中國意識的危機——「五四」時期激烈的反傳統主義》，貴陽：貴州人民出版社，1988年。

35. 林安梧：《當代新儒家哲學史論》，臺北：文海學術思想研究發展文教基金會，1996年。

36. 美 林毓生：《中國意識的危機》，貴州人民出版社，1998年。

37. 美 林毓生：《中國傳統的創造性轉化》，生活·讀書·新知三聯書店，2011年。

38. 龍佳解：《中國人文主義新論：新儒家的傳統文化詮釋》，湖南大學出版社，2001年。

39. 啟良：《新儒學批判》，上海三聯書店，1995年。

40. 饒宗頤：《中國史學上之正統論》，上海遠東出版社，1996年。

41. 任曉蘭：《張之洞與晚清文化保守主義思潮》，法律出版社，2009年。

42. 盛邦和：《解體與重構：現代中國史學與儒學的思想變遷》，華東師範大學出版社，2002年。

43. 田浩：《朱熹的思維世界》，陝西師大出版社，2002年。

44. 王玉河：《張東蓀傳》，山東人民出版社，1998年。

45. 吳雁南：《中國近代社會思潮》第四卷，湖南教育出版社，1998 年。

46. 王宗昱：《是儒家，還是佛家？——訪梁漱溟先生》，載自深圳大學國學研究所，《中國文化與中國哲學》，東方出版社，1986 年。

47. 王鴻生：《歷史的瀑布與峽谷》，中國人民大學出版社，2007 年。

48. 王爾敏：《中國近代思想史論續集》，社會科學文獻出版社，2005 年。

49. 蕭公權：《中國政治思想史》，新星出版社，2010 年。

50. 許繼霖：《知識分子十論》，復旦大學出版社，2003 年。

51. 余英時：《錢穆與現代中國學術》，廣西師範大學出版社，2006 年。

52. 余英時：《中國思想傳統的現代詮釋》，江蘇人民出版社，2006 年。

53. 趙敦華：《西方哲學簡史》，北京大學出版社，2001 年。

54. 中國文化書院講演錄編委會編：《論中國傳統文化》，三聯書店，1988 年。

55. 中國社會科學院哲學研究所西方哲學史研究室編著：《賀麟先生百年誕辰紀念文集》，中國社科學出版社，2009 年。

56. 鄭彝元：《道統論》，泰國新時代出版社，1997 年。

57. 張世英：《哲學導論》，北京大學出版社，2002 年。

58. 張文儒、郭建寧：《中國現代哲學》，北京大學出版社，2001 年。

59. 張立文主編：《中國哲學範疇精粹叢——道》，中國人民大學出版社，1989 年。

60. 張昭軍：《傳統的張力——儒學思想與近代文化變革》，吉林人民出版社，2004 年。

61. 張岱年：《張岱年文集》第二卷，清華大學出版社，1990 年。

62. 張岱年：《論道統與學統》，《文化論》，河北教育出版社，1996 年。

63. 張熙惟：《中華名門才俊·張氏名門》，泰山出版社，2005 年。

64. 鄭家棟：《當代新儒學史論》，廣西教育出版社，1997 年。

65. 鄭家棟：《現代新儒學概論》，廣西人民出版社，1990 年。

66. 鄭家棟：《斷裂中的傳統：信念與理性之間》，中國社會科學出版社，2001 年。

## 三、論文

1. 包恒新：《辜鴻銘與〈怪味嬉皮士〉》，《中共福建省委黨校學報》，1999 年，第 5 期。

2. 陳博：《馮友蘭先生的「外王學」解讀》，《通化師院學報》2010 年，第 5 期。

3. 陳勁松：《傳統中國社會中「道統」的功能及其式微》，《天津社會科學》，2006 年，第 1 期。

4. 董壽慈：《論歐化主義》，《環球中國學生報》，1907 年 3 月，第 4 期。

5. 葛兆光：《道統系譜與歷史——關於中國思想史脈絡的來源與確立》，《文史哲》，2006 年，第 3 期。

6. 黃海德：《牟宗三先生「三統」說探析》，《成都大學學報》，2009 年，第 3 期。

7. 何曉明：《學術理路與史學生態》，《學術月刊》，2008 年，第 5 期。

8. 何曉明：《二十世紀中國文化保守主義論》，《河北學刊》，2005 年，第 5 期。

9. 何曉明、萬國崔：《現代化思潮的重奏與交響》，《學術研究》，2011 年，第 1 期。

10. 路德斌：《試論荀子哲學的特質及其對儒家道統之意義》，《孔子研究》，2003 年，第 2 期。

11. 羅義俊：《中國道統：孔子的傳統——儒家道統觀發微》，《鵝湖》，2005 年，第 1 期。

12. 羅義俊：《中國道統與國族主義——孫中山民族思想的文化詮釋》，《中共寧波市委黨校學報》，2010 年，第 4 期。

13. 梁韋弦：《儒家學說中的道和道統》，《福建師範大學學報》2009 年，第 2 期。

14. 李俠：《試論人文主義與科學主義的斷裂與整合》，《齊魯學刊》，2004 年，第 5 期。

15. 李良玉：《抗日戰爭時期的新道統思潮》，《江蘇社會科學》，1991 年，第 4 期。

16. 馬慶玲：《儒家思想的新開展——賀麟對中國文化發展方向的探索》，《哈爾濱市委黨校學報》，2005 年，第 11 期。

17. 潘志鋒：《近年來關於「道統」問題的研究綜述》，《廣西社會科學》，2008 年第，11 期。

18. 潘志鋒：《試析儒家「道統」的文化論證功能》，《江西社會科學》，2006 年，第 10 期。

19. 桑兵：《中國思想學術史上的道統與派分》，《中國社會科》，2006 年，第 3 期。

20. 石文玉：《儒學道統與晚清社會制度變革——張之洞〈勸學篇〉研究》，吉林大學博士論文，2008 年。

21. 萬國崔、何曉明：《張之洞道統思想的現代轉型與洋務事功》，《湖北大學學報》，2012 年，第 3 期。

22. 萬國崔：《荀子之法後王與法先王辨析》,《孔孟月刊》,第 50 卷,第 1 期。

23. 萬國崔：《從比德於水談孔、孟、荀之道》,《天府新論》,2011 年,第 1 期。

24. 萬國崔：《從道勢關係的演進談先秦儒家之君臣論》,《重慶師範大學學報》,2011 年,第 2 期。

25. 萬國崔：《「面子」新釋》,《江南大學學報》,2011 年,第 4 期。

26. 王中江：《荀學與儒家的學統和道統》,《南昌大學學報》,2002 年,第 1 期。

27. 王煜：《評蔡方鹿〈中華道統思想發展史〉》《社會科學研究》,1997 年,第 3 期。

28. 許寧：《現代新儒家的道統意識與文化自覺》,《孔子研究》,2008 年,第 5 期。

29. 楊紹祥：《論儒家思想中道統論的歷史演進》,《十堰職業技術學院學報》,2010 年,第 4 期。

30. 楊世文：《追尋中華道統思想的歷史軌跡——評〈中華道統思想發展史〉》,《中華文化論壇》,2003 年,第 4 期。

31. 楊念群：《「道統」的坍塌》,《讀書》,2008 年,第 11 期。

32. 周積明：《晚清西化思潮析論》,《天津社會科學》,2002 年,第 1 期。

33. 周積明：《晚清反傳統思潮論綱》,《學術月刊》,2002 年,第 8 期。

34. 周積明：《人類的孔子》,《華中科技大學學報》,2005 年,第 2 期。

35. 張西平：《「取精用宏含英咀華」——賀麟中西文化觀簡述》,《開放時代》1995 年,第 4 期。

36. 鄭朝波：《中國傳統文化與儒家道統思想》,《海南師範學院學報》,2001 年,第 1 期。

37. 趙宗正：《對傳統文化發展脈絡的系統梳理——〈中華道統思想發展史〉簡評》,《東嶽論叢》,1997 年,第 1 期。

38. 朱人求：《傳統與道統——儒家文化生命的歷史意識》,《江淮論壇》,2003 年,第 6 期。

39. 張允熠：《儒家道統與民族精神》,《孔子研究》,2008 年,第 5 期。